A Sociedade Punitiva

Michel Foucault

A Sociedade Punitiva

Curso no Collège de France
(1972-1973)

*Edição estabelecida por Bernard E. Harcourt,
sob a direção de François Ewald
e Alessandro Fontana*

Tradução
IVONE C. BENEDETTI

*Esta obra foi publicada originalmente em francês com o título LA SOCIÉTÉ PUNITIVE
por Éditions Gallimard e Les Éditions du Seuil.
Copyright © Seuil/Gallimard, 2013*

*"Cet ouvrage, publié dans le cadre du Programme d'Aide à la Publication 2015 Carlos Drummond
de Andrade, a bénéficié du soutien de L'Ambassade de France au Brésil."*

*"Este livro, publicado no âmbito do Programa de Apoio à Publicação 2015 Carlos Drummond
de Andrade, contou com o apoio da Embaixada da França no Brasil."*

Copyright © 2015, Editora WMF Martins Fontes Ltda.,
São Paulo, para a presente edição.

Todos os direitos reservados. Este livro não pode ser reproduzido, no todo ou em parte,
armazenado em sistemas eletrônicos recuperáveis nem transmitido por nenhuma forma ou
meio eletrônico, mecânico ou outros, sem a prévia autorização por escrito do editor.

1ª edição 2015
4ª tiragem 2022

Tradução
IVONE C. BENEDETTI

Acompanhamento editorial
Maria Fernanda Alvares
Preparação de texto
Andréa Stahel M. da Silva
Revisão
Daniela Lima
Produção gráfica
Geraldo Alves
Paginação
Studio 3 Desenvolvimento Editorial

Dados Internacionais de Catalogação na Publicação (CIP)
(Câmara Brasileira do Livro, SP, Brasil)

Foucault, Michel
 A sociedade punitiva : curso no Collège de France (1972-1973) / Michel Foucault ; tradução Ivone C. Benedetti. – São Paulo : Editora WMF Martins Fontes, 2015. – (Coleção obras de Michel Foucault)

 Título original: La sociéte punitive : cours au Collège de France, 1972-1973.
 "Edição estabelecida por Bernard E. Harcourt, sob a orientação de François Ewald e Alessandro Fontana"
 ISBN 978-85-469-0010-7

 1. Controle social – História – Punições – Aspectos sociais 2. Ewald, François, 1946- 3. Fontana, Alessandro, 1939-2013 4. Harcourt, Bernard E., 1963 I. Título. II. Série.

15-10402   CDD-194

Índices para catálogo sistemático:
1. Filosofia francesa   194

Todos os direitos desta edição reservados à
Editora WMF Martins Fontes Ltda.
Rua Prof. Laerte Ramos de Carvalho, 133 01325-030 São Paulo SP Brasil
Tel. (11) 3293-8150 e-mail: info@wmfmartinsfontes.com.br
http://www.wmfmartinsfontes.com.br

ÍNDICE

Nota XI

Curso, anos 1972-1973 1

Aula de 3 de janeiro de 1973 3
Classificação de sociedades: incinerantes e inumantes; assimilantes e excludentes. Insuficiência da noção de exclusão. Hospital psiquiátrico. Insuficiência da noção de transgressão. – Objeto do curso: crítica às noções de exclusão e de transgressão, análise das táticas finas da sanção. (I) As quatro táticas penais: 1/ excluir; 2/ impor compensação; 3/ marcar; 4/ encarcerar. – Hipótese inicial: classificação das sociedades de exclusão, de resgate, de marcação ou de reclusão. – Objeções possíveis e resposta: as penas constantes têm funções diferentes nas quatro táticas penais. O caso da multa. O caso da pena de morte. Damiens e o poder do soberano. A pena de morte como reclusão redobrada na atualidade. (II) Tornar autônomo o nível das táticas penais: 1/ colocá-las dentro da esfera do poder; 2/ examinar as lutas e contestações políticas em torno do poder. – A guerra civil como matriz das lutas de poder: táticas de luta e penalidade; estratégia da reclusão.

Aula de 10 de janeiro de 1973 21
Os quatro elementos de uma análise: 1/ guerra constante, universal, interna à sociedade; 2/ sistema penal nem universal nem unívoco, mas feito por uns para os outros; 3/ estrutura da vigilância universal; 4/ sistema de reclusão. (I) Teor da noção de guerra civil. (A) A guerra civil como ressurgência da guerra de todos contra todos, segundo Hobbes. (B) Distinção entre guerra civil e guerra de todos contra todos. Coletividades novas; exemplo da Revolta dos *Nu-pieds* [Descalços] e do movimento luddista. (C) A política como continuação da guerra civil. (II) O *status* do criminoso como inimigo social. – A prática judiciária como declaração de guerra pública. – Efeitos de saberes: apreensão do criminoso e do desvio pela psicopatologia ou pela psiquiatria. – Efeitos epis-

têmicos: sociologia da criminalidade como patologia social. O criminoso como conector, transcritor, comutador.

Aula de 17 de janeiro de 1973 41
Aparecimento do criminoso como inimigo social. Identificação histórica das primeiras manifestações. (I) Análise econômica da delinquência no século XVIII pelos fisiocratas. Le Trosne, *Mémoire sur les vagabonds* [Dissertação sobre os vagabundos] (1764): Mais que propensão psicológica, como a ociosidade, ou fenômeno social, como a mendicidade, a vagabundagem é a matriz do crime e um flagelo para a economia; ela produz a rarefação da mão de obra, a elevação dos salários e a redução da produção. – Leis inadequadas; medidas preconizadas por Le Trosne: 1/ escravização; 2/ pôr fora da lei; 3/ autodefesa dos camponeses; 4/ convocação militar em massa. – Semelhanças entre errantes e nobres. (II) O criminoso-inimigo social como tema literário. *Gil Blas* e o início do século XVIII: o *continuum* e a onipresença da delinquência. Romances de terror e fim do século XVIII: delinquência localizada e extrassocial. Emergência das dualidades crime-inocência, mal-bem.

Aula de 24 de janeiro de 1973 57
(III) Outros indícios da emergência do criminoso-inimigo social. Debate sobre a pena de morte em 1791. (IV) Relação entre os efeitos teórico-políticos de um discurso e as táticas punitivas na mesma época. Sistema principal de castigo: na Inglaterra, instauração do sistema penitenciário em 1790-1800; na França, instauração em 1791-1820. Heterogeneidade entre o criminoso-inimigo social e a prisão: fissura entre o penal e o penitenciário. – Segundo a teoria penal, punição como defesa social; donde os seguintes princípios: relatividade; graduação; vigilância, pública e infalível; e três modelos de punição: infâmia, talião, escravidão. – Na prisão: tempo, única variável graduada. Forma-prisão e forma-salário: duas formas historicamente gêmeas. Poder capitalista e sistema penal: o poder sobre o tempo.

Aula de 31 de janeiro de 1973 77
Forma-prisão e forma-salário (continuação). A tomada de poder sobre o tempo: condição de possibilidade do sistema capitalista e da reclusão. – Da arqueologia à genealogia. – Objeções ao modelo religioso e respostas. (A) A cela monástica: excluir o mundo, e não punir. (B) Os *quakers*: rejeição ao código penal inglês e à pena de morte. – Oposição a Beccaria relativamente à infração e à culpa; concepção de pecado. (C) Organização da prisão de Filadélfia e de Walnut Street: primeira menção à "penitenciária". (D) Consequências: 1/ introdução da moral cristã na justiça criminal; 2/ conhecimento do prisioneiro: torna-se possível um saber; 3/ a religião investe a prisão. Recristianização progressiva do crime.

Aula de 7 de fevereiro de 1973 93
Penitenciária, dimensão de todos os controles sociais contemporâneos. (I) Generalização e condições de aceitabilidade da forma-prisão. (A) Inglaterra. Grupos espontâneos para garantir a ordem: 1/ *quakers* e metodistas; 2/ sociedades para a eliminação do vício; 3/ grupos de autodefesa; 4/ polícias particulares. – Novo sistema de controle: inculcar condutas, moralizar e controlar as *lower classes*. Colquhoun, *Tratado sobre a polícia da metrópole* (1797). Três princípios: 1/ a moralidade como fundamento do sistema penal; 2/ necessidade do Estado policial; 3/ a polícia tem como alvo as classes baixas. – Conclusões: 1/ o Estado como agente da moralidade; 2/ vínculos com o desenvolvimento do capitalismo; 3/ coerção como condição de aceitabilidade da prisão. – Movimentos atuais de dissidência moral: dissolver o vínculo penalidade-moralidade.
Anexo 106

Aula de 14 de fevereiro de 1973 113
(A) Inglaterra (continuação). Grande promoção das virtudes. (B) França. Aparecimento de novas técnicas de captação e reclusão, bem como de um novo aparato policial. Dois mecanismos para tornar a repressão tolerável. Na França, investimento do aparelho estatal pelo interesse social lateral: ordens régias, meio de controle social que produz a moralização e a psicologização da pena no século XIX. Contrainvestimento capilar das associações, famílias e corporações. – Campo de saber, arquivos biográficos: influência sobre os saberes psiquiátrico, sociológico, criminológico no século XIX. – Substituição das ordens régias por organismos estatais centralizados: as grandes casas de correção.

Aula de 21 de fevereiro de 1973 129
(B) França (continuação). Recapitulação e resultados: sociedade punitiva. Mecanismo: dominar o ilegalismo popular. 1. Ilegalismo popular no século XVIII. O caso dos tecelões do Maine. Mercadores e tecelões esquivam-se dos regulamentos. O funcionamento positivo dos ilegalismos. 2. Inversão no fim do século XVIII. A burguesia se apodera do aparato judicial para se livrar do ilegalismo popular que se tornou "depredação". A depredação operária; o banditismo dos operários do porto de Londres. 3. Implementação do sistema penal e penitenciário. Instrumentos: noção de inimigo social; moralização da classe operária; prisão, colônia, exército, polícia. – No século XIX, ilegalismo operário, alvo de todo o sistema repressivo da burguesia.

Aula de 28 de fevereiro de 1973 143
(B) França (continuação). O moral fincado no penal. 4. Depredação camponesa: no século XVIII, ilegalismo como elemento funcional da

vida camponesa; fim do século XVIII, abolição dos direitos feudais; no século XIX, exploração mais cerrada. O caso da exploração das florestas. Novo ilegalismo contra o contrato; contestação e litígio civil. 5. Consequências: 1/ exército como foco e comutador dos ilegalismos; 2/ o ilegalismo como fulcro da Revolução; 3/ uma resposta burguesa maciça e programada: a classe baixa como "raça abastardada". O novo personagem do delinquente: selvagem, imoral, mas regenerável por meio da vigilância. – Reflexões: a inteligência da burguesia; a burrice dos intelectuais; a seriedade da luta.

Aula de 7 de março de 1973.. 157

Analogias entre Target e os *quakers*. (I) O medo no começo do século XIX: 1/ ligado aos novos modos de produção; medo do operário, de seu desejo, de seu corpo; 2/ baseado na realidade; 3/ medo da classe laboriosa; 4/ pelo fato de que "eles" não trabalham o suficiente. Ameaça ao aparato capitalista. O sistema penal visa o corpo, o desejo, a necessidade do operário. Duas exigências: livre mercado e disciplina. Carteira profissional do operário. (II) Dualismo penal: o duplo *front* da penalidade. 1. Recodificação dos delitos e das penas: homogênea, positiva, coercitiva, representativa, eficaz. 2. Integração de um condicionamento moral: circunstâncias agravantes e atenuantes; vigilância; casas de correção; reeducação. – Dualidade direito-correção. Criminologia: discurso que garante a transcrição dessa dualidade. Monomania. – Simbiose da criminologia com o sistema penal.

Aula de 14 de março de 1973.. 171

(I) Novo ilegalismo: da depredação à dissipação. Recusar a força de trabalho. O corpo do operário como fator dominante: ociosidade; recusa ao trabalho; irregularidade; nomadismo; festa; recusa à família; devassidão. (A) História da preguiça. Ociosidade clássica dos séculos XVII-XVIII; recusa coletiva e organizada no século XIX. (B) Características dessa dissipação: fortalecimento recíproco dos ilegalismos; coletiva e fácil de difundir; infralegal; proveitosa para a burguesia; objeto de reprovação. As três formas de dissipação: intemperança, imprevidência, desordem. As três instituições de dissipação: festas, loteria, concubinato. (II) Domínio da dissipação. Mecanismos parapenais; caderneta de poupança; caderneta de trabalho. Sistema graduado, contínuo, cumulativo. (III) Continuidade e capilarização da justiça na vida cotidiana. Vigilância geral. Forma de exame. Par vigiar-punir. A sociedade disciplinar.

Aula de 21 de março de 1973.. 185

A fábrica-caserna-convento em Jujurieux. Regulamentos minuciosos, Icária patronal. (I) Instituições de reclusão: pedagógicas, corretivas, terapêuticas. Pesquisa arquitetônica e microssociológica. (II) Análise dessas instituições. (A) Nova forma de reclusão-sequestração. Três diferenças em relação ao período clássico. 1. Forma de superpoder. 2. Normatização. 3. Sistema intraestatal. (B) Funções da sequestração. 1. Sequestração do tempo. Sujeitar o tempo da vida ao tempo da produção. 2. Controle direto ou indireto da existência inteira. Fabricação do social. 3. Julgamento permanente e ininterrupto. 4. Produção de um novo tipo de discursividade: contabilidade moral cotidiana da existência total; em função do normal e do anormal.

Anexo 199

Aula de 28 de março de 1973 205
Temática do curso: a forma-prisão como forma social; um saber-poder. (I) Análise geral do poder. Quatro esquemas por rejeitar. 1. Apropriação: o poder não é possuído, é exercido. Caso da poupança operária. 2. Localização: o poder não está estritamente localizado nos aparatos estatais, mas sua ancoragem é bem mais profunda. Caso da polícia no século XVIII e do sistema penal no século XIX. 3. Subordinação: o poder não garante, mas constitui modos de produção. Caso da sequestração. 4. Ideologia: o exercício do poder não é lugar de formação de ideologia, mas de saber; todo saber possibilita o exercício de um poder. Caso da vigilância administrativa. (II) Análise do poder disciplinar: normatização, hábito, disciplina. – Comparação do uso do termo "hábito" na filosofia dos séculos XVIII e XIX. Comparação do poder-soberania no século XVIII com o poder-normatização no século XIX. – A sequestração fabrica a norma e produz os normais. Novo tipo de discurso: ciências humanas.

Resumo do curso 225
Situação do curso 241
Índice das noções 285
Índice onomástico 317

NOTA

Michel Foucault ensinou no Collège de France de dezembro de 1970 a junho de 1984, ano de sua morte – com exceção de 1977, quando gozou de um ano sabático. O título de sua cadeira era: *História dos sistemas de pensamento.*

Ela foi criada em 30 de novembro de 1969, por proposta de Jules Vuillemin, pela assembleia geral dos professores do Collège de France em substituição à cadeira de História do pensamento filosófico, que Jean Hyppolite ocupou até sua morte. A mesma assembleia elegeu Michel Foucault, no dia 12 de abril de 1970, titular da nova cadeira[1]. Ele tinha 43 anos.

Michel Foucault pronunciou a aula inaugural em 2 de dezembro de 1970[2].

O ensino no Collège de France obedece a regras específicas. Os professores têm a obrigação de dar 26 horas de aulas por ano (metade das quais, no máximo, pode ser dada na forma de seminários[3]). Eles devem expor cada ano uma pesquisa original, o que os obriga a sempre renovar o conteúdo do seu ensino. A frequência às aulas e aos seminários é inteiramente livre, não requer inscrição nem diploma. E o professor também não fornece certificado algum[4]. No vocabulário do Collège de France se diz que os professores não têm alunos, mas ouvintes.

O curso de Michel Foucault era dado todas as quartas-feiras, do começo de janeiro ao fim de março. A assistência, numerosíssima, compos-

---

1. Michel Foucault encerrou o opúsculo que redigiu para sua candidatura com a seguinte fórmula: "Seria necessário empreender a história dos sistemas de pensamento" ("Titres et travaux", in *Dits et Écrits, 1954-1988*, org. D. Defert e F. Ewald, colab. J. Lagrange, Paris, Gallimard, 1994, 4 vols.: t. I, nº 71, p. 846; reed. em 2 vols., col. "Quarto", vol. I, p. 874 [trad. bras.: "Títulos e trabalhos", in *Ditos e escritos*, 10 vols. temáticos, Rio de Janeiro, Forense Universitária, 2010-2015, vol. VII]).
2. Publicada pelas Éditions Gallimard em maio de 1971 com o título: *L'Ordre du discours*. [Trad. bras.: *A ordem do discurso*, 23ª ed., São Paulo, Loyola, 2013.]
3. Foi o que Michel Foucault fez até o início da década de 1980.
4. No âmbito do Collège de France.

ta de estudantes, professores, pesquisadores e curiosos, muitos deles estrangeiros, mobilizava dois anfiteatros do Collège de France. Michel Foucault se queixou repetidas vezes da distância que podia haver entre ele e seu "público" e do pouco intercâmbio que a forma do curso possibilitava[5]. Sonhava com um seminário que desse ensejo a um verdadeiro trabalho coletivo, fez diferentes tentativas. Durante os últimos anos, no fim da aula, dedicava um bom tempo a responder às perguntas dos ouvintes.

Eis como, em 1975, um jornalista do *Nouvel Observateur*, Gérard Petitjean, descrevia a atmosfera desses cursos: "Quando Foucault entra na arena, rápido, decidido, como quem pula na água, passa por cima de alguns corpos para chegar à sua cadeira, afasta os gravadores para pôr seus papéis na mesa, tira o paletó, acende um abajur e arranca, a cem por hora. Voz forte, eficaz, retransmitida por alto-falantes, única concessão ao modernismo de uma sala mal iluminada por uma luz que se ergue de arandelas de gesso. Há trezentos lugares e quinhentas pessoas apinhadas, ocupando todo espaço livre [...]. Nenhum efeito oratório. É límpido e terrivelmente eficaz. Não há a menor concessão à improvisação. Foucault tem doze horas por ano para explicar, num curso público, o sentido de sua pesquisa durante o ano que acaba de transcorrer. Então, comprime ao máximo e enche as margens como aqueles missivistas que ainda têm coisas demais para dizer quando já chegaram ao fim da folha. 19h15: Foucault para. Os estudantes precipitam-se para sua mesa. Não para falar com ele, mas para desligar os gravadores. Não há perguntas. No meio do tumulto, Foucault está só". E Foucault comenta: "Seria preciso poder discutir o que propus. Às vezes, quando a aula não foi boa, bastariam poucas coisas, uma pergunta, para que tudo se ajeite. Mas essa pergunta nunca vem. Na França, o efeito de grupo torna impossível qualquer discussão real. E, como não há canal de retorno, o curso se teatraliza. Tenho uma relação de ator ou de acrobata com as pessoas que estão aqui. E, quando termino de falar, a sensação é de total solidão [...]"[6]

Michel Foucault abordava suas aulas como pesquisador: explorações para um futuro livro, desbravamento também de campos de problematiza-

---

5. Em 1976, na (vã) esperança de reduzir a assistência, Michel Foucault mudou o horário das aulas, que passou das 17h45, fim de tarde, para as 9 horas da manhã. Cf. início da primeira aula (7 de janeiro de 1976) de *"Il faut défendre la société". Cours au Collège de France, 1976*, org. M. Bertani e A. Fontana, sob orientação de F. Ewald e A. Fontana, Paris, Gallimard/Seuil, 1997, col. "Hautes Études". [Trad. bras.: *Em defesa da sociedade*, 2ª ed., São Paulo, WMF Martins Fontes, 2010.]

6. Gérard Petitjean, "Les Grands Prêtres de l'université française", *Le Nouvel Observateur*, 7 de abril de 1975.

ção, que se formulariam mais como convite lançado a eventuais pesquisadores. Por isso, os cursos do Collège de France não reiteram os livros publicados. Não são esboço destes, ainda que os temas possam ser comuns a livros e cursos. Eles têm seu próprio estatuto. Pertencem a um regime discursivo específico no conjunto dos "atos filosóficos" realizados por Michel Foucault. Neles desenvolve especificamente o programa de uma genealogia das relações saber/poder, em função do qual, a partir do início dos anos 1970, refletirá sobre seu trabalho – em oposição ao de uma arqueologia das formações discursivas que ele até então dominara[7].

Os cursos também tinham função na atualidade. O ouvinte que ia assistir às aulas não era apenas cativado pela narrativa que se construía semana após semana; não era apenas seduzido pelo rigor da exposição; ali também encontrava esclarecimentos sobre a atualidade. A arte de Michel Foucault consistia em diagonalizar a atualidade pela história. Podia falar de Nietzsche ou de Aristóteles, da especialidade psiquiátrica no século XIX ou da pastoral cristã, e o ouvinte sempre extraía disso alguma luz sobre o presente e sobre os acontecimentos contemporâneos. A pujança própria de Michel Foucault nessas aulas decorria desse sutil cruzamento entre a erudição científica, um compromisso pessoal e um trabalho sobre o acontecimento.

*

Os anos 1970 viram o desenvolvimento e o aperfeiçoamento dos gravadores de fita cassete, e a mesa de Michel Foucault logo foi invadida por eles. Dessa maneira, os cursos (e alguns seminários) foram conservados.

Esta edição toma como referência a palavra pronunciada publicamente por Michel Foucault, visto que as gravações foram conservadas. Apresenta sua transcrição mais literal possível[8]. Gostaríamos de poder apresentá-la tal qual ocorreu. Mas a passagem do oral ao escrito impõe uma intervenção do editor: é preciso, no mínimo, introduzir uma pontuação e definir os parágrafos. O princípio foi sempre de permanecer o mais próximo possível da aula efetivamente proferida.

---

7. Cf., em especial, "Nietzsche, la généalogie, l'histoire", in *Dits et Écrits,* ed. 1994, t. II, nº 84, p. 137, "Quarto", vol. I, p. 1005. [Trad. bras.: "Nietzsche, a genealogia, a história", in *Ditos e escritos*, vol. II.]

8. Foram utilizadas, em especial, as gravações realizadas por Gilbert Burlet e Jacques Lagrange, depositadas no Collège de France e no IMEC.

Quando parecia indispensável, foram eliminadas as retomadas e as repetições; as frases interrompidas foram restabelecidas, e as construções incorretas foram corrigidas.

As reticências indicam que a gravação é inaudível. Quando a frase é obscura, aparece entre colchetes uma complementação conjuntural ou um acréscimo.

As notas de rodapé com letras indicam variantes significativas das notas utilizadas por Michel Foucault em relação ao que foi proferido.

As citações foram confirmadas, e foram indicadas as referências dos textos usados. O aparato crítico limita-se a elucidar os pontos obscuros, a explicitar algumas alusões e a tornar mais precisos os pontos críticos.

Para facilitar a leitura, cada aula foi precedida de um breve sumário que indica suas principais articulações.

Para esse ano de 1972-1973, já não dispomos das gravações do curso de Michel Foucault realizadas por Gilbert Burlet, mas dispomos de uma versão datilografada por Jacqueline Germé. Essa versão e o manuscrito preparatório do curso serviram de base para o estabelecimento deste texto. Bernard E. Harcourt, em "Situação do curso", esclarece as regras adotadas para tal fim[9].

O texto do curso é seguido pelo resumo publicado no *Annuaire du Collège de France*. Michel Foucault geralmente os redigia no mês de junho, portanto algum tempo depois do fim do curso. Para ele, essa era a oportunidade de depreender, retrospectivamente, a intenção e os objetivos do curso. Esse resumo constitui sua melhor apresentação.

Cada volume termina com uma "situação" cuja responsabilidade é do editor do curso: o objetivo é dar ao leitor elementos contextuais de ordem biográfica, ideológica e política, situando o curso na obra publicada e dando indicações sobre seu lugar no âmbito do *corpus* utilizado, a fim de facilitar seu entendimento e evitar contrassensos que poderiam decorrer do esquecimento das circunstâncias nas quais cada um dos cursos foi elaborado e ministrado.

O curso dado em 1973, *A sociedade punitiva*, é editado por Bernard E. Harcourt.

Com esta edição dos cursos no Collège de France, é publicada mais uma faceta da "obra" de Michel Foucault.

Não se trata, propriamente, de inéditos, já que esta edição reproduz a palavra proferida em público por Michel Foucault. O suporte escrito que ele utilizava podia ser bastante elaborado, conforme demonstra este volume.

---

9. Cf. *infra*, pp. 241-81.

Esta edição dos cursos no Collège de France foi autorizada pelos herdeiros de Michel Foucault, que desejaram satisfazer à enorme demanda de que eram objeto, tanto na França como no exterior. Isso em incontestáveis condições de seriedade. Os editores procuraram estar à altura da confiança que neles foi depositada.

FRANÇOIS EWALD E ALESSANDRO FONTANA

> Alessandro Fontana faleceu em 17 de fevereiro de 2013, antes de conseguir terminar a edição dos Cursos de Michel Foucault no Collège de France, da qual ele foi um dos iniciadores. Visto que ela conservará o estilo e o rigor que ele lhe imprimiu, esta edição continuará sendo apresentada, até seu término, com o seu nome como editor. – F. E.

Curso
Anos 1972-1973

AULA DE 3 DE JANEIRO DE 1973

Classificação de sociedades: incinerantes e inumantes; assimilantes e excludentes. Insuficiência da noção de exclusão. Hospital psiquiátrico. Insuficiência da noção de transgressão. – Objeto do curso: crítica às noções de exclusão e de transgressão, análise das táticas finas de sanção. (I) As quatro táticas penais: 1/ excluir; 2/ impor compensação; 3/ marcar; 4/ encarcerar. – Hipótese inicial: classificação das sociedades de exclusão, de resgate, de marcação ou de reclusão. – Objeções possíveis e resposta: as penas constantes têm funções diferentes nas quatro táticas penais. O caso da multa. O caso da pena de morte. Damiens e o poder do soberano. A pena de morte como reclusão redobrada na atualidade. (II) Tornar autônomo o nível das táticas penais: 1/ colocá-las dentro da esfera do poder; 2/ examinar as lutas e contestações políticas em torno do poder. – A guerra civil como matriz das lutas de poder: táticas de luta e penalidade; estratégia da reclusão.

Começarei com uma hipótese até certo ponto lúdica. Vocês sabem que nos séculos XIX e XX as pessoas se divertiam classificando as sociedades em dois tipos, de acordo com o modo como tratavam seus mortos. Foi assim que se distinguiram as sociedades incinerantes e as sociedades inumantes[1]. Eu me pergunto se não seria possível tentar classificar as sociedades de acordo com o destino que reservam não aos defuntos, mas aos vivos dos quais querem se livrar, da maneira que elas controlam aqueles que tentam escapar ao poder, como reagem àqueles que transgridem, infringem ou evitam as leis[a], de uma forma ou de outra.

Há um trecho de *Tristes trópicos* no qual Lévi-Strauss diz que, para se livrar de um indivíduo perigoso, dotado de força temível e hostil, as sociedades acabaram por encontrar apenas dois meios[2]: um consiste em assimilar a substância dessa energia neutralizando tudo o que possa haver nela de perigoso e hostil; é a solução antropofágica, em que a absorção

---

a. Manuscrito (fol. 1): "as regras".

possibilita ao mesmo tempo a assimilação e a neutralização dessa força[a]. O outro consiste em tentar vencer a hostilidade dessa força, neutralizando o que nela possa haver de energia; solução inversa, por conseguinte, em que se trata não de assimilar a força, mas de neutralizá-la, não de neutralizar a hostilidade, mas de vencê-la e [obter seu] controle. [Trata-se de] "expulsar do corpo social esses seres temíveis, mantendo-os temporária ou definitivamente isolados, sem contato com a humanidade, em estabelecimentos destinados a esse uso"[3]. Essa prática da exclusão é chamada [por Lévi-Strauss] de "*antropoemia* (do grego *emein*, vomitar)"[4]: controlar as forças perigosas de nossa sociedade não é assimilá-las, mas excluí-las[b].

Não quero discutir essa hipótese, por si mesma um tanto ou quanto lúdica. É bem possível que tal oposição possa ter valor descritivo em se tratando de identificar ou analisar coisas como a antropofagia ou o rito do bode expiatório[5]. Mas não acredito que possa ser considerada operacional se quisermos fazer uma análise de tipo histórico, e isso por várias razões.

Essa noção de *exclusão* parece-me, para começar, ampla demais e, principalmente, compósita e artificial. Digo-o com mais razão porque eu mesmo fiz uso dela e, talvez, abuso[6]. De fato, ela serviu para caracterizar, designar de modo bastante vago o estatuto conferido, numa sociedade como a nossa, a delinquentes, minorias étnicas, religiosas e sexuais, a doentes mentais, a indivíduos que ficam fora dos circuitos de produção ou consumo, enfim a todos aqueles que possam ser considerados anormais ou desviantes. Não acredito que essa noção tenha sido inútil; em dado momento, ela pôde exercer uma função crítica útil, visto que se tratava de reverter as noções psicológicas, sociológicas ou psicossociológicas que tinham invadido o campo das ciências humanas, tais como as de desvio, inadaptação e anomalia, cujo conteúdo psicológico ocultava uma função bem precisa: mascarar as técnicas, os procedimentos e os aparatos com os quais a sociedade excluía alguns indivíduos, para apresentá-los em seguida como anormais, desviantes. Daquele modo, foi importante a função de inversão crítica da noção de exclusão em relação às noções psicossociológicas de desvio ou inadaptação. Mas parece-me que ela se tornou insuficiente, se quisermos aprofundar a análise, uma vez que, no fundo, a noção de exclusão nos fornece o estatuto do indivíduo[c] excluído no campo das representações sociais. É no interior desse campo que o excluído aparece como tal: ele já não se comunica com os outros no nível do sistema das repre-

    a. O manuscrito (fol. 2) acrescenta: "ou seja, comê-lo".
    b. O manuscrito (fol. 2) acrescenta: "Nossa sociedade pertenceria ao segundo tipo, as que excluem essas forças perigosas que são a loucura ou o crime. E as excluem por meio da morte, do exílio ou da reclusão."
    c. Manuscrito (fol. 3): "dos indivíduos (ou dos grupos) [...]".

sentações, e é por isso que se mostra, precisamente, desviante. Essa noção de exclusão parece-me, portanto, permanecer dentro do campo das representações e não levar em conta – não poder, por conseguinte, levar em conta – nem analisar as [lutas], as relações, as operações especificadas do poder a partir das quais, precisamente, se faz a exclusão. A exclusão[a] seria o efeito representativo geral de várias estratégias e táticas de poder, que a própria noção de exclusão não pode atingir por si só. Além disso, essa noção possibilita responsabilizar a sociedade em geral pelo mecanismo por meio do qual o excluído acaba excluído. Em outras palavras, perde-se não só o mecanismo histórico, político, de poder, como também se corre o risco de ser induzido em erro no que se refere à instância que exclui, pois a exclusão [parece] referir-se a algo como um consenso social que rejeita, ao passo que por trás disso talvez haja várias instâncias perfeitamente especificadas, por conseguinte definíveis, de poder que são responsáveis pelo mecanismo de exclusão.

A segunda razão pela qual não posso concordar com a hipótese de Lévi-Strauss é a seguinte: no fundo, ele opõe duas técnicas que seriam perfeitamente diferentes, uma de rejeição e outra de assimilação. Eu me pergunto se ele por acaso não foi vítima da metáfora digestiva induzida pela própria noção de antropofagia, porque, olhando com mais atenção o modo como ocorrem esses procedimentos de exclusão, percebe-se que não estão em absoluto em oposição às técnicas de assimilação. Não há exílio, reclusão[b] que, além daquilo que caracterizamos de modo geral como expulsão, deixe de comportar uma transferência, uma reativação desse mesmo poder que impõe, coage e expulsa.

Assim, o hospital psiquiátrico é realmente o lugar institucional no qual e por meio do qual se dá a expulsão do louco; ao mesmo tempo e pela própria ação dessa expulsão, ele é um núcleo de constituição e reconstituição[c] de uma racionalidade autoritariamente instaurada no âmbito das relações de poder no interior do hospital e que será reabsorvida no exterior do hospital na forma de discurso científico, que circulará no exterior como saber sobre a loucura, cuja condição de possibilidade de sua racionalidade precisa é o hospital[d]. No interior do hospital, o louco é o

a. Manuscrito (fol. 4): "A exclusão é efeito representativo geral de estratégias e táticas muito mais finas. São elas que devemos determinar."
b. O manuscrito (fol. 4) acrescenta: "ou condenação à morte".
c. O manuscrito (fol. 4) acrescenta: "permanente".
d. Manuscrito (fols. 4-5): "A relação de poder (razão-loucura) que reina na reclusão desloca-se, ou inverte-se – no exterior da reclusão –, como relação de objeto: a doença mental se constitui como objeto de um saber racional. E, a partir dessa relação, a não loucura pode reforçar seu poder sobre a loucura."

alvo de certa relação de autoridade que se articulará em decisões, ordens, disciplinas etc. Essa relação de autoridade baseia-se em certo poder, que é político em sua trama profunda, mas se justifica também e se articula a partir de algumas condições ditas de racionalidade, e essa relação que se exerce permanentemente sobre o louco dentro do hospital é, pela própria maneira como o discurso e o personagem do médico funcionam na comunidade científica e na sociedade, reconvertida em elementos de informação racional que serão reintroduzidos nas relações de poder características da sociedade. Aquilo que é vigilância, em termos de relações de poder no interior do hospital, se tornará observação científica no discurso do médico, pelo próprio fato de que o médico, por um lado, ocupa uma posição de poder dentro do hospital e, por outro, funciona como alguém que profere e tem o direito de proferir um discurso científico fora do hospital. Aquilo que era classificação, instrução, nos termos da relação de autoridade interior ao hospital, será reconvertido em diagnóstico ou prognóstico, em nosografia na linguagem do médico, que, quando está fora do hospital, funcionará como sujeito de um discurso científico.

Dessa maneira, percebe-se de que modo uma relação política que estrutura toda a vida de um hospital psiquiátrico acaba reconvertida em discurso racional, a partir do qual, precisamente, acaba reforçada a autoridade política – a partir da qual é possível o funcionamento do hospital. Haveria ao mesmo tempo transferência do interior do hospital para o seu exterior e conversão de uma relação de poder numa relação de saber. O doente aparece dentro do hospital como alvo da relação de poder político, mas então se transforma no objeto de um saber, de um discurso científico num sistema de racionalidade geral, que se torna fortalecido exatamente por isso, já que a racionalidade adquiriu assim o poder de conhecer não só o que ocorre na natureza, no homem, mas também o que ocorre nos loucos. Há aí uma espécie de transferência e de ingestão que leva a pensar naquilo que Lévi-Strauss chama de antropofagia: um processo de ingestão para fortalecimento[a].

Assim, o objeto lateral e permanente deste curso será uma crítica dessa noção de exclusão ou, mais precisamente, sua elaboração segundo dimensões que possibilitem ao mesmo tempo decompô-la em seus elementos constituintes e encontrar as relações de poder a ela subjacentes e que a tornam possível.

Talvez venha a ser preciso, do mesmo modo, fazer a crítica de uma noção cujo sucesso foi correlativo ao desta: a de *transgressão*[7]. A noção de

---

a. O manuscrito (fol. 5) acrescenta: "Mas essa antropofagia só aparece com a condição de deslocar a análise; de não ficar no nível geral da exclusão; e de identificar as táticas de poder que lhe são subjacentes."

transgressão durante certo período desempenhou [um papel] mais ou menos comparável ao [da noção] de exclusão. Também ela permitiu uma espécie de inversão crítica, importante por ter possibilitado evitar noções como as de anomalia, culpa, lei. Autorizou uma inversão do negativo em positivo, do positivo em negativo. Possibilitou ordenar todas essas noções não mais em relação à noção, maior, de lei, mas à de *limite*[a].

Mas acredito que as noções de exclusão e de transgressão devem ser consideradas agora instrumentos que tiveram sua importância histórica: durante determinado período, elas foram inversores críticos no campo da representação jurídica, política e moral; mas esses inversores continuam alinhados com o sistema geral das representações contra as quais se tinham voltado. Parece-me que as direções indicadas pelas análises feitas em termos de exclusão e de transgressão precisam ser seguidas em novas dimensões, nas quais já não se falará em lei, regra, representação, mas em poder em vez de lei, em saber em vez de representação.

* * *

Quero justificar o título do curso e falar dessa noção de *punição*[9]. Se tomei precisamente essa noção banal, ingênua, frágil, pueril, foi justamente por querer retomar as coisas no próprio nível de seu desenvolvimento histórico, começando pela análise daquilo que poderia ser chamado de "táticas finas da sanção". Começarei discernindo algumas delas. Parece-me possível discernir quatro grandes formas de táticas punitivas[10], que definirei com verbos em vez de substantivos.

1/ *Excluir*. Esse termo é aqui empregado no sentido estrito, e não, como no texto de Lévi-Strauss, no sentido de encarcerar, mas no sentido de exilar, expulsar, pôr para fora. Com essa tática punitiva, trata-se de proibir a presença de um indivíduo nos lugares comunitários ou sagrados, de abolir ou proibir em relação a ele todas as regras de hospitalidade. Trata-se de privá-lo de sua casa, suprimir até a realidade de seu lar, como quando se queima a casa de um banido[11] ou também – segundo um direito medieval que se prolongou por muito tempo, até nas práticas revolucionárias – [quando se] incendeia o teto da casa da pessoa que se quer banir[b].

---

a. O manuscrito (fol. 6) acrescenta: "Falar de transgressão não é designar a passagem do lícito ao ilícito (para além do proibido): é designar a passagem ao limite, para além do limite, a passagem para aquilo que não tem regra e, por conseguinte, não tem representação."[8]

b. O manuscrito (fol. 8) acrescenta: "de maneira que ela não passe de uma ruína visível: trata-se de levá-la ou escorraçá-la até as fronteiras; pode tratar-se também de expô-la ou entregá-la à sorte de um barco (como alguém que já não tem terra própria, lugar onde se abrigar, alimento ou sustento ao qual tenha direito)".

Essa tática foi posta em prática de maneira privilegiada na penalidade da Grécia arcaica[a].

2/ Organizar um ressarcimento, impor uma compensação[13]. Nessa tática, a ruptura da regra e a infração vão provocar dois procedimentos: [por um lado,] a emergência de alguém, indivíduo ou grupo, que será constituído como vítima do dano e poderá, assim, exigir reparação; a culpa, [por outro lado,] provocará algumas obrigações [para] aquele que é considerado infrator. Assim, em torno da infração, não haverá o fenômeno de vazio do primeiro caso, mas a constituição de toda uma rede específica de obrigações, comparável a uma dívida que seria preciso reembolsar ou a um dano que seria preciso reparar[b]. Aquele que infringiu as regras fica assim forçosamente preso a um conjunto de compromissos que o coagem[c]. Há aí uma tática diferente da anterior: na primeira, o objetivo é romper todos os elos com o indivíduo, todos os elos por meio dos quais ele é mantido no interior do poder; aqui, ao contrário, o objetivo é prender o infrator dentro de uma rede de obrigações multiplicadas, exacerbadas em relação à rede tradicional na qual ele se encontra.

3/ Marcar. Fazer uma cicatriz, deixar um sinal no corpo, em suma, impor a esse corpo uma diminuição virtual ou visível, ou então, caso o corpo real do indivíduo não seja atingido, infligir uma mácula simbólica a seu nome, humilhar seu personagem, reduzir seu *status*. De qualquer maneira, trata-se de deixar sobre o corpo visível ou simbólico, físico ou social, anatômico ou estatutário, algo como um vestígio. O indivíduo que tiver cometido a infração ficará assim marcado por um elemento de memória e reconhecimento. Nesse sistema, a infração já não é aquilo que deve ser ressarcido, compensado, reequilibrado, portanto até certo ponto apagado; ao contrário, é aquilo que deve ser ressaltado, que deve escapar ao esquecimento, ficar fixado numa espécie de monumento, ainda que este seja uma cicatriz, uma amputação, algo que gire em torno da vergonha ou da infâmia[d]; são todos os rostos expostos no pelourinho, as mãos cortadas dos ladrões. O corpo visível ou social, nesse sistema, deve ser o brasão das penas, e esse brasão remete a duas coisas. [Por um lado] à culpa, de que ele deve ser o vestígio visível e imediatamente reconhecível: sei muito

a. O manuscrito (fol. 8) acrescenta: "e até mesmo na época clássica"[12].

b. O manuscrito (fol. 9) acrescenta: "ora a uma vingança por deter, ora a uma guerra por prevenir com uma espécie de indenização, ora a uma liberdade por recobrar por meio de um resgate".

c. O manuscrito (fols. 9-10) acrescenta: "a menos que escape ou cometa outra infração. Esse sistema de compensação e de indenização parece ter sido dominante nas sociedades germânicas antigas"[14].

d. O manuscrito (fol. 11) associa "cicatriz e vergonha", depois "amputação e infâmia".

bem que és ladrão, pois não tens mãos; e, [por outro lado,] ao poder que impôs a pena e, com essa pena, deixou no corpo do supliciado a marca de sua soberania. Na cicatriz ou amputação, visível não é apenas a culpa, mas também o soberano. Foi essa tática da marcação que preponderou no Ocidente desde o fim da Alta Idade Média até o século XVIII.

4/ Encarcerar. Tática que praticamos, cuja instauração definitiva se situaria na virada do século XVIII para o XIX. Falaremos das condições políticas da reclusão tomada em sua forma mais geral e dos efeitos dessa reclusão em termos de saber.

Assim, a hipótese inicial seria algo do tipo: há sociedades ou penalidades de exclusão, indenização, marcação ou reclusão[15]. Essa primeira abordagem será válida? Confesso que ainda não sei. De qualquer maneira, apresentam-se objeções imediatas das quais gostaria de falar. Por exemplo a seguinte: foi proposta uma crítica um tanto geral e abstrata da noção de exclusão, reprovando-a por ser de algum modo uma noção com altíssimo nível de generalidade, não operacional no nível histórico, mas eis que alguém se põe a definir táticas penais que, no fim das contas, correm o risco de incidir na mesma crítica, pois, quer se trate de marcação, reclusão etc., também se trata de esquemas completamente abstratos em relação ao *corpus* perfeitamente definido e, aliás, bastante constante das penas reais. Se nos ativermos ao plano histórico, veremos que o rol das penas é relativamente limitado e fechado, e talvez fosse muito mais razoável, em vez de introduzir noções como reclusão, marcação etc., falar das penas reais, que foram efetivamente praticadas nas sociedades: por exemplo multa ou pena de morte.

Ora, o que eu gostaria de mostrar é que penas ao mesmo tempo estatutárias e aparentemente constantes não desempenham absolutamente o mesmo papel, não correspondem de fato à mesma economia do poder num sistema ou noutro. [Tomemos para começar o caso da] multa. Em todos os sistemas penais, quer predomine a exclusão ou não, a marcação ou a reclusão, a cobrança em bens é uma penalidade constante. Ora, acredito ser possível perceber que a função tática dessa punição varia nos diferentes sistemas.

Na tática de exclusão, o que significa confiscar bens? É certa maneira de suprimir ou de comprometer o direito de residência, de suspender assim os privilégios políticos, os direitos civis referentes a essas propriedades assim suprimidas. É certa maneira de apagar a cidadania do infrator. É obrigá-lo a ir buscar alhures um lugar ao sol. É impedi-lo de deixar bens[a] atrás de si, depois da partida ou da morte. A tática da multa, dentro

---

a. O manuscrito (fol. 13) diz: "uma casa, bens, um nome".

de um sistema de exclusão, desempenha o papel de exílio *in loco* ou de exílio indireto.

Na tática de ressarcimento, realmente se encontra a multa, mas esta tem função bem diferente; trata-se, no caso, de obter do infrator uma compensação pelo dano causado, de conseguir que ele pague uma espécie de resgate pela vítima[a], mas também que ele a ponha, como uma espécie de indenização ou penhor, nas mãos daquele que julga, [que] desempenha o papel de árbitro[b], arriscando assim o poder que lhe é reconhecido[16]. Portanto, a multa nesse sistema tem duas funções: compensação em relação àquele que se supõe lesado e, ao mesmo tempo, penhor dado ao árbitro[17].

No sistema da marcação, a multa tem outro papel, diferente daquele da compensação; muitas vezes ela é simbólica nesse sistema e não constitui realmente uma diminuição do *status* econômico do indivíduo. Não compromete seus direitos à cidadania. Ao contrário, tem a função simbólica de designar o culpado, marcá-lo como tal e, principalmente, impor-lhe a marca visível da soberania do poder. Pagar uma multa no sistema da marcação é dobrar-se diante dessa relação de poder que possibilita a alguém, uma autoridade, obrigar efetivamente a dar uma soma de dinheiro, ainda que[c] esta seja simbólica em relação à fortuna possuída. Portanto, a multa não é uma [espécie] de pena que pode se encontrar do mesmo modo em qualquer sistema. É um procedimento com papel tático completamente diferente segundo os regimes punitivos no interior dos quais ela figura.

Seria possível dizer o mesmo da pena de morte, ainda que, afinal, pareça não haver várias maneiras de morrer. Ora, justamente, no âmbito desses procedimentos por meio dos quais o poder reage a alguma coisa que o contesta, há muitos modos de morrer. Numa tática de exclusão como a da Grécia arcaica, a execução pura e simples, a morte direta, era rara e estava reservada a culpas bem específicas. Na verdade, havia procedimentos particulares que não consistiam em executar, mas em expor à morte, alijando a pessoa do território, abandonando-a sem bens, deixando-a exposta à vindita pública, pondo-a de algum modo fora da lei, de tal maneira que qualquer um pudesse matá-la, ainda que ninguém fosse efe-

---

a. O manuscrito (fol. 13) acrescenta: "para que a vítima não dê início a uma guerra privada perigosa demais para o infrator".

b. O manuscrito (fol. 13) acrescenta: "e cujo veredicto possibilitará a interrupção do ciclo de vinganças".

c. A frase manuscrita (fol. 14) enuncia: "Mesmo sem incidência pecuniária sobre o condenado, ela tem papel de marcação no qual se manifesta o poder exercido sobre o infrator."

Um parágrafo adicional (fol. 14) sobre a reclusão diz: "Por fim, no sistema de reclusão, a multa desempenha o papel de equivalente ou de forma atenuada da reclusão. A reclusão é tantos dias de trabalho obrigatório ou tantos dias de trabalho sem salário. A multa é também tantos dias de trabalho ou uma fração desse tempo. Em ambos os casos trata-se de uma 'privação'."

tivamente designado como executor[18]. Havia também a maneira de matar que consistia em atirar alguém ao mar do alto de uma escarpa, ou seja, fazendo-o tombar para o outro lado dos limites do território, privando-o no sentido estrito do "solo materno" e expondo-o assim brutalmente, sem nenhum recurso, sem nenhum apoio, apenas ao poder dos deuses. Essa era a forma abrupta de exílio.

Num sistema de ressarcimento[a], a morte-castigo era, no fundo, a compensação da dívida: essa era a maneira como um assassinato devia ser pago. E a melhor prova de que era apenas isso é que o assassinato podia ser punido com a morte não do culpado, mas de um de seus parentes. Era preciso que a execução equivalesse ao reembolso da dívida, e não ao castigo do indivíduo considerado culpado[19].

Na prática da marcação, é fácil ver como a morte é uma operação física especificada, um trabalho com o corpo, uma maneira ritualizada de inscrever as marcas do poder no corpo do indivíduo, sua situação de culpado, ou de inscrever pelo menos no medo do espectador a memória da culpa. Se do fim da Idade Média ao século XVIII assistimos a uma variedade tão luxuriante de suplícios, é porque, precisamente, era necessário levar em conta toda uma série de variáveis: por exemplo, o *status* do culpado, e assim temos a decapitação, que é a morte marcada pelo selo do nobre, e a forca, morte que marcará o camponês. Têm-se a fogueira para o herege, o esquartejamento para os traidores, o desorelhamento para os ladrões, o furo da língua para os blasfemadores etc.[20]

É possível lembrar uma das cenas mais prodigiosas dessa morte por marcação: a execução de Damiens em 1757[21]. Damiens, que de início foi condenado à retratação pública, depois foi colocado na roda, seus membros foram quebrados a golpes de barra de ferro, seu peito foi lacerado, e sobre as chagas foi derramada cera fervente, sendo ele depois esquartejado com o corte das articulações e incinerado; suas cinzas finalmente foram lançadas ao vento. Tudo isso funcionou, até na imaginação do tempo, como a derradeira encenação dessa enfiada de suplícios. O soberano havia sido arranhado por um alucinado que saíra da multidão. A esse gesto o poder político respondeu com a exibição mais cabal de seu brasão penal. Exibiu os traços mais atrozes e ao mesmo tempo mais rituais de seu direito de justiça. O soberano mostrou o que podia fazer com o corpo de um homem[b].

a. O manuscrito (fol. 15) acrescenta: "do velho direito germânico".

b. O manuscrito (fol. 17) acrescenta: "quando deixava nele as marcas de sua passagem. O suplício de Damiens foi o último grande confronto do rei e do povo 'em pessoa' na cena do cadafalso, antes daquela do dia 21 de janeiro [de 1793], quando o confronto se deu no sentido inverso: nesse dia, o rei, despojado de toda a sua soberania, foi submetido à marca de uma penalidade igualitária, a decapitação – outrora pena dos nobres, que se tornara a pena para todos".

Se reencontramos a morte em nosso sistema penal, que é essencialmente um sistema de reclusão, é porque nele a morte já não desempenha o papel de uma espécie de exibição das marcas do poder no corpo humano, mas o da forma extrema e final, da forma perfeita e insuperável de reclusão: a ela – a essa espécie de reclusão redobrada – são submetidos aqueles de cuja reclusão definitiva é preciso ter certeza. A morte[a] já não é suplício, é o encerramento definitivo, a absoluta segurança[22].

Se tentei mostrar a maneira como a morte ou a multa variam segundo as quatro grandes táticas punitivas, foi para tentar dar autonomia a esse nível do qual gostaria justamente de vir a tratar; nível que não é o das grandes funções, como as de exclusão ou antropofagia, nem o das penas, como as definidas pelos códigos ou pelos costumes, cuja permanência mascara, acredito, a diferença dos papéis. Entre essas funções gerais e os diversos papéis desempenhados pelas penas, há um nível por explorar: o nível das táticas penais[b].

A propósito dessas táticas penais, gostaria de observar algumas coisas. Em primeiro lugar, falei de operações, tentei caracterizá-las com termos como excluir, encarcerar, ou seja, [como] operações que encontram o seu lugar entre o poder e aquilo sobre o que se exerce o poder – são operações que se desenrolam inteiramente dentro da esfera do poder. Tomando esse nível como primeiro nível de uma análise, não quis deduzir os sistemas penais de algumas representações jurídicas ou éticas da culpa ou do crime. Portanto, não formularei o problema nos seguintes termos: que ideia se teria do mal ou da culpa para responder a ela desta ou daquela maneira, com o exílio ou com a reclusão? Farei a pergunta de outro modo. Se antes de tudo falei dessas táticas, foi porque queria elucidar a seguinte questão: que formas de poder são efetivamente exercidas para que, às infrações que põem em xeque suas leis, suas regras, seu exercício, ele responda com táticas como a exclusão, a marca, o ressarcimento ou a reclusão? Se me apego a essas táticas, e principalmente à reclusão, não é para tentar reconstituir o conjunto das representações jurídicas e morais que supostamente sustentam e justificam essas práticas penais; é por querer definir a partir daí as relações de poder efetivamente em ação através dessas táticas[c]. Em outras palavras, gostaria de abordar essas táticas como

---

a. O manuscrito (fol. 17) acrescenta: "não é alternativa à prisão".
b. Manuscrito (fol. 18): "aquele das operações, das táticas, das estratégias penais".
c. Manuscrito (fols. 19-20): "Ou seja, nessa análise o que será posto em primeiro plano serão as formas de luta entre o poder político, tal como exercido numa sociedade, e aqueles – indivíduos ou grupos – que procuram escapar a esse poder, que o contestam local ou globalmente, que contrariam suas ordens ou suas regras."

O texto a seguir não figura no manuscrito, que, porém, contém quatro páginas de notas (retranscritas *infra*, p. 14), referentes às consequências metodológicas implicadas por essa escolha teórica, bem como os diferentes impasses do funcionalismo sociológico.

analisadores das relações de poder, e não como *reveladores* de uma ideologia. O sistema penal como analisador de poder é o tema deste curso.

Isso quer dizer, em segundo lugar, que, se for verdade que o sistema das táticas penais pode ser visto como analisador das relações de poder, o elemento considerado central será o elemento da luta política em torno do poder, contra ele. Aí está todo o jogo de conflitos, de lutas existentes entre o poder tal como exercido numa sociedade e os indivíduos ou grupos que, de uma maneira ou outra, procuram escapar desse poder, que o contestam local ou globalmente, que contrariam suas ordens e suas regras. Não quero dizer que considerarei absolutamente equivalentes a delinquência considerada de direito comum e a delinquência política. Quero dizer que, para fazer a análise de um sistema penal, o que se deve depreender em primeiro lugar é a natureza das lutas que, numa sociedade, se desenrolam em torno do poder.

Portanto, é a noção de *guerra civil* que deve ser posta no cerne de todas essas análises dos sistemas penais[23]. A guerra civil, acredito, é uma noção mal elaborada do ponto de vista filosófico, político e histórico. Há para isso algumas razões. Parece-me que o encobrimento, a negação da guerra civil, a afirmação de que a guerra civil não existe é um dos primeiros axiomas do exercício do poder. Esse axioma teve repercussões teóricas imensas, pois, se nos dirigirmos a Hobbes ou a Rousseau, seja como for, veremos que a guerra civil nunca é considerada algo positivo, central, que possa servir [em si] de ponto de partida para uma análise. Ou se fala da guerra de todos contra todos como algo que existe antes do pacto social, e, naquele momento, já não se trata de guerra civil, mas de guerra natural; e, a partir do momento em que há contrato, a guerra civil só pode ser o prolongamento monstruoso da guerra de todos contra todos numa estrutura social que deveria normalmente ser comandada pelo pacto. Ou então, ao contrário, se concebe a guerra civil como nada mais além do efeito, de certo modo retroativo, de uma guerra exterior sobre a cidade, o refluxo da guerra para aquém das fronteiras: portanto, aí se tem sobre o Estado a projeção monstruosa da guerra externa. Tanto numa análise como noutra, a guerra civil é o acidente, a anomalia, aquilo que se deve evitar justamente por ser a monstruosidade teórico-prática.

Ora, eu gostaria de fazer a análise considerando, ao contrário, que a guerra civil é o estado permanente a partir do qual é possível e é preciso compreender diversas dessas táticas de luta, entre as quais os sistemas penais são precisamente um exemplo privilegiado. A guerra civil é a matriz de todas as lutas pelo poder, de todas as estratégias do poder e, por conseguinte, também a matriz de todas as lutas a propósito do poder e contra ele. É a matriz geral que possibilitará compreender a instauração e o funcionamento de determinada estratégia da penalidade: a da reclusão. O que vou tentar mostrar é o jogo, na sociedade do século XIX, entre uma guerra civil permanente e as táticas opostas do poder[a].

*
NOTAS

1. A classificação das sociedades segundo seu modo de tratar os mortos é frequente nos trabalhos históricos, antropológicos e arqueológicos da década de 1830 à década de 1960, em especial na arqueologia da pré-história europeia. É possível remeter-se notadamente ao artigo

---

a. Quatro páginas de notas no fim do manuscrito (fols. 20-23), que não foram usadas durante o curso, contêm:
"O que será posto em primeiro plano, portanto, será a luta contra, ou com, ou pelo poder. Isso implica, como consequência metodológica, que é preciso expurgar o funcionalismo sociológico. Livrar-se da ideia
– de que a sociedade inteira, maciçamente, reage ao crime ou à culpa em obscuro consenso;
– de que essa reação é configurada em regras, leis e costumes que definem as penalidades; e
– de que o poder põe essas penalidades em ação, de maneira mais ou menos regular (e com algumas distorções, abusos ou favorecimentos).
Expurgar esse funcionalismo é colocar no âmago da prática penal não as reações sociais, mas as lutas pelo poder.
Expurgar esse funcionalismo sociológico[24] também é mostrar como ele se formou; como, no início do século XIX, ocorreu uma curiosíssima transferência de responsabilidade, em cujo termo
– a sociedade apareceu como aquilo que produzia o crime (segundo várias constantes estatísticas e leis sociológicas);
– a sociedade apareceu como aquilo que era ferido, lesado, prejudicado pela infração. A sociedade produz seu próprio mal, suscita seu próprio inimigo;
– a sociedade apareceu como aquilo que exigia do poder o castigo pelos crimes em razão de grandes opções morais.
Essa transferência de responsabilidade mascarou o fato de que o que estava em questão no crime ou em jogo na sua repressão não era a sociedade, mas o poder. Ela se traduziu, no nível da teoria penal, pela ideia de que a maior interessada na punição é a sociedade e de que a punição deve ter a função de proteção para a sociedade (Beccaria, Bentham).
Traduziu-se, no nível da prática, pela generalização do júri: não é o poder nem os representantes do poder que devem dizer se a sociedade é lesada, mas sim ela mesma.
Traduziu-se, no nível da especulação, pela constituição de uma sociologia da criminalidade ou da delinquência, ou seja, pela busca dos mecanismos sociais subjacentes tanto à criminalidade quanto às exigências de sua repressão. Esse mascaramento das relações de poder por trás dos mecanismos sociais é um dos fenômenos característicos da maneira como se exerceu o poder no capitalismo industrial.
Tomemos, como símbolo desse mascaramento, duas cenas:
– a cena em que a multidão assiste à execução de um culpado: ou seja, à exibição dos signos do poder. Ela se apinha em torno do cadafalso para ver a exposição e o suplício;
– a cena em que a execução ocorre na calada da noite, mas na qual o exercício do poder se mascara por trás de uma pesquisa de opinião.
Do mesmo modo seria possível mostrar como a passagem do suplício à reclusão corresponde a essa transição da relação de poder para o mecanismo social."

de Vere Gordon Childe, publicado em 1945, "Directional Changes in Funerary Practices during 50,000 Years", *Man*, vol. 45, pp. 13-9, para obter mais detalhes sobre as trajetórias cruzadas das sociedades inumantes e das sociedades incinerantes na Europa ("*inhumationists*" e "*cremationists*", segundo sua terminologia). Foucault já fizera alusão à classificação das sociedades em sociedades incinerantes e sociedades inumantes em *Naissance de la clinique*, Paris, PUF, 1963, p. 170 [trad. bras.: *O nascimento da clínica*, 7ª ed., Rio de Janeiro, Forense Universitária, 2011] (descrevendo uma grande transformação da civilização como sendo "da mesma ordem [...] da transformação de uma cultura incinerante em cultura inumante"). Em 1963, essa referência serviu para assinalar a amplitude da transformação social produzida pela invenção da anatomia patológica e do olhar médico no que se refere, por um lado, à maneira como os médicos se comunicam com a morte (outrora "o grande mito da imortalidade", daí por diante o olhar médico) e, por outro lado, a maneira como as culturas dispõem de seus mortos (cf. *ibid.*).

2. Cf. C. Lévi-Strauss, *Tristes Tropiques*, Paris, Plon (col. "Terre humaine"), 1955, p. 448 [trad. bras.: *Tristes trópicos*, São Paulo, Companhia das Letras, 2014]: "Penso em nossos costumes judiciários e penitenciários. Quem os estudasse de fora seria tentado a opor dois tipos de sociedade: as que praticam a antropofagia, ou seja, que veem na absorção de certos indivíduos detentores de forças temíveis o único meio de neutralizá-las e até de aproveitá-las; e as sociedades que, como a nossa, adotam o que poderia ser chamado de *antropoemia* (do grego *emein*, vomitar); diante do mesmo problema, elas escolheram a solução inversa, que consiste em expulsar esses seres temíveis para fora do corpo social, mantendo-os temporária ou definitivamente isolados, sem contato com a humanidade, em estabelecimentos destinados a esse uso. Na maioria das sociedades que chamamos primitivas, esse costume inspiraria profundo horror; a seu ver, ele nos marcaria com a mesma barbárie que seríamos tentados a imputar-lhes em razão de seus costumes simétricos."

A análise antropológica da antropofagia, ligada à classificação das sociedades em assimilantes e excludentes, foi elaborada por Alfred Métraux (1902-1963), especialmente em: *La Religion des Tupinamba et ses rapports avec celle des autres tribus Tupi-Guarani*, Paris, Librairie Ernest Leroux, 1928, pp. 124-69: "L'anthropophagie rituelle des Tupinamba" [trad. bras.: *A religião dos tupinambás e suas relações com as demais tribos tupis-guaranis*, São Paulo, Companhia Editora Nacional/Edusp, 1979, pp. 114-47: "A antropologia ritual dos tupinambás"]; *Id.*, *Religions et Magies indiennes d'Amérique du Sud*, ed. póstuma estabelecida por Simone Dreyfus, Paris, Gallimard ("Bibliothèque des sciences humaines"), 1967, pp. 45-78. Os relatos que mencionam práticas antropofágicas – nos quais Métraux se baseia – sem dúvida são nitidamente mais antigos. Assim, pode-se citar *Histoire d'un voyage fait en la terre du Brésil* (1578), de Jean de Léry (1534-1611), calvinista reformado do século XVI, que contém seu depoimento sobre a antropofagia entre os tupinambás (publicado na França em "Livre de poche", 1994, cap. XV: "Comment les Ameriquains traittent leurs prisonniers pris en guerre, et les ceremonies qu'ils observent tant à les tuer qu'à les manger", pp. 354-77) [trad. bras.: *História de uma viagem feita à terra do Brasil, também chamada América*, Rio de Janeiro, Fundação Darcy Ribeiro/Batel, 2009, cap. XV: "Sobre o tratamento que os americanos dão a seus prisioneiros de guerra", pp. 192-202]; e na narrativa de André Thevet (1516-1590), explorador e geógrafo, que viajou para o Brasil em 1555-1556: *Histoire d'André Thevet, Angoumoisin, cosmographe du Roy, de deux voyages par luy faits aux Indes australes et occidentales*, Bibliothèque nationale de France, Fonds français, ms. nº 15454 (reproduzido na coleção "Les Classiques de la colonisation", org. Suzanne Lussagnet, vol. II: *Les Français en Amérique pendant la deuxième moitié du XVIe siècle*, Paris, PUF, 1953) [trad. bras.: *A cosmografia universal de André Thevet, cosmógrafo do rei*, Rio de Janeiro, Fundação Darcy Ribeiro/Batel, 2009; vol. II: *Os franceses na América na segunda metade do século XVI*]. Cf. I. Combès, *La Tragédie cannibale chez les anciens Tupi-Guarani*, prefácio de Pierre Chaunu, Paris, PUF (col. "Ethnologies"), 1992; F. Lestringant, *Le Cannibale: grandeur et décadence*, Paris, Perrin (col. "Histoire et décadence"), 1994 [trad. bras.: *O canibal, grandeza e decadência*, Brasília, Ed. UnB, 1997]. Foucault voltará à noção de antropofagia em sua análise da figura do monstro, em *Les Anormaux. Cours au Collège de France, 1974-1975*, org. V. Marchetti & A. Salomoni, Paris, Gallimard-Seuil (col.

"Hautes Études"), 1999, [aula] de 29 de janeiro de 1975, pp. 94-7 [trad. bras.: *Os anormais*, São Paulo, WMF Martins Fontes, 2014], no qual desenvolverá a imagem da monstruosidade canibal do povo e a imagem da monstruosidade incestuosa do rei; discussão que estará, portanto, ligada às grandes figuras do criminoso e da criminalidade no século XIX, na intersecção entre psiquiatria e sistema penal.

    3. C. Lévi-Strauss, *Tristes Tropiques*, *op. cit.*, p. 448. Dois anos depois, em sua aula de 29 de janeiro de 1975, em *Les Anormaux*, *op. cit.*, p. 96, Foucault defende que a abordagem do estruturalismo linguístico de Lévi-Strauss, embora se distinga de abordagens anteriores como a de Lucien Lévy-Bruhl (cf. *La Mentalité primitive*, Paris, F. Alcan, col. "Travaux de l'Année sociologique", 1922 [trad. bras.: *A mentalidade primitiva*, São Paulo, Paulus, 2008]) e possibilite uma "requalificação do chamado selvagem", esbarra *in fine* no mesmo dualismo canibalismo-incesto encontrado no século XVIII nas diferentes figuras do monstro.

    4. C. Lévi-Strauss, *loc. cit.*

    5. Certamente Foucault faz alusão aqui aos trabalhos de René Girard, que acabava de publicar *La Violence et le Sacré* (Paris, Grasset, 1972) [trad. bras.: *A violência e o sagrado*, 3ª ed., São Paulo, Paz e Terra, 2008], desenvolvendo a noção de "bode expiatório" tanto no contexto edipiano, pelo qual Foucault se interessava (cf. *infra*, nota 11), quanto no caso do prisioneiro vítima de antropofagia. Sobre esses dois pontos, cf. R. Girard, *op. cit.*, pp. 139-40, v. p. 139 nota 1: "Também na França numerosos pesquisadores identificaram um 'bode expiatório' no Édipo do mito e no de Sófocles [...]. Segundo Marie Delcourt, o costume do bode expiatório possibilita explicar o destino de Édipo criança, o abandono do qual ele foi alvo por parte dos pais"; do mesmo modo, no que se refere ao tratamento do prisioneiro entre os povos tupinambás no Brasil: "o objetivo da iniciativa é a metamorfose do prisioneiro em 'bode expiatório'" (*ibid.*, p. 381). René Girard desenvolverá esses temas em *Le Bouc émissaire*, publicado dez anos depois (Paris, Grasset & Fasquelle, 1982) [trad. bras.: *O bode expiatório*, São Paulo, Paulus, 2004]. No início dos anos 1970, Girard dava aulas na State University of New York em Buffalo; serviu de intermediário entre John Simon e Foucault durante a visita deste a Buffalo. Foucault deu aulas ali, especialmente em março de 1970; cf. D. Defert, "Chronologie", in *Dits et Écrits, 1954-7988*, org. D. Defert e F. Ewald, colab. J. Lagrange, Paris, Gallimard, 1994, 4 vols. [citado abaixo: *DE*]: t. I, p. 35; reed. em 2 vols., col. "Quarto": vol. I, p. 47 [trad. bras.: "Cronologia", in *Ditos e escritos*, 10 vols. temáticos, Rio de Janeiro, Forense Universitária, 2010-2015: vol. I]. Foucault utilizará essa alusão em *Surveiller et Punir. Naissance de la prison* (Paris, Gallimard, "Bibliothèque des histoires", 1975, p. 263) [trad. bras.: *Vigiar e punir*, 41ª ed., Petrópolis, Vozes, 2013] ao descrever os grilhões dos forçados no início do século XIX.

    6. Foucault utilizara anteriormente essa noção de exclusão; ver seu curso no Collège de France em 1972, *Théories et institutions pénales* [Teorias e instituições penais] (Paris, EHESS/Gallimard/Seuil, 2015), nona aula, ms. fol. 23 (comparação entre as práticas penais medievais da troca de prisioneiros e do resgate e as práticas penais modernas de exclusão); cf. *Id.*, "Je perçois l'intolérable" (entrevista com G. Armleder, *Journal de Genève: samedi littéraire*, "cahier 135", nº 170, 24-25 de julho de 1971), *DE*, II, nº 94, ed. 1994, p. 204 / "Quarto", vol. I, p. 1072 [trad. bras.: "Eu capto o intolerável", in *Ditos e escritos*, vol. VI]: "Nossa sociedade começou a praticar um sistema de exclusão e inclusão – a internação ou a reclusão – contra todo indivíduo que não atendesse a essas normas. A partir daí algumas pessoas foram excluídas do circuito da população e ao mesmo tempo incluídas nas prisões"; *Id.*, "Le grand enfermement" (entrevista com N. Meienberg, *Tages Anzeiger Magazin*, nº 12, 25 de março de 1972; trad. fr. J. Chavy), *DE*, II, nº 105, ed. 1994, p. 306 / "Quarto", vol. I, p. 1174 [trad. bras.: "O grande internamento", in *Ditos e escritos*, vol. I]: "O problema é o seguinte: apresentar uma crítica ao sistema que explique o processo pelo qual a sociedade atual empurra para as margens uma parte da população. É isso." Na aula inaugural do Collège de France, proferida em 2 de dezembro de 1970 e publicada com o título *L'Ordre du discours* (Paris, Gallimard/nrf, 1971) [trad. bras.: *A ordem do discurso*, 23ª ed., São Paulo, Loyola, 2013], Foucault se vale extensivamente da noção de exclusão já na página onze, para designar os "procedimentos que têm a função de conjurar os poderes e os perigos [do discurso], controlar sua ocorrência aleatória, esquivar-se de sua

pesada e temível materialidade". Foucault dá prosseguimento a suas palavras identificando três "*procedimentos de exclusão*" (grifado no texto, p. 11), definidos ora como "princípios de exclusão" (p. 12), ora como "sistema de exclusão" (p. 15), a propósito do interdito (p. 11), da oposição entre loucura e razão (p. 12) e da divisão entre verdadeiro e falso (p. 15). Também seria possível considerar que a ideia de exclusão – ou, pelo menos, das "expulsões", segundo Foucault (cf. "Lettre de M. Michel Foucault", *DE*, II, nº 96, ed. 1994, p. 210 / "Quarto", vol. I, p. 1078 [trad. bras.: "Carta do sr. Michel Foucault", *in Ditos e escritos*, vol. X]) – subjaz à sua análise da loucura nos séculos XV e XVI; cf. *Folie et Déraison. Histoire de la folie à l'âge classique*, Paris, Plon, 1961, pp. 10-3 [trad. bras.: *História da loucura na Idade clássica*, 9ª ed., São Paulo, Perspectiva, 2012].

A noção de exclusão também está muito próxima do conceito de "repressão" que Foucault teria desenvolvido no ano anterior em seu curso sobre as *Théories et institutions pénales* (ver, por exemplo, o início da primeira aula que expõe seu método: ressituar as teorias e instituições penais "em seu funcionamento global, ou seja, nos sistemas de repressão" [primeira folha]; a quinta aula, sobre o aparato fiscal estatal, que "já não pode funcionar sem ser protegido, acompanhado por um aparato repressivo" [fol. 10 bis]; ou também a sexta aula, que descreve a instauração de um aparato repressivo estatal [fols. 18-20]). De maneira semelhante, Foucault também se teria afastado dessa noção de "repressão" nos anos seguintes (cf. *Surveiller et Punir*, op. cit., p. 28).

7. Cf. M. Foucault, "Préface à la transgression" (*Critique*, nº 195-196: *Hommage à G. Bataille*, agosto-setembro de 1963, pp. 751-69), *DE*, I, nº 13, ed. 1994, pp. 233-50 / "Quarto", vol. I, pp. 261-78 [trad. bras.: "Prefácio à transgressão", *in Ditos e escritos*, vol. III]. A "transgressão" é uma noção que Foucault já usara amplamente; cf. "Un problème m'intéresse depuis longtemps, c'est celui du système pénal" (entrevista com J. Hafsia, *La Presse de Tunisie*, 12 de agosto de 1971, p. 5), *DE*, II, nº 95, ed. 1994, p. 206/ "Quarto", vol. I, p. 1074 [trad. bras.: "Um problema que me interessa há muito tempo é o do sistema penal", *in Ditos e escritos*, vol. IV]: "Portanto, essa é minha preocupação: o problema da transgressão à lei e da repressão da ilegalidade."

8. Essa noção de "limite" evidentemente remete ao trabalho de Georges Bataille sobre a experiência-limite; cf. "Préface à la transgression", *loc. cit.*, pp. 236-9/pp. 264-7 (comentando a obra de Bataille, Foucault escreve que "O limite e a transgressão devem-se mutuamente a densidade de seu ser", *ibid.*, p. 237/ p. 265). Por outro lado, ele escreveu que a *Somme athéologique* de Bataille "fez o pensamento entrar no jogo – no jogo arriscado – do limite, do extremo, do ápice, do transgressivo" (M. Foucault, "Présentation" [*in* G. Bataille, *Oeuvres complètes*, Paris, Gallimard/nrf, 1970, t. I: *Premiers Écrits, 1922-1940*, pp. 5-6 (p. 5)], *DE*, II, nº 74, ed. 1994, p. 25/ "Quarto", vol. I, p. 893). Foucault reconhecia de bom grado a influência de Bataille: "ponto de referência de minha trajetória"; "Penso em escritores como Blanchot, Artaud, Bataille, que, acredito, foram importantíssimos para pessoas de minha geração" e que tratavam, "no fundo, da questão das experiências-limite. Essas formas de experiência, que, em vez de serem consideradas fundamentais e de serem valorizadas positivamente numa sociedade, são vistas como experiências-limite, experiências fronteiriças a partir das quais é questionado precisamente aquilo que habitualmente se considera aceitável" ("Entretien avec André Berten", *in* M. Foucault, *Mal faire, dire vrai. Fonction de l'aveu en justice*, org. por F. Brion & B. E. Harcourt, Louvain, Presses universitaires de Louvain, 2012, p. 238). Em 1970, Foucault também afirmou: "Todos sabem hoje: Bataille é um dos escritores mais importantes de seu século" ("Présentation", *in* G. Bataille, *loc. cit.*).

9. Segundo Daniel Defert, muitos ouvintes não tinham compreendido muito bem o título do curso e entenderam *"A sociedade primitiva"* e não *"punitiva"*.

10. Alguns meses depois, Foucault propõe uma versão ligeiramente diferente dos "quatro tipos possíveis de punição" em suas conferências na Universidade Pontifícia do Rio de Janeiro, em maio de 1973, intituladas "La vérité et les formes juridiques", *DE*, II, nº 139, ed. 1994, pp. 538-623, espec. pp. 590-1/ "Quarto", vol. I, pp. 1406-91, espec. pp. 1458-9 [trad. bras.: "A verdade e as formas jurídicas", *in Ditos e escritos*, vol. X] (exílio; exclusão *in loco*; reparação por meio de trabalhos forçados; pena de talião).

11. Cf. C. Lévi-Strauss, *Tristes Tropiques*, p. 448: "Se um indígena infringia as leis da tribo, era punido com a destruição de todos os seus bens: tenda e cavalos."

12. A referência ao exílio no sistema penal da Grécia arcaica remete à peça de Sófocles, *Édipo rei*, que Foucault já analisara em seus primeiros cursos no Collège de France (cf. *Leçons sur la volonté de savoir. Cours au Collège de France, 1970-1971*, org. D. Defert, Paris, Gallimard-Seuil, col. "Hautes Études", 2011, pp. 177-92 [trad. bras.: *Aulas sobre a vontade de saber*, São Paulo, WMF Martins Fontes, 2014]), bem como numa conferência proferida na State University of New York em Buffalo em março de 1972 e depois na Cornell University em outubro de 1972 (cf. *Le Savoir d'Oedipe*, *ibid.*, pp. 223-53). Daniel Defert nota, na "Situação do curso" (*ibid.*, pp. 277-8), que, no arquivo de Foucault, é possível encontrar ao todo sete versões diferentes da análise de *Édipo rei*. Foucault desenvolverá uma dessas sete versões quatro meses depois em suas conferências sobre "La vérité et les formes juridiques", *loc. cit.*, pp. 553-70/pp. 1421-38; voltará a isso também em 1980, 1981 e 1983. Cf. M. Foucault, *Mal faire, dire vrai*, *op. cit.*, p.73 n. 1.

13. Essas noções de ressarcimento e compensação – no caso, de "reparação" – tinham sido desenvolvidas no curso de 1970-1971, no contexto da prática judiciária grega; cf. *Leçons sur la volonté de savoir*, *op. cit.*, aula de 3 de fevereiro de 1971, pp. 90-1. Temas retomados em "La vérité et les formes juridiques", *loc. cit.*, pp. 572-4/pp. 1440-1.

Relativamente ao "direito medieval" mencionado acima, o leitor encontrará nas conferências de Joseph Strayer a noção de justiça penal que liga estreitamente a multa e a cobrança de rendimentos; cf. J. R. Strayer, *On the Medieval Origins of the Modern State*, Princeton, Princeton University Press (col. "Princeton Classic"), 1970 / *Les Origines médiévales de l'État moderne*, trad. fr. Michèle Clemente, Paris, Payot (col. "Critique de la politique"), 1979, p. 48 [trad. port.: *As origens medievais do Estado moderno*, Lisboa, Gradiva, 1969]: "Esse elo estreito entre administração da justiça e cobrança de rendimentos continuou a existir durante toda a Idade Média e até mesmo quando apareceram os primeiros juízes especializados, que foram encarregados da cobrança de rendimentos, enquanto os antigos arrecadadores continuavam administrando a justiça para os delitos menores." Cf. também, em se tratando do século XVII, o curso de 1972, *Théories et institutions pénales*, quinta aula (a respeito do aparato fiscal como aparato estatal, fol. 10).

14. Cf. C. Lévi-Strauss, *Tristes Tropiques*, p. 448: "Essa reparação [por parte do culpado] fazia que este último devesse gratidão ao grupo, ao qual devia marcar o seu reconhecimento por meio de presentes."

É interessante notar que, em sua exposição oral, Foucault não parece ter explorado os trechos de seu manuscrito referentes às sociedades, aos costumes e às leis germânicas antigas. O curso proferido em 1972, "Teorias e instituições penais", estava centrado no direito germânico.

15. Foucault já propusera algumas classificações mais rudimentares das sociedades segundo os diferentes tipos de penas. Em julho de 1971, propunha classificá-las em sociedades exilantes, sociedades assassinantes (ou torturantes ou purificantes) e sociedades encarcerantes; cf. "Je perçois l'intolérable", *loc. cit.*, p. 203/p. 1071. Em março de 1972, Foucault propunha diferentes "tipos de civilização": "As civilizações que exilam", as "que chacinam" ou "que torturam", e depois "sociedades que encarceram"; cf. "Le grand enfermement", *loc. cit.*, p. 297/p. 1165.

16. Esse tema da ruptura com o ciclo das vinganças, mais explícito no manuscrito, fora introduzido dois anos antes, nas *Leçons sur la volonté de savoir*, aula de 3 de fevereiro de 1971, pp. 90-1, e será retomado neste curso: cf. *infra*, aula de 10 de janeiro de 1973, p. 32; aula de 7 de fevereiro de 1973, p. 106 (anexo). Cf. também, sobre o aplacamento dos espíritos de vingança, A. Métraux, *Religions et Magies indiennes d'Amérique du Sud*, *op. cit.*, p. 59: "A vítima tinha também a oportunidade de saciar sua cólera e de, em certa medida, vingar-se de seus carrascos. Essa vantagem concedida ao cativo 'talvez proviesse do desejo de aplacar o espírito da vítima'"; p. 70: a execução de um prisioneiro tinha por objeto "aplacar a alma de um parente 'aprisionado ou devorado pelo inimigo'"; e pp. 73-8: todas as precauções tomadas para evitar a vingança e para "proteger-se da alma irritada de sua vítima".

17. Foucault tratara no ano anterior da prática do ressarcimento e da multa no direito germânico; cf. *Théories et institutions pénales*, oitava e nona aulas; ver a nona aula, ms. fol. 12 (sobre *Wehrgeld* e *Fr[edus]*). No antigo direito de inspiração germânica, o *"wergeld"* (*Wehrgeld*), em uso entre os francos, constituía a compensação pecuniária legal devida à vítima ou à família da vítima em caso de ferimento ou assassinato, a fim de evitar a vingança privada. O montante do *wergeld* variava segundo o *status* social da vítima; cf. F. Olivier-Martin, *Histoire du droit français des origines à la Révolution*, Paris, Éditions du CNRS, 1984 [1950], p. 68. O *"fredus"*, que representa um terço do *wergeld*, era pago ao soberano para restabelecer a paz; cf. C. Debuyst, F. Digneffe e A. P. Pires, *Histoire des savoirs sur le crime et la peine*, Bruxelas, Larcier (col. "Crimen"), 2008, vol. 2, p. 44.

18. Essa figura do *homo sacer* no direito arcaico, "essa figura do homem que qualquer um pode matar sem cometer homicídio, mas não pode ser executado formalmente", será estudada por Giorgio Agamben em sua obra *Homo sacer: il potere sovrano e la nuda vita* (*Homo sacer I: Le pouvoir souverain et la vie nue*, trad. fr. Marilène Raiola, Paris, Seuil [col. "L'Ordre philosophique"], 1997 [trad. bras.: *Homo sacer I: O poder soberano e a vida nua*, 2ª ed., Belo Horizonte, Ed. UFMG, 2010]). Esse texto de Agamben toma como ponto de partida a análise do poder por Foucault nos anos 1980 e, mais precisamente, a intersecção entre, por um lado, o estudo da maneira como o indivíduo se torna sujeito de um controle exterior (estudo das tecnologias de si mesmo) e, por outro lado, o estudo das técnicas estatais por meio das quais a vida e a população se tornam alvo e preocupação – na intersecção de "técnicas subjetivas de individualização e procedimentos objetivos de totalização" (*ibid.*, p. 13), exatamente no "ponto de junção oculto entre o modelo jurídico-institucional e o modelo biopolítico do poder" (p. 14); ponto de junção que em Foucault, segundo Agamben, ficou "estranhamente na sombra", ou também "um ponto cego no campo visual" (pp. 13 e 14). Seria possível ver neste curso de Foucault, especialmente neste exato trecho da aula de 3 de janeiro de 1973 – ou seja, a análise da maneira como as táticas punitivas (como a figura do *homo sacer*) funcionam nas relações de poder, ou, como dirá Agamben, "através das quais o poder penetra no próprio corpo dos sujeitos e em suas formas de vida" (p. 13) –, um texto precursor dos trabalhos deste último.

19. Cf. M. Foucault, *Théories et institutions pénales*, oitava e nona aulas.

20. Cf. M. Foucault, *Surveiller et Punir*, p. 107. É contra essa diferenciação que Le Peletier de Saint-Fargeau proporá a igualdade pela guilhotina, ou seja: "morte igual para todos" (*ibid.*, p. 18).

21. *Surveiller et Punir* começará com essa cena, pp. 9-11.

22. Reagindo em 1972 ao indeferimento dos pedidos de graça dirigidos ao presidente Pompidou por Buffet e Bontemps, condenados à morte, Foucault já evidenciara a continuidade entre pena de prisão e pena de morte: "Na realidade, a guilhotina não passa de ápice visível e triunfante, vértice vermelho e negro de uma alta pirâmide. Todo o sistema penal, no fundo, está orientado para a morte e é regido por ela" (M. Foucault, "Les deux morts de Pompidou" [*Le Nouvel Observateur*, nº 421, 4-10 de dezembro de 1972, pp. 56-7], *DE*, II, nº 114, ed. 1994, pp. 386-9/ "Quarto", vol. I, pp. 1254-7 [trad. bras.: "Os dois mortos de Pompidou", *in Ditos e escritos*, vol. VI]). Isso será repetido por ele quando da abolição da pena de morte na França, em 1981, para deixar clara a necessidade de refletir sobre o sistema penal em seu conjunto, para além da celebração do desaparecimento da "mais antiga pena do mundo"; cf. *Id.*, "Le dossier 'peine de mort'. Ils ont écrit contre" (*Les Nouvelles littéraires*, ano 59, nº 2783, 16-23 de abril de 1981, p. 17), *DE*, IV, nº 294, p. 168/ "Quarto", vol. II, p. 987 [trad. bras.: "O dossiê 'pena de morte'. Eles escreveream contra", *in Ditos e escritos*, vol. VIII]; *Id.*, "Contre les peines de substitution" (*Libération*, nº 108, 18 de setembro de 1981, p. 5), *DE*, IV, nº 300, p. 206/ "Quarto", vol. II, p. 1025 [trad. bras.: "Contra as penas de substituição", in *Ditos e escritos*, vol. VI]. Foucault ressaltará em várias ocasiões a importância da pena de morte como marca de soberania da justiça, especialmente em "Le citron et le lait" (*Le Monde*, nº 10490, 21-22 de outubro de 1978, p. 14), *DE*, III, nº 246, ed. 1994, pp. 695-8/ "Quarto", vol. II, pp. 695-8 [trad. bras.: "O limão e o leite", *in Ditos e escritos*, vol. VI], e em "Manières de justice" (*Le Nouvel Observateur*, nº 743, 5-11 de fevereiro de 1979, pp. 20-1), *DE*, III, nº 260, ed. 1994, pp. 755-9/ "Quar-

to", vol. II, pp. 755-9 [trad. bras.: "Maneiras de justiça", *in Ditos e escritos*, vol. VIII]. Cf. também a respeito: *Id*., "L'angoisse de juger" (entrevista com R. Badinter e J. Laplanche, *Le Nouvel Observateur*, nº 655, 30 de maio-6 de junho de 1977, pp. 92-6, 101, 104, 112, 120, 125-6), *DE*, III, nº 205, ed. 1994, pp. 282-97/ "Quarto", vol. II, pp. 282-97 [trad. bras.: "A angústia de julgar", *in Ditos e escritos*, vol. VIII]; "Du bon usage du criminel" (*Le Nouvel Observateur*, nº 722, 11 de setembro de 1978, pp. 40-2), *DE*, III, nº 240, ed. 1994, pp. 657-62/ "Quarto", vol. II, pp. 657-662 [trad. bras.: "Do bom uso do criminoso", *in Ditos e escritos*, vol. VIII]; "Punir est la chose la plus difficile qui soit" (entrevista com A. Spire, *Témoignage chrétien*, nº 1942, 28 de setembro de 1981, p. 30), *DE*, IV, nº 301, pp. 208-10/ "Quarto", vol. II, pp. 1027-29 [trad. bras.: "Punir é a coisa mais difícil que há", *in Ditos e escritos*, vol. VI].

Em 1981, na época da abolição da pena de morte, Foucault dirá: "A mais velha pena do mundo está morrendo na França. Devemos nos alegrar; mas nem por isso é preciso admiração" ("Contre les peines de substitution", *loc. cit.*). Para uma apresentação do engajamento de Foucault contra a pena de morte, cf. A. Kiéfer, *Michel Foucault: le GIP, l'histoire et l'action*, tese de filosofia (novembro de 2006), Université de Picardie Jules Verne d'Amiens, 2009, pp. 169-72.

23. Foucault dará prosseguimento a essa análise nos anos seguintes, especialmente em seu curso de 1976, *"Il faut défendre la société"*. *Cours au Collège de France*, org. M. Bertani & A. Fontana, Paris, Gallimard-Seuil (col. "Hautes Études"), 1997, [aula] de 4 de fevereiro de 1976, pp. 77 ss. [Trad. bras.: *Em defesa da sociedade*, São Paulo, WMF Martins Fontes, 2010.]

24. Sobre o funcionalismo sociológico, cf. também *Surveiller et Punir*, em especial a crítica a Durkheim, p. 28.

AULA DE 10 DE JANEIRO DE 1973

Os quatro elementos de uma análise: 1/ guerra constante, universal, interna à sociedade; 2/ sistema penal nem universal nem unívoco, mas feito por uns para os outros; 3/ estrutura de vigilância universal; 4/ sistema de reclusão. (I) Teor da noção de guerra civil. (A) A guerra civil como ressurgência da guerra de todos contra todos, segundo Hobbes. (B) Distinção entre guerra civil e guerra de todos contra todos. Coletividades novas; exemplo da Revolta dos Nu-pieds [Descalços] e do movimento luddista. (C) A política como continuação da guerra civil. (II) O status do criminoso como inimigo social. – A prática judiciária como declaração de guerra pública. – Efeitos de saberes: apreensão do criminoso e do desvio pela psicopatologia ou pela psiquiatria. – Efeitos epistêmicos: sociologia da criminalidade como patologia social. O criminoso como conector, transcritor, comutador.

Gostaria de deixar claros os elementos desta análise[a]. Em primeiro lugar, durante o período de que vou tratar, de 1825 a 1848, no momento da instauração e do funcionamento do grande sistema penal cujas linhas principais haviam sido dadas pelo *Code d'instruction criminelle* [Código de Instrução Criminal] de 1808 e pelo Código Penal de 1810, na França, uma coisa fica clara: está em curso a guerra social, não a guerra de todos contra todos, mas a guerra dos ricos contra os pobres, dos proprietários contra aqueles que não possuem nada, dos patrões contra os proletários.

a. O manuscrito da aula começa (fols. 1-2) da seguinte maneira:
"O ponto:
analisar as penalidades no nível de suas táticas, ou seja, não:
– o que é punido, em nome de que princípio e segundo que escala de valores,
mas,
– como pune; quem pune, quem é punido, por quais instrumentos.
Portanto:
– não tomar como ponto de partida as grandes concepções ético-religiosas de culpa, pecado, impureza;
– tampouco tomar grandes funções sociais como as de exclusão, expulsão, rejeição, mas:
– tomar como ponto de partida a guerra civil, como matriz geral das táticas penais."

Segundo elemento: a consciência clara e perfeitamente formulada no discurso da época de que as leis sociais são feitas por pessoas às quais elas não se destinam, mas para serem aplicadas àqueles que não as fizeram. A lei penal, na mente daqueles que a fazem ou a discutem, tem uma universalidade apenas aparente. Assim, [em sua] intervenção na Câmara em 23 de novembro de 1831, no exato momento em que se discutiam a adaptação do código penal e a criação das circunstâncias atenuantes, um deputado do departamento do Var dizia: "As leis penais, destinadas em grande parte a uma classe da sociedade, são feitas por outra. Admito que elas afetam a sociedade inteira; nenhum homem tem a certeza de sempre escapar ao seu rigor; contudo, é verdade que quase a totalidade dos delitos, sobretudo de certos delitos, é cometida pela parte da sociedade à qual o legislador não pertence. Ora, essa parte difere quase inteiramente da outra em espírito, costumes e em toda a sua maneira de ser. Portanto, para fazer leis que lhe conviessem, o legislador deveria, antes de tudo, parece-me, tentar esquecer o que ele mesmo é, [...] buscar com atenção não o efeito de determinada disposição da lei sobre ele mesmo, mas sobre o espírito do povo para o qual ele trabalha, que tem disposições bem diferentes."[1] Na literatura operária encontraríamos a afirmação correspondente, porém inversa, de que a lei penal não é feita para ter função universal.

Terceiro ponto: o aparato judiciário, penal, instaurado nessa época é inteiramente comandado pelo princípio da vigilância universal e constante. Podemos remeter-nos a Julius, professor de direito criminal na Universidade de Berlim que [diz] em suas "Aulas sobre as prisões" [em 1827]: "Há um fato digno do maior interesse, não só na história da arquitetura, como também na do espírito humano em geral: é que nos tempos mais remotos, não digo da Antiguidade clássica, mas até mesmo do Oriente, o gênio concebeu e teve prazer em decorar com todos os tesouros da magnificência humana edifícios cujo objetivo era tornar acessível[is] a uma grande multidão o espetáculo e a inspeção de um pequeno número de objetos, tais como templos, teatros, anfiteatros, onde se ia assistir ao derramamento de sangue de homens e animais [...]."[2] Em outras palavras, uma arquitetura, uma civilização do espetáculo na qual todos reunidos em círculo estavam destinados a olhar, no meio deles, alguma coisa, uma coisa, um espetáculo. E Julius prossegue: "ao mesmo tempo nunca a imaginação humana parece ter se empenhado em propiciar a um pequeno número de pessoas, ou mesmo a uma única pessoa, a visão simultânea de uma grande multidão de homens ou objetos"[3].

Ora, é exatamente isso o que ocorre na época moderna: a conversão do espetáculo em vigilância[4]. Diz Julius que se estava inventando não só uma arquitetura, um urbanismo, mas toda uma disposição de espírito em geral, tal que, a partir daí, os homens serão oferecidos como espetáculo a um pequeno número de pessoas, em última análise a um único homem destinado a vigiá-los. O espetáculo transformado em vigilância, o círculo que os cidadãos faziam em torno de um espetáculo, tudo isso é invertido. Tem-se uma estrutura completamente diferente, em que os homens expostos uns ao lado dos outros num espaço plano serão vigiados do alto por alguém que será uma espécie de olho universal: "Cabia aos tempos modernos [...], à influência cada vez maior do Estado e à sua intervenção, cada dia mais profunda, em todos os detalhes e em todas as relações da vida social, aumentar e aperfeiçoar suas garantias, utilizando e dirigindo para esse grande objetivo a construção e a distribuição de edifícios destinados a vigiar ao mesmo tempo uma grande quantidade de homens."[5]

Percebe-se que Julius atribui essa espécie de transformação do espetáculo em vigilância à constituição e ao crescimento do Estado como instância de vigilância, que possibilita controlar, observar e intervir em todos os detalhes das relações da vida social. Julius, ao escrever isso, apenas transcreve no seu registro aquilo que o próprio Napoleão disse ou mandou dizer, pois na introdução do *Code d'instruction criminelle* encontra-se o seguinte: "os senhores podem julgar que nenhuma parte do Império carece de vigilância; que nenhum crime, nenhum delito, nenhuma contravenção deve ficar sem processo, e que o olho do gênio que sabe animar tudo abarca o conjunto dessa vasta máquina, sem que possa escapar-lhe o mínimo detalhe"[6]. E, falando da função específica do procurador, o texto prosseguia: o procurador é "o olho do procurador-geral, assim como o procurador-geral é o olho do governo. Como resultado de uma comunicação ativa e fiel do procurador imperial com o procurador-geral, e do procurador-geral com o ministro de Sua Majestade, poderão ser conhecidos os abusos que se insinuam nas instituições, a indiferença que toma conta das pessoas, a despreocupação que pode ser perdoada a um particular, mas que é um vício num magistrado; e, supondo-se a existência de relaxamento, fraqueza ou dissimulação nas comunicações dos procuradores-gerais e imperiais, o mal faria imensos progressos antes de eclodir, e, mesmo não havendo nenhuma crise, nós nos veríamos de repente num grande estado de torpor e bem próximos da decrepitude"[7]. Assim, a teoria da vigilância geral que Julius elabora reflete com exatidão aquilo que a administração imperial formulou em 1808.

O quarto elemento é o da reclusão, do aprisionamento, de que Julius fala, aliás, no fim de seu texto sobre a vigilância: "a utilidade desse pensamento fundamental", ou seja, da vigilância, é maior ainda a propósito das prisões[8].

Portanto, temos quatro pontos para demarcar nossa análise: a guerra constante e universal no interior da sociedade; um sistema penal, que não é nem universal nem unívoco, mas é feito por uns para os outros; a estrutura da vigilância universal; e o sistema de reclusão.

* * *

Gostaria de voltar ao primeiro ponto: o problema da guerra civil e a inexistência de relações entre esta e a guerra de todos contra todos. Se admitirmos que as coisas sejam assim estabelecidas, veremos que o elemento de princípio é a guerra. Gostaria de elucidar um pouco esse problema da guerra de todos contra todos e da guerra civil, e ver de que maneira a criminalidade, pelo menos em dado momento, foi concebida em sua relação com essas noções. [Começarei por analisar com mais atenção o teor] da noção de guerra civil.

Primeiramente há, acredito, certa tradição da teoria política que estabelece a equivalência e a comunicação direta e orgânica da guerra civil com a guerra de todos contra todos. Essa tradição encontra em Hobbes uma de suas figuras mais características[a]. Basta nos remetermos ao texto no qual ele diz que a guerra civil é certa maneira de voltar à guerra de todos contra todos ou, em todo caso, que quem quiser ter uma ideia da guerra de todos contra todos deverá tomar como exemplo a guerra civil. Assim, após descrever a relação de guerra generalizada dos indivíduos uns contra os outros, Hobbes escreve: "Talvez se acredite que nunca existiram tal tempo nem um estado de guerra tal como esse" (do qual acabo de falar). "Creio que nunca foi assim, de maneira geral, no mundo inteiro."[9] Portanto, o estado de guerra de todos contra todos não é uma espécie de estágio absolutamente primitivo pelo qual a humanidade inteira teria passado, e que ela teria vivenciado numa [fase] arcaica de sua história; essa guerra não tem um estatuto de universalidade histórica, mas mesmo assim para [Hobbes] [existem] exemplos espacialmente limitados e historicamente determinados disso: "há muitos lugares onde os homens vivem assim atualmente", nesse estado de guerra; por exemplo, "em vários locais da *América*, os selvagens [...]. De qualquer maneira, pode-se discernir o tipo de vida que prevaleceria se não houvesse poder comum para temer, pelo tipo de vida no qual costumam incidir, durante alguma guerra civil, os homens que até então tinham vivido sob um governo pacífico"[10].

A guerra civil, portanto, é um caso historicamente determinado de ressurgência da guerra de todos contra todos. É uma espécie de modelo

---

a. Manuscrito (fol. 2): "Tradição que Hobbes, se não fundou, pelo menos formulou."

epistemológico a partir do qual deve ser possível decifrar esse estado de guerra de todos contra todos, e necessário para compreender os fundamentos e o funcionamento do soberano. Há, pois, em Hobbes um exemplo de proximidade dessas duas noções, e, aliás, é característico ver que os mesmos que no século seguinte criticarão essa noção de guerra de todos contra todos não criticarão a equiparação entre guerra civil e guerra de todos contra todos. Será negada a existência de algo como uma guerra de todos contra todos como estado originário ou arcaico. A Hobbes será dirigida a crítica de ter feito da guerra uma espécie de modelo do estado de natureza[a].

Ora, eu gostaria de mostrar, ao contrário, que essa equiparação não tem fundamento, quais foram suas consequências e qual foi seu contexto. A impossibilidade de pôr em continuidade, de confundir guerra civil e guerra de todos contra todos parece-me [manifesta][b], considerando a ideia que Hobbes tem dessa guerra de todos contra todos.

Em primeiro lugar, é uma dimensão natural e universal das relações entre os indivíduos na qualidade de indivíduos. É o indivíduo tal como ele é, em sua relação com os outros, portador[c] dessa possibilidade permanente de guerra de todos contra todos. Isso porque, se de fato há guerra de todos contra todos, é em primeiro lugar essencialmente porque os homens são iguais nos objetos e objetivos que visam, são equivalentes nos meios que têm de obter o que buscam. De certo modo, são substituíveis uns pelos outros, e por isso buscam substituir-se uns pelos outros, e, quando algo é oferecido ao desejo de um, o outro sempre pode substituir esse um, querer tomar seu lugar e apropriar-se daquilo que o primeiro deseja[11]. Essa substitutibilidade dos homens entre si, essa convergência do desejo vão caracterizar essa rivalidade originária[12]. Ainda que essa rivalidade não entrasse em jogo, ainda que houvesse coisas suficientes no mundo para satisfazer cada um, ainda que alguém se apoderasse antecipadamente de alguma coisa, nunca há certeza de que outro não venha substituí-lo: todo gozo, toda posse, portanto, são precários, precisamente em função dessa quase igualdade. Assim, nunca pode haver propriedade ou gozo que não comporte essa dimensão de desconfiança, visto que cada um sabe muito bem que outro pode vir substituí-lo.

Com a soma da desconfiança à rivalidade, temos uma segunda dimensão dessa guerra de todos contra todos[13]. Desse modo, só há um meio de conseguir calar essa desconfiança e deter essa rivalidade: é um dos com-

---

a. O manuscrito (fol. 3) acrescenta: "Pouca crítica da equiparação: guerra civil = guerra de todos contra todos."
b. Texto datilografado (p. 24): "saltar aos olhos".
c. Manuscrito (fol. 3): "da possibilidade de guerra civil".

batentes perpétuos vencer os outros com algo como um aumento de poder, isto é, que ele se aproprie não somente de um objeto de gozo, mas, além disso, de um instrumento para conquistar esse objeto; que ele, por conseguinte, aumente seu próprio poder em relação aos outros e saia dessa situação de igualdade esquemática que de início é dada aos homens; aumento de poder cujo efeito esperado é precisamente o de não procurarem mais substituí-lo e de ele poder gozar tranquilamente o que tem, ou seja, de ser respeitado.

O crescimento do poder faz os homens entrarem no sistema dos signos, das marcas, e o aumento de poder está essencialmente destinado a instaurar nas relações entre os homens a marca visível [do] poder [de um deles][a]. É essa vontade de impor respeito que Hobbes chamava de "glória": capacidade de impor respeito por meio de signos exteriores a todos aqueles que teriam a pretensão de substituí-lo[14].

Glória, desconfiança, rivalidade, essas são as três dimensões, inteiramente individuais, que constituem a guerra universal de todos os indivíduos contra todos os indivíduos. Hobbes diz isso claramente: a guerra de todos contra todos é "consequência necessária das paixões naturais dos homens"[15]. O estado de guerra, portanto, é essencial ao indivíduo[b], e, sendo assim, isso quer dizer que não é pelo simples fato de se agruparem que os indivíduos vão escapar à guerra; é preciso muito mais que o grupo para isso. Hobbes diz que não adianta termos famílias, pois a família não impede que no interior de seu círculo a guerra de todos contra todos continue atuando: "em todos os lugares onde os homens viveram em pequenas famílias, roubar-se e despojar-se mutuamente foi profissão"[16]. E, mesmo que se passasse de um pequeno grupo para um grande grupo, isso não bastaria para conjurar a guerra: ainda que os homens estejam reunidos em grupos numerosos, "se suas ações forem dirigidas segundo seus julgamentos e seus apetites particulares, eles não poderão esperar que o número lhes dê defesa nem proteção, tanto em relação a um inimigo comum quanto no que se refere aos prejuízos que infligem um ao outro"[17]. Portanto, não é do efeito de grupo, de uma espécie de interesse transitório e mútuo, que os homens podem esperar algo como a saída da guerra[c].

Só a ordem civil, ou seja, o aparecimento de um soberano, vai pôr fim à guerra de todos contra todos. É preciso que tenha havido esse pro-

a. Texto datilografado (p. 25): "de seu poder".
b. Manuscrito (fol. 4): "Esse estado de guerra essencial ao indivíduo está numa relação de exclusão mútua relativamente à sociedade civil. Em todo lugar onde não haja sociedade civil, há guerra de todos contra todos. Os pequenos grupos não se comportam de modo diferente dos indivíduos [...]."
c. O manuscrito (fol. 5) acrescenta: "mas a instauração de uma ordem de tipo novo".

cesso por meio do qual os poderes de todos os indivíduos sejam transferidos para um único indivíduo ou para uma assembleia e todas as vontades se reduzam a uma única vontade[18]. A guerra de todos contra todos só cessa a partir do momento em que o soberano é efetivamente constituído por essa transferência do poder. Se, inversamente, o poder se atenua e se dissocia, então se volta aos poucos a esse estado de guerra: "os súditos já não têm proteção a esperar de seu lealismo, a República é então DISSOLVIDA e cada um está livre para se proteger por todas as vias que seu próprio discernimento lhe sugerir"[19].

De certo modo, portanto, a guerra civil é o estado terminal da dissolução do soberano, assim como a guerra de todos contra todos é o estado inicial a partir do qual o soberano pode constituir-se. Enquanto houver um soberano, não haverá guerra de todos contra todos, e a guerra civil só poderá reaparecer ao fim do processo, quando o soberano desaparecer.

Em segundo lugar, a essa concepção de guerra civil como ressurgência da guerra de todos contra todos acredito ser preciso opor uma concepção da guerra civil muito diferente da guerra de todos contra todos, e isso por diversas razões. Primeiro, acredito que a guerra civil, ao contrário do que se pode encontrar em Hobbes, não põe em ação nenhuma virtualidade essencial às relações entre os indivíduos. Na verdade, não há guerra civil que não seja confronto de elementos coletivos: parentes, clientelas, religiões, etnias, comunidades linguísticas, classes etc. É sempre por meio de massas, por meio de elementos coletivos e plurais que a guerra civil nasce, se desenrola e se exerce. Portanto, ela não tem em absoluto a dimensão natural das relações entre indivíduos na qualidade de indivíduos: os atores da guerra civil são sempre grupos na qualidade de grupos. Ademais, a guerra civil não só põe em cena elementos coletivos como também os constitui. Longe de ser o processo por meio do qual se desce de volta da república à individualidade, do soberano ao estado de natureza, da ordem coletiva à guerra de todos contra todos, a guerra civil é o processo através do qual e pelo qual se constituem diversas coletividades novas, que não tinham vindo à tona até então. Assim, de que modo o campesinato como comunidade ideológica, de interesses, classe social, se constituiu no fim da Idade Média, a não ser através desses processos de guerra civil, de levantes populares que, do século XV a meados do século XVIII, sacudiram a Europa e [formaram] essa classe camponesa cuja unidade foi adquirida pelo próprio processo da guerra civil? Do mesmo modo, a multiplicidade de uma parte, de outra, a evolução política e econômica dessas revoltas frumentárias que sacudiram o século XVIII – revoltas transformadas aos poucos em revoltas por salário e depois em sedições políticas –, tudo isso deu coesão a esse povo, fez aparecer como força unitária e coletiva esse povo[a] que será um dos personagens essenciais da Revolução Francesa: os *sans-culottes* se constituíram efetivamente através dos processos de guerra civil.

Portanto, não se deve de modo algum ver a guerra civil como algo que dissolveria o elemento coletivo da vida dos indivíduos e os levaria de volta a algo como sua individualidade originária. A guerra civil, ao contrário, é um processo cujos personagens são coletivos e cujos efeitos são, além do mais, o aparecimento de novos personagens coletivos. Além disso, ao contrário do que é habitualmente admitido pela teoria política, a guerra civil não é anterior à constituição do poder; tampouco é aquilo que marca necessariamente seu desaparecimento ou enfraquecimento. A guerra civil não é uma espécie de antítese do poder, aquilo que existiria antes dele ou reapareceria depois dele. Ela não está numa relação de exclusão com o poder. A guerra civil desenrola-se no teatro do poder. Não há guerra civil a não ser no elemento do poder político constituído; ela se desenrola para manter ou para conquistar o poder, para confiscá-lo ou transformá-lo. Ela não é o que ignora ou destrói pura e simplesmente o poder, mas sempre se apoia em elementos do poder[b].

Aliás, seria possível tentar descrever vários procedimentos próprios à guerra civil, em função precisamente do jogo que a guerra civil faz com o poder. Assim, primeiro ponto[c]: na guerra civil, algumas unidades coletivas, alguns grupos, apoderam-se de certos fragmentos do poder, não para os abolir e voltar a algo como a guerra de todos contra todos, mas, ao contrário, para reativá-los. [Por exemplo,] as revoltas frumentárias no século XVIII[20]: quando se desencadeia uma sublevação por motivo de carestia de grãos e, portanto, da elevação de seu preço e do preço do pão, o que ocorre então não é o retorno a uma apropriação indistinta e violenta pelos indivíduos daquilo de que eles podiam efetivamente tomar posse. Essas revoltas obedecem a um esquema quase constante. Trata-se da apropriação, por parte de algumas pessoas, não diretamente do trigo, mas das formas, dos processos, dos ritos do poder. Na Inglaterra, os revoltosos reativam as an-

a. Manuscrito (fol. 6): "o 'povo miúdo': aqueles que serão os *sans-culottes*".
b. Manuscrito (fol. 7): "em elementos, signos, instrumentos de poder; ela reconstitui ou suscita um poder na exata medida em que ataca outro. Multiplica o poder: dá ao poder um duplo, um reflexo (numa espécie de simetria perigosa) ou, ao contrário, suscita um poder inteiramente diferente".
c. Manuscrito (fol. 7), notas à margem:
"1. Ela se apodera desses fragmentos (revoltas frumentárias)
2. Inverte seu mecanismo (justiça)
3. Reativa suas formas antigas
4. Ativa seus símbolos
5. Efetua seu mito."

tigas regras do fim do século XVI, em função das quais o grão não podia ser vendido nos mercados aos maiores compradores antes de ter sido oferecido aos pequenos compradores, que compravam por seus preços a quantidade de que precisavam para viver. Essa prioridade para os pequenos compradores era uma forma regulamentar estabelecida pela monarquia inglesa no fim do século XVI[21]. A revolta consistia em retomar esse poder e reativá-lo. Do mesmo modo, as inspeções de grão que eram feitas entre padeiros, moleiros e nas lavouras, que deveriam ser trabalho de agentes do poder, mas que estes não realizavam por algumas razões ligadas às relações entre poder político e interesses econômicos, essas inspeções eram feitas pelas próprias pessoas durante as revoltas. Um movimento de revolta, portanto, não consiste tanto em destruir os elementos do poder quanto em apoderar-se deles e colocá-los em funcionamento.

Também seria possível dizer – segundo ponto – que essas relações de poder, nas sublevações, não são apenas reativadas, mas invertidas, ou seja, são exercidas em outro sentido. Assim, os massacres de setembro durante a Revolução Francesa foram uma espécie de justiça ao contrário, ou seja, a reconstituição de um tribunal.

Terceiro ponto: tem-se o esquema da reativação, pois se trata de protestar contra a inércia do tribunal pretensamente revolucionário, que acabava de ser estabelecido nas semanas anteriores. Há inversão, pois são submetidos a esse tribunal popular aqueles que, por determinação política, estavam destinados a escapar ao tribunal. Portanto, serão submetidos a julgamento todos aqueles que estavam na prisão e lá estavam precisamente para escapar ao tribunal revolucionário: aristocratas e eclesiásticos. Logo, tem-se aí um esquema de apropriação, reativação e inversão da relação de poder.

Quarto ponto: também seria possível encontrar nesses fenômenos de sublevação algo que poderia ser chamado de efetivação, ativação dos próprios símbolos do poder. Assim, a revolta campesina dos *Nu-pieds*[22], que varreu a Normandia, adotou os signos explícitos do poder mais legítimo, pois tinha seu sinete, seu estandarte, seus símbolos e até falava em nome da monarquia legítima.

Em certos casos – quinto ponto –, ter-se-ia mesmo a efetivação de um mito do poder. Há alguns casos nos quais a guerra civil se desenrola de modo essencialmente coletivo, sem centralização, sem organização de um poder único. Com frequência, esses movimentos efetivam no nível do mito [sua própria] centralização política[a]. Assim, o movimento dos *Nu-pieds*, sem comando único, espontâneo, ainda que se tenha transmitido de aldeia

---

a. Texto datilografado (p. 31): "a centralização política de seu próprio movimento".

em aldeia, inventou para si um chefe, uma organização puramente mítica[a], mas que, como mito, funcionou no interior do movimento popular: Jean Nu-pieds e, em torno dele, conselheiros, e os iniciadores reais do movimento apresentavam-se como nada mais que representantes desse chefe mítico[23]. Encontrar-se-ia esquema idêntico no movimento luddista[b], no início do século XIX, em que se encontra essa efetivação do mito do poder[24]. Esse movimento desenvolveu-se na transição do mundo campesino para o mundo operário, no momento em que se constituía uma classe operária. Ora, ao longo de todo esse movimento, encontra-se o mito de um personagem: Ludd, que teria sido o chefe, o poder centralizado desse movimento, mito que teve função organizadora bem precisa[25]. Há aí uma espécie de encenação de um poder vacante, de um poder mítico que atravessou e trabalhou ao mesmo tempo todo esse discurso.

Assim, a guerra civil não pode em caso algum ser considerada algo exterior ao poder[c], interrompido por ele, mas sim uma matriz em cujo interior os elementos do poder atuam, reativam-se, dissociam-se, mas no sentido de que algumas partes se dissociam umas das outras, sem no entanto perderem sua atividade, de que o poder se reelabora, retoma formas antigas com uma forma mítica. Não há guerra civil sem trabalho de poder, trabalho com o poder.

Em terceiro lugar, diga-se que há pelo menos uma região na qual se pode reconhecer uma antítese entre o poder e a guerra civil: é o nível do poder estabelecido, exatamente aquele que rechaça para fora de si qualquer guerra civil. A guerra civil é exatamente aquilo que o ameaça de fora[d]. Na verdade, seria possível mostrar que a guerra civil é, ao contrário, aquilo que assombra o poder: assombrar não no sentido de causar medo, mas no de que a guerra civil habita, permeia, anima e investe o poder integralmente. Encontram-se os signos disso na forma da vigilância, da ameaça, da posse da força armada, enfim, de todos os instrumentos de coerção que o poder efetivamente estabelecido adota para exercer-se. O exercício cotidiano do poder deve poder ser considerado uma guerra civil: exercer o poder é de certa maneira travar a guerra civil, e todos esses

    a. O manuscrito (fol. 7) acrescenta:
"que forja para si um 'quase rei' com estandarte, sinete, generais, decretos:
– ora outro Rei,
– ora servidor do Rei".
    b. Manuscrito (fol. 7): "Ex[emplo] dos luddistas: dois operários disfarçados de mulheres apresentam-se como duas esposas do 'mítico' John Ludd."
    c. Manuscrito (fol. 7): "A guerra civil não é nem anterior nem exterior ao poder."
    d. O manuscrito (fol. 8) começa esse parágrafo da seguinte maneira: "Ela não é antitética a qualquer poder estabelecido? Aquilo que o ameaça? Sua temível confrontação? Aquilo que de fora pode chegar-lhe como absoluto perigo."

instrumentos, essas táticas que podem ser distinguidas, essas alianças devem ser analisáveis em termos de guerra civil[a].

O importante para uma análise da penalidade é ver que o poder não é o que suprime a guerra civil, mas o que a trava e lhe dá continuidade. E, se for verdade que a guerra externa é o prolongamento da política, caberá dizer, reciprocamente, que a política é a continuação da guerra civil[26]. Por conseguinte, é preciso recusar a imagem [proposta por] Hobbes, que, com o aparecimento do exercício do [poder] soberano, expulsava a guerra do espaço de[ste][b].

* * *

[Gostaria de passar agora do teor da noção de guerra civil ao] *status* do criminoso. A partir do século XVIII, assiste-se à formulação da ideia de que o crime não é simplesmente uma culpa, aquela categoria de culpa que causa dano a outrem, mas de que o crime é aquilo que prejudica a sociedade, ou seja, de que é um gesto por meio do qual o indivíduo, rompendo o pacto social que o liga aos outros, entra em guerra contra sua própria sociedade. O crime é um ato que reativa de modo provisório, sem dúvida, e instantâneo a guerra de todos contra todos, ou seja, de um contra todos. O criminoso é o inimigo social[c], e, desse modo, a punição não deve ser a reparação do prejuízo causado a outrem nem o castigo da culpa, mas uma medida de proteção, de contraguerra que a sociedade tomará contra este último[27]. Podemos nos referir aos teóricos do século XVIII nos quais se vê a efetivação do reequilíbrio da noção de crime em torno da noção de hostilidade social. Daí decorre a noção de pena que deve ser dosada não pela importância da culpa ou do prejuízo, mas por aquilo que

a. O manuscrito (fol. 8) acrescenta: "também na forma de alianças entre grupos no poder, ou entre beneficiários do poder".

b. Foucault resume aqui um longo trecho do manuscrito (fols. 8-9) que enuncia:
"Deve ser rejeitada a imagem de Hobbes (a guerra, expulsa da sociedade civil, só passa a reinar nas fronteiras como um gládio em riste contra os inimigos do Estado).
A guerra civil é também travada em torno do poder (e de seus instrumentos), contra ele, para escapar dele ou para derrubá-lo ou confiscá-lo; para usá-lo, para melhor sujeitá-lo, torná-lo mais utilizável, estabelecer assim um domínio do qual o poder político é apenas um aspecto ou um instrumento.
Deixar de lado por enquanto dois problemas:
– poder/Estado;
– guerra civil/l[uta de] classes.
O que o projeto quer dizer: analisar as penas, não
– sob o signo da guerra de todos contra todos, mas
– sob o signo da guerra civil."

c. O manuscrito (fol. 10) acrescenta: "(inimigo 'estranho', mas não externo)".

é útil à sociedade. É importante para ela que seus inimigos sejam dominados, que não se multipliquem. Portanto, é preciso apoderar-se deles, impedi-los de prejudicar. É aquilo que se encontra em Beccaria[28], assim como em Paley, na Inglaterra, que escrevia: "Se a impunidade do delinquente não fosse perigosa para a sociedade, não haveria nenhuma razão para punir."[29] A punição, portanto, instala-se a partir de uma definição do criminoso como aquele que guerreia contra a sociedade[a].

Ora, esse tema teórico acaba por ter uma correlação com toda uma prática jurídica que, na verdade, é muito mais antiga que ele.

Com efeito, embora os teóricos do século XVIII extraiam de um discurso teórico-político coerente essa definição do criminoso como alguém que prejudica a sociedade, já desde a Idade Média vinha nascendo, através das instituições, uma prática que de certo modo antecipava esse tema teórico: a ação pública – ou seja, o fato de um crime poder ser alvo de processo movido pelos representantes da autoridade, independentemente até de queixa feita pela vítima; essa ação viera acompanhar, secundar ou eventualmente substituir a ação privada de vingança ou de reparação que a vítima pudesse esperar, reparação que era prevalente, por exemplo no sistema germânico, na Idade Média[30]. Essa ação pública é efetivada pelo personagem institucional do procurador ou do advogado do rei, personagens que, em nome do soberano, exigem um castigo porque, a partir da Idade Média, o soberano já não aparece na cena da justiça simplesmente como justiceiro supremo, aquele ao qual, em última instância, se pode recorrer, mas sim como responsável pela ordem, cuja autoridade foi lesada precisamente pela desordem ou pelo crime e que, como soberano lesado, pode apresentar-se como acusador[31]. Assim, na prática penal, fazia muito tempo que o soberano substituía o adversário singular do criminoso e vinha colocar-se diante deste. E, em nome da ordem e da paz que ele supostamente deve fazer reinar, vem declarar que o criminoso o atingiu pelo simples fato de ter-se posto num estado de guerra "selvagem" com um indivíduo, atacando-o independentemente das leis[b].

Temos, portanto, dois processos que, em certo nível de análise, podem ser identificados independentemente: em primeiro lugar, um processo

    a. O manuscrito (fol. 11) acrescenta: "Tema que se encontra modelado ao longo de toda a teoria penal [até o] século XX. É verdade que esse tema do crime como ruptura do pacto, do criminoso como [alguém] em guerra contra a sociedade, inimigo social, foi transcrito no vocabulário de uma teoria política mais ou menos derivada de Hobbes. Seja como for, digamos que o enunciado do crime como ataque à sociedade civil inteira é perfeitamente derivável de certa teoria política do pacto social."

    b. O manuscrito (fol. 12) acrescenta: "Portanto, ele vai declarar uma guerra ao mesmo tempo pública e judiciária, na forma de ação pública em juízo."

de derivação teórica, que, à maneira de Hobbes, conduz de uma concepção de guerra de todos contra todos, de pacto social, à guerra civil e, finalmente, ao crime; em segundo lugar, um processo de derivação institucional, mais antigo (do século XVI ao XVIII), que parte do controle dos litígios judiciários pelo poder monárquico e conduz à institucionalização de personagens e de diversas regras de direito que farão o criminoso funcionar como inimigo do soberano da sociedade[a].

Além disso, há uma [espécie] de "elemento" – o crime como hostilidade social, o criminoso como inimigo público –, que não é nem elemento teórico nem elemento institucional ou prático, mas é o elemento comutador, o elemento conector entre essas duas séries, uma que leva à ideia de que o criminoso está em guerra com a sociedade, e outra que é a da confiscação da justiça penal pelo poder monárquico. Esse elemento desempenha a função de comutador entre as duas séries e será a chave de toda uma série de efeitos, uns deles teóricos, outros práticos, outros epistemológicos, ao longo de todo o século XIX. Com efeito, a partir do fim do século XVIII, tem-se a instauração de toda uma série de instituições que vão, precisamente, instituir o personagem do criminoso como inimigo social e defini-lo na prática como tal[b]: instituições do ministério público, da instrução, da ação judiciária, e organização de uma polícia judiciária, que permitirão que a ação pública se desenvolva a contento; júri, que já existia na Inglaterra, por exemplo, na origem como direito de ser julgado pelos pares, mas o júri que se vê em funcionamento no século XIX é a instituição que marca o direito de a própria sociedade julgar (ou de julgar por seus representantes) alguém que tenha se colocado em posição de conflito com ela. Ser julgado por um júri já não é ser julgado por seus pares[c], mas ser julgado em nome da sociedade pelos representantes dela.

Tem-se também toda uma série de efeitos em relação ao saber, agrupados em torno da emergência do criminoso como indivíduo "rompido com a sociedade"[d], irredutível às leis e normas gerais. Assim, a partir dessa

---

a. O manuscrito (fol. 13) acrescenta: "Duas derivações que se encontram num ponto notável. E a junção delas define um 'elemento' que não é nem puramente institucional nem puramente teórico."
b. O manuscrito (fols. 13-4) especifica:
"– a instauração de instrumentos que permitirão o desencadeamento da ação pública e sustentarão o seu desenvolvimento
para que a ação pública não siga simplesmente a ação privada,
para que ela possa ser eficaz;
donde essencialmente a organização de uma polícia ou também
– a instauração de instituições como o júri".
c. O manuscrito (fol. 14) acrescenta: "ou por árbitros".
d. Manuscrito (fol. 14): "'indivíduo rompido com a sociedade', 'em guerra com a sociedade', 'inimigo da sociedade'".

conexão, assiste-se à constituição da possibilidade[a] de uma apreensão psicopatológica ou psiquiátrica do criminoso. Este é alguém irredutível à sociedade, incapaz de adaptação social, que vive uma relação de agressividade constante com a sociedade, sendo estranho a suas normas e a seus valores. Em torno do fenômeno da criminalidade nascerão discursos e instituições como os que se organizam com o nome de psicopatologia do desvio[b].

Haverá [também], nesses efeitos epistêmicos, a possibilidade de análise pela própria sociedade da produção de seus inimigos[c]: como pode ocorrer que uma sociedade chegue a certo grau de crime, de decomposição tal que produza em grande quantidade pessoas inimigas suas? Percebe-se aí como se situa, como se fixa a possibilidade de uma sociologia da criminalidade como patologia social[d].

Essa espécie de conector que constitui o criminoso como inimigo social é na realidade um instrumento por meio do qual a classe que está no poder transfere para a sociedade, na forma de júri, ou para a consciência social, por todas essas intermediações epistêmicas, a função de rejeitar o criminoso. Essa exclusão, que eu dizia não considerar função fundamental, é aquilo que a classe que está no poder quer que aqueles para os quais ela aparentemente transferiu a função de julgar ou castigar façam em seus atos ou em sua consciência. Quero fazer a análise crítica dessa sociologização do criminoso como inimigo social, sociologização cujos efeitos comandam atualmente a prática penal, a psicopatologia da delinquência e a sociologia da criminalidade[e].

a. Manuscrito (fol. 14): "a possibilidade de analisar o indivíduo criminoso em termos de inadaptação social; de inferioridade ou exterioridade em relação às exigências de racionalidade social e coletiva. O criminoso como estranho à sociedade, a suas normas, a seus valores, a seus sistemas".
b. O manuscrito (fol. 15) acrescenta: "Assim se delineiam possíveis discursos sobre as penas, do tipo da psicopatologia, psiquiatria, psicologia do desvio."
c. Manuscrito (fol. 15): "Inversamente (e em correlação com isso), análise da produção por uma sociedade de indivíduos que para ela são ao mesmo tempo estranhos e inimigos."
d. O manuscrito (fol. 15) acrescenta:
"O crime como doença social, pela qual a sociedade se decompõe, cria aquilo mesmo que se opõe a ela, que a atacará. Ou, ao contrário, o nível de criminalidade pode ser analisado como indicador de um limiar baixíssimo para o intolerável[32]: uma sensibilidade muito aguda.
E a partir desses efeitos epistêmicos, outros efeitos práticos:
– terapêutica de reinserção social;
– vigilância da delinquência potencial.
Em suma, toda a constituição de um campo epistemológico e prático da delinquência."
e. O texto datilografado termina aqui. O manuscrito consta de mais cinco folhas (fols. 16-20) que contêm:
"Não se tratava de mostrar que teria havido de início uma teoria do criminoso como inimigo social, como indivíduo que volta espontaneamente à guerra de todos contra todos, e que disso teriam decorrido como consequências novas instituições, novas leis, novos códigos, novos temas científicos ou epistêmicos.

*
NOTAS

1. M. Bernard, "Discours à la Chambre des députés", 23 de novembro de 1831, in *Archives parlementaires de 1787 à 1860. Recueil complet des débats législatifs et politiques des Chambres françaises*, segunda série, Paris, Paul Dupont, 1889, t. LXXII (de 23 de novembro de 1831 a 22 de dezembro de 1831), p. 5. Esse trecho reflete um princípio importante para Foucault, principalmente porque não há ideologia oculta e tudo está sempre dito pelos próprios atores; cf. p. 34, nota a. Foucault voltará a esse tema em sua aula de 28 de fevereiro, durante uma crítica das noções de "não dito" e "extratexto"; cf. *infra*, pp. 151 e 152, nota a.

2. N. H. Julius, *Vorselungen über die Gefängnisskunde...*, Berlim, Stuhr, 1828, 2 vols./ *Leçons sur les prisons, présentées en forme de cours au public de Berlin, en l'année 1827*, trad. fr. (t. I) H. Lagarmitte, Paris, F. G. Levrault, 1831, p. 384. Nicolaus Heinrich Julius (1783-1862), doutor em medicina, foi um reformador das prisões e elaborou as plantas da penitenciá-

α – O criminoso-inimigo não é um princípio teórico, um axioma formulado por um discurso ou pressuposto por uma prática.

É um elemento que não pode ser localizado com exatidão nem aqui nem ali.

Mas que circula de um para outro, que transita de um para outro.

Não é um axioma teórico nem um princípio prático.

É um transcritor, um *comutador*.

Prova: É ele que possibilita que uma instituição como a ação pública (instaurada por razões políticas e fiscais) seja transposta para a teoria penal na forma de princípios: o crime lesa não apenas a vítima, mas a sociedade; o interesse da sociedade é ser representada na ação judicial; e ter a iniciativa dela.

É esse comutador que faz do procurador (agente fiscal régio) na teoria penal o representante da sociedade.

É também ele que faz da pena definida pelos códigos uma medida protetora da sociedade (nos termos da teoria penal).

É também o comutador que possibilita que o criminoso (processado pelo representante da sociedade e condenado em seu nome) se torne descritível em termos (psicológico, psiquiátrico) de indivíduo associal.

Ele é o que possibilita passar de um registro a outro, de um sistema a outro; não o código de tradução, mas o elemento que possibilita a aplicação de um código a outro código (do código prático ao código teórico, ao código epistêmico). É aquilo que possibilita todos os efeitos de retorno dessas passagens e transposições. É o universal intermediário.

ß – Observações a propósito do comutador.

É aquilo que é sempre dito.

– Sempre dito: é dito, e explicitamente, nos textos, nas leis, nas teorias. Está pressuposto nas práticas, nas decisões, nas instituições. Está conotado em imagens literárias. Não é o não dito; é o mais-que-dito. O excessivamente dito.

– Mas, nesse excesso, ele nunca é fixado: não é um princípio do qual deriva o resto; não é uma conclusão. Ora desempenha um papel, ora outro: ora é representação, ora é um princípio prático.

É uma afirmação permanente.

Não é uma asserção que se possa situar num ponto preciso de um discurso. O comutador é aquilo que garante a coerência e a relativa sistematicidade de elementos heterogêneos (por exemplo:

• a prática penal
• a teoria do direito criminal
• os códigos
• o discurso psiquiátrico, sociológico).

ria de Insterburg, construída em 1830 no reino da Prússia. Fez viagens de estudo à Inglaterra, ao País de Gales e à Escócia em 1827, depois aos Estados Unidos em 1834-1836, onde se tornou um grande admirador do sistema da Filadélfia, ou seja, segundo suas próprias palavras, do "*princípio de solidão ininterrupta durante todo o período de encarceramento*" (N. H. Julius, *Nord-amerikas sittliche Zustände, nach eigenen Anschauungen in den Jahren 1834, 1835 und 1836*, Leipzig, F. A. Brockhaus, 1839/*Du système pénitentiaire américain en 1836*, trad. fr. Victor Foucher, Paris, Joubert, 1837, p. 6; grifo do texto). Julius é o tradutor da versão alemã da obra de G. de Beaumont & A. de Tocqueville, *Du système pénitentiaire aux États-Unis et de son application en France, suivi d'un appendice sur les colonies pénales et de notes statistiques*, Paris, H. Fournier Jeune, 1833, 3ª ed., aumentada com o "Rapport de M. de Tocqueville sur le projet de loi de Réforme des prisons…", Paris, Librairie de Charles Gosselin, 1845. Cf. A. Krebs, "Julius, Nikolaus Heinrich", in *Neue Deutsche Biographie*, vol. 10, 1974, pp. 656-8.

Foucault retomará esse excerto do texto de Julius e o desenvolverá em *Surveiller et Punir*, no capítulo sobre o panoptismo, no qual escreverá: "Poucos anos após Bentham, Julius redigia a certidão de nascimento dessa sociedade [disciplinar]" (*op. cit*., p. 218). A esse respeito, Foucault acrescentará: "Bentham, em sua primeira versão do *Panopticon* [*Panóptico*], imaginara também uma vigilância acústica por meio de tubos que fossem das celas à torre central. […] Julius tentou criar um sistema de escuta dissimétrica (*Leçons sur les prisons*, trad. fr., 1831, p. 18)" (*ibid*., p. 203 n. 2); cf. também "La vérité et les formes juridiques", *loc. cit*. (*DE*, II), pp. 607-9/ pp. 1475-7.

3. N. H. Julius, *Leçons sur les prisons*, trad. fr. citada, pp. 384-5. É interessante identificar aqui uma das duas fontes (Julius e Bentham) de uma das duas origens (prisão e hospital) do interesse que Foucault tinha pelo panoptismo e pela vigilância generalizada. Ele teria descoberto a ideia do panoptismo durante seus trabalhos sobre as origens da medicina clínica e sobre o olhar médico; cf. M. Foucault, "L'oeil du pouvoir" (entrevista com J.-P. Barou e M. Perrot, in *Le Panoptique*, org. J.-P Barou, Paris, Pierre Belfond, 1977, p. 9), *DE*, III, nº 195, ed. 1994, pp. 190-207/"Quarto", vol. II, pp. 190-207, espec. p. 190 [trad. bras.: "O olho do poder", *in Ditos e escritos*, vol. VI]. Bruno Fortier, arquiteto, professor e responsável pela Bibliothèque d'architecture, lhe teria fornecido os projetos arquitetônicos e as plantas para um hospital circular no Hôtel-Dieu na década de 1770 – plantas em forma de estrelas que serão estudadas no seminário de Foucault no Collège de France em 1973-1974 sobre "a história da instituição e da arquitetura hospitalares no século XVIII" (*Le Pouvoir psychiatrique. Cours au Collège de France, 1973-1974*, org. por J. Lagrange, Paris, Gallimard-Seuil [col. "Hautes Études"], 2003, resumo do curso, p. 352 [trad. bras.: *O poder psiquiátrico*, São Paulo, Martins Fontes, 2006]); seminário que dará ensejo a uma publicação: B. Barret-Kriegel, A. Thalamy, F. Beguin e B. Fortier, *Les Machines à guérir. Aux origines de l'hôpital moderne*, Bruxelas, Pierre Mardaga (col. "Architectu-

---

Mas esses efeitos de reforço e estabilização estão ligados a mecanismos de limitação e fechamento.

Assim: uma vez que o personagem do procurador poderá ser transcrito (nos termos da teoria penal) como representante da sociedade, já não pode ser interpretado como o agente do poder centralizado que procura atribuir caráter fiscal aos litígios em seu próprio proveito.

Tampouco pode ser interpretado como agente de uma classe que detém o poder.

Do mesmo modo: uma vez que a sociologia da delinquência, em seu vocabulário, descreve a prática da ação pública a partir do comutador (criminoso-inimigo), está claro que a teoria psicológica jamais poderá reavaliar de cabo a rabo a prática penal, quaisquer que sejam as críticas que ela lhe faça.

Portanto, o comutador é

– a forma assumida pela obscuridade intrínseca de uma prática, sua impermeabilidade própria aos discursos que pretendem fundamentá-la teoricamente ou esclarecê-la cientificamente;

– a forma assumida pela impotência, pela ineficácia, pela inaplicabilidade, em suma pelo não poder do saber e da teoria. Seu estado de ruptura e de inércia especulativa."

re-Archives"), 1979. Como mostram os documentos de Fortier, as plantas para um "imenso hospital irradiante" que possibilitaria "a vigilância constante e absoluta" eram bem anteriores ao Panóptico de Bentham (cf. *ibid*., p. 48). Sobre Bentham e o Panoptico, cf. *infra*, p. 71, nota 16. Foucault de fato traçará os primeiros modelos "dessa visibilidade isoladora" até os dormitórios coletivos da Escola Militar de Paris em 1751 (cf. "L'oeil du pouvoir", *loc. cit.*, p. 191/p. 191). Aqui, com Julius, estamos no contexto da penalidade, sobre a qual Foucault dirá: "em seguida, estudando os problemas penais, percebi que todos os grandes projetos de reorganização das prisões (aliás, eles datam de um pouco depois, da primeira metade do século XIX) retomavam o mesmo tema [da total visibilidade dos corpos], mas, dessa vez, sob o signo quase sempre lembrado de Bentham. Poucos são os textos e projetos sobre as prisões nos quais não se encontrasse o 'negócio' de Bentham. Ou seja, o 'panóptico'" (*ibid.*).
 4. Cf. M. Foucault, *Surveiller et Punir*, pp. 218-9. Relativamente às referências de Foucault ao "espetáculo", cf. G. Debord, *La Société du spectacle*, Paris, Buchet/ Chastel, 1967 [trad. bras.: *A sociedade do espetáculo*, Rio de Janeiro, Contraponto, 2013]. Seria até possível ler aqui certa crítica a Guy Debord, que pusera a noção de espetáculo no âmago do conceito da modernidade: segundo Foucault, Julius ressalta que o espetáculo provém da Antiguidade, e que o que marca o moderno não é a aparição do espetáculo, mas sim o eclipse do espetáculo, a inversão em vigilância. O trecho anterior de Julius articularia precisamente essa crítica.
 5. N. H. Julius, *Leçons sur les prisons*, p. 385.
 6. J.-B. Treilhard, "Motifs du livre Ier, chapitres I à VIII, du *Code d'instruction criminelle*, présentés au corps législatif par MM. Treilhard, Réal et Faure, Conseillers d'État. Séance du 7 novembre 1808", in *Code d'instruction criminelle, édition conforme à l'édition originale du Bulletin des lois*, Paris, Le Prieur, 1811, pp. 5-32: p. 20. Foucault retomará esse trecho em seu desenvolvimento sobre o panoptismo, in *Surveiller et Punir*, p. 219; cf. também "La vérité et les formes juridiques", *loc. cit.*, pp. 608-9/pp. 1476-7. A exposição dos motivos do *Código de Instrução Criminal* geralmente é atribuída a Jean-Baptiste, conde Treilhard (1742-1810), que participou da redação desse código. Treilhard, jurista e político, foi sucessivamente presidente dos Estados-Gerais, presidente da Assembleia Nacional Constituinte, presidente da Convenção Nacional (durante o processo de Luís XVI), membro do Comitê de Salvação Pública, presidente do Conselho dos Quinhentos e membro do Diretório. Cf. Jean Treilhard, *Jean-Baptiste Treilhard, ministre plénipotentiaire de la République au Congrès de Rastadt*, Paris, Gaillon, 1939. Foucault voltará a Treilhard em suas entrevistas; cf. "À propos de l'enfermement pénitentiaire" (entrevista com A. Krywin e F. Ringelheim, *Pro Justitia. Revue politique de droit*, t. I, nº 3-4: *La Prison*, outubro de 1973, pp. 5-14), *DE*, II, nº 127, ed. 1994, p. 437/"Quarto", vol. 1, p. 1305 [trad. bras.: "Sobre o internamento penitenciário", in *Ditos e escritos*, vol. IV] (função importante: Treilhard simboliza a expansão do panoptismo de uma forma arquitetônica a uma forma de governo: "Treilhard apresenta o poder político como uma espécie de Panóptico realizado nas instituições"); cf. também *Surveiller et Punir*, pp. 143, 219, 237.
 7. J.-B. Treilhard, "Motifs" do *Code d'instruction criminelle, op. cit.*, p. 23.
 8. N. H. Julius, *Leçons sur les prisons*, p. 385. Julius observa: "Mas nesse tipo de edificação a utilidade desse pensamento fundamental e o elevado grau de aperfeiçoamento de que é capaz não se manifestou de maneira mais rápida e mais fértil em resultados do que nas prisões" (pp. 385-6).
 9. T. Hobbes, *Le Léviathan. Traité de la matière, de la forme et du pouvoir de la république ecclésiastique et civile*, trad. fr. François Tricaud, Paris, Sirey, 1971 [ed. orig.: *Leviathan*, printed for Andrew Crooke, at the Green Dragon in St. Paul's Churchyard, 1651; trad. bras.: *Leviatã ou matéria, forma e poder de uma república eclesiástica e civil*, 2ª ed., São Paulo, Martins Fontes, 2008], cap. XIII, p. 125. Edição usada e anotada por Foucault, que desenvolverá sua análise de Hobbes em *"Il faut défendre la société"*, *op. cit.*, [aula] de 14 de janeiro de 1976, pp. 26-7, e principalmente [aula] de 4 de fevereiro de 1976, pp. 77 ss.
 10. T. Hobbes, *Le Léviathan*, trad. citada, cap. XIII, pp. 125-6 (grifo do texto original).
 11. Cf. *ibid.*, pp. 121-2: "A natureza fez os homens tão iguais quanto às faculdades do corpo e do espírito [...]. Dessa igualdade das aptidões decorre a igualdade na esperança de

atingirmos nossos fins. Por isso, se dois homens desejam a mesma coisa, mas não é possível a ambos usufruí-la, eles se tornam inimigos."

12. Cf. *ibid.*, p. 123: "Desse modo, podemos encontrar na natureza humana três causas principais de conflito: primeiramente, a rivalidade; em segundo lugar, a falta de confiança; em terceiro, o orgulho [*Glory*]."

13. Hobbes atribui a segunda causa da guerra de todos contra todos à "falta de confiança" (*ibid.*, p. 123), depois de ter discutido a "desconfiança de um em relação a outro" (*ibid.*, p. 122). No manuscrito, Foucault originalmente escrevera "falta de confiança", mas mudou a expressão para "desconfiança" (fol. 4).

14. T. Hobbes, *ibid.*, p. 123.

15. *Ibid.*, cap. XVII, p. 173.

16. *Ibid.*

17. *Ibid.*, pp. 174-5.

18. No manuscrito (fol. 5) Foucault cita o seguinte trecho: "E essa ordem civil só pode ser estabelecida e mantida ao mesmo tempo por um poder, ou seja, pela transferência do poder dos indivíduos, de 'todo o poder e força deles' para 'um único homem', ou para 'uma única assembleia de homens, que possa reduzir todas as suas vontades [...] a uma única vontade'" (*ibid.*, p. 177).

19. *Ibid.*, cap. XXIX, p. 355.

20. O texto datilografado (p. 29) dá a seguinte referência: "(cf. Thompson, in *Past and Present*, 1971)". Aqui Foucault alude ao famoso artigo do historiador marxista inglês Edward P. Thompson, que acabava de ser publicado: "The Moral Economy of the English Crowd in the Eighteenth Century", *Past and Present*, nº 50, fevereiro de 1971, pp. 76-136. Segundo Daniel Defert, Foucault tinha conhecimento profundo dos trabalhos de Thompson, em especial de *The Making of the English Working Class*, Londres, Victor Gollancz, 1963 (sobre os artesãos e a classe operária inglesa entre os anos de 1780 e 1832)/*La Formation de la classe ouvrière anglaise*, trad. fr. coletiva, apresentação de Miguel Abensour, Paris, Gallimard-Seuil (col. "Hautes Études"), 1988 [trad. bras.: *A formação da classe operária inglesa*, Rio de Janeiro, Paz e Terra, 2010, 3 vols.]; relativamente a esses temas, Foucault também se baseava no trabalho de Paul Bois, especialmente: *Paysans de l'Ouest. Des structures économiques et sociales aux options politiques depuis l'époque révolutionnaire dans la Sarthe*, Le Mans, Mouton, 1960.

21. Foucault desenvolverá a questão da polícia dos grãos como protótipo da disciplina no contexto francês; cf. *Sécurité, Territoire, Population. Cours au Collège de France, 1977-1978*, org. M. Senellart, Paris, Gallimard-Seuil (col. "Hautes Études"), 2004, aula de 18 de janeiro de 1978, pp. 31-50; aula de 29 de março de 1978, espec. pp. 325-36; aula de 5 de abril de 1978, espec. pp. 343-51 [trad. bras.: *Segurança, território, população*, São Paulo, Martins Fontes, 2008]. Essa polícia dos grãos que Foucault descreve (*ibid.*, pp. 33-4), "essa grande polícia suprarregulamentar" (*ibid.*, p. 361), se tornará sinônimo ou exemplificação de disciplina e antônimo de "segurança". Descrevendo os regulamentos da polícia dos grãos coligidos por Delamare e Fréminville, Foucault dirá: "Vive-se no mundo do regulamento, vive-se no mundo da disciplina" (*ibid.*, p. 348) e acrescentará no manuscrito do curso citado: "E, de fato, os grandes tratados práticos de polícia foram coletâneas de regulamentos" (*ibid.*, p. 348 n.*).

22. A revolta dos "*Nu-pieds*" [descalços] (às vezes chamados "*Va-nu-pieds*") explodiu durante o verão de 1639 na Normandia. Foucault dedicara seis aulas a essa revolta em seu curso sobre as "teorias e instituições penais". Revolta contra o sistema fiscal e administrativo, foi desencadeada pela instauração da gabela – imposto sobre o sal – no reinado de Luís XIII em diferentes regiões da província e foi severamente reprimida em 1640; cf. B. Porchnev, *Les Soulèvements populaires en France de 1623 à 1648*, Paris, SEVPEN (col. "EPHE, VIᵉ section/ CRH. Oeuvres étrangères" 4), 1963, pp. 303-502. Foucault tratará da delinquência campesina e do ilegalismo popular em *Surveiller et Punir*, p. 87, onde apresentará como textos de referência: O. Festy, *Les Délits ruraux et leur répression sous la Révolution et le Consulat. Étude d'histoire économique*, Paris, Librairie M. Rivière ("Bibliothèque d'histoire économique"), 1956; M. Agulhon, *La Vie sociale en Provence intérieure au lendemain de la Révolution*, Paris, Société des études robespierristes ("Bibliothèque d'histoire révolutionnaire"), 1970; Y.-M. Bercé,

Croquants et Nu-pieds. Les soulèvements paysans en France du XVIe *au XIX*^{e} *siècle*, Paris, Gallimard (col. "Archives" 55), 1974, p. 161. Para uma obra mais recente, cf. J.-L. Ménard, *La Révolte des Nu-pieds en Normandie au XVII*^{e} *siècle*, Paris, Dittmar, 2005.

23. A existência do "General Jean Nu-Pieds", nome com o qual eram assinadas várias ordens enviadas para a Normandia, foi objeto de numerosos debates sobre a fé de fontes contraditórias. Boris Porchnev, passando em revista diferentes hipóteses, conclui: "Não temos provas suficientes para afirmar que Jean Nu-Pieds era um personagem imaginário." Real ou imaginário, era-lhe associado um sinete – dois pés descalços pousados sobre um crescente – e um local de residência, ao pé das muralhas da cidade de Avranches. Cf. B. Porchnev, *Les Soulèvements populaires en France de 1623 à 1648, op. cit.*, pp. 320-7.

24. A chamada revolta "luddista" adquiriu a forma de movimento de quebra de máquinas na indústria têxtil – principalmente de teares – nas Midlands, em Yorkshire e em Lancashire entre 1811 e 1813. Cf. E. P. Thompson, *La Formation de la classe ouvrière anglaise*, trad. fr. citada; E. J. Hobsbawm, "Les briseurs de machine", *Revue d'histoire moderne et contemporaine*, vol. 53-4bis, suplemento 2006, pp. 13-28. Sobre os textos do movimento luddista, cf. K. Binfield (org.), *Writings of the Luddites*, Baltimore, Md., Johns Hopkins University Press, 2004.

25. A unidade do movimento luddista foi definida em grande parte pela reivindicação comum, em regiões diferentes, da figura do "General Ludd" – às vezes também qualificado de rei ou capitão –, provavelmente inspirada por um idioma regional que designava um destruidor de máquina, em referência a certo Ned Ludd que teria destruído um tear de seu mestre em 1779, em Leicester. Cf. K. Navickas, "The Search for 'General Ludd': the Mitology of Luddism", *Social History*, vol. 30 (3), 2005, pp. 281-95; P. Minard, "Le retour de Ned Ludd. Le luddisme et ses interprétations", *Revue d'histoire moderne et contemporaine*, vol. 54 (1), jan.-mar. 2007, pp. 242-57.

26. Cf. M. Foucault, *Surveiller et Punir*, p. 170; *Id.*, "*Il faut défendre la société*", [aula] de 7 de janeiro de 1976, p. 16, e aula de 21 de janeiro de 1976, p. 41.

27. Cf. M. Foucault, "La vérité et les formes juridiques", *loc. cit.*, p. 590/p. 1458.

28. Cf. C. Beccaria, *Dei delitti e delle pene*, Livorno, [s. n.,] 1764 / *Traité des délits et des peines, traduit de l'italien, d'après la troisième édition, revue, corrigée et augmentée par l'Auteur*, trad. fr. abade André Morellet, Lausanne, [s. n.,] 1766; reed.: *Des délits et des peines*, trad. fr. Maurice Chevallier, prefácio de Robert Badinter, Paris, Flammarion, 1991 [Genebra, Droz, 1965]. A primeira tradução, do abade Morellet, trocou livremente a ordem dos capítulos e a distribuição dos parágrafos; a reedição de 1991 é fiel à ordem da quinta e última edição, diretamente produzida por Beccaria [trad. bras.: *Dos delitos e das penas*, 2ª ed., São Paulo, Martins Fontes, 1998]. Cf. B. E. Harcourt, "Beccaria, *Dei delitti e delle pene*", in *Dictionnaire des grandes oeuvres juridiques*, org. Olivier Cayla e Jean-Louis Halpérin, Paris, Dalloz, 2008, pp. 39-46. Foucault acrescenta no manuscrito (fol. 10): "Beccaria: a pena deve ser proporcional àquilo que é útil à sociedade (útil quanto à sua defesa), // – para que seu inimigo não reincida, seja dominado;// – para que não sejam criados outros inimigos." Cf. C. Beccaria, *Des délits et des peines*, trad. fr. 1991, "Avis au lecteur", p. 57 (definição de justo e injusto em termos "daquilo que é útil ou nocivo à sociedade"); cap. II, pp. 63-5: "Le droit qu'a le souverain de punir les délits est donc fondé sur la nécessité de défendre contre les usurpations particulières le dépôt constitué pour le salut public"; cap. XII, pp. 86-7: "Le but des châtiments ne peut être dès lors que d'empêcher le coupable de causer de nouveaux dommages à ses concitoyens et de dissuader les autres d'en commettre de semblables".

29. W. Paley, "Of Crimes and Punishments", livro VI, cap. IX, in *The Principles of Moral and Political Philosophy*, Londres, R. Faulder, 1785, p. 526: "What would it be to the magistrate that offences went altogether unpunished, if the impunity of the offenders were followed by no danger or prejudice to the commonwealth?" William Paley (1743-1805), teólogo britânico, era um pensador utilitarista do sistema penal, muito próximo das teses de Beccaria e precursor de Bentham em matéria penal. Paley era conhecido principalmente como autor de *A View of the Evidences of Christianity* (Londres, 1794) e de uma *Natural Theology* (Londres, 1802) desenvolvendo a analogia do mundo com um relógio, necessariamente regulado por um relojoeiro

(*watchmaker*). Depois do nome de Paley, Foucault acrescenta no manuscrito (fol. 11): "('rigorista')"; certamente alusão à exigência estrita de que a pena seja proporcional à medida de sua utilidade para a sociedade, doutrina que Leon Radzinowicz chamou de "doutrina da severidade máxima"; cf. L. Radzinowicz, *A History of English Criminal Law and its Administration from 1750*, vol. 1: *The Movement for Reform*, Londres, Stevens & Sons, 1948, p. 231: "The Doctrine of Maximum Severity".

30. Cf. *supra*, p. 19, nota 17.

31. Cf. J. R. Strayer, *On the Medieval Origins of the Modern State*, *op. cit.*, pp. 27-31 / *Les Origines médiévales de l'État moderne*, trad. fr. citada, pp. 46-50. Foucault acrescenta no manuscrito (fol., 12): "O fato de a imposição e a execução da pena já não serem realizadas ou controladas pela parte lesada, mas apenas pela autoridade do Estado." Sobre a noção de soberania, que, na época, se mostra estreitamente associada à execução da justiça, cf. J. R. Strayer, *ibid.*, pp. 36-44 e 53-5/ trad. fr. citada, pp. 57-68 e 80-2.

32. A menção a um "limiar baixíssimo para o intolerável" ecoa as pesquisas sobre o intolerável: *"Intolérable"*, do Groupe d'information sur les prisons [grupo de informação sobre as prisões], do qual Foucault foi um dos cofundadores em 1971. Cf. P. Artières, L. Quéro e M. Zancarini-Fournel (orgs.), *Le Groupe d'information sur les prisons. Archives d'une lutte, 1970-1972*, Paris, Institut Mémoires de l'édition contemporaine/IMEC, 2003; M. Foucault, "Je perçois l'intolérable", *loc. cit.* (*DE*, II), p. 204/p. 1072.

AULA DE 17 DE JANEIRO DE 1973

Aparecimento do criminoso como inimigo social. Identificação histórica das primeiras manifestações. (I) Análise econômica da delinquência no século XVIII pelos fisiocratas. Le Trosne, Mémoire sur les vagabonds [Dissertação sobre os vagabundos] (1764): Mais que propensão psicológica, como a ociosidade, ou fenômeno social, como a mendicidade, a vagabundagem* é a matriz do crime e um flagelo para a economia; ela produz a rarefação da mão de obra, a elevação dos salários e a redução da produção. – Leis inadequadas; medidas preconizadas por Le Trosne: 1/ escravização; 2/ pôr fora da lei; 3/ autodefesa dos camponeses; 4/ convocação militar em massa. – Semelhanças entre errantes e nobres. (II) O criminoso-inimigo social como tema literário. Gil Blas e o início do século XVIII: o continuum e a onipresença da delinquência. Romances de terror e fim do século XVIII: delinquência localizada e extrassocial. Emergência das dualidades crime-inocência, mal-bem.

Quis explicar a espécie de desvinculação do criminoso em relação ao sistema de obrigações ou litígios privados, pelo qual ele estava vinculado nas práticas medievais, e sua emergência como inimigo social, como indivíduo oposto à totalidade da sociedade como tal. Essa transformação pode ser simbolizada por um texto de grande importância institucional e política. Trata-se de um discurso proferido na Assembleia Constituinte em outubro de 1789, no momento em que recomeçou a ser elaborada a organização penal na França, e, mais precisamente, de uma modificação da instrução criminal, projeto cujo relator, Beaumetz[1], descreve o que, segundo ele, é o mecanismo e a justificação do procedimento criminal no Antigo Regime. Ao fazer isso, ele se limita a retranscrever as práticas do direito penal do Antigo Regime no vocabulário novo, esquematicamente o de Beccaria, e, a partir dessa retranscrição em termos de inimigo público, propõe algumas ao procedimento criminal: "Foi cometido um delito: a sociedade inteira é ferida em um de seus membros; o ódio ao crime ou

---

* Aqui no sentido de vida errante, sem objetivo. Também no sentido de conjunto de vagabundos. (N. da T.)

o interesse pessoal produzem uma denúncia ou motivam uma queixa; o ministério público é avisado pelo ofendido ou despertado pelo clamor geral, constata-se o delito, colhem-se seus indícios; verificam-se seus vestígios. É preciso que a ordem pública seja vingada [...]."[2] Beaumetz retoma assim os elementos do procedimento de processo privado e público segundo as antigas regras do procedimento criminal, que podia ser desencadeado tanto pela queixa de um indivíduo para atender a um interesse privado quanto por uma denúncia, ou seja, por alguém que não estivesse envolvido num litígio privado com aquele que cometera a falta, mas que, em nome do interesse público, fosse registrar diante do procurador os termos do delito. O magistrado do interesse comum dirige-se então ao juiz e solicita a apresentação das testemunhas, a produção das provas. O procurador é assim designado como o magistrado do interesse comum. Tem-se aí a reinterpretação da antiga prática penal nos termos de Beccaria.

Como ocorreu esse "aparecimento" do criminoso como inimigo social? Gostaria de começar por identificar as primeiras manifestações desse tema e ver depois qual foi o conjunto de processos políticos e econômicos que em certo nível redundaram finalmente em fixar que o criminoso é inimigo social, bem como o que é ocultado por essa operação que consiste em descrever, julgar e também excluir o criminoso como inimigo público[a].

* * *

[Começarei, portanto, com] a análise das derivações. Uma das manifestações mais interessantes desse aparecimento é fornecida pelas primeiras análises econômicas da delinquência no século XVIII. Evidentemente já existiam descrições da população dos "ladrões" etc., bem como uma análise da pobreza e da mendicidade, além de uma crítica dos meios de assistência utilizados desde a Idade Média para aliviar a pobreza e reduzir a mendicidade: meios privados, eclesiásticos ou medidas legislativas. Mas isso não constituía aquilo que se poderia chamar de análise em termos de *economia política* no sentido estrito. Ora, pela primeira vez, creio,

---

a. O manuscrito da aula (fol. 1) começa da seguinte maneira:
"Fenômeno maciço:
– dissociação do crime em relação à culpa, ao pecado;
– dissociação do criminoso em relação ao conjunto das obrigações e dos litígios privados; seu surgimento como inimigo social, como indivíduo oposto à totalidade da sociedade, numa relação de contestação, de hostilidade com a totalidade da sociedade.
Simbolizar por → Beaumetz
Estudar:
– algumas manifestações dessa emergência,
– a natureza desse 'aparecimento'."

assiste-se ao surgimento [na segunda metade] do século XVIII de uma análise da delinquência feita [à maneira de] análise dos processos econômicos, isso entre os fisiocratas[3]. O que essa análise tem de especial é que fixa a posição, o papel e a função da delinquência, não em relação ao consumo, à massa de bens disponíveis, mas em relação aos mecanismos e processos de produção; por outro lado, no exato momento em que os fisiocratas definem o delinquente [pelo ângulo da] produção, também o caracterizam como inimigo da sociedade: é a própria posição do delinquente relativamente à produção que o define como inimigo público.

Um modelo desse tipo de análise é fornecido pelo texto de Le Trosne, *Mémoire sur les vagabonds et sur les mendiants* [Dissertação sobre os vagabundos e os mendigos], [publicado em] 1764[4]. Nele a vagabundagem é dada como categoria fundamental da delinquência, o que, contrariando as análises anteriores, não significa que ela seja o ponto de partida psicológico, por assim dizer, da delinquência – Le Trosne não quer dizer que as pessoas começam por vaguear, e que essa vagabundagem conduz aos poucos ao roubo e depois ao crime, mas sim que a vagabundagem é o elemento a partir do qual os outros crimes se especificarão. É a matriz geral do crime, que contém eminentemente todas as outras formas de delinquência, não como virtualidades, mas como elementos que a constituem e a compõem. Ora, essa tese se opõe a dois tipos de análise tradicionalmente encontrados na época.

Em primeiro lugar, uma análise segundo a qual a ociosidade é a mãe de todos os vícios e, por isso, de todos os crimes[5]. A ociosidade é o traço psicológico ou a falta de que derivam todas as outras formas de desvios ou crimes. Ora, aqui a vagabundagem não é algo como uma falta ou uma propensão psicológica, é na realidade o conjunto dos errantes, ou seja, um tipo de existência comum, um grupo social que se apresenta como uma contrassociedade, diferentemente da ociosidade que, na psicologia dos indivíduos, era algo como um pecado individual[a].

Em segundo lugar, apresentando a vagabundagem como matriz geral da delinquência, Le Trosne se opõe a todas as análises que veem a mendicidade como elemento essencial que convém punir. Na legislação francesa, a vagabundagem não era punida como tal; o vagabundo concernia ao sistema penal pela atitude de solicitar subsistência a alguma outra pessoa sem trabalhar. Ora, para Le Trosne, o essencialmente punível é a vagabundagem; o ingresso no mundo da delinquência está no fato de vaguear, de não estar fixado a uma terra, de não ser determinado por um trabalho.

a. Manuscrito (fol. 3): "Já não é um pecado que acarreta todos os outros, é uma microssociedade."

O crime começa quando não se tem situação civil, ou seja, localização geográfica[a] dentro de determinada comunidade, quando a pessoa é "sem eira nem beira" [*sans aveu*], segundo expressão retomada pelo autor, mas, precisamente, modificando seu sentido[6]. Isso porque, no antigo direito, "*sans aveu*" não significava não ter nenhum elo com uma comunidade fixa e estabelecida como em Le Trosne, mas sim o fato de não ter ninguém para lhe servir de caução, de garantia diante da justiça. Então, por que o fato de vagar, de não ter vínculo territorial, pode constituir crime em relação à economia?

Le Trosne analisa precisamente as consequências econômicas dessas perpétuas perambulações. [Em primeiro lugar,] quem se desloca provoca rarefação de mão de obra nas regiões mais pobres, o que terá por efeito aumentar os salários, de tal modo que uma região que já seja pouco produtiva onerará o produtor com salários elevados; à pobreza se somarão [a alta] dos preços e a falta de concorrência, por conseguinte um empobrecimento ainda maior. [Em segundo lugar,] os vagabundos, saindo do lugar onde eram força de trabalho virtual, provocam a redução da produção e impedem certa produtividade. [Além do mais,] a partir do momento em que se deslocam, escapam a todos os impostos pessoais (talhas, corveias) que, por esse motivo, acabarão sendo divididos por um número menor de pessoas, já que o objetivo é chegar a um total fixo; esse aumento dos impostos pessoais reduzirá também a parcela de rendimentos que poderia normalmente ser capitalizada para obter frutos da terra. [Por fim, trata-se de] pessoas que, não se casando, deixam ao léu seus filhos naturais e, por onde passam, provocam o crescimento de uma população ociosa – que vai extrair sua parte do consumo global. Considerando os três primeiros efeitos da vagabundagem, percebe-se que o vagabundo já não é, como na Idade Média, alguém que retira uma parte do consumo sem trabalhar. Já não é alguém que afeta a massa global das coisas por consumir, mas sim os mecanismos de produção, e isso em vários níveis: o do número de trabalhadores, da quantidade de trabalho fornecida e da quantidade de dinheiro que volta para a terra a fim de fazê-la frutificar. O vagabundo, portanto, é alguém que perturba a produção, e não só um consumidor estéril. Logo, ele se encontra numa posição de hostilidade constitutiva em relação aos mecanismos normais de produção.

Nessa função antiprodutiva, por qual razão os vagabundos não são pura e simplesmente eliminados ou forçados a voltar ao processo produtivo? Le Trosne não aceita a tese de que onde não há trabalho há pobres que mendigam e precisam mudar de lugar; para ele, não é por falta de

---

a. O manuscrito (fol. 3) acrescenta a expressão: "fixação geográfica".

trabalho que alguém se torna errante, pois, embora seja verdade que em vários casos não há sustento suficiente, em compensação, o que nunca falta é a possibilidade de trabalho: sempre há trabalho suficiente para cada um, mesmo que não haja sustento suficiente para todos. Para os fisiocratas, a generosidade da terra é a generosidade do trabalho que ela fornece, pois é só quando trabalhada que ela produz o suficiente; a primeira oferta da terra é o trabalho. Portanto, o vagabundo não é tanto aquele a quem falta subsistência e por isso é empurrado para fora; é mais aquele que, por livre e espontânea vontade, recusa a oferta de trabalho que a terra nos faz com tanta generosidade. Não é o desempregado coagido e forçado que, aos poucos, começa a mendigar e vagar, é aquele que se recusa a trabalhar. Há, pois, uma identidade primordial e fundamental entre vagar e recusar trabalho: é nisso que, para os fisiocratas, reside o crime do vagabundo.

Ora, por qual motivo a sociedade não o coage? É por explicar isso que Le Trosne se distingue da crítica feita, do século XII ao início do século XVIII, a ricos e caridosos, [àqueles] que dão; a multiplicação dos vagabundos era então imputada a essa espécie de erro econômico que consiste em dar uma parcela de consumo possível sem exigir em troca uma parcela de trabalho necessária; agora, se os vagabundos subsistem e se multiplicam, não é porque alguém lhes dá algo, mas porque eles tomam. Eles estabelecem uma relação de poder selvagem, fora da lei, com as pessoas da sociedade civil no meio das quais eles existem. Le Trosne analisa assim as modalidades de estabelecimento dessas relações violentas, às quais correspondem formas específicas de crime, de delinquência. Quando chegam a uma aldeia, [os vagabundos] começam por se instalar e apropriar-se das colheitas, dos animais, o que se traduz por aquela forma de delinquência que é o roubo; esgotados esses recursos espontâneos, entram nas casas e obrigam as pessoas a lhes dar coisas sob ameaça de incendiar e matar; com esses recursos, eles podem até comerciar e ir de aldeia em aldeia revendendo aquilo que lhes foi dado; com esse excedente, fazem a festa; também obtêm dinheiro graças às indicações das mulheres e das crianças e, se necessário, pela violência. Assim, são levados do primeiro assalto ao incêndio ou ao crime[a].

    a. Manuscrito (fols. 5-6):
"Análise do comportamento vagabundo:
    1. apropriar-se espontaneamente
    2. ameaçar para obter doações
    3. obtêm doações para comerciar (pão em vez de moedas), revendem nas tavernas;
    4. empanzinam-se e festejam nas florestas;
    5. obtêm doações em dinheiro com ameaças;
    6. punem com o incêndio, o assassinato."

Temos então aqui, para caracterizar a posição do delinquente em relação à sociedade, uma espécie de acoplamento entre recusa a trabalho e violência, que, na verdade, já não deve ser mascarado pelo par desemprego-mendicância. Nas análises do século XVII, partia-se do desemprego para explicar a mendicidade e a delinquência; para os fisiocratas, o organizador já não é esse par. E os criminosos aparecem como inimigos sociais em virtude do poder violento que exercem sobre a população e de sua posição no processo de produção como recusa ao trabalho. Le Trosne escreve: "São insetos vorazes que infectam e devastam [os campos], que devoram diariamente a subsistência dos agricultores. Para falar sem linguagem figurada, são tropas inimigas espalhadas pela superfície do território, que nele vivem à vontade, como numa terra conquistada, arrecadando verdadeiras contribuições com o título de esmolas. Essas contribuições igualam ou superam a talha nas regiões mais pobres [...]"[7] "Vivem no meio da sociedade sem serem seus membros; vivem nela no estado em que os homens estariam se não houvesse lei, polícia nem autoridade; nesse estado que se supõe ter ocorrido antes do estabelecimento das sociedades civis, mas que, apesar de nunca ter existido para todo um povo, por singular contradição se vê realizado no meio de uma sociedade organizada."[8] Percebe-se aí o modelo da guerra de todos contra todos servindo de princípio à análise da delinquência.

Por que a sociedade civil[a] está desarmada diante dessa população inimiga? Qual o motivo de a sociedade civil não reagir, se no próprio seio da lei há homens fora da lei? Le Trosne explica que, se os homens estão desarmados diante dessa população que vive no estado de natureza, é precisamente por pertencerem à sociedade civil; as pessoas que têm vínculo, ou seja, localização, situação civil, empregador, renunciaram ao uso selvagem e livre das armas, em razão do pacto social; estar em sociedade é, precisamente, concordar em renunciar a fazer uso das armas para defender-se de imediato, pois esse direito de defender foi delegado ao soberano. Ora, esse soberano defende as pessoas por meio de leis inadequadas, e isso ocorre por várias razões. Em primeiro lugar, a legislação do reino, por um contrassenso fundamental, não atacou o fato da vagabundagem, mas o fato de mendigar. As leis deixam que as pessoas circulem e só as prendem quando estendem a mão, embora não seja grave estender a mão em sua própria aldeia. O grave é sair dela. Em segundo lugar, as leis atuam tarde demais: a mendicidade é atingida, mas não a vagabundagem; mais ainda, [essas leis] são indulgentes demais, pois o essencial das penas contra os mendigos é o banimento, que consiste em mandar para outra província

a. O manuscrito (fol. 6), em vez de "a sociedade civil", diz: "os homens que trabalham".

as pessoas que estão em nossa região – ou seja, elas são levadas a vagar. De modo que a vagabundagem é efeito, e não alvo, da penalidade. Por fim, a legislação está errada porque sempre parte do postulado de que, se há vagabundos, é porque não há trabalho, pois o vagabundo é alguém a quem faltou oportunidade de trabalho; donde a prática da colocação em estabelecimentos de trabalho forçado nos quais se espera que ele adquira o hábito de trabalhar. Ora, na verdade, o vagabundo é fundamentalmente aquele que recusa o trabalho.

Assim Le Trosne propõe quatro espécies de medidas:

1/ Escravização. Não se deve devolver ao vagabundo a oportunidade de trabalhar, corrigi-lo; só se deve obrigá-lo a trabalhar da maneira mais coercitiva possível: "é uma besta feroz que não se pode domesticar [...]; só conseguimos domá-lo acorrentando-o"[9], ou seja, obrigando-o a realizar trabalhos que serão executados sob vigilância máxima: as galés, por exemplo, mas perpetuamente, porque sua recusa a trabalhar é essencial. "Deve-se considerar que foram adquiridos pelo Estado em virtude da condenação, pertencendo-lhe assim como os escravos pertencem a um senhor. Nunca houve título mais legítimo para estabelecer a servidão. Portanto, o Estado pode dar-lhes ocupação na obra que julgar propícia e dispor deles como coisa sua."[10] E, quando as galés estiverem cheias, encheremos as minas[11]. E, quando houver muitos deles na França, "também será possível mandá-los para as colônias"[a].

2/ Essa escravização só pode ser levada até suas últimas consequências se for acompanhada do ato jurídico de pôr o vagabundo fora da lei. Ser condenado como vagabundo significará ficar isento de qualquer proteção legal, e é dessa maneira que alguém se torna escravo. E, como não se deve escapar da escravidão, o vagabundo será marcado com a letra G na testa ou na face, de tal maneira que aquele que abandonar seu posto de escravo poderá ser preso e executado por qualquer pessoa. A partir do momento em que são confiscados para proveito do rei, os vagabundos já não pertencem à ordem dos cidadãos; já não têm situação civil, as leis já não têm nada que estatuir em relação a eles, e as penas que poderão ser proferidas contra eles para impedir a deserção ou a revolta já não são da ordem judiciária, pertencem à ordem das penas militares[12].

3/ Autodefesa da comunidade campesina. É preciso garantir esses procedimentos e ter para tanto uma força armada suficiente. Portanto, é preciso substituir as forças insuficientes da gendarmaria e da polícia estatal pela vontade de todos: "Os camponeses podem substituir [os cavalaria-

---

a. O manuscrito (fol. 6) diz, de acordo com Le Trosne: "E, quando houver demais na França, 'serão vendidos na África do Norte e em seu lugar serão comprados cristãos escravos'."

nos]; são tão molestados e atormentados pelos vagabundos, que o Governo pode ter certeza de que estão prontos a fazer de tudo para se livrarem deles [...]"[13] Basta autorizá-los a armar-se.

4/ Caçada e recrutamento em massa[14]. Esse texto propõe como procedimento utópico uma sociedade inteira dedicada ao trabalho, que teria o direito de abater à primeira vista qualquer pessoa que vagasse[a]. Está aí, na verdade, contado numa [espécie] de devaneio furioso, de antecipação fictícia[b], aquilo que, por outros meios e por ardis também sutis, o poder em ação na sociedade capitalista fez para conseguir fixar no trabalho todos aqueles que tinham tendência a mover-se. Le Trosne sonhou com essa grande reclusão no local de trabalho; viu essa espécie de grande massacre no qual seria possível matar toda e qualquer pessoa que se recusasse fundamentalmente à fixação, cena de caçada feudal, mas já capitalista. Esse texto nos conta, em sua selvageria e onirismo, aquilo que vai ocorrer meticulosamente quando as instituições e as medidas de coerção capitalistas forem instaladas. A passagem da caçada à *coerção* que transforma a força de trabalho em força produtiva é a condição de funcionamento do sistema penal em nossa sociedade.

Mas esse texto pode ser um exercício de palavras cruzadas. Se reexaminarmos vários de seus elementos – descrição dos vagabundos, posição que lhes é atribuída em relação à produção etc. –, poderemos vislumbrar outra coisa. Pois, afinal, esses personagens que se recusam a trabalhar, que fogem dos impostos e desse modo oneram uma massa de pessoas cada vez mais restrita com a totalidade da carga fiscal, que produzem filhos naturais, impõem suas cobranças de sustento, punem e festejam também são os monges itinerantes, os nobres, os agentes fiscais. Isso quer dizer que esse texto é surpreendente: nele se encontra ao mesmo tempo uma exatidão histórica total quanto aos costumes dos vagabundos e de outros personagens; é tanto a descrição dessa contrassociedade quanto a descrição da sociedade feudal da qual a burguesia queria se livrar. Lendo-se assim, o texto ganha uma violência inaudita: o que é essa regra de autodefesa camponesa, senão uma espécie de convocação à insurreição? Assim, o texto diz de um lado aquilo que ocorrerá efetivamente no século XIX e, do outro, faz, de maneira codificada, uma crítica real aos resquícios de feudalismo na sociedade do século XVIII: todos devem pertencer ao Estado[c].

Portanto esse texto coloca em posição de simetria, em relação ao sistema produtivo constituído pela terra, por um lado trabalhadores, pro-

---

a. O manuscrito (fol. 7) resume: "Matar tudo o que se mexe."
b. O manuscrito (fol. 7) resume: "Utopia. Ficção política."
c. Manuscrito (fol. 8): "Caberá ver nele um panfleto codificado cuja decifração dissiparia o sentido aparente?"

prietários e vagabundos, e, por outro, os resquícios do feudalismo. Há, pois, duas maneiras de se opor à sociedade: exercer certo poder que crie um obstáculo à produção e recusar-se a produzir, exercendo assim, mas de outro modo, um contrapoder que se opõe à produção. O vagabundo e o senhor feudal constituem duas instâncias de antiprodução, inimigas da sociedade. Percebe-se, portanto, a ocorrência aí de uma equiparação que será fundamental. Com efeito, a partir do momento em que a sociedade se define como sistema de relações entre indivíduos que possibilitam a produção, permitindo maximizá-la, dispõe-se de um critério que possibilita designar o inimigo da sociedade: qualquer pessoa que seja hostil ou contrária à regra da maximização da produção[a].

a. O manuscrito comporta várias páginas (fols. 10-14) que Foucault não teria usado durante a aula:
"Alguns pontos de referência desse surgimento na teoria jurídica:
• M[uyart] de Vouglans (*Institutes au droit criminel* [Institutos do direito criminal], 1757)[15]
Definição tradicional de crime: 'Crime é um ato proibido pela lei, por meio do qual se causam danos a um terceiro com prejuízo ou culpa.'
– 'prejuízo', 'dano': noções centrais (e não por infração, ruptura com a autoridade);
– 'terceiro': especificado como particular ou público, mas público entra na categoria do terceiro [fol. 10] e é atingido em alguns casos (escândalo, perturbação), que existem por si mesmos ou vêm somar-se como circunstâncias a outro prejuízo que atinge um indivíduo.
Daí a ideia de que o crime é criador de obrigação:
– enquanto na ordem do direito civil só há obrigação por consentimento explícito e formulado,
– na ordem criminal, o ato é criador de obrigação.
[*À margem:*] O que possibilita retranscrever até certo ponto no vocabulário do pecado, do resgate, da punição.
Ideia estranha para nós, ou melhor, ideia que só se encontra nas formulações morais: 'pagar a dívida'; mas ideia à qual se opõe toda a problemática do século XVIII. Essa prática é:
– não: quais são a natureza e a forma da obrigação criada pelo crime,
– mas sim: a qual sistema de obrigações estou vinculado, que contrato precisei assinar para que seja possível me punir legitimamente quando infrinjo uma lei. [fol. 11]
No pensamento clássico, o crime é quase um contrato; em todo caso, tem efeitos análogos ao contrato. No pensamento moderno, a punição baseia-se num contrato ideal.

De qualquer modo, a formulação dos *Institutes* representa o estado antigo do pensamento jurídico. Ora, em *Lois criminelles de France* [Leis criminais da França] (1780)[16], pode-se depreender outra trama discursiva. Nelas, o crime já não é definido apenas pelo prejuízo, mas pela infração. Ou também a lei aparece como algo que atua em dois níveis: por um lado, proíbe ou ordena isto ou aquilo; por outro, proíbe que se atente contra ela.
Na qualidade de lei, ela é sempre objeto de uma proibição: o que não deve ser transgredido, violado, desprezado.
Implica ao mesmo tempo coerção com referência externa e coerção autorreferenciada.
'Assim, percebe-se que ela tende não só a proibir, mas também a castigar o desprezo à sua autoridade com a punição daqueles que venham a transgredir suas proibições' ([*Lois criminelles de France,*] p. XXXIV). [fol. 12]
A coerção com referência externa deriva do prejuízo. (É por não poder ser prejudicial que uma ação é proibida.)

* * *

Também teria sido possível mostrar outros sinais dessa emergência do criminoso como inimigo social na teoria jurídica, na literatura etc. Por exemplo, podemos pôr o texto de Le Trosne em paralelo com outros dois textos literários: *Gil Blas*[17] e *The Romance of the Pyrenees* [O romance dos Pireneus][18]. Com efeito, no início do século XVIII, tem-se toda uma série de romances de deslocamento no interior da sociedade. Assim, *Gil Blas* é uma espécie de representação da mobilidade social, do deslocamento na sociedade e de suas conexões com a delinquência. *Gil Blas* é o deslocamento geográfico, mas também [a mobilidade] através dos estratos sociais[19]. Ora, ao longo dessas perambulações, Gil Blas depara incessantemente com a delinquência, mas uma delinquência bem particular. Ela avança por graus, pois, com pequenos toques sucessivos e contínuos, vai do adultério ao roubo, ao calote e ao bandoleirismo de estrada: tudo isso se mistura nas paisagens atravessadas por Gil Blas[a]. Com uma espécie de sombra projetada, de brumas de possibilidades, ela cerca toda profissão, todo *status* social. Não há dignidade que não comporte sua margem de delinquência possível: há a delinquência conexa do hospedeiro, a do médico, a do nobre, a do magistrado etc. Cada um tem sua margem de delinquência na qual está preso, amarrado ou, ao contrário, que é seu recurso, sua possibilidade. Cada personagem é assim perfeitamente reversível: honesto de certo ponto de vista, desonesto de outro, e, nesse sentido, o personagem do lacaio ou do secretário é completamente típico dessa reversi-

A coerção autorreferenciada à própria lei deriva da soberania. Se a lei pode punir apenas pelo fato de ter sido transgredida, isso ocorre em virtude do direito que o Príncipe tem 'de fazer executar sua lei'.
Imperium, soberania que habita intrinsecamente a lei.
Tem-se aí a formulação teórica do processo civil que acompanha o processo privado.

Mas, nas mesmas *Lois criminelles*, tem-se uma terceira formulação que se aproxima de Beccaria:
Crime é aquilo que traz perturbação à sociedade
– apenas atacando a sociedade,
– ou atacando a sociedade e, ao mesmo tempo, um de seus membros,
– ou atacando apenas um de seus membros sem atacar a sociedade em geral.
Mesmo que não seja *atacada*, a sociedade é *perturbada*. [fol. 13]
Com a consequência de que a punição tem dois fins:
– indenizar o máximo possível o particular;
– deixar o criminoso (mas também aqueles que possam imitá-lo) sem condições de prejudicar. Em relação à primeira formulação, a sociedade veio ocupar o lugar do terceiro lesado (aquele terceiro que, como se dissera, podia ser um indivíduo ou o público). A emergência do criminoso como adversário da sociedade é decifrada nesses diferentes textos que se sobrepõem e se imbricam através de uma mesma obra" (fol. 14).
a. O manuscrito (fol. 15) acrescenta: "Do mulherengo ao galé; continuidade, rapidez da transição."

bilidade do personagem delinquente-não delinquente. O lacaio que rouba seu senhor é um ladrão louvável, uma vez que, se rouba em certo sentido, dá a pessoas necessitadas um dinheiro cujo uso teria sido nocivo. Ele é o homem das margens incertas, o comutador típico entre a delinquência e a não delinquência, e isso tanto [referente] à honestidade financeira quanto [à] sexualidade. Essa é a delinquência que percorre toda a sociedade, que de certo modo segue todas as suas nervuras, flui de cima a baixo e constitui seu jogo por excelência[a].

Passemos ao fim do século XVIII, aos romances de terror, [tais como os de] Ann Radcliffe[20]. Então, a criminalidade mudou de forma e de jeito: já não é algo contínuo, graduado, ambíguo; já não é a virtualidade que cada um carrega consigo; não está intricada nas relações sociais: está localizada e fora da sociedade. O crime não é encontrado no meio da sociedade, mas em locais extrassociais: conventos, castelos, subterrâneos, uma montanha cavada como fortaleza. No interior dessa geografia própria ao crime tem-se uma espécie de sociedade inteiramente fechada em si mesma, com iniciações, ritos, valores e hierarquia próprios; nessa sociedade não se encontrará nenhum personagem ambíguo, pois a passagem para a criminalidade se faz de repente, em bloco, de uma vez por todas: ou se é malvado por natureza porque se trouxe ao nascer uma marca negativa e se é a encarnação do mal, ou então se passou para a criminalidade por se ter cometido na vida uma falta inexpiável (perjúrio, crime) que fez resvalar para o mal. Em relação a essa contrassociedade perfeitamente situada e isolada só pode haver o mundo dos inocentes e das vítimas; entre uns e outros, da parte dos criminosos só pode haver ódio, guerra, hostilidade fundamental; e do outro lado, relações em forma de captura, aprisionamento.

Enquanto em *Gil Blas* a figura central é o roubo e as formas da ambiguidade honestidade-desonestidade, nesses romances a figura central é

---

a. O manuscrito (fols. 16-17) acrescenta:
"Ela [a delinquência] a anima
– fazendo-a mover-se, pois é assim que homens sem nada se tornam poderosos; e os poderosos perecem.
Mas ao mesmo tempo
– deixa-a idêntica: os atores que podem mudar de papel permanecem; as máscaras caem, as identidades ficam.
A delinquência é uma espécie de função social permanente.
Se há avesso, é, como se diria, o outro lado do cenário, o verso de uma folha de papel.
Ela é o jogo da sociedade:
– o fato de ter jogo, espaço livre, zonas inativas, regiões de turbulência,
– é também risco, sorte e azar; a oposição entre ser apanhado/não ser apanhado.
O roubo, a apropriação, a redistribuição (muito mais que o assassinato e a morte) estão no centro dessas narrativas e dessas ficções.
Mas, quarenta anos depois, surge outro tipo diferente de narrativa. *Romance of the Pyrenees*".

a guerra, a morte cuja metáfora é essa contrassociedade: passar para esta é passar para o lado da morte e atravessar essa contrassociedade, escapando dela, como ocorre com certos heróis privilegiados; é ressuscitar. Todas as oposições maciças: vida/morte, inocência/crime, bem/mal, caracterizam essa forma de delinquência que se vê aparecer nesse tipo de narrativa. Entre *Gil Blas* e *Romance of the Pyrenees*, o texto de Le Trosne marca o ponto de transição da figura da delinquência[a].

*

NOTAS

1. Bon-Albert Briois de Beaumetz (1759-1801) foi eleito deputado para os Estados-Gerais em 1789 pela nobreza de Artois. Sua posição era de centro-esquerda e ele reivindicava a abolição da tortura prévia ao procedimento judiciário. É conhecido por ter tentado frear a violência revolucionária; cf. J. Tulard, J.-F. Fayard e A. Fierro, *Histoire et Dictionnaire de la Révolution française, 1789-1799*, Paris, Robert Laffont (col. "Bouquins"), 1987, p. 571 [trad. bras.: *História da Revolução Francesa: 1789-1799*, Rio de Janeiro, Paz e Terra, 1990]. Beaumetz fazia parte da comissão encarregada pela Assembleia Constituinte de propor "um projeto de declaração sobre algumas modificações provisórias no ordenamento criminal" e apresentou um relatório à Constituinte em 29 de setembro de 1789. Cf. *Archives parlementaires de 1787 à 1860. Recueil complet des débats législatifs et politiques des Chambres françaises*, primeira série (1789 a 1799), Paris, Librairie administrative de Paul Dupont, 1877, t. IX (de 16 de setembro de 1789 a 11 de novembro de 1789), pp. 213-7.

---

a. O manuscrito compreende duas outras folhas (19 e 20) que Foucault não teria tratado durante a aula de 17 de janeiro de 1973:
"Muitos outros fatos poderiam dar testemunho desse aparecimento – ou dessa constituição – do criminoso como inimigo. Por exemplo: nas práticas penais, a transição do desterro (que tem essencialmente a forma de banimento) para a colônia penitenciária.
América ≠ Botany Bay
Mas, se for necessário interrogar-se, será menos sobre o feixe de elementos que assinala esse aparecimento do que sobre seu estatuto. E isso porque esse aparecimento vai servir de ponto de partida, e [porque] é ele que vamos analisar.
– Por trás dessa sociologização do crime, dessa instauração do criminoso como inimigo da sociedade, por trás dessa reinterpretação das formas da penalidade nos termos de uma mecânica ou de uma reação social, por trás dessa emergência da sociedade (e não mais simplesmente do soberano ou do poder político) como personagem essencial na cena jurídica, o que ocorre?
– Por trás da constituição de um saber da criminalidade que já não formula a velha questão da investigação 'quem fez o quê?', mas a nova questão: 'o que é preciso ser para ser criminoso?', 'o que uma sociedade precisa ser para que nela o crime seja possível?'
Indagações que já não se alinham com o fato, mas com a natureza e a norma. Indagações que já não dizem respeito a uma prática discursiva da *investigação*, mas a uma prática discursiva do *exame*.
O que ocorre por trás de tudo isso?
O que é esse processo ou esse acontecimento qualificado de 'aparecimento', de 'emergência'? O que quer dizer afirmar que o criminoso *aparece* como inimigo público, que o crime é definido como, funciona como, serve como ruptura do elo social?
– Acaso se trata da instauração de uma representação predominante ou de um sistema de representação predominante: o criminoso seria *representado* como inimigo?"

2. B.-A. Briois de Beaumetz, in *Arch. Parlem. 1787-1860*, t. IX, p. 214, col. 2.
3. Foucault analisara o pensamento fisiocrático em *Les Mots et les Choses*, Paris, Gallimard ("Bibliothèque des sciences humaines"), 1966, reed. col. "Tel", pp. 204-14 (subtítulo: "La formation de la valeur" ["A formação do valor"]) e pp. 268-9 (sobre a noção de raridade) [trad. bras.: *As palavras e as coisas*, 9ª ed., São Paulo, Martins Fontes, 2011]. Também estudara o papel, no pensamento fisiocrático, da população como fator de riqueza, em *Folie et Déraison. Histoire de la folie à l'âge classique, op. cit.*, pp. 494-8. Em *Sécurité, Territoire, Population, op. cit.*, espec. pp. 35-50, 71-81, 349-65, Foucault tratará de novo dos fisiocratas, cujas ideias sobre a instauração de dispositivos de "segurança" prevalecerão; cf. *ibid.*, p. 36: "graças à intermediação, ao apoio dos fisiocratas e de sua teoria, há de fato toda uma mudança, ou melhor, uma fase de grande mudança nas técnicas de governo e um dos elementos dessa instauração daquilo que chamarei dispositivos de segurança". Ver também a análise do neoliberalismo em *Naissance de la biopolitique. Cours au Collège de France. 1978-1979*, org. M. Senellart, Paris, Gallimard--Seuil (col. "Hautes Études"), 2004, pp. 55-7, 62-7, 296-300 [trad. bras.: *Nascimento da biopolítica*, São Paulo, Martins Fontes, 2008]. Os fisiocratas, também conhecidos com a denominação de primeiros "*economistas*", formavam um grupo de pensadores favoráveis ao livre-câmbio, à liberdade do comércio de grãos e, de modo mais geral, ao liberalismo econômico. Sua designação é um neologismo que, como símbolo de seu fundamento ideológico, expressa a ideia de um reino (-*crat*) da ordem natural (*physio*). Provém da coletânea publicada por Pierre-Samuel Du Pont de Nemours en 1768, *Physiocratie ou Constitution naturelle du gouvernement le plus avantageux au genre humain*, Leiden-Paris, Merlin, 1768.
François Quesnay (1694-1774), cirurgião régio e médico de Madame de Pompadour, deu origem ao movimento em 1756, com seus primeiros textos sobre economia – dois verbetes na *Encyclopédie* ("Fermiers" [Agricultores] em 1756 e "Grains" [Grãos] em 1757) –, e escreveu sobre questões de economia política até 1767, data na qual publicou o seu *Despotisme de la Chine*. Cf. F. Quesnay, *Oeuvres économiques complètes et autres textes*, org. Christine Théré, Loïc Charles e Jean-Claude Perrot, Paris, Institut national d'études démographiques/INED, 2005, 2 vols. Esse grupo contou com outros membros ilustres, especialmente: Victor Riqueti, marquês de Mirabeau (1715-1789), autor de *L'Ami des hommes, ou Traité de la population*, Avignon, [s.n.,] 1756; Guillaume-François Le Trosne (1728-1780), jurista e autor, como veremos, de *Mémoire sur les vagabonds et sur les mendiants*, Paris, P. G. Simon, 1764; Pierre-Paul Le Mercier de la Rivière (1719-1801), intendente da Martinica e autor de *L'Ordre naturel et essentiel des sociétés politiques*, Paris, Desaint, 1767; e Pierre-Samuel du Pont de Nemours (1739-1817), homem de negócios, economista e, mais tarde, diplomata americano, editor de várias obras dos fisiocratas, bem como de sua revista, *Éphémérides du citoyen, ou Bibliothèque raisonnée des sciences morales et politiques*. Du Pont de Nemours apresenta com clareza o pensamento fisiocrático em seu texto "Sur les Économistes", *in Oeuvres de Mr. Turgot, Ministre d'État, Précédées et accompagnées de Mémoires et de Notes sur sa Vie, son Administration et ses Ouvrages*, org. P.-S. Du Pont de Nemours, Paris, impr. Delance, 1808, 3 vols. As obras de referência sobre os fisiocratas são de G. Weulersse, *Le Mouvement physiocratique en France de 1756 à 1770*, Paris, Félix Alcan, 1910, 2 vols. Para uma análise mais recente, cf. B. E. Harcourt, *The Illusion of Free Markets*, Cambridge, Harvard University Press, 2011, pp. 78-102.
4. G.-F. Le Trosne, *Mémoire sur les vagabonds et sur les mendiants, op. cit.* Em 1753 Le Trosne ocupou o cargo de advogado do rei no *présidial* [tribunal do Antigo Regime, com funções equivalentes a um tribunal de primeira instância] de Orleans. De 1763 a 1767, escreveu numerosos opúsculos sobre agricultura e comércio, especialmente na revista citada, *Éphémérides du citoyen*. Em 1764, paralelamente à publicação de seu *Mémoire*, publicou o *Discours sur l'état actuel de la magistrature et sur les causes de sa décadence*, [s.l.s.n.,] 1764, no qual militava em especial pela liberdade de exportação; no ano seguinte, redigiu um texto que defendia a liberdade de comércio dos grãos, *La Liberté du commerce des grains toujours utile & jamais nuisible*, Paris, [s.n.,] 1765. Em *Surveiller et Punir* (*op. cit.*, p. 90), Foucault o identifica como "aquele fisiocrata que foi conselheiro do *présidial* de Orleans", e na mesma obra (pp. 79, 84, 87, 90-1), na qual menciona o *Mémoire* assim como uma publicação ulterior de Le Trosne, *Vues*

sur la justice criminelle (Paris, Debure Frères, 1777), escreve: "Em Le Trosne, assim como em tantos outros da mesma época, a luta pela delimitação do poder de punir articula-se diretamente à exigência de submeter o ilegalismo popular a um controle mais estrito e mais constante" (*Surveiller et Punir*, p. 91).

5. Esse tema já fora bem estabelecido e até consagrado num provérbio da época. Cf. *Dictionnaire de l'Académie françoise, L-Z*, Paris, 1765, t. II, p. 171 ("L'oisiveté est la mère de tous les vices" [A ociosidade é mãe de todos os vícios]).

6. Cf. G.-F. Le Trosne, *Mémoire sur les vagabonds et sur les mendiants*, p. 18 ("les crimes commis par Vagabonds & Gens sans aveu") e p. 42 n. 1.

7. *Ibid.*, p. 4. (Foucault retoma esse trecho em *Surveiller et Punir*, p. 79.)

8. *Ibid.*, p. 8.

9. *Ibid.*, pp. 46-7.

10. *Ibid.*, p. 54.

11. Cf. também *ibid.*, p. 56: "Esse meio não só simples como também legítimo garante a execução das sentenças da maneira mais precisa e possibilita empregar os galés fora dos Departamentos da Marinha em todos os lugares em que se quiser, sem temor de deserções. Podem ser usados para explorar minas, abrir portos, construir canais para levar a circulação e a vida a certas províncias."

12. *Ibid.*, p. 54: "O essencial é impedi-los de fugir, e para isso há um meio seguro que dispensará de gastar tanto com a sua vigilância. Basta marcá-los na testa ou na face com a letra G; em vez de marcá-los no ombro, ordenar a pena de morte contra quem for encontrado fora de seu posto, permitindo que qualquer um os prenda, e prescrever o procedimento que deverá ser seguido para constatar a deserção e aplicar a pena. A instrução deve ser curta e simples, como aquela que se baixa para condenar os desertores à morte."

13. *Ibid.*, p. 59.

14. Cf. *ibid.*, p. 63: "Serão reunidos os habitantes de uma ou de várias aldeias, cada um será obrigado a fornecer um homem, os bosques serão cercados para fazer uma batida e uma busca minuciosa. Para o governo será fácil limpar em poucos dias os vagabundos dos campos." Cf. *ibid.*, p. 2: "Em terceiro lugar, estabeleceremos o único meio de eliminar os vagabundos." A expressão "único meio" é repetida duas vezes e grifada no manuscrito (fol. 7).

15. Cf. *infra*, p. 68, nota 2.

16. Cf. [P.-F. Muyart de Vouglans,] *Les Loix criminelles de France, dans leur ordre naturel. Dédiées au Roi, par M. Muyart de Vouglans, Conseiller au Grand-Conseil*, Paris, Merigot le Jeune, 1780.

17. A.-R. Lesage, *L'Histoire de Gil Blas de Santillane*, 1715-1735, 12 vols. [Trad. bras.: *Gil Blas de Santillana*, Belo Horizonte, Itatiaia, 1999, 2 vols.] O romance de Lesage conta as aventuras irregulares do jovem estudante que se tornou lacaio e doméstico, através de todas as camadas da sociedade; segundo Jules Romains, representa "a última obra-prima do romance 'picaresco'" (J. Romains, "Lesage et le roman moderne", *The French Review*, vol. 21(2), dezembro de 1947, pp. 97-9: p. 97). A figura de Gil Blas, para Foucault, simbolizará uma antiga forma mais aventureira de ilegalismo e delinquência, em contraste com a profissionalização e a formação disciplinar mais característica da "carreira" delinquente no meio carcerário a partir do século XIX. Em *Surveiller et Punir* (p. 307), por exemplo, Foucault descreve esse "espaço da aventura que Gil Blas, Sheppard ou Mandrin percorriam detalhadamente, cada um à sua maneira", como um "espaço incerto que para a criminalidade era um local de formação e uma região de refúgio [onde] se encontravam, nas idas e vindas aleatórias, a pobreza, o desemprego, a inocência perseguida, o ardil, a luta contra os poderosos, a rejeição às obrigações e às leis, o crime organizado". Gil Blas representa "o homem dos velhos ilegalismos" (*ibid.*, p. 288). Sobre a "literatura do crime" ("reescrita estética" e "literatura policial"), cf. *ibid.*, pp. 72 e 292.

18. A. Radcliffe, *Les Visions du château des Pyrénées*, trad. fr. Germain Garnier e Mme Zimmermann [segundo a] edição impressa em Londres, G. & J. Robinson em 1803, Paris, Lecointe et Durey, 1821, 4 vols.; nova edição, trad. fr. Yves Tessier, Paris, B.I.E.N., 1946. Ann Radcliffe (1764-1823), escritora inglesa, foi considerada uma das pioneiras do romance gótico, gênero

literário que se vale do sobrenatural e do macabro e que tem como exemplo famoso e mais tardio o *Frankenstein* (1818) de Mary Shelley. As obras mais conhecidas de Ann Radcliffe compreendem *The Romance of the Forest*, Londres, T. Hookham & Carpenter, 1791, 3 vols.; *The Mysteries of Udolpho*, Londres, G. & J. Robinson, 1794, 4 vols.; e *The Italian, or the Confessional of the Black Penitents*, Londres, printed for T. Cadell Jun. and W. Davies (Successors to Mr. Cadell) in the Strand, 1797, 3 vols. Romance apócrifo, *The Romance of the Pyrenees*, segundo Foucault, simboliza certo medo que "assombrou a segunda metade do século XVIII: o espaço sombrio, a barreira de escuridão que opõe obstáculo à visibilidade integral das coisas, das pessoas, das verdades" (M. Foucault, "L'oeil du pouvoir", *loc. cit.* (*DE*, III), p. 196/p. 196).

O pintor surrealista René Magritte compartilhava com Foucault certa fascinação por *Romance of the Pyrenees*, por ele representado em óleo sobre tela em 1959. A propósito desse quadro, Magritte escreverá que "*Le château des Pyrénées* [...] terá o caráter de aparição de que Ann Radcliffe teria gostado, acredito, se seu livro *Le château des Pyrénées* nos permitisse saber realmente do que ela gostava" (carta de Magritte a Torczyner, 20 de abril de 1959, *in* H. Torczyner, *L'Ami Magritte. Correspondance et souvenirs*, Antuérpia, fonds Mercador, 1992, p. 118). Foucault procurou Harry Torczyner, advogado internacional e representante de Magritte nos Estados Unidos, para ver o quadro, e o fez numa visita à casa de Torczyner durante uma passagem por Nova York em 1975.

É interessante notar aqui que uma das principais exposições de Magritte em Nova York, na galeria Sidney Janis em 1954, intitulou-se: *"Les Mots et les Choses"*. Em seguida à publicação do livro de Foucault em 1966, Magritte dirigiu a este "algumas reflexões relativas à leitura que faço de seu livro *Les Mots et les Choses*" (carta de 23 de maio de 1966, *in* M. Foucault, *Ceci n'est pas une pipe*, Montpellier, Fata Morgana, 1973, p. 83 [trad. bras.: *Isto não é um cachimbo*, 5ª ed., São Paulo, Paz e Terra, 2008]), *DE*, I, nº 53, ed. 1994, pp. 635-50/ "Quarto", vol. I, pp. 663-78.

19. Encontramos aqui reflexões desenvolvidas por Louis Chevalier em sua análise da evolução da representação da criminalidade na obra de Balzac: "assim como ocorre com todos os representantes da criminalidade de maneira antiga, a sociedade criminal é uma sociedade fechada, que comporta proletariado e aristocracia, criminosos graúdos e miúdos" (L. Chevalier, *Classes laborieuses et Classes dangereuses à Paris pendant la première moitié du XIXe siècle*, Paris, Perrin [col. "Pour l'histoire"], 2002 [1ª ed.: Paris, Plon, 1958], p. 55). Contudo – acrescenta ele – em romances tardios como *La Cousine Bette* [*A prima Bete*]: "a criminalidade é descrita, ainda que de maneira incidente e muitas vezes sem consideração pelo restante da obra, como algo que já não está ligado apenas a esses gigantes do crime para os quais se volta o essencial da atenção balzaquiana, mas como algo que emana da totalidade das massas populares: não mais excepcional, porém geral e realmente social" (*ibid.*, p. 70).

20. Foucault se interessara pelos romances de terror e voltou com bastante frequência às obras de Ann Radcliffe. Em 1963, em "Le langage à l'infini" (*Tel Quel*, outono 1963, nº 15, pp. 44-53), *DE*, I, nº 14, ed. 1994, pp. 250-61/ "Quarto", vol. I, pp. 278-89 [trad. bras.: "A linguagem ao infinito", *in Ditos e escritos*, vol. III], ele considera os romances de terror, assim como a obra do marquês de Sade, origem da modernidade literária: "Aquilo que se deve chamar rigorosamente de 'literatura' talvez tenha seu limiar de existência precisamente aí, nesse fim do século XVIII, quando aparece uma linguagem que retoma e consome em seu fulgor qualquer outra linguagem, dando origem a uma figura obscura, mas dominadora, na qual atuam a morte, o espelho e o duplo, a ondulação infinita das palavras" (*ibid.*, p. 260/p. 288); ver também M. Foucault, "Un 'nouveau roman' de terreur" (*France-Observateur*, ano 14, nº 710, 12 de dezembro de 1963, p. 14), *DE*, I, nº 18, ed. 1994, pp. 285-7/"Quarto", vol. I, pp. 313-5 [trad. bras.: "Um 'novo romance' de terror", *in Ditos e escritos*, vol. VII].

Em "Qu'est-ce qu'un auteur?" (*Bulletin de la Société française de philosophie*, 1969, nº 3, pp. 73-104), *DE*, I, nº 69, ed. 1994, pp. 789-821/"Quarto", vol. I, pp. 817-37 [trad. bras.: "O que é um autor?", *in Ditos e escritos*, vol. III], Foucault afirma que Ann Radcliffe "tornou possíveis os romances de terror do início do século XIX": "Os textos de Ann Radcliffe abriram caminho para diversas semelhanças e analogias que têm como modelo ou princípio sua própria obra.

Esta contém signos característicos, figuras, relações, estruturas que puderam ser reutilizados por outros. Dizer que Ann Radcliffe fundou o romance de terror quer dizer no fim das contas: no romance de terror do século XIX, serão encontrados, como em Ann Radcliffe, o tema da heroína presa na armadilha de sua própria inocência, a figura do castelo secreto que funciona como contracidade, o personagem do herói *noir*, maldito, fadado a fazer o mundo expiar o mal que lhe foi feito etc." (*ibid.*, p. 805/p. 833). Numa entrevista dada em 1977, "L'oeil du pouvoir" (*loc. cit.*, p. 196/p. 196), Foucault sugere que os romances de Ann Radcliffe formam uma "contrafigura" à transparência panóptica de Bentham: "Os romances de terror, na época da Revolução, desenvolvem todo um fantástico da muralha, da sombra, do esconderijo e da enxovia, que, numa cumplicidade significativa, abrigam bandidos e aristocratas, monges e traidores: as paisagens de Ann Radcliffe são montanhas, florestas, cavernas, castelos em ruína, conventos em que a escuridão e o silêncio amedrontam. Ora, esses espaços imaginários são como 'contrafigura' das transparências e das visibilidades que se tenta estabelecer" (*ibid.*, p. 197/p. 197). Sobre as figuras de monstros nos romances de Ann Radcliffe, cf. *Les Anormaux, op. cit.*, [aula] de 29 de janeiro de 1975, pp. 92-7.

Para uma análise aprofundada e uma leitura cruzada de Foucault, Ann Radcliffe e Jeremy Bentham, cf.: C. Wrobel, "Gothique et Panoptique: lecture croisée des oeuvres de Jeremy Bentham (1748-1832) et Ann Radcliffe (1764-1823)", tese de doutorado em línguas e literaturas inglesas e anglo-saxônicas, Universidade Paris X, 2009. Disponível em: <http://www.theses.fr/2009PA100110>; *Id.*, "Gothique, Réforme et Panoptique", *Revue d'études benthamiennes*, nº 7, 2010. Disponível em: <http://etudes-benthamiennes.revues.org/214>.

AULA DE 24 DE JANEIRO DE 1973

(III) Outros indícios da emergência do criminoso-inimigo social. Debate sobre a pena de morte em 1791. (IV) Relação entre os efeitos teórico-políticos de um discurso e as táticas punitivas na mesma época. Sistema principal de castigo: na Inglaterra, instauração do sistema penitenciário em 1790-1800; na França, instauração em 1791-1820. Heterogeneidade entre o criminoso-inimigo social e a prisão: fissura entre o penal e o penitenciário. – Segundo a teoria penal, punição como defesa social; donde os seguintes princípios: relatividade; graduação; vigilância, pública e infalível; e três modelos de punição: infâmia, talião, escravidão. – Na prisão: tempo, única variável graduada. Forma-prisão e forma-salário: duas formas historicamente gêmeas. Poder capitalista e sistema penal: o poder sobre o tempo.

Também teria sido possível citar outros indícios dessa emergência do criminoso como inimigo social[a], por exemplo o debate sobre a pena de morte que ocorreu em maio de 1791, na época em que Le Peletier de Saint--Fargeau relatava seu projeto de código penal[1]. As argumentações partiram do seguinte princípio, considerado fundamental por todos: o crime é um ataque à sociedade, e o criminoso é um inimigo social[2]. Assim, diante daqueles que evocavam o princípio formulado por Rousseau em *O contrato social* – por ser inimigo da sociedade, o criminoso deve ser exilado ou morto[3] –, Robespierre, de maneira aparentemente antirrousseauniana, porém partindo da mesma base teórica, objetava que, visto que o crimino-

a. O manuscrito (fol. 1) começa assim:
"1. O criminoso 'aparece' como 'inimigo' da sociedade.
A sociedade 'aparece' como lesada, ferida pelo crime.
A punição 'aparece' como proteção, defesa da sociedade.
Fenômeno que se opõe
– à velha concepção de crime como prejuízo. Modalidade do litígio;
– à concepção clássica do crime como atentado à soberania. Modalidade do crime de Estado.
Ver em Muyart de Vouglans essas três concepções que se imbricam.
Ver a discussão sobre a pena de morte em 1791."

so é um inimigo da sociedade, esta não tem precisamente o direito de matá-lo, porque, a partir do momento em que se apodera do criminoso e a batalha acaba, de certo modo ela está diante de um inimigo prisioneiro, e seria tão bárbaro para a sociedade matar um inimigo que ela já venceu quanto para um guerreiro matar seu prisioneiro ou para um adulto matar uma criança: a sociedade que mata o criminoso por ela julgado seria como um adulto que matasse uma criança[4]. Tal debate possibilita estudar o efeito teórico-político desse princípio do criminoso-inimigo social. Fornece também uma referência para a análise de uma discussão teórico-política. Essa análise deveria, por exemplo, levar em conta aquilo que Marx escreveu a respeito da discussão sobre os roubos de madeira[5], o que Blanqui, quinze anos depois, escreveu sobre a discussão ocorrida acerca dos direitos sobre o vinho[6]. Talvez, a partir desses modelos, fosse possível ver como analisar discussões políticas, oposições e batalhas oratórias, dentro de dada situação política.

* * *

Voltemos ao estabelecimento do aparecimento do criminoso como inimigo social. Esse termo "aparecimento" sem dúvida é insatisfatório. Onde ele aparece como tal? Para quem? Acaso se trata da formação de uma ideologia, da organização de um tipo de discurso, de um esquema de comportamento? Essa noção, que ficou vazia por enquanto, pelo menos permanece como índice de um problema que deve ser formulado[a]. Quero agora analisar o acontecimento que se apresentou então. Para isso, modificarei a análise, deixando de tomar como alvo a teoria e a prática penais e passando à relação entre elas e a tática efetiva de punição na mesma época. Ora, constata-se um fenômeno notável: na mesma época em que, dentro da instituição penal, era formulado e posto em prática o princípio do criminoso como inimigo social, aparecia uma nova tática punitiva: a reclusão.

a. Manuscrito (fol. 2):
"2. O que é esse processo ou esse acontecimento designado ou mascarado pela palavra 'aparecer'?
– A formação de uma ideologia ou de um elemento ideológico? O crime 'representado' como hostilidade, o criminoso 'representado' como inimigo?
– Na verdade, trata-se de algo que ocorre em outro nível. Cujos mecanismos são outros.
Trata-se da constituição efetiva de um estado de hostilidade entre os criminosos e a totalidade do corpo político; a designação de uma frente de guerra; toda uma empreitada de segregação por meio da qual os criminosos, por um lado, e a sociedade, por outro, vão encontrar-se frente a frente.
E é aí que deparamos com a reclusão."

Nova tática, pois, apesar das aparências, a prisão não é um castigo velhíssimo cujo sucesso nunca teria deixado de crescer ao longo dos séculos. Isso porque, até o fim do século XVIII, ela nunca foi realmente um castigo dentro do sistema penal. A introdução da prisão [nesse sistema] data do fim do século XVIII, conforme demonstra o *Code criminel* [Código criminal] redigido em 1767 por Serpillon: "A prisão não é vista como uma pena, de acordo com nosso direito civil"[7], ou seja, laico em oposição a canônico; "embora os príncipes, por razões de Estado, às vezes sejam levados a infligir essa pena, trata-se de atos extraordinários de autoridade, e a justiça ordinária não faz uso desses tipos de condenação"[8]. Ora, vamos nos remeter a textos [concebidos] cerca de cinquenta anos depois[a], como o do grande debate de 1831[9], que marca uma data, visto tratar-se da primeira grande revisão do sistema penal, após o *Code d'instruction criminelle* de 1808 e o Código Penal de 1810. No início da Monarquia de Julho, volta-se a trabalhar uma parte do Código Penal. Vejamos, por exemplo, o que Rémusat declara em 1º de dezembro de 1831: "O que é o sistema de penalidade admitido pela nova lei? É o encarceramento em todas as suas formas. Comparem as quatro penas principais que restam no Código Penal"[10], do qual, curiosamente, a pena de morte não faz parte, como se fosse uma pena no limite do sistema de punição; estas penas: "Os trabalhos forçados perpétuos ou por tempo determinado são uma forma de encarceramento. O campo de trabalhos forçados é uma prisão ao ar livre. Detenção, reclusão e prisão correcional de certa forma são apenas nomes diversos de um mesmo castigo."[11]

Assim, entre esses dois textos, a prisão instalou-se como sistema de castigo. Alguns referenciais: em 1779, a Inglaterra, em consequência da independência americana[b], precisou revisar sua tática punitiva[12]. Após o inquérito de Howard sobre as casas de reclusão europeias[13], Howard e Blackstone propõem um projeto de lei no qual a reclusão aparece como pena explícita: "muitos dos indivíduos culpados de crimes que outrora eram punidos com a deportação, caso submetidos à detenção isolada poderiam não só inspirar terror àqueles que fossem tentados a imitá-los, como também contrair o hábito do trabalho e, assim, corrigir-se".[14] Na verdade, será preciso esperar os anos 1790-1800 para que o sistema penitenciário seja instaurado na Inglaterra[15]. Em 1793 Bentham concebeu seu projeto de Panopticon, que se tornaria a matriz arquitetônica das prisões europeias, projeto que lhe fora inspirado pelo irmão, engenheiro naval

---

    a. Manuscrito (fol. 3): "Ora, cerca de sessenta anos depois, a privação de liberdade e a reclusão são consideradas a pena mais natural, mais frequente."
    b. Manuscrito (fol. 4): "1779: a Guerra de Independência impede a deportação."

que construíra portos e docas para Catarina II da Rússia e concebera para tal fim um projeto de vigilância generalizada do porto[16].

Na França, há uma defasagem. Será preciso esperar 1791 para que se formule teoricamente o princípio do encarceramento como esquema geral de punição. O primeiro texto que talvez apresente sua formulação mais radical seria o de Duport, em 31 de maio de 1791, por ocasião da discussão sobre o código penal[17]. Ele declara: "Se agora perguntarmos qual é o sentimento universal e constante com base no qual se pode estabelecer um sistema de repressão e de penas, todos os seres sensíveis responderão em uníssono: é o amor à liberdade, liberdade, o bem sem o qual a própria vida se torna um verdadeiro suplício; a liberdade cujo candente desejo desenvolveu entre nós tantos e tão corajosos esforços; só a liberdade enfim, cuja perda, à qual se pode acrescentar a privação de todos os prazeres da natureza, pode tornar-se uma pena real, repressiva e duradoura, que não altera os costumes do povo, que torna mais perceptível para os cidadãos o preço da conduta em conformidade com as leis; pena, aliás, passível de ser graduada de tal maneira que pode ser aplicada aos diferentes crimes e possibilitar que entre eles seja observada a importantíssima proporção exigida pelos diferentes graus de perversidade e nocividade."[18] Esse texto teoriza, portanto, a perda de liberdade como aquilo que deve servir de denominador comum a todo o sistema punitivo; aliás, é exatamente o proposto pelo projeto de código penal apresentado por Le Peletier[19]. Até o Código de 1810, instaura-se todo esse sistema de encarceramento; bem depressa aparecem, a partir de 1791, as *maisons d'arrêt* para os réus à espera de sentença, as *maisons de justice* para os acusados sem julgamento, as *prisons* para os condenados. Durante o Império instaura-se toda uma hierarquia de prisões, desde as *maisons de justice*, localizadas nos cantões, as *maisons d'arrêt* nos *arrondissements**, as *maisons de détentions* departamentais, as *maisons centrales* e os banhos militares de Brest, Rochefort e Toulon. Do ponto de vista estatístico, isso representa: em 1818, 44.484 presos, dos quais 10.000 reclusos e 9.700 em trabalhos forçados, ou seja, em 29,5 milhões de habitantes, um a cada 662[20]; em 1822, 41.000 presos, dos quais 10.400 em trabalhos forçados, ou seja, um a cada 778 habitantes[21]; [ao passo que atualmente temos] 30.000 [presos para uma população de] 50 milhões [de habitantes], ou seja, um para cada 1.500[22].

O problema, portanto, é o seguinte: por um lado, no fim do século XVIII, assiste-se à total reorganização do sistema das penas em torno do encarceramento e, por outro, essa reorganização é contemporânea da emergência[23] do criminoso como inimigo social. Ora, apesar de ser verdade que os dois fenômenos são provavelmente correlatos, pode-se dizer que o siste-

---

* Divisão territorial intermediária entre o departamento e o cantão. (N. da T.)

ma de encarceramento não deriva da redistribuição da teoria e da prática penais em torno do tema do criminoso como inimigo social. Em outras palavras, a inserção da prisão no sistema das penas é um fenômeno que se entrecruza com estas, mas não foram estas que acarretaram, como consequência lógica nem mesmo como consequência histórica direta, a utilização quase exclusiva da prisão como instrumento punitivo. Há uma heterogeneidade entre estes dois processos: por um lado, o da derivação discursiva que leva a formular o princípio do criminoso como inimigo social e, por outro, o da punição. De modo que, entre o penal, organizado em torno do princípio do criminoso, e o penitenciário[a], organizado em torno da prisão, [percebe-se] uma fissura cujo aparecimento histórico é preciso agora indicar[b].

Ora, essa fissura não é simplesmente resultado de uma contradição interna do sistema ou de uma heterogeneidade inicial, ou seja, algo como o efeito de sedimentações históricas diversas, mas pode ser analisada em termos de uma tática global. Sem dúvida, há conflitos e contradições entre o penal e o penitenciário[24]. Vê-se cada instituição enfrentar-se, produzir discursos que não se interpenetram, que se entrecruzam: o discurso do direito penal e aquele que já em 1820-1830 é chamado de discurso da "ciência das prisões", que se apresenta como um discurso autônomo em relação ao do direito e mais tarde, após transformações, dará ensejo à criminologia[25]. Mas essa oposição, no nível dos discursos, entre, de um lado, os tipos de saber autorizados pela prática do direito e, de outro, pela prática da reclusão apenas reproduz o jogo que se encontra no nível das instituições: a perpétua tentativa do sistema penitenciário de escapar à penetração do jurídico e da lei, e o esforço do sistema judiciário para controlar o sistema penitenciário que lhe é heterogêneo. A propósito, podemos remeter-nos a um texto do duque Decazes, ministro do Interior em 1818, que escreveu a Luís XVIII: "O mal é que a lei não penetra na prisão"[26c].

Assim, não é possível dizer que a reclusão deriva como consequência prática e discursiva da teoria penal ou da prática judiciária. Na prática judiciária, é verdade, já existia algo como prisões, mas a prisão penal na realidade não era usada para punir, e sim para obter uma garantia sobre a pessoa. Tratava-se de obter uma caução física, esse era o estatuto conferido aos prisioneiros de guerra, de prevenção, de detenção[d]. Le Trosne di-

---

a. O manuscrito (fol. 6) acrescenta: "entre o 'punir' e a punição".
b. O manuscrito (fol. 7) acrescenta: "e que tem consequências e efeitos até agora".
c. O manuscrito (fol. 7) acrescenta: "Mas é preciso mostrar o que ocorre nessa discrepância e por essa discrepância, o jogo de poder que nela se produz".
d. O manuscrito (fol. 8) esclarece: "Sem dúvida existiam prisões, desde a I[dade] M[édia]. Mas não era punição, era um penhor; uma garantia sobre a pessoa; uma caução física e corporal. Donde seus três usos: guerra, dívida, prevenção."

zia, em 1768: "A prisão por si mesma não é uma pena. A detenção do acusado é uma precaução necessária para ter controle sobre sua pessoa, tê-lo à disposição."[27] Assim, quem prende alguém não o pune; controla-o[a].

Do mesmo modo, não se pode dizer que o sistema de reclusão deriva de uma espécie de modelo teórico extraído da teoria penal do criminoso como inimigo social. Podemos remeter-nos aos textos de Beccaria, Brissot, *[Théorie] des lois criminelles* [Teoria das leis criminais] (1781), ou Le Peletier de Saint-Fargeau[28]. Como estes deduzem um sistema de punições efetivas do princípio do criminoso-inimigo social? Se for verdade, como diz Brissot, que "o crime nada mais é que um *atentado à ordem, ao interesse social*"[29], o que deve ser a punição? A punição então não é algo [ligado] à reparação ou à vingança. Nada tem a ver tampouco com castigo ou penitência. É apenas a defesa e a proteção da sociedade.

Por isso, quatro princípios das penas. Significa, em primeiro lugar, que cada sociedade, segundo suas necessidades, pode modular a escala de suas penas, pois a pena já não deriva intrinsecamente da importância da culpa, mas deriva apenas da utilidade social. Quanto mais fraca uma sociedade, mais facilmente ela é posta em perigo por um crime, e mais pesada é a penalidade; uma sociedade organizada não é gravemente atingida por um crime e pode satisfazer-se com um sistema penal relativamente leve[30]. Portanto, teremos como primeiro princípio o da relatividade das penas, relatividade não associada ao indivíduo, mas ao estado da sociedade. Nessas condições, não pode haver um modelo universal das penas. Por outro lado, se a pena for penitência, o fato de ser severa demais no fundo não terá muita importância, uma vez que se tratará de salvar a alma ou reconciliar o indivíduo; mas, se a pena for reação e defesa da sociedade, superando a medida, ela se tornará abuso de poder. Portanto, é preciso – e esse é o segundo princípio – uma graduação fina dos contra-ataques em função dos ataques à sociedade. A punição tem o objetivo de desarmar o inimigo, e isso pode assumir duas formas: deixá-lo sem condições de prejudicar ou reintroduzi-lo no pacto social. Daí o terceiro princípio desse sistema de penalidades: o princípio da vigilância do indivíduo ao longo de sua punição e de sua reeducação[b]. Quarto princípio: se for proteção da sociedade, a pena deverá ter em vista impedir que sejam criados novos inimigos; portanto, precisará ser exemplar e dissuadir os

---

a. Manuscrito (fol. 8): "A prisão-pena não deriva da prisão-penhor. Esforço ao contrário para separá-las. Chegou-se a pensar em criar casas de detenção que não mantivessem os condenados reclusos."

b. Manuscrito (fol. 10): "Portanto, ou princípio de vigilância; ou princípio de reeducação."

que possam apresentar-se como inimigos. Deverá, pois, ser aplicada de maneira pública e infalível[a].

Ora, esses princípios gerais conduzem a três modelos de punição efetiva, que figuram em todos os discursos dos juristas que querem reformar o sistema penal, e nenhum desses modelos é a prisão.

1/ *Modelo da infâmia*, modelo ideal de punição[31]. Essa vergonha que marca o culpado é em primeiro lugar uma reação da sociedade inteira; além disso, a sociedade, no caso, não precisa delegar a uma instância qualquer o seu direito de julgar; ela julga imediatamente com sua própria reação. É uma justiça que não precisa passar pelo poder judiciário. Há aí uma utopia penal em que o julgamento no sentido jurídico do termo seria inteiramente absorvido pelo julgamento no sentido psicológico; o julgamento não será nada mais que a totalidade dos julgamentos individuais feitos pelos cidadãos. Dissolução do poder judiciário no julgamento coletivo dos indivíduos: esse é o julgamento ideal, modelo que será reativado no tema da justiça popular[32]. Por fim, é uma pena ideal por variar de acordo com cada sociedade; cada uma estabelece a intensidade da infâmia com que é preciso atingir cada crime. Assim, não há necessidade de tribunal nem de código. Não é preciso dizer de antemão que sobre tal ato incidirá tal pena. A infâmia responde a cada instante ponto por ponto, a cada crime. Por fim, ela é revogável; permite a reconciliação, deixando apenas uma lembrança, e não vestígios, como as penas corporais. É, portanto, a única punição em que o sistema das penas coincide exatamente com o princípio penal do criminoso como inimigo social. É uma punição transparente: somente o olhar e a murmuração, o julgamento instantâneo e, eventualmente, constante de cada um e de todos constituem essa espécie de tribunal permanente. [Brissot escreverá:] "O triunfo de uma boa legislação é quando a opinião pública é suficientemente forte para punir sozinha os delitos que ferem os costumes públicos, o espírito nacional ou até mesmo os que atentam contra a segurança pública. [...] Feliz o povo no qual o senso de honra pode ser a única lei! Ele quase não precisa de legislação: infâmia, esse é seu código penal."[33]

2/ *Modelo do talião*[34]: seu ressurgimento no século XVIII está na linha de derivação dos princípios. Trata-se de uma pena que tem correlação exata com a ofensa, no que se refere à natureza e à força; com ela, a sociedade consegue voltar contra o criminoso o ataque feito contra ela. Assim, tem-se a certeza de que a pena está efetivamente dosada em função

---

[a]. Manuscrito (fols. 10-11): "Portanto, deverá ser garantida, temível e pública [...]. Para quais punições reais e concretas se orienta essa penalidade mais garantida, visível e dissuasiva do que punidora, graduada, quantitativa e qualitativamente ligada às necessidades de proteção social?"

do ato, e de que não haverá abuso de poder, pois a sociedade só está respondendo com aquilo que lhe foi efetivamente feito: é puro e simples contra-ataque social. "Os atentados contra a pessoa", disse Beccaria, "devem ser incontestavelmente punidos com penas corporais."[35] "As injúrias pessoais, contrárias à honra, [...] devem ser punidas com a infâmia."[36] "O roubo não acompanhado por violência deveria ser punido com sanção pecuniária."[37] Do mesmo modo, Brissot explica como cada crime deve ter sua pena específica[a], e Le Peletier propõe o princípio de talião em 23 de maio de 1791: "[A]s dores físicas punirão os atentados que tiveram como princípio a ferocidade; ao culpado do crime cuja fonte foi a preguiça será imposto o trabalho penoso; a infâmia punirá as ações que só tenham sido inspiradas por uma alma abjeta e degradada."[39] Ora, no mesmo momento em que Le Peletier expõe assim o princípio de talião, as penas reais que serão adotadas já não se fundamentam nesse princípio, mas são homogeneizadas em torno do encarceramento.

3/ *Modelo da escravidão*[40]: ou seja, o trabalho forçado e público. Essa pena não é tão pura quanto a infâmia, tão controlada quanto a do talião, mas possibilitará que a sociedade receba reparação; [é] o pacto de reconstituição do indivíduo como pertencente à sociedade; é a reedição forçada do contrato social entre o criminoso e a sociedade. Essa pena tem a vantagem mais de ser graduada e de causar medo do que de ser temível. Quem pensa na escravidão imagina "em um ponto todos os momentos infelizes da vida do escravo"[41] e, sintetizando-os assim na imaginação, pode fazer ideia da "soma de todos os momentos infelizes"[42] da vida do escravo, ao passo que este "é distraído da ideia de sua infelicidade futura pelo sentimento de sua infelicidade presente"[b].

Assim, a partir dos princípios teóricos, desenham-se diversos modelos de punição, nenhum dos quais homogêneo à prisão. Ora, a necessidade da prisão se impôs com tal força que até quem pretendia estabelecer tal sistema penal em seus projetos propôs na verdade um sistema de reclusão[44]. O que ocorreu para que, no momento em que a trama discursiva conduzia naturalmente à definição de penas que seguissem os modelos da

---

a. O manuscrito (fol. 12) acrescenta, relativamente à referência a Brissot:
"Delitos públicos:
crimes civis, políticos → penas civis, pecuniárias, fiscais, trabalho
crimes religiosos → penas religiosas
Delitos particulares
contra a vida → castigos corporais
contra a propriedade → castigos pecuniários e corporais
contra a honra → penas morais."[38]

b. Foucault acrescenta no manuscrito, fols. 13, 14, 15, três referências a: Beccaria, Brissot e Brillat-Savarin[43].

infâmia, do talião ou da escravidão, o discurso fosse repentinamente interrompido e, lateralmente, se impusesse um modelo totalmente diferente: o da reclusão? A prisão, com efeito, não é um sistema coletivo como a infâmia, não é graduado pela própria natureza como a pena de talião, nem reabilitador como o trabalho forçado. É um sistema punitivo abstrato, monótono e rígido[a], que se impôs não só nos fatos, na passagem para a realização, mas no próprio interior do discurso. No momento em que aqueles que elaboravam projetos eram obrigados a formular sua teoria penal em projetos efetivos de leis, já estava tudo definido: os modelos dedutíveis da teoria penal tinham sido substituídos por esse sistema monótono.

Ora, em tal modelo só há uma variável capaz de introduzir as modulações tão importantes para os teóricos: o tempo. A prisão é o sistema que substitui todas as variáveis previstas nos outros modelos pela variável tempo. Percebe-se que aí aparece uma forma totalmente diferente do que a nova teoria penal permitia prever, e uma forma que não é em absoluto de ordem jurídica ou punitiva: a forma salarial. Assim como o salário retribui o tempo durante o qual a força de trabalho foi comprada de alguém, a pena responde à infração não em termos de reparação ou de ajustamento exato, mas em termos de quantidade de tempo de liberdade.

O sistema de punições faz aparecer como sanção do crime a *forma--prisão* que não é derivável da teoria e aparenta-se com a *forma-salário*: assim como se dá um salário pelo tempo de trabalho, toma-se, inversamente, certo tempo de liberdade como preço de uma infração[45]. Sendo o único bem possuído, o tempo é comprado em razão do trabalho ou tomado em razão de uma infração. O salário serve para compensar o tempo de trabalho, o tempo de liberdade vai servir para compensar infrações.

Temos aí algo que nos coloca na pista de alguns problemas, mas não a solução do problema. Não quero dizer que o salário impôs sua forma, que foi o modelo socioeconômico retomado na prática penal. Nada na história das instituições, nos textos, permite dizer que esse modelo foi transferido para o interior do sistema penal. Quero simplesmente dizer que a forma-prisão e a forma-salário são formas historicamente gêmeas, sem que se possa dizer ainda quais são exatamente suas relações.

Mas essa aproximação não é simples metáfora, como indicam certos pontos. O primeiro deles é a continuidade criada, [nos] sistemas penais do século XIX, entre a pena de multa e a pena de prisão, bem como sua

---

a. Manuscrito (fols. 15-16): "Em relação ao caráter imediato e coletivo da infâmia, ao caráter graduado e necessariamente mensurado de talião, ao caráter utilitário e reabilitador dos T[rabalhos] P[úblicos] ou T[rabalhos] F[orçados], a prisão apresenta um caráter abstrato, geral, monótono, rígido. 'Perda da liberdade' (como a perda do bem a que todos se apegam, e que todos possuem)."

sobreposição: quando não se é capaz de pagar a multa, vai-se para a prisão. A multa aparece como substituta da jornada de trabalho, e a prisão representa o equivalente de certa quantidade de dinheiro. [O segundo é que] se assiste ao aparecimento de toda uma ideologia da pena como dívida, que reativa as velhas noções do direito germânico, eliminadas pelo cristianismo e pelo direito clássico. Ora, nada na teoria está mais distante desse princípio da pena como dívida; tudo indica, ao contrário, que ela é uma precaução e uma defesa sociais[a]. Esse ressurgimento do pagamento da dívida para apagar o crime deriva na verdade dessa interpenetração das formas salário e prisão. [Finalmente,] há aí uma curiosa proximidade e ao mesmo tempo uma oposição entre trabalho e prisão[b]: a prisão está, de certo modo, bem próxima de algo como um salário, mas é ao mesmo tempo o inverso do salário. Daí a impressão de que a prisão deve ser como que um trabalho gratuito que o prisioneiro dá à sociedade em lugar de um salário, de que, portanto, exclui o salário efetivo. Daí a tendência a organizar a prisão como fábrica e, ao mesmo tempo, a impossibilidade ideológica e institucional de admitir que o prisioneiro possa receber salário durante seu tempo de prisão, pois esse tempo é como o salário que ele reembolsa à sociedade.

Assim, a introdução na prisão dos princípios gerais que regem a economia e a política do trabalho [fora dela] é antinômico de tudo o que até então foi o funcionamento do sistema penal. O que se vê aparecer, por essas duas formas, é a introdução do *tempo* no sistema do poder capitalista e no sistema penal[46]. No sistema de penas: pela primeira vez na história dos sistemas penais, já não se pune por meio do corpo, dos bens, mas pelo tempo por viver. O tempo que resta para viver é aquilo de que a sociedade vai apropriar-se para punir o indivíduo. O tempo é permutado com o poder. [E,] por trás da forma-salário, a forma de poder posta em prática pela sociedade capitalista tem essencialmente por objeto exercer-se sobre o tempo dos homens: a organização do tempo operário [na] fábrica, a distribuição e o cálculo desse tempo no salário, o controle do lazer, da vida operária, a poupança, as aposentadorias etc.[47] Essa maneira como o poder enquadrou o tempo para poder controlá-lo por inteiro possibilitou, historicamente e [em termos de] relações de poder, a existência da forma-salário. Foi preciso essa tomada de poder global sobre o tempo[c]. Assim, o que

---

a. O manuscrito (fol. 18) acrescenta: "mas a 'verdade' está precisamente nesses discursos 'ideológicos'".

b. O manuscrito (fol. 18) acrescenta: "analogia e irredutibilidade".

c. O manuscrito (fol. 19) acrescenta: "do relógio de ponto até o fundo de pensão, o poder capitalista agarra-se ao tempo, apodera-se do tempo, torna-o comprável e utilizável".

nos permite analisar de forma integrada o regime punitivo dos delitos e o regime disciplinar do trabalho é a relação do tempo de vida com o poder político: essa repressão do tempo e pelo tempo é a espécie de continuidade entre o relógio de ponto, o cronômetro da linha de montagem e o calendário da prisão[a].

a. No manuscrito, seguem quatro folhas numeradas de 20 a 23 (ver temas semelhantes na aula de 31 de janeiro, a seguir):
"*Objeções* – O 'modelo' religioso que ligaria prisão e pecado.
Distinguir:
(α) O encarceramento eclesiástico. A prisão como pena canônica. E que, na verdade, tende a desaparecer. (Por exemplo na França, lei de 1629.)
O encarceramento canônico desapareceu quando o encarceramento penal se estabeleceu definitivamente.
(β) Organização monástica. Foi frequentemente mencionada; [...] trata-se da transposição para a vida monástica de regras e formas de vida de certa reclusão de trabalho que, por sua vez, é de origem laica. [fol. 20]
Seria possível dizer, ao contrário, que o sistema monástico transferiu uma forma exógena para suas práticas punitivas.
– A disposição em celas: que possibilitou utilizar tal e qual a arquitetura das prisões? É, na verdade, muito mais a inserção do modelo protestante, *quaker*, disposto em torno do exame de consciência, do recolhimento, do diálogo com Deus.
A cela de convento transformada em cela de prisão não impôs a esta sua forma de vida, sua ética, sua concepção de penitência. A cela de convento que se tornou cela de prisão define-se no ponto de cruzamento de uma moral de vida (de inspiração essencialmente protestante) e de um espaço novo de reclusão.
A cela penitenciária é o lugar da consciência calvinista, *quaker*, fixado numa arquitetura gótica pela tática do aprisionamento. [fol. 21]
É entre os *quakers* que se encontra a teoria da punição pelo aprisionamento obrigatório.
História que remonta a W[illiam] Penn: sua tentativa de construir um código penal sem pena de morte. Os ingleses o impediram.
– Na Independência, atenuação da pena de morte; e organização de um sistema penal no qual a morte é limitada (assassinato, incêndio e traição), em que o encarceramento figura ao lado dos trabalhos públicos, do chicote e da mutilação.
– Em [17]90, abolição dos trabalhos públicos por causa do escândalo.
Instauração de um sistema no qual a punição é a reclusão: perda da liberdade, ruptura dos contatos com o mundo exterior; e isolamento, pelo menos durante certo período, em celas de dois metros por pouco mais de dois e meio, alimentação de milho; sem leitura.
Segundo L[a] R[ochefoucauld-]Liancourt[48], trata-se de:
– 'levar os prisioneiros a esquecerem todos os seus antigos hábitos';
– produzir 'uma mudança [...] na alimentação', que, 'renovando inteiramente seu sangue, abrandando-o, revivificando-o, abrande-lhes a alma e a disponha à mansidão que traz o arrependimento'. [fol. 22]
'Nesse abandono [...] de todo ser vivo, ele é [mais] levado a recolher-se, a refletir sobre as culpas cuja punição ele sente amargamente.'
E, após esse recolhimento, em que descobre a profundidade de sua queda, ele pode receber as palavras de exortação.
'Os inspetores [...] conversam com [os detentos], procuram conhecê-los, exortam-nos, consolam-nos, dão-lhes coragem, reconciliam-nos consigo mesmos. Essas conversas não são frequentes, pois assim teriam menos efeito; seus rostos estão sempre serenos, nunca risonhos.'
Respeito, frieza, tristeza e calma.

68   *A sociedade punitiva*

*
NOTAS

1. O debate na Assembleia Nacional Constituinte "sobre o conjunto do projeto de Código Penal e em especial sobre a questão de saber se a pena de morte será ou não conservada" ocorreu em maio e junho de 1791. Cf. *Archives parlementaires de 1787* à *1860*, primeira série (1787 a 1799), ed. citada [*supra*, p. 58, nota 1], t. XXVI (de 12 de maio a 5 de junho de 1791), p. 618, col. 2. Louis-Michel Le Peletier de Saint-Fargeau (1760-1793) foi o relator do projeto de código penal e apresentou esse projeto em nome das comissões de Constituição e de legislação criminal em 30 de maio de 1791; cf. *ibid.*, p. 617. Le Peletier de Saint-Fargeau frequentemente aparece nestas aulas, assim como em *Surveiller et Punir*, *op. cit.*; foi eleito para os Estados--Gerais pela nobreza de Paris, depois foi eleito para a Convenção e elaborou um plano de educação pública, votado pela Convenção após sua morte – assassinado na véspera da execução de Luís XVI, em 20 de janeiro de 1793, por um monarquista que o condenava por ter votado pela morte do rei. Cf. J. Tulard, J.-F. Fayard e A. Fierro, *Histoire et Dictionnaire de la Révolution française*, *op. cit.*, pp. 946-7. Os debates completos de 1791 sobre a pena de morte na Assembleia Nacional Constituinte, bem como o "Rapport sur le projet du Code pénal" [Relatório sobre o projeto do Código Penal], apresentado por Le Peletier de Saint-Fargeau, estão reproduzidos integralmente no site da Assembleia Nacional: <http://www.assemblee-nacional.fr/histoire/peinedemort/débat_1791.asp>.

2. Essa nova noção do criminoso como inimigo social, conforme indica o manuscrito (fol. 1), opõe-se, por um lado, "à antiga concepção do crime como prejuízo" e à "modalidade do litígio" e, por outro lado, "à concepção clássica do crime como atentado à soberania" e à "modalidade do crime de Estado" (p. 57, nota a). Em Pierre-François Muyart de Vouglans (1713-1791), advogado do Parlamento de Paris e depois do Grande Conselho, encontra-se essa noção do criminoso como inimigo social; assim, em *Réfutation des principes hasardés dans le Traité des délits et peines*, *traduit de l'italien* (Paris, Desaint, 1767, p. 7), Vouglans acusa Beccaria de ter escrito "uma defesa destinada a favorecer a infeliz parcela do gênero humano que é seu flagelo, que o desonra, e às vezes chega a ser sua destruidora". A concepção do crime como prejuízo, ademais, está presente na própria definição que Vouglans faz dele, em *Institutes au droit criminel, ou Principes généraux en ces matières* (Paris, Le Breton, 1757, p. 2): "é um ato proibido por lei, com o qual se causa prejuízo a um terceiro com dolo ou culpa; *factum jure prohibitum, quo quis dolo vel culpa facientis laeditur*". Ver também sua concepção do crime como "ataque" direto à "soberania do rei" ou "ataque singularmente à coisa pública" (*ibid.*, p. 449). No "Resumo do curso" (*infra*, p. 228), Foucault se refere a *Institutes* de Vouglans como a um dos "grandes monumentos do direito criminal clássico". Vouglans será frequentemente mencionado em *Surveiller et Punir* (cf. pp. 40, 51-2, 77, 306).

3. Cf. J.-J. Rousseau, *Du contrat social, ou Principes du droit politique*, livro II, cap. 5: "Du droit de vie et de mort", *in Oeuvres complètes*, Paris, Gallimard, 1964, t. 3, pp. 376-7 [trad. bras.: *O contrato social: princípios do direito político*, 4ª ed., São Paulo, Martins Fontes, 2006, cap. 5: "Do direito de vida e de morte"]: "[T]odo malfeitor que ataca o direito social torna-se, por seus malfeitos, rebelde e traidor da pátria, deixa de ser seu membro violando suas leis e até mesmo trava guerra contra ela. Então a conservação do Estado é incompatível com a dele, é preciso que um dos dois pereça, e o culpado, quando levado à morte, o é menos como cidadão

---

Se há um modelo religioso da prisão, é a teologia ou a moral calvinista, e não a instituição monástica.

Insistir nisso porque possibilita limitar estritamente uma análise histórica pelo modelo, por sua transferência ou reativação.

Se esse modelo, de origem tão distante, de espírito tão estranho a grande parte da Europa, conseguiu universalizar-se assim na sociedade do século XIX, não foi [por] sua força intrínseca" (fol. 23).

do que como inimigo. Os processos e o julgamento são as provas e a declaração de que ele rompeu o tratado social e de que, por conseguinte, já não é membro do Estado. Ora, visto que se reconheceu como tal, pelo menos por nele permanecer, ele deve ser arrancado do Estado pelo exílio como infrator do pacto ou pela morte como inimigo público; pois tal inimigo não é uma pessoa moral, é um homem, sendo então direito da guerra matar o vencido." Foucault retoma essa análise da teoria geral do contrato em *Surveiller et Punir*, pp. 92-3.

4. Cf. M. de Robespierre, "Discours à l'Assemblée nationale", 30 de maio de 1791, *Arch. parlem. 1787-1860*, primeira série, ed. citada, t. XXVI, p. 622, col. 1: "Um vencedor que mande matar seus inimigos cativos é chamado de bárbaro! (*Murmúrios.*) Um homem feito que assassina uma criança que ele pode desarmar e punir parece um monstro! (*Murmúrios.*) Um réu condenado pela sociedade não passa, para ela, de um inimigo vencido e impotente, diante dela ele é mais fraco que a criança diante de um homem adulto."

5. Foucault refere-se a uma série de cinco artigos publicados em 25, 27 e 30 de outubro, bem como nos dias 1º e 3 de novembro de 1842 na *Gazeta Renana/Rheinische Zeitung*, da qual Marx era um dos redatores. Esses textos analisam os debates ocorridos na IV Dieta Renana sobre a "lei relativa ao roubo de madeira". Foucault anotara os textos de Marx referentes a essa lei; cf. K. Marx, *Oeuvres complètes I: Oeuvres philosophiques*, trad. fr. Jacques Molitor, Paris, Alfred Costes, t. V, 1948 [1937]. A lei relativa ao roubo de madeira previa punir qualquer "apropriação de madeira alheia", quer se tratasse da coleta de galhos, quer da derrubada e do roubo de madeira verde; cf. *ibid.*, p. 120. Tais artigos denunciam que a lei está a serviço do interesse dos proprietários de florestas e, assim, esboçam uma definição "da ideologia jurídica burguesa" (P. Lascoumes e H. Zander, *Marx: du "vol de bois" à la critique du droit*, Paris, PUF, 1984, p. 241). O texto de Marx também comporta recursos a um "direito consuetudinário que é o direito da pobreza em todos os países", o que foi amplamente comentado; Edward P. Thompson analisou também esses textos de Marx em sua teorização sobre as "novas definições da propriedade"; cf. E. P. Thompson, "Modes de domination et révolutions en Angleterre", *Actes de la recherche en sciences sociales*, vol. 2 (2-3), 1976, espec. p. 139. A esse respeito, cf. também *infra*, "Situação do curso", pp. 264-6.

6. Apesar da distância de apenas sete anos em relação aos textos de Marx sobre o "roubo de madeira", trata-se provavelmente de L.-A. Blanqui, "Impôt des boissons", in *La Critique sociale*, Paris, Félix Alcan, 1885, 2 vols., *v.* t. 2: "Fragments et notes", pp. 188-224. Esse texto, escrito em dezembro de 1849, apresenta um comentário acerbo e minucioso das discussões parlamentares relativas à instauração de tal taxa, "imposto progressivo em sentido inverso das fortunas" (p. 189). Nele Blanqui denuncia "o egoísmo ávido dos homens de finanças e [...] o servilismo de todos os governos a essa casta, cujos interesses, exigências e cupidez são o único regulador, a única bússola de todos os interesses do poder" (*ibid.*). Louis-Auguste Blanqui (1805-1881) era teórico e político francês; seu incansável engajamento a favor de uma revolução pelas armas valeu-lhe a prisão durante grande parte da vida. Em dezembro de 1849, foi preso por ter organizado, em 15 de maio de 1848, um ato popular violento contra a Assembleia a favor da Polônia; cf. M. Mourre, *Dictionnaire encyclopédique d'histoire*, Paris, Bordas, 1978, 7 vols.: t. 1, pp. 576-7.

7. F. Serpillon, *Code criminel, ou Commentaire sur l'ordonnance de 1670*, Lyon, Périsse, 1767, vol. 2, terceira parte, título XXV: "Des sentences, jugements et arrêts", art. XIII, § 33, p. 1095. Esse trecho será retomado no "Resumo do curso", *infra*, p. 227, e também em *Surveiller et Punir*, p. 120. O *Traité des matières criminelles* de Serpillon, publicado em 1767, representa um dos últimos tratados de direito penal do Antigo Regime. François Serpillon (1695-1772), jurista, foi tenente-general de Autun; cf. H. Richard, "Un criminaliste bourguignon: François Serpillon, 1695-1772", in *Histoire et Criminalité de l'Antiquité au XXe siècle: nouvelles approches. Actes du colloque de Dijon-Chenove, 3-5 octobre 1991*, Dijon, Éditions universitaires de Dijon, 1992, pp. 439-48. Serpillon reaparece em *Surveiller et Punir* como figura da severidade penal: "juristas como Serpillon ou Blackstone insistem em pleno século XVIII no fato de que o fracasso do carrasco não deve significar a salvação da vida do condenado" (p. 56).

8. F. Serpillon, *Code criminel, op. cit.*, vol. 2, p. 1096. Serpillon, aqui, parafraseia a argumentação de Jean Bouhier (1673-1746), jurisconsulto, magistrado e historiador, que se encontra em [J. Bouhier,] *Oeuvres de jurisprudence de M. Bouhier*, Dijon, Louis-Nicolas Frantin, 1788, t. 2, cap. LV, § LXIV: "Condamnation à une prison perpétuelle, si emporte la confiscation des biens" (p. 451). Serpillon escreve: "O sr. presidente Bouhier, cap. 65, n. 66, tomo 2, p. 149, propõe a questão de saber se a condenação à prisão perpétua implica confisco: ele diz que isso pode parecer extraordinário" (*Code criminel, loc. cit.*). Foucault esclarece essa referência a Bouhier no manuscrito; cf. também *Surveiller et Punir*: "E essa reclusão extrajudicial era rejeitada tanto pelos juristas clássicos quanto pelos reformadores. Prisão, ato do príncipe, dizia um tradicionalista como Serpillon, que se abrigava por trás da autoridade do presidente Bouhier: 'embora os príncipes, por razões de Estado, às vezes sejam levados a infligir esta pena, a justiça ordinária não faz uso desses tipos de condenação'" (p. 121).

9. Cf. "Discussion du projet de loi tendant à introduire des réformes dans le Code pénal", *Arch. parlem. 1787-1860*, segunda série, ed. citada [*supra*, p. 35, nota 1], t. LXXI (de 21 de outubro de 1831 a 22 de novembro de 1831), pp. 759 ss.; e "Suite de la discussion du projet de loi relatif à des réformes à introduire dans les lois pénales", *Arch. parlem. 1787-1860*, t. LXXII, segunda série, ed. citada, pp. 2 ss.

10. C. de Rémusat, "Discussion du projet de loi relatif à des réformes dans la législation pénale", Chambre des députés, 1º de dezembro de 1831, *Arch. parlem. 1787-1860*, segunda série, ed. citada, t. LXXII, p. 185, col. 2. Charles de Rémusat (1797-1875), político, escritor e filósofo, era próximo de Adophe Thiers e, em outubro de 1830, após a Revolução de Julho, foi eleito para a Câmara dos deputados. A citação é retomada em *Surveiller et Punir*, p. 117; cf. também *infra*, "Resumo do curso", p. 228, onde o trecho é acrescido de um discurso de Pierre-François Van Meenen (1772-1858), advogado, filósofo e professor na Universidade livre de Bruxelas, na abertura do Congresso Internacional Penitenciário de Bruxelas em 1847 (cf. também *Surveiller et Punir*, p. 16).

11. C. de Rémusat, "Discussion...", *loc. cit.* nota anterior.

12. Cf. *Surveiller et Punir*, pp. 125-6.

13. Cf. J. Howard, *L'État des prisons, des hôpitaux et des maisons de force en Europe au XVIIIᵉ siècle*, trad. fr. Christian Cartier e Jacques-Guy Petit, Paris, Éditions de l'Atelier (tradução das edições inglesas de 1777 e 1784), 1994. John Howard (1726-1790) fez investigações sobre as prisões da Inglaterra e do continente (Alemanha, Bélgica, Dinamarca, Espanha, Flandres, França, Holanda, Itália, Polônia, Portugal, Rússia, Sibéria, Suécia, Suíça, entre outros) de 1773 a 1790, publicando textos sobre as prisões de 1777 a 1784. Foucault refere-se aqui a Julius, *Leçons sur les prisons*, trad. fr. citada, pp. 299-301, tratando dos acontecimentos de 1779 na Inglaterra e "dos obstáculos que se opunham à deportação para a América" (*ibid.*, p. 300), bem como aos trabalhos de Howard e à redação feita por Sir William Blackstone (1723-1780) e John Howard de leis relativas aos estabelecimentos penitenciários; sobre as descrições dos locais de reclusão, cf. *Surveiller et Punir*, espec. pp. 197-206. Para uma pesquisa mais recente, cf. J.-G. Petit, "Obscurité des Lumières: les prisons d'Europe, d'après John Howard, autour de 1780", *Criminologie*, vol. 28 (1), 1995, pp. 5-22.

14. Foucault cita aqui um trecho do preâmbulo de uma lei promulgada em 1779 e redigida por Blackstone com a ajuda de Howard. Cf. Great Britain, *The Statutes at large, from the Sixteenth Year of the Reign of King George the Third to the Twentieth Year of the Reign of King George the Third, inclusive*, Londres, Charles Eyre & William Strahan, 1780 [19 Geo. III, c. 74], vol. 13, seção V, p. 487: "And whereas, if many Offenders, convicted of Crimes for which Transportation hath been usually inflicted, were ordered to solitary Imprisonment, accompanied by well-regulated Labour, and religious Instruction, it might be the Means, under Providence, not only of deterring others from the Commission of the like Crimes, but also of reforming the Individuals, and inuring them to Habits of Industry." Trecho citado por Julius em *Leçons sur les prisons* (pp. 300-1): "Muitos dos indivíduos culpados de crimes que outrora eram punidos com a deportação poderiam, com a ajuda de Deus, caso submetidos à detenção isolada, ao trabalho regular e à influência da instrução religiosa, não só inspirar terror àqueles

que fossem tentados a imitá-los, como também contrair o hábito do trabalho e, assim, corrigir-se." Cf. também *Surveiller et Punir* (pp. 125-6), sobre a "tríplice função" da reclusão – "exemplo temível", "instrumento de conversão" e "condição para aprendizagem" – e sobre o nascimento da penitenciária na Inglaterra. Foucault mencionará também o *Commentaire sur le Code criminel d'Angleterre* (trad. fr. abade Goyer, Paris, Knapen, 1776/*Commentaries on the Laws of England*, Oxford, Clarendon Press, 1758) de William Blackstone sobre o tema do criminoso como inimigo da sociedade. Ao lado dos grandes reformadores, Blackstone figura como um arauto do novo princípio segundo o qual o crime constitui uma ofensa à soberania do rei; cf. *infra*, "Resumo do curso", p. 230-1.

15. Cf. *Surveiller et Punir*, p. 20.

16. J. Bentham, *The Panopticon Writings*, org. Miran Bozovic, Londres, Verso, 1995 (reed. de *Panopticon, or the Inspection-House*, in *The Works of Jeremy Bentham*, org. John Bowring, Edimburgo, William Tait, 1791, vol. IV, pp. 37-173/Bentham, *Le Panoptique*, trad. fr. Maud Sissung, precedida de "L'oeil du pouvoir. Entretien avec Michel Foucault", Paris, Pierre Belfond, 1977; tradução das 21 cartas que compõem a primeira parte da obra) [trad. bras.: *O panóptico*, 2ª ed., Belo Horizonte, Autêntica, 2008]. Jeremy Bentham (1748-1832) viajou para a Rússia em 1786-1787 para ir ter com o irmão, Samuel Bentham, que estava encarregado da supervisão dos portos, usinas e oficinas do príncipe Potemkin; cf. A. Stanziani, "The Traveling Panopticon: Labor Institutions and Labor Practices in Russia and Britain in the Eighteenth and Nineteenth Centuries", *Comparative Studies in Society and History*, vol. 51 (4), out. 2009, pp. 715-41. Jeremy Bentham esboçou suas reflexões sobre o princípio panóptico aplicado ao âmbito penitenciário, englobando fábricas, asilos, hospitais, casas de correção e escolas, numa série de cartas enviadas da Rússia em 1787 e publicadas por ordem da Assembleia Nacional em francês em 1791. A noção de panoptismo social, vigilância generalizada da sociedade inteira, marcará o pensamento de Foucault ao longo dos anos 1973-1976, e essa aula possibilita acompanhar o seu surgimento. Na origem desse interesse pelo Panóptico, encontram-se o hospital e a prisão; cf. *supra*, pp. 36-7, nota 3. A centralidade do panoptismo social será desenvolvida no curso do ano seguinte, *Le Pouvoir psychiatrique* (*op. cit.*), no qual Foucault declara bem depressa que o Panóptico de Bentham, como símbolo, representa "o ponto culminante", "o momento em que esse poder disciplinar se torna uma forma social absolutamente generalizada [...] que dá com exatidão a fórmula política e técnica mais geral do poder disciplinar" (p. 43; ver também pp. 75-81). Sobre esse tema, cf. também: "La vérité et les formes juridiques", *loc. cit.* (*DE*, II), p. 606/p. 1474: "O panoptismo é um dos traços característicos de nossa sociedade [...]. Vivemos hoje numa sociedade programada, no fundo, por Bentham, sociedade panóptica, sociedade na qual reina o panoptismo"; "À propos de l'enfermement pénitentiaire", *loc. cit.* (*DE*, II), p. 437/p. 1305: "O que me parece mais fundamental ainda [para explicar as mudanças profundas na prática real da penalidade] é o uso da vigilância sobre a população plebeia, popular, operária, camponesa. O uso da vigilância geral, contínua, pelas novas formas de poder político. O verdadeiro problema é a polícia. Direi, vá lá, que aquilo que foi inventado no fim do século XVIII, no começo do século XIX, foi o panoptismo"; cf. também *Surveiller et Punir*, pp. 201-6.

17. A. Duport, "Discours à l'Assemblée nationale constituante", 31 de maio de 1791, *Arch. parlem. 1787-1860*, primeira série, ed. citada, t. XXVI, pp. 646-50. Adrien Duport (1759-1798), advogado eleito pela nobreza de Paris para os Estados-Gerais, fundou, com Barnave e Alexandre de Lameth, o *Club des Feuillants* e exerceu grande influência sobre o estabelecimento do novo sistema judiciário durante a Revolução Francesa; cf. J. Tulard, J.-F. Fayard e A. Fierro, *Histoire et Dictionnaire de la Révolution française*, pp. 782-3.

18. A. Duport, in *Arch. parlem. 1787-1860*, t. XXVI, p. 648, col. 1; reproduzido in *Surveiller et Punir*, p. 234 ("universal e constante"). Foucault acrescenta no manuscrito (fols. 4-5): "Chabroud, aliás, critica essa uniformização da pena: '[...] se traí meu país, sou preso; se matei meu pai, sou preso; todos os delitos imagináveis são punidos da maneira mais uniforme [...]. A mim parece-me ver um médico que, para todos os males, tem o mesmo remédio'." Esse excerto do discurso de Chabroud de 30 de maio de 1791, publicado in *Arch. parlem. 1787-1860*, t.

XXVI, p. 618, col. 1, será reproduzido em *Surveiller et Punir*, p. 119. Charles Chabroud (1750-1816) era deputado do Delfinado na Assembleia Nacional.

19. Cf. L.-M. Le Peletier de Saint-Fargeau, discurso à Assembleia Nacional "sobre o conjunto do projeto de Código Penal", *Arch. parlem.* 1787-1860, t. XXVI, primeira série, ed. citada, p. 618, col. 2.

20. Foucault indica, no manuscrito (fol. 5), a seguinte referência: "Villermé (as prisões tais quais são)". Cf. L.-R. Villermé, *Des prisons telles qu'elles sont et telles qu'elles devraient être*, Paris, Méquignon-Marvis, 1820, p. 137: "Em 1º de julho de 1818, [...] 44.484 [prisioneiros]. O que dá, supondo a população do reino em 29.448.408 indivíduos, um prisioneiro para cada 662"; dos quais 9.925 "nos trabalhos forçados".

21. Foucault indica, no manuscrito (fol. 5), a seguinte referência: "Julius, 1822". Cf. N. H. Julius, *Leçons sur les prisons*, p. 27: "o número de indivíduos presos nas prisões francesas durante o ano de 1822 [...] era de 41.307, ou seja, *um preso para cada setecentos e setenta e oito habitantes*" (grifo no texto).

22. Cf. M.-D. Barré, "130 années de statistique pénitentiaire en France", *Déviance et Société*, vol. 10 (2), 1986, pp. 107-28, espec. p. 115 (em 1973, a população carcerária metropolitana era de 30.306 pessoas, homens e mulheres).

23. Aqui e em vários lugares, o manuscrito usa e coloca entre aspas os termos "aparecimento" ou "aparece", ao passo que o texto datilografado usa a palavra "emergência"; cf. *supra*, p. 57, nota a, e p. 58. Parece que Foucault estabeleceu certa distância em relação a essa noção de "aparecimento" quando deu as aulas. Ao que tudo indica, ele não voltou a esta expressão: "'aparecimento' do criminoso-inimigo", e não usará o termo "aparecer" em *Surveiller et Punir*.

24. Cf. *Surveiller et Punir*, pp. 251-5.

25. A "ciência das prisões" data do fim do século XIX. Está muito ligada a Charles Lucas (1803-1889), um dos fundadores da Sociedade Geral das Prisões, estabelecida em 1877, dois anos depois da lei sobre a prisão celular (1875), cuja aplicação estava encarregada de fiscalizar. A Sociedade, composta principalmente de juristas, assume a tarefa, entre outras, de promover a ciência penitenciária em toda a Europa, notadamente com o auxílio de uma revista por ela publicada a partir de 1877. Charles Lucas, advogado liberal da Restauração e eventualmente inspetor-geral das prisões, bem cedo se manifesta a favor da melhoria das condições de reclusão e da abolição da pena de morte; cf.: C. Lucas, *Du système pénitentiaire en Europe et aux États-Unis*, 2 vols., t. 1: Paris, Bossange, 1828, t. 2: Paris, Dehay, 1830; *Id., Conclusion générale de l'ouvrage sur le système pénitentiaire en Europe et aux États-Unis*, Paris, Béchet, 1834; *Id., De la réforme des prisons, ou De la théorie de l'emprisonnement, de ses principes, de ses moyens et de ses conditions pratiques*, Paris, Legrand e Bergounioux, 1836-1838, 3 vols. (citado no "Resumo do curso", *infra*, p. 230, nota 7). Lucas, em seus escritos e na prática, preconizará uma ciência racionalista das prisões. Foucault o situará ao lado de Julius como partidário do "velho projeto" de "fundar uma 'ciência das prisões' capaz de fornecer os princípios arquitetônicos, administrativos e pedagógicos de uma instituição que 'corrija'" (*ibid.*, p. 258). Lucas desempenhará papel fundamental em *Surveiller et Punir*, especialmente na quarta parte: "Prison", pp. 239-56.

26. Élie Louis Decazes, conde e depois duque Decazes (1780-1860), era ministro secretário de Estado no Departamento do Interior sob Luís XVIII em 1819 e redigiu um importante relatório sobre as prisões e penas, *Rapport au Roi sur les prisons et pièces à l'appui du rapport*, [s.l.s.n.,] 21 de dezembro de 1819; cf. R. Langeron, *Decazes, ministre du Roi*, Paris, Hachette, 1960. Nesse relatório, Decazes profere uma asserção semelhante à que acabamos de ler: "ela [a lei] deve portanto segui-lo à prisão à qual o conduziu" (Decazes, "Rapport au Roi", *Le Moniteur universel*, nº 100, Paris, Mme Vve Agasse, sábado 10 de abril de 1819, p. 424). É interessante notar aqui as palavras de Vidocq (cf. *Surveiller et Punir*, pp. 288-9) em *Supplément aux Mémoires de Vidocq*, 2ª ed., Paris, Les Marchands de nouveautés, 1831, t. 2, p. 10: "a lei não penetra nas prisões". Decazes é mencionado várias vezes em *Surveiller et Punir* em decorrência de sua pesquisa feita em 1819 sobre os diferentes locais de detenção (cf. pp. 118 e 236); sobre seu *Rapport*, cf. *ibid.*, p. 251: "a pena não deve ser nada mais que a privação de liberdade;

Decazes dizia isso tal como nossos atuais governantes, mas com o brilho de sua linguagem: 'A lei deve seguir o culpado à prisão para a qual o conduziu.'" Tema retomado pelo GIP, o que traz à tona a articulação entre o GIP e as pesquisas genealógicas de Foucault em *Surveiller et Punir*.

27. G.-F. Le Trosne, *Vues sur la justice criminelle*, op. cit., p. 41 nota a. Foucault comparará esse texto com o de 1764 sobre a vagabundagem, em *Surveiller et Punir*, p. 91: "É preciso conceber um sistema penal como um aparato para gerir diferencialmente as ilegalidades, e não para suprimi-las todas."

28. Cf. C. Beccaria, *Des délits et des peines*, trad. fr. citada (1991); J. P. Brissot de Warville, *Théorie des loix criminelles*, Berlim, [s. n.,] 1781, 2 vols.; L.-M. Le Peletier de Saint--Fargeau, "Rapport sur le projet du Code pénal" à Assembleia Nacional, 23 de maio de 1791, *Arch. parlem. 1787-1860*, primeira série, ed. citada, t. XXVI, pp. 319-45.

29. J. P. Brissot de Warville, *Théorie des loix criminelles*, op. cit., t. 1, p. 101 (grifo no texto original). Jacques Pierre Brissot de Warville (1754-1793), polígrafo, ficou preso durante certo tempo na Bastilha, depois foi convencional, membro e líder dos girondinos, morreu na guilhotina em 31 de outubro de 1793. A *Théorie des loix criminelles* é uma de suas primeiras publicações, obra que poderia ser considerada de juventude e na tradição dos *filósofos*, escrita numa época em que ele fora escrivão de um procurador e se preparava para uma carreira em direito. Brissot dedicou sua obra a Voltaire: "É a ti, sublime Voltaire, a ti que, soprando sobre teu século o fogo de teu gênio, o criaste e vivificaste; é a ti que o universo deve a luz pura que o ilumina" (*ibid.*, p. 8). Foucault situa Brissot ao lado de Beccaria entre os grandes reformadores e o cita com frequência em *Surveiller et Punir* (pp. 98, 108-10, 114, 121), para ilustrar a reflexão sobre a reforma penal no século XVIII.

30. Fazer um paralelo entre esse trecho e a segunda dissertação da *Genealogia da moral*, § 10, em que Nietzsche escreve: "Sempre que o poder e a consciência individual crescerem numa comunidade, o direito penal se abrandará [...]. Não é impossível conceber uma sociedade que tenha *consciência de seu poder* a ponto de se dar ao luxo supremo de deixar *impune* aquele que a lesar. 'Que me importam meus parasitas?' – poderia ela dizer então. 'Que vivam e prosperem; sou suficientemente forte para não me preocupar com eles!'" (trad. fr. Henri Albert, in *Oeuvres complètes de Frédéric Nietzsche*, 3ª ed., Paris, Société du Mercure de France, 1900, vol. 11, pp. 114-5) [trad. bras.: *A genealogia da moral*, 4ª ed., Petrópolis, Vozes, 2013].

31. Foucault refere-se aqui principalmente a Brissot, que em várias ocasiões elabora as vantagens dos efeitos da opinião pública como técnica punitiva (*Théorie des loix criminelles*, t. 1, pp. 187-90, 223, 242, 340); cf. *infra*, "Resumo do curso", p. 231. Beccaria também se debruçou sobre a questão da infâmia e lhe dedicou todo um capítulo: "Da infâmia" (*Traité des délits et des peines*, trad. fr. 1766, cap. XVIII, pp. 121-125 / *Des délits et des peines*, trad. fr. 1991, cap. XXII, pp. 114-6).

32. Essa referência à justiça popular remete a um debate mais amplo no contexto dos acontecimentos de 1970-1972 em que Foucault se opusera aos tribunais populares; cf. M. Foucault, "Sur la justice populaire. Débat avec les maos" (entrevista com [Benny Lévy] e [André Glucksmann], 5 de fevereiro de 1972, *Les Temps modernes*, nº 310 bis, junho de 1972, pp. 355-66), *DE*, II, nº 108, ed. 1994, pp. 340-69 / "Quarto", vol. I, pp. 1208-37 [trad. bras.: "Sobre a justiça popular. Debate com os maoistas", in *Ditos e escritos*, vol. VI]; *Id.*, "Les intellectuels et le pouvoir" (entrevista com Gilles Deleuze, 4 de março de 1972, *L'Arc*, nº 49: *Gilles Deleuze*, 2º trimestre de 1972, pp. 3-10), *DE*, II, nº 106, ed. 1994, pp. 306-15 / "Quarto", vol. I, pp. 1174-83 [trad. bras.: "Os intelectuais e o poder", in *Ditos e escritos*, vol. IV].

Em dezembro de 1970, Jean-Paul Sartre presidira, no papel de procurador, um tribunal popular sobre a responsabilidade do Estado na morte de vários mineradores em Houillères de Fouquières-lez-Lens, após o que Daniel Defert propôs a Foucault promover uma comissão de inquérito sobre as prisões. Foucault se opôs ao modelo popular e, em vez disso, lançou o Groupe d'informations sur les prisons (GIP), movimento social que tinha o objetivo de dar a palavra aos presos, de tornar verdadeiros o discurso e a experiência do encarcerado, de criar um campo no qual pudesse emergir certa verdade da prisão. Foucault desviou-se, portanto, do modelo e da personalização da justiça popular, explicando da seguinte maneira a sua opção: "No GIP isso significa: nenhuma organização, nenhum chefe; fazemos realmente de tudo para que ele continue sendo um movimento anônimo que só existe nas três letras de seu nome. Todos podem falar. Seja quem for aquele que fala, não fala por ter um título ou um nome, mas por ter algo para dizer. A única palavra de ordem do GIP é: 'A palavra aos presos!'" ("Le grand enfermernent", *loc. cit.* [*supra*, pp. 16-7, nota 6], p. 304 / p. 1172). Para uma análise aprofundada desses acontecimentos, cf. F. Brion e B. E. Harcourt, "Situation du cours", in M. Foucault, *Mal faire, dire vrai*, *op. cit.*, pp. 267-71.

33. J. P. Brissot de Warville, *Théorie des loix criminelles*, t. 1, pp. 187-8.

34. Foucault refere-se aqui principalmente a *Dos delitos e das penas* de Beccaria e ao discurso de Le Peletier de Saint-Fargeau, "Rapport sur le projet du Code pénal", *loc. cit.*; cf. *infra*, "Resumo do curso", pp. 232-3.

35. C. Beccaria, *Traité des délits et des peines*, trad. fr. 1766, cap. XXVII, p. 159 / *Des délits et des peines*, trad. fr. 1991, cap. XX, p. 110.

36. *Ibid.*, trad. fr. 1766, cap. XVIII, pp. 121-5 / *ibid.*, trad. fr. 1991, cap. XXIII, p. 114.

37. *Ibid.*, trad. fr. 1766, cap. XXX, p. 174 / *ibid.*, trad. fr. 1991, cap. XXII, p. 113.

38. Esse quadro se encontra em J. P. Brissot de Warville, *Théorie des loix criminelles*, t. 1, p. 127: "Double échelle correspondante des délits et des peines, contre l'intérêt général".

39. L.-M. Le Peletier de Saint-Fargeau, "Rapport sur le projet du Code pénal", *loc. cit.*, p. 322, col. 1.

40. Foucault refere-se aqui principalmente às obras de Beccaria, *Traité des délits et des peines*, trad. fr. 1766, cap. XXX, p. 175 / *Des délits et des peines*, trad. fr. 1991, cap. XXII, p. 113, e de Brissot, *Théorie des loix criminelles*, t. 1, p. 147.

41. C. Beccaria, *Traité des délits et des peines*, trad. fr. 1766, cap. XVI, p. 105-6 / *Des délits et des peines*, trad. fr. 1991, cap. XXVIII, p. 130.

42. *Ibid.*, trad. fr. 1766, cap. XVI, p. 106 / *ibid.*, trad. fr. 1991, cap. XXVIII, p. 130.

43. Foucault cita os seguintes trechos:

(α) – [fol. 13] "Beccaria: a propósito de um caso particular (os pobres que roubam e não podem pagar) propõe o princípio geral de que 'o castigo mais oportuno será a única espécie de escravidão que se pode considerar justa, a sujeição temporária do trabalho e da pessoa do culpado à sociedade, para ressarci-la, por meio dessa dependência pessoal e completa, do poder injusto e despótico que ele usurpou ao pacto social.

Pode ser graduada.

Ela é absoluta, terrível (ninguém no mundo pode deliberadamente escolher a perda total e definitiva da própria liberdade).

Seu exemplo: pela relação entre a duração percebida pelos outros e sentida por si mesmo." (*Traité des délits et des peines*, trad. fr. 1766, cap. XXX, p. 175 / *Des délits et des peines*, trad. fr. 1991, cap. XXII, pp. 113-4.)

(β) – [fol. 14] "Brissot: 'Mas o que substituirá a pena de morte [...]? A escravidão que deixa o culpado sem condições de prejudicar a sociedade, o trabalho que o torna útil, a dor demorada e permanente que apavore aqueles que fossem tentados a imitá-lo. Pedem-se suplícios úteis! A França e a Inglaterra não têm suas colônias? A Suécia e a Polônia, suas minas de Coperberg e de Wieliska; a Rússia, seus desertos da Sibéria; a Espanha, as minas de Potosí e da Califórnia; a Itália, seus pântanos, suas galés; todos os países, desertos para povoar, charnecas para desbravar, manufaturas para aperfeiçoar, edifícios e vias públicas para construir? Substituam esses infelizes negros, cuja única culpa é a de terem cabeça lanuginosa, [...] pelos culpados que os senhores tiverem julgado dignos de serem privados de uma liberdade funesta ao gênero humano.'"

(J. P. Brissot de Warville, *Théorie des loix criminelles*, t. 1, pp. 147-8.)

"Para os assassinos, escravidão perpétua: 'não haverá sequer o medonho consolo de repousar a cabeça no cadafalso'."

(*Ibid.*, p. 149.)

"Fazer jovens e adultos visitar [as minas e as trabalhos forçados]: 'Essas peregrinações patrióticas seriam bem mais úteis do que as dos turcos a Meca.'" (*Ibid.*, p. 150.)

"Não há talião: 'tornem-no útil a essa pátria cujas leis ele infringiu'." (*Ibid.*, p. 154.)

(γ) – [fol. 15] "Brillat-Savarin (2 de junho de 91 – Discussão do projeto de código penal): 'enquanto os portos apresentam obras que requerem grande número de braços, enquanto restam charnecas imensas por desbravar, enquanto há canais por abrir e pântanos por drenar'."
(J. A. Brillat-Savarin, "Suite de la discussion sur le Code pénal et adoption du principe de la peine des travaux forcés", 2 de junho de 1791, *Arch. parlem. 1787-1860*, primeira série, ed. citada, t. XXVI, p. 712, col. 1.)

44. Foucault indica no manuscrito (fol. 15) a seguinte referência: "Cf. texto de Chabroud [citado acima, nota 18] como crítico do projeto de Le Peletier." Cf. *Arch. parlem.*, primeira série, ed. citada, t. XXVI, p. 618, col. 1.

45. Cf. *Surveiller et Punir*, pp. 234-5.

46. O papel fundamental do controle do tempo, da vida e do corpo do indivíduo na análise do poder disciplinar será retomado em "La vérité et les formes juridiques", *loc. cit.*, pp. 616-7 / pp. 1484-5; em *Le Pouvoir psychiatrique*, pp. 48-9; depois em *Surveiller et Punir*, terceira parte, capítulo primeiro: "Les corps dociles", pp. 137-71. Em *Surveiller et Punir*, a concepção do tempo se juntará às reflexões relativas à "duração" das penas, e Foucault notará, nesse contexto, que aqueles que se opuseram à pena de morte – castigo de curta duração – frequentemente previam penas definitivas; cf. *ibid.*, p. 110 n. 1, remetendo a: "J. P. Brissot, *Théorie des lois criminelles*, 1781, pp. 29-30; C. E. Dufriche de Valazé, *Des lois pénales*, 1784, p. 344" (Foucault nota: "prisão perpétua para os que foram julgados 'irremediavelmente maus'").

47. A disciplina da fábrica e a analogia fábrica-prisão será um tema importante não apenas neste curso, cf. *infra*, aula de 21 de março, mas também no do ano seguinte; cf. *Le Pouvoir psychiatrique*, aula de 21 de novembro de 1973, pp. 53-4, e aula de 28 de novembro, pp. 72-5 (sobre a disciplina de fábrica e o regulamento dos Gobelins), 95.

48. Cf. *infra*, aula de 31 de janeiro, pp. 82-3 e p. 90-1, notas 18-21.

AULA DE 31 DE JANEIRO DE 1973

Forma-prisão e forma-salário (continuação). A tomada de poder sobre o tempo: condição de possibilidade do sistema capitalista e da reclusão. – Da arqueologia à genealogia. – Objeções ao modelo religioso e respostas. (A) A cela monástica: excluir o mundo, e não punir. (B) Os quakers: *rejeição ao código penal inglês e à pena de morte. – Oposição a Beccaria relativamente à infração e à culpa; concepção de pecado. (C) Organização da prisão de Filadélfia e de Walnut Street: primeira menção à "penitenciária". (D) Consequências: 1/ introdução da moral cristã na justiça criminal; 2/ conhecimento do prisioneiro: torna-se possível um saber; 3/ a religião investe a prisão. Recristianização progressiva do crime.*

Da recentralização da teoria e da prática penais em torno do princípio do criminoso como inimigo social é possível derivar vários modelos punitivos[a]. Ora, esses modelos, perfeitamente deriváveis da teoria e da prática, não são exatamente os modelos aplicados no momento em que se passa do projeto à legislação, do enunciado de princípios à implantação efetiva. Houve um momento em que, no discurso e na prática, algo diferente substituiu aquilo que era derivável, como se vê em Le Peletier de Saint-Fargeau[b]. Esse algo é a forma-prisão.

Tentei mostrar que a forma-prisão podia ser aproximada da forma--salário, como introdução de certa quantidade de tempo num sistema de equivalências: salário contra determinado tempo de trabalho, prisão con-

a. O manuscrito (fol. 1) apresenta a lista já mencionada na aula anterior: "infâmia; talião; escravidão".

b. O manuscrito (fols. 1-2) especifica:

"Exemplo: Le Peletier [de] Saint-Fargeau, em 1791, postula o princípio de punições centradas em torno do talião (com intervenções laterais dos outros modelos). Na verdade, ele propõe a reclusão.

Outro exemplo: Howard, Blackstone, Fothergill por volta de 1779 – e aquilo que veio a ser de fato na Inglaterra.

A potencialidade de derivação não se efetivou. Intervenção lateral. Alguma outra coisa ocupa esse espaço."[1]

tra determinada falta. Ressaltei esse parentesco, mas sem dizer que o modelo do salário é que foi transferido para a penalidade. Disse apenas que a mesma forma se encontra no salário e na prisão: por um lado, o tempo da vida torna-se matéria permutável; por outro, a medida do tempo é que possibilita a quantificação da troca, por meio da relação estabelecida entre uma quantidade de trabalho e uma quantidade de dinheiro, ou então entre uma quantidade de tempo e a gravidade da culpa. Essa forma remete àquele fenômeno essencial que é a introdução da quantidade de tempo como medida, não só como medida econômica no sistema capitalista, mas também como medida moral. Por trás dessa introdução, para que a quantidade de tempo possa tornar-se matéria e medida de troca, é preciso tomar o poder sobre o tempo, [não como uma] abstração ideológica, mas como extração real de tempo da vida dos homens: condição real de possibilidade do funcionamento do sistema de salário e do sistema de reclusão.

Há aí um processo real cuja análise deve ser feita a partir das relações de poder que possibilitam essa extração real de tempo. É nesse nível de poder que prisão e salário se comunicam. Não porque o salário tenha servido de modelo representativo para a prisão, mas porque prisão e salário se vinculam, cada um em seu nível e à sua maneira, àquele aparato de poder que garante a extração real de tempo e introduz este último num sistema de trocas e medidas. O problema é, precisamente, encontrar esse aparato de poder e ver como essa forma-prisão pôde de fato introduzir-se e tornar-se instrumento nessas relações de poder. Até agora, estudávamos as tramas de derivações possíveis: por exemplo, de que modo, no interior do sistema penal teórico e prático, se interligam ideias ou instituições. Agora, trata-se de descobrir quais foram as relações de poder que possibilitaram a emergência histórica de algo como a prisão. Após uma análise de tipo arqueológico, trataremos de fazer uma análise de tipo dinástico, genealógico, sobre as filiações a partir das relações de poder[2].

* * *

A prisão, portanto, é introduzida de viés na trama derivativa das teorias e das práticas, e como que de improviso, à força. De onde provém essa forma? Pois, ainda que venha atravessar de viés a trama de derivação do sistema penal, ela não se [constitui] no momento dessa interferência.

Gostaria de começar esta análise por uma objeção[a]: não será arriscado dizer que a prisão surgiu bruscamente no sistema penal em fins do

---

a. Manuscrito (fol. 3): "O problema será elucidado estudando duas objeções: a reclusão religiosa e a reclusão política."

século XVIII, uma vez que se vivia numa sociedade que conhecia a clausura monástica, forma-convento presente havia séculos? Acaso não seria mais razoável procurar saber se não é a partir de certa forma de comunidade conventual que se pode traçar a genealogia da forma-prisão? Por exemplo, na França, as prisões foram alojadas nos conventos: a reclusão celular das prisões encontrou ponto de fixação no espaço conventual.

Mas essa filiação esbarra numa objeção de ordem geral: não se deve esquecer qual foi a função da clausura monástica. De que lado está a permeabilidade? No caso da clausura, não se trata de impedir ninguém de ter acesso ao mundo exterior, de sair, mas trata-se de proteger do mundo exterior os locais, os corpos, as almas: a clausura fecha o interior contra todos os possíveis assaltos do exterior; faz parte dos locais sagrados nos quais não se pode entrar de modo algum. A clausura, portanto, não impede a liberdade de alguém dentro de um lugar do qual esse alguém não possa sair e em relação ao qual o exterior seja inacessível; ela define um local interior protegido, que deve tornar-se inacessível ao exterior. O mundo é que é mantido fora, e não o indivíduo dentro. O mundo é que é fechado para o lado de fora. Há, portanto, uma heterogeneidade essencial entre a reclusão punitiva e a clausura monástica[3]. Sem dúvida, o recolhimento está ligado ao pecado; mas, mesmo quando motivado pelo pecado, não é em si uma punição. Aparece como *condição* da penitência, do remorso, como o local favorável por sua solidão sacralizada, que possibilita que os castigos (jejum, flagelação etc.) se tornem atos de penitência e que o indivíduo se reconcilie com Deus. O que o recolhimento garante não é a penitência em si mesma, mas o fato de que os castigos autoimpostos terão efetivamente valor de penitência para o resgate da alma e a reconciliação do homem, de tal modo que o signo do verdadeiro arrependimento reside no próprio amor ao recolhimento.

E, se a partir de certo momento encontramos certa recorrência do tema do claustro cristão a propósito das prisões, isso ocorre tardiamente, no século XIX, quando do reaparecimento do tema cristão sustentado e codificado pelo tema médico do isolamento terapêutico e [pelo tema] sociológico da ruptura com o meio delinquente[4]. Mas o que se tem aí é apenas uma achega posterior, que vem enxertar-se numa codificação médica e sociológica da prisão, pois originariamente a prisão não se mostrou diretamente vinculada à instituição monástica, como sua expansão final[a]. Sem dúvida, em certa medida a Igreja praticou uma reclusão punitiva – mas, precisamente, em que medida? Em três casos bem particulares, na verdade. Em primeiro lugar, como todo o sistema penal da época, ela praticou

a. O manuscrito (fol. 5) acrescenta: "Não falar de um modelo monástico da prisão."

a reclusão não punitiva, ou seja, como garantia, por exemplo, antes de levar alguém a julgamento, durante o encarceramento inquisitorial, ou antes de entregá-lo à justiça temporal[5]. Em segundo lugar, de fato se encontra uma reclusão punitiva, mas quando se trata de subtrair os clérigos à justiça temporal; então a reclusão é realmente uma pena canônica, encontrada nas diferentes versões do direito canônico, porém essa pena regrediu muito a partir do fim da Idade Média, e na França a reclusão canônica foi proibida à Igreja em 1629[6]. Em terceiro lugar, de fato se encontra uma clausura religiosa e punitiva, mas isso quando clérigos ou leigos são presos punitivamente em casas como conventos[7]. Era o caso das ordens régias, por exemplo[8]. Mas percebe-se que, seja como for, a clausura punitiva não pode ser considerada uma prática eclesiástica geral; só existiu para os clérigos na Idade Média, e, afora eles, os prisioneiros eram encerrados pelo poder laico. Portanto, não acredito que se possa dizer que a reclusão seja uma laicização de uma pena católica. A prisão não é o convento da época industrial[9].

Dito isso, é verdade, porém, que a reclusão punitiva nasceu efetivamente nos meios religiosos, mas em meios que eram não só estranhos como também perfeitamente hostis à forma monástica. É encontrada, [em] sua forma nascente, em comunidades não católicas como as dos *Dissenters* protestantes anglo-saxônicos, desde o século XVII até o fim do século XVIII[10]. Tomo como exemplo uma dessas comunidades que foi certamente a mais precoce e a mais vigilante na organização dessa nova forma punitiva de prisão: a sociedade dos *quakers* americanos[11]. Historicamente, as comunidades dissidentes eram hostis ao sistema penal inglês por algumas razões, entre as quais as principais eram razões de fato: para elas era importante que o poder anglicano não se imiscuísse em seu próprio sistema de moralidade; portanto, cada grupo devia adotar sua lei e a sanção de sua lei, que era um sistema de punições.

De maneira mais precisa, a partir do século XVII [até o fim do século XVIII], o código penal inglês tinha um rigor extraordinário – em conexão com os movimentos revolucionários que ocorreram na época –, a tal ponto que a pena de morte punia cerca de duzentos casos de infração. Ora, algumas daquelas comunidades eram hostis à pena de morte. Por isso, quando se instalaram na América, os *quakers* quiseram escapar ao sistema penal inglês e elaborar um novo código penal no qual não figurasse a pena de morte. Esbarraram na recusa dos administradores ingleses, e houve uma luta surda com a administração inglesa até a Independência. Quando da independência da Pensilvânia, a primeira medida foi limitar a pena de morte e estabelecer um novo espectro punitivo no qual, ao lado das mutilações, da chibata, dos trabalhos públicos, figurasse a prisão. Em

1790, a pena de morte era aplicada apenas para um ou dois casos, e a pena fundamental passou a ser a prisão[a].

Desse modo, se é verdade que a forma-prisão não pode ser derivada das teorias penais de Beccaria, Brissot etc., como instituição e como prática ela é derivável da concepção *quaker* de religião, moral e poder. Com efeito, para os *quakers*, o poder político não deveria ter outro fim nem outra razão de ser, caso funcionasse normalmente, senão exercer divisões morais: o poder só estará adequado à sua verdadeira vocação se for apenas uma força de coerção e de moral. O poder deve ser moral, e, para além dessa moral do poder, deve ser banida qualquer política. Como diz Burroughs, o governo deve "punir e suprimir os malfeitores", deve louvar e dar recompensas "àqueles que fazem o bem"; deve "proteger a pessoa e os bens dos homens contra a violência e os malfeitos dos malvados"[13]. A noção fundamental que justifica o poder é a do mal[b]: é só porque há mal e malvados que o poder se justifica suprimindo-os, e, em última análise, realizada essa supressão dos malvados, ele precisa se autossuprimir; resta então apenas a comunidade dos justos, que pode estabelecer uma comunicação mútua e praticar espontaneamente o bem em conjunto. O caráter central do mal[c] em relação à organização política é um dos fundamentos da concepção *quaker* da política. Ora, tem-se aí uma definição de crime e infração oposta àquela que se encontra em Beccaria ou Brissot: entre esses reformadores, o problema era distinguir [claramente] infração e culpa e definir a infração em relação à sociedade, qualquer que fosse a lei da religião ou a lei natural que se impusesse ao homem; a infração, portanto, não pode se sobrepor à culpa ou ao pecado, ela não é infração moral, mas infração contra a lei tal qual formulada pelo soberano e justificada pela utilidade social[14]. Ao contrário, para os *quakers* punível é, acima de tudo, o mal tal qual definido moral e religiosamente.

O problema que se apresenta então é o seguinte: se for verdade que o mal existe e que é preciso um poder que tente eliminá-lo, com que direito o poder humano pode pretender uma tarefa tão gigantesca quanto a de suprimir o mal? Deus, que permitiu que o mal se fizesse, não é quem deve suprimi-lo? Se for verdade que o mal é universal, também será verdade que todos os caminhos para a salvação continuam abertos e em todos os momentos. Ninguém está condenado de antemão. Como diz Fox, "o oceano de noite e morte" é universal, mas "o oceano de luz e amor" também é universal e vencerá[15]; "cada homem é iluminado [e] vi a luz divina brilhar

---

a. O manuscrito (fol. 7) acrescenta: "Depois, em 90, eliminação dos trabalhos públicos que foram substituídos pela prisão."[12]

b. Manuscrito (fol. 7): "Concepção moral do poder." Acréscimo à margem: "É a existência do mal que fundamenta o poder."

c. O manuscrito (fol. 7) acrescenta: "caráter central da noção de *evil* (*evil men, evil doers*)".

através de cada homem"[16]. Assim, Deus não se retirou de ninguém, portanto cada um pode reencontrá-lo; e, se há bem em cada um, cabe a todos assumir a tarefa que consiste em fazer essa luz cintilar e brilhar. A relação com Deus, portanto, não precisa ser mediada por objetos e ritos. A piedade nada tem a ver com lugares sacralizados ou momentos privilegiados; a qualquer momento e em qualquer lugar, no fundo da solidão ou em comunidade, todo e qualquer homem pode reencontrar Deus. Para captar em si essa luz, é preciso que haja duas condições: a retidão de um espírito não perturbado pelas paixões e pelas imagens do mundo, e, portanto, o recolhimento. Mas pode-se ajudar cada um a encontrar a luz que há nele; donde a importância da solidão, do retiro, mas também do diálogo, do ensino, da busca em comum[a].

Ora, é possível derivar daí a organização da prisão de Filadélfia[17]; encontra-se uma descrição dela num texto de La Rochefoucauld-Liancourt, *Des prisons de Philadelphie* [Sobre as prisões de Filadélfia] (1796). Com efeito, foi uma sociedade de *quakers* que, a partir de 1780-1790, se encarregou da organização e da administração do sistema penal na Pensilvânia. Vejamos quais são os seus princípios, segundo La Rochefoucauld: trata-se "de levar os prisioneiros ao esquecimento de todos os seus antigos hábitos"[18], de apagar neles tudo o que possa haver de paixões antigas, imagens que se depositaram no espírito. É preciso que o espírito volte a ser vazio e puro para que a luz divina que nele se encontra brote novamente. Além disso, é preciso provocar no detento uma "mudança absoluta de alimentação na qualidade e na espécie", que, "renovando inteiramente seu sangue, abrandando-o, revivificando-o, abrande-lhes a alma e a disponha à mansidão que traz o arrependimento"[19]. É a fase da reclusão celular; o detento fica isolado, sem informações sobre o mundo exterior e sem comunicação. Então, "nesse abandono total de todo e qualquer ser vivo, ele é mais levado a recolher-se, a refletir sobre as culpas cuja punição sente tão amargamente"[20]. Depois desse recolhimento, ele pode novamente ouvir a palavra: os detentos não terão direito de ouvir quem quer que seja além dos inspetores que vão conversar "com eles, que procuram conhecê-los, que os exortam e os consolam, dando-lhes coragem e reconciliando-os consigo. Essas conversas não são frequentes, pois assim teriam menos efeito. Seus rostos estão sempre serenos, nunca risonhos"[21]. Respeito, frieza, tristeza e calma devem reinar nas prisões[b].

a. O manuscrito (fol. 9) acrescenta: "Mas, se Deus está presente em cada homem, se cada homem traz consigo alguma luz, pode-se encontrar Deus nele (desde que ele não tenha abafado a luz em si): portanto, também é possível ajudá-lo a reencontrar a luz. Donde a importância do ensinamento, do testemunho, da busca comum da luz."

b. O manuscrito (fol. 10) acrescenta: "A esse regime corresponde o estabelecimento de Walnut Street prison. [A organização consiste aqui em] celas que dão para um jardinzinho; [um] pátio central que possibilita a vigilância; [e] trabalho individual para cada prisioneiro."

O termo "penitenciário" é usado a propósito dessa instituição. Termo incrível. Com efeito, como se pode falar de penitência numa época em que a teoria da sociedade e o conjunto prático-teórico das penalidades implicam que só pode haver crime quando a sociedade é lesada, e só pode haver pena quando a sociedade tem de se defender, não podendo haver relação fundamental entre pecado e crime, pena e penitência? Como explicar essa emergência do termo "penitenciária" para designar uma instituição que será utilizada por um sistema penal em suas punições? Há aí uma heterogeneidade: de um lado tem-se um princípio judiciário que é o de pena como consequência da infração e proteção da sociedade; por outro lado, tem-se um princípio moral de pena que seria processo de penitência em decorrência de uma culpa. Isso acarreta algumas consequências.

Em primeiro lugar, teríamos o primeiro enxerto real da moral cristã no sistema da justiça criminal, pois a justiça criminal no mundo cristão até então não fora cristianizada. Parece-me que sempre houve impermeabilidade entre o cristianismo e o sistema penal. Na época em que o crime se define pelo litígio e em que o problema é justamente a extinção do litígio e a reparação da infração, tem-se um sistema penal que não é em si mesmo homogêneo ao sistema cristão. Numa época mais tardia, no fim da Idade Média, em que se vê aparecer o soberano como aquele que é sempre lesado com a vítima do litígio, tem-se uma prática do direito criminal que retorna à concepção romana do *crimen maiestatis*, e não uma penetração do direito pelo cristianismo[22]. O verdadeiro processo que levou do direito germânico da reparação dos litígios ao direito do século XVII não foi um processo de cristianização: foi o problema da arrecadação fiscal ao longo de todo o procedimento legal que levou a algumas transformações, tal como a quase estatização da justiça na França, sem que o cristianismo tivesse nenhuma palavra para dizer[23]. O velho direito germânico ganhou caráter fiscal[a].

Aliás, não se entende por que a Igreja como tal teria procurado apossar-se da justiça laica, uma vez que tinha suas próprias instâncias de controle, seus próprios mecanismos de repressão e punição, seus próprios procedimentos fiscais. Seu interesse, tanto como instituição quanto como unidade ideológica, excluía a possibilidade de se fundir com mecanismos da punição laica, de confundir numa mesma punição as penas judiciárias e as penitências religiosas. Ora, essa confusão se realizou no século XVIII, no chamado momento de descristianização. E essa primei-

---

a. Manuscrito (fol. 11), à margem: "Caráter fiscal da justiça criminal, mais do que cristianização do direito germânico ou romano".

ra articulação da moral cristã com a prática judiciária não ocorreu no nível dos princípios. Não foi em virtude de uma penetração ideológica que a consciência cristã irrompeu no sistema penal. Foi[a] por baixo, no último estágio do processo penal: prisão, punição. Foi pela invasão do penal e do jurídico inteiro pelo penitenciário que a consciência cristã penetrou. A confusão, nunca feita, mas sempre a ponto de ser feita, entre crime e pecado, teve seu espaço de possibilidade na prisão[b]. Assim ocorreu a culpabilização do crime, cujos efeitos se fazem sentir em outros campos: psiquiatria, criminologia.

Em segundo lugar, se é que a prisão funcionou bem a partir desse modelo pensilvaniano, o problema do conhecimento do prisioneiro como tal passou a ser central. Nesse sistema, a função da prisão não era garantir pura e simplesmente que a pena ocorresse e fosse cumprida até o fim, mas também acompanhar todo o desenrolar da pena com uma vigilância que incidisse não só em seu cumprimento, como também nas transformações interiores do prisioneiro dentro de sua pena. A pena já não era somente um ato que se cumpria, era um processo em andamento, cujos efeitos sobre aquele que era seu objeto precisavam ser controlados: "O *constable* [policial] que conduz o prisioneiro entrega aos inspetores um relato sucinto de seu crime, das circunstâncias que possam agravá-lo ou atenuá-lo, das circunstâncias de seu processo, dos delitos ou crimes dos quais ele possa ter sido anteriormente acusado, por fim do caráter conhecido desse homem nos tempos anteriores de sua vida. Esse relato, enviado pelo tribunal que proferiu a sentença, põe os inspetores em condições de ter uma opinião inicial sobre o novo prisioneiro, bem como sobre os cuidados e a maior ou menor vigilância que precisam ter com ele[24].

Nesse programa do conhecimento que se deve ter sobre o prisioneiro, sobre o criminoso como objeto de saber, percebe-se o surgimento de alguns elementos cuja importância histórica será grande: ficha criminal, arquivos judiciários, biografia, observação do caráter do homem, inspetores que possam vigiar, ou seja, controle penal e vigilância da transformação médica e religiosa. Essa instituição, portanto, descortinava todo um campo de saberes possíveis. Ora, nessa mesma época apareceu a estrutura hospitalar, que deu ensejo ao espaço institucional no qual seria conhecido o homem como corpo. Assim, na mesma época nasceram simultaneamente os fundamentos daquilo que viria a ser a ciência anatomofisiológica do

---

a. O manuscrito (fol. 11) acrescenta: "sua estranha localização". À margem: "a reascensão do penitenciário a partir da base".

b. Manuscrito (fol. 11): "Assim se explica o caráter *celular* da prisão."

homem e de algo como a psicopatologia, a criminologia e a sociologia: aquilo que o hospital é para o corpo, a prisão é para a alma.

Por fim, em terceiro lugar, percebe-se como pode ser compreendida a presença eminente do religioso dentro da prisão. Tratava-se de um fenômeno novo o fato de a religião acompanhar a pena desse modo. Isso porque a pena tornava-se penitência, e o sistema penal estava em via de se cristianizar. Novo, porque já não se tratava da situação do sacerdote no momento da pena de morte; ele estava ali, então, para desempenhar dois papéis: dar à alma do condenado a possibilidade de salvação oferecendo-lhe o socorro da Igreja, poupar aquele que o condenava da certeza de ter cometido um pecado mortal caso mandasse à morte alguém que não pudesse ser salvo. Ora, no novo sistema penal, tinha-se um sacerdote que ia acompanhar a pena no seu transcorrer, uma vez que ela precisava ser uma penitência. O sacerdote precisava ser a testemunha, o fiador e o instrumento da transformação que a pena deveria provocar. Assim, a [presença] do sacerdote [na] prisão era uma figura absolutamente constitutiva do processo: a culpabilização do crime tinha como espaço a prisão e como instrumento o sacerdote. A prisão, que era essencialmente estranha à Igreja, agora se tornaria seu objeto privilegiado; no movimento [de cristianização], ao lado do asilo ela terá lugar privilegiado. A prisão será o espaço dentro do qual um saber se torna possível e, ao mesmo tempo e pelas mesmas razões, um lugar investido pela religião.

Assim também se explica a impressão de antiguidade da prisão, da qual nos desfazemos com tanta dificuldade: se ela parece tão profundamente radicada em nossa cultura, é precisamente por ter nascido sobrecarregada de uma moral cristã que lhe confere uma profundeza histórica que ela não tem. Na confluência dessa moral cristã de espessura milenar com um saber que na realidade apenas nasceu dela, mas funcionou para justificá-la e racionalizá-la, a prisão parece inerradicável, presa numa espécie de "evidência"; desse modo ela se reativa indefinidamente.

Portanto, não se pode dizer que ela reproduz um velho modelo religioso, que seria o do convento, mas que por meio dela se estabelece uma nova forma de conexão jurídico-religiosa. Essa noção de *penitenciário* na época era absolutamente espantosa, embora tenha perdido essa vivacidade para nós. Mas, em 1830, aqueles que, como Julius[25], refletem sobre isso dizem que a grande invenção da penalidade moderna é essa espécie de elemento do "penitenciário"; e seu problema consiste em retomar todas as instituições penais do ponto de vista [da] ciência penitenciária. O problema é então saber como esse modelinho, nascido além-Atlântico, pode se encontrar no mundo europeu, mais ou menos na mesma época.

Qual é o pano de fundo econômico, político e social que possibilitou essa emergência do penitenciário, essa recristianização progressiva do crime?[a]

*
NOTAS

1. O discurso de Le Peletier de Saint-Fargeau ao qual Foucault se refere encontra-se em seu "Rapport sur le projet du Code pénal" à Assembleia Nacional, 23 de maio de 1791, *Archives parlementaires de 1787 a 1860*, primeira série, ed. citada, t. XXVI (de 12 de maio a 5 de junho de 1791), pp. 319-45, *v.* p. 322, col. 1; trecho mencionado no "Resumo do curso", *infra*, pp. 232-3. A referência a Blackstone, Howard e Fothergill remete ao projeto de lei deles, promulgado em 1779 (cf. *supra*, pp. 70-1, nota 14).
2. Essas linhas apresentam uma justaposição significativa do método arqueológico e do método genealógico (estudo das filiações). Aqui, ainda, Foucault usa os termos "genealógica" e "dinástica" de maneira equivalente; cf. *Théories et institutions pénales*, décima terceira aula. O método arqueológico fora elaborado alguns anos antes em *L'Archéologie du savoir* (Paris, Gallimard, 1969) [trad. bras.: *A arqueologia do saber*, 8ª ed., Rio de Janeiro, Forense Universitária, 2013]. Estamos aqui num momento de transição, no qual Foucault desenvolve o método genealógico que já mencionara e anunciara em sua aula inaugural no Collège de France em 1970, *L'Ordre du discours* (*op. cit.*), que será por ele aplicado dois anos depois desse curso sobre "a sociedade punitiva" em *Surveiller et Punir* (*op. cit.*). O primeiro método baseia-se nos estudos das derivações; ver o seguinte exemplo: "o conjunto penal, caracterizado pela proibição, pela sanção, pela lei [e que] [...] traz consigo certa teoria da infração como ato de hostilidade à sociedade [...] é deduzido, de forma arqueologicamente correta, da institucionalização estatal da justiça, de modo que, desde a Idade Média, se tem uma prática da justiça alinhada com o exercício do poder político soberano" (aula de 7 de fevereiro, *infra*, p. 103). O segundo baseia-se numa análise dos efeitos produtivos das relações de poder. Aqui, a questão genealógica é claramente enunciada (*supra*, pp. 78-9, *v.* p. 78): "quais foram as relações de poder que possibilitaram a emergência histórica de algo como a prisão"?

Foucault retoma essa distinção entre "arqueologia" e "dinástica" numa entrevista com S. Hasumi em setembro de 1972, "De l'archéologie à la dynastique", *DE*, II, nº 119, p. 406/ "Quarto", vol. I, p. 1274 [trad. bras.: "Da arqueologia à dinástica", *in Ditos e escritos*, vol. IV]: "[E]u mudo de nível: depois de ter analisado os tipos de discurso, tento ver como esses tipos de discurso puderam formar-se historicamente e com quais realidades históricas eles se articulam. O que chamo de 'arqueologia do saber' é precisamente a detecção e a descrição dos tipos de discurso, e aquilo que chamo de 'dinástica do saber' é a relação que existe entre esses grandes tipos de discurso que podem ser observados numa cultura e as condições históricas, as condições econômicas, as condições políticas de seu aparecimento e de sua formação. Então,

---

a. O manuscrito (fol. 13) contém mais dois parágrafos:
"Observações.
(α) Encontra-se atualmente, se não a forma arquitetônica, pelo menos o modelo penitenciário de Walnut Street nas prisões modernas. Isolamento, apoio ético-psicológico, ruptura com o meio, utilização de tranquilizantes, relativa individualização da pena em função do comportamento penal, tudo isso deriva diretamente desse pequeno núcleo.
(β) A forma arquitetônica de Walnut Street dá ensejo
– às cidades operárias (alojamento individual + jardinzinho para as funções individualizantes → inibição dos efeitos de grupo)
– às grandes prisões cujo primeiro modelo é dado por Bentham.
F[orma] M[onástica] + uma cidade operária → Walnut Street."

Les Mots et les Choses tornou-se *L'Archéologie du savoir*, e aquilo que estou começando a fazer agora está no nível da dinástica do saber"; análise prosseguida em *Surveiller et Punir*, p. 27: "Objetivo deste livro: [...] uma genealogia do atual complexo científico-judiciário em que o poder de punir se apoia, recebe justificações e regras, estende seus efeitos e mascara sua exorbitante singularidade."

Foucault continuará desenvolvendo esse contraste no ano seguinte, em seu curso de 1973-1974, *Le Pouvoir psychiatrique*. Nele, realizando um retorno crítico a *L'Histoire de la folie*, Foucault elabora aquilo que poderia ser chamado de genealogia do saber ou do discurso – estudo da maneira como as relações de poder dão origem a práticas discursivas: "a análise discursiva do poder, em relação àquilo que chamo de arqueologia, seria em um nível – a palavra 'fundamental' não me agrada muito –, digamos num nível que possibilitasse apreender a prática discursiva precisamente no ponto em que ela se forma" (*Le Pouvoir psychiatrique*, *op. cit.*, aula de 7 de novembro de 1973, p. 14). Cf. também: M. Foucault, "La vérité et les formes juridiques", *loc. cit.* (*DE*, II), p. 554/p. 1422 e pp. 643-4/pp. 1511-2; *Id.*, "Dialogue sur le pouvoir" (entrevista com os estudantes de Los Angeles, gravação: maio de 1975, *in* S. Wade [org.], *Chez Foucault*, Los Angeles, Circabook, 1978, pp. 4-22; trad. fr. F. Durand-Bogaert), *DE*, III, nº 221, ed. 1994, pp. 468-9/"Quarto", vol. II, pp. 468-9 [trad. bras.: "Diálogo sobre o poder", *in Ditos e escritos*, vol. IV]; *Id.*, "*Il faut défendre la société*", *op. cit.*, [aula] de 7 de janeiro de 1976, p. 11: "Portanto, em relação ao projeto de inserção dos saberes na hierarquia do poder próprio à ciência, a genealogia seria uma espécie de esforço de dessujeitar os saberes históricos e torná-los livres"; *Id.*, "Structuralisme et poststructuralisme" (entrevista com J. Raulet, *Telus*, vol. XVI, nº 55, primavera de 1983, pp. 195-211), *DE*, IV, nº 330, ed. 1994, p. 443/"Quarto", vol. II, p. 1262 [trad. bras.: "Estruturalismo e pós-estruturalismo", *in Ditos e escritos*, vol. II].

Para uma discussão mais recente, cf. A. Davidson, "On Epistemology and Archeology: From Canguilhem to Foucault", *in Id.*, *The Emergence of Sexuality: Historical Epistemology and the Formation of Concepts*, Cambridge, Mass., Harvard University Press, 2004, pp. 192-206.

3. Essa observação poderia ser lida como uma crítica à obra de Erving Goffman sobre as chamadas instituições "totais" (*total institutions*), entre as quais Goffman incluíra mosteiros, conventos e clausuras, em suma, os estabelecimentos religiosos, que ele qualificava de "estabelecimentos que têm a finalidade de garantir um recolhimento fora do mundo" (E. Goffman, *Asylums: Essays on the Social Situation of Mental Patients and Other Inmates*, Nova York, Doubleday, "Anchor Books", 1961/*Asiles. Études sur la condition sociale des malades mentaux et autres reclus*, trad. fr. Liliane e Claude Lainé, apresentação de Robert Castel, Paris, Minuit [col. "Le Sens commun"], 1968, p. 47 [trad. bras.: *Manicômios, prisões e conventos*, 9ª ed., São Paulo, Perspectiva, 2015]). Segundo Daniel Defert, a prática do GIP levara à recusa teórica das análises de Goffman dentro do grupo. A análise de Foucault, aqui, sobre a natureza das relações entre interior e exterior – tema central em Goffman – parece indicar um diálogo sobre esses pontos; cf. também *infra*, "Situação do curso", pp. 252-5.

4. Relativamente ao tema médico do isolamento terapêutico, em *Folie et Déraison. Histoire de la folie à l'âge classique*, *op. cit.*, parte III, cap. 4: "Naissance de l'asile", Foucault delineia a origem do internamento psiquiátrico na teoria do "tratamento moral" dos alienados, desenvolvida na França por Philippe Pinel (1745-1826) e depois por Jean-Étienne Esquirol (1772-1840), e a liga às práticas *quakers*. Foi com base em princípios comparáveis que o *quaker* William Tuke (1732-1822) fundou em 1796, perto de York na Inglaterra, o *retiro*, onde os alienados viviam isolados do exterior, segundo princípios religiosos. Conforme nota Foucault, Tuke observava que: "Incentivar a influência dos princípios religiosos sobre o espírito do insano tem grande importância como meio de cura" (Samuel Tuke [1784-1857], *Description of the Retreat, an Institution near York for insane persons*, York, 1813, p. 121, citado por Foucault em *Folie et Déraison*, p. 580). Foucault faz um comentário detalhado sobre o *retiro* (*ibid.*, pp. 559-90), "figura complementar" (p. 590) das práticas de Pinel.

Relativamente ao tema sociológico da ruptura com o meio delinquente, poderíamos nos remeter aos debates relativos à lei "celularista" de 1875, em que se encontra uma síntese da teoria sociológica do meio social (cf. Gabriel Tarde, *La Criminalité comparée* [*A criminalidade comparada*] [1886]; *Les Lois de l'imitation* [1890]) e da noção cristão de expiação por meio do recolhimento espiritual numa cela. Os debates relativos à lei sobre a prisão em celas individuais em 1875 apresentam, na linha das teorias sociológicas da degenerescência social, o celularismo como um meio de obstar ao contágio delinquente. Na Assembleia Nacional, o visconde de Haussonville defendeu sua proposta de lei inserindo-a na perspectiva da regeneração moral da França: "nosso projeto decorre de preocupação análoga. Foi inspirado à comissão [a comissão de inquérito parlamentar relativa aos estabelecimentos penitenciários, presidida pelo sr. visconde de Haussonville] por um pensamento elevado, moral e cristão" (sessão de 20 de maio de 1875, *Annales de l'Assemblée nationale*, citado *in* R. Badinter, *La Prison républicaine [1871-1914]*, Paris, Fayard, 1992, p. 68). Foucault voltará a esse paralelo com a dimensão moral do recolhimento cristão: "Sozinho na cela o detento está entregue a si mesmo; no silêncio de suas paixões e do mundo que o cerca, ele desce à sua consciência, interroga-a e sente em si despertar o sentimento moral que jamais perece inteiramente no coração do homem" (*Surveiller et Punir*, p. 241, citando o *Journal des économistes*, II, 1842).

5. Usada bem cedo pela Igreja, a prática da detenção preventiva desenvolveu-se bastante com a instauração da Inquisição no século XII, que funcionou estreitamente vinculada ao poder secular. Além de medida de segurança, ela se tornou então um meio privilegiado de pressão para obter confissões. Sobre esse tema, cf. J. Giraud, *Histoire de l'Inquisition au Moyen Âge*, Paris, A. Picard, 1935-1938, 2 vols.; J.-G. Petit, N. Castan, C. Faugeron, M. Pierre e A. Zysberg, *Histoire des galères, bagnes et prisons. Introduction à l'histoire pénale de la France*, prefácio de Michelle Perrot, Toulouse, Privat ("Bibliothèque historique Privat"), 1991, pp. 26-8; J. B. Given, "Dans l'ombre de la prison. La prison de l'Inquisition dans la société languedocienne", *in* Isabelle Heullant-Donat, Julie Claustre e Élisabeth Lusset (orgs.), *Enfermements. Le cloître et la prison (VIe-XVIIIe siècle)*, Paris, Publications de la Sorbonne, 2011, pp. 305-20. Além disso, como a Igreja se recusava a derramar sangue, os condenados eram entregues ao braço secular quando a pena capital era pronunciada por um tribunal eclesiástico; cf. J.-G. Petit *et al.*, *Histoire des galères...*, *op. cit.*, p. 27.

6. O papel das jurisdições católicas não parou de diminuir a partir do século XVI, à medida que sua competência foi sendo reivindicada pela justiça régia; cf. B. Garnot, *Justice et Société en France aux XVIe, XVIIe et XVIIIe siècles*, Gap-Paris, Ophrys (col. "Synthèse histoire"), 2000, p. 120. Em 20 de julho de 1629, pelo edito de graça de Nîmes, chamado de "paz de Alès", Luís XIII marcou o fim das revoltas protestantes confirmando o respeito à religião protestante, garantido pelo edito de Nantes (1598). O edito restaurou também a liberdade de culto católico nas regiões onde os protestantes dominavam e regulamentou a organização da Igreja. Em especial, pareceu excluir a presença – e *a fortiori* a reclusão – de laicos nos mosteiros, bem como dos religiosos que não se coadunassem com os princípios que regulamentavam sua vida dentro de uma ordem: "Ordenamos, contudo, que em todos os mosteiros dessas cidades submetidas à nossa obediência não poderão ser postos nem estabelecidos outros religiosos senão aqueles que vivam na exata observância de sua Regra, segundo os documentos que obterão de nós" (C. Bergeal e A. Durrleman, *Protestantisme et Libertés en France au XVIIe siècle. De l'édit de Nantes à sa révocation 1598-1685*, Carrières-sous-Poissy, La Cause [col. "Textes d'histoire protestante"], 2001, p. 71). Cf. [coletiv.,] *Journal de la France et des Français. Chronologie politique, culturelle et religieuse de Clovis à 2000*, Paris, Gallimard (col. "Quarto"), 2001; F.-O. Touati (org.), *s. v.* "Règle", in *Vocabulaire historique du Moyen Âge*, Paris, La Boutique de l'Histoire, 2000 [1995, 1997].

7. Atestada já no século IV (cf. E. Lusset, "Entre les murs. L'enfermement punitif des religieux criminels au sein du cloître [XIIe-XVe siècle]", *in* I. Heullant-Donat, J. Claustre e E. Lusset [orgs.], *Enfermements...*, *op. cit.*, pp. 153-67), a reclusão punitiva dentro de estabelecimentos monásticos desenvolve-se a partir do século VI (cf. J. Hillner, "L'enfermement monastique au VIe siècle", *ibid.*, pp. 39-56, espec. pp. 40-2), tanto para leigos quanto para religiosos, e generaliza-se no século XII com a constituição das ordens religiosas. Essa reclusão, que variava de alguns dias à perpetuidade, punia ofensas diversas segundo os períodos e as regiões. Assim, é possível citar a subtração à confissão dos pecados (cf. J.-G. Petit *et al.*, *Histoire des*

galères, bagnes et prisons, p. 26), a desobediência ao poder secular (cf. P. Hatlie, *The Monks and Monasteries of Constantinople, ca. 350-850*, Cambridge, Cambridge University Press, 2007, p. 165, citado por J. Hillner, "L'enfermement monastique...", *loc. cit.*, p. 41) ou a perpetração de "crimes graves" (cf. C. Vogel, "Les sanctions infligées aux laïques et aux clercs par les conciles gallo-romains et mérovingiens", *Revue de droit canonique*, t. 2, 1952, pp. 186-8; A. Lefebvre-Teillard, "Les officialités à la veille du concile de Trente", *Revue internationale de droit comparé*, vol. 25 [4], 1973, p. 85, citado por Véronique Beaulande-Barraud, "Prison pénale, prison pénitentielle dans les sentences d'officialité", *in* I. Heullant-Donat *et al.*, *Enfermements...*, p. 290).

8. Excepcional durante a Idade Média, a reclusão de leigos em comunidades religiosas foi praticada pelo poder régio a partir do fim do século XVII, principalmente em razão da presença de estabelecimentos religiosos em todo o reino. Segundo um historiador, "Entre 1778 e 1784, essas comunidades [religiosas] encerraram 30,9% dos presos por ordem régia" (C. Quétel, *De Par le Roy. Essai sur les lettres de cachet*, Toulouse, Privat, 1981, pp. 174-5; cf. *Id.*, "En maison de force au siècle des Lumières", *Cahier des Annales de Normandie*, nº 13, 1981, pp. 43-79). Estudando as ordens régias em Paris, Frantz Funck-Brentano elabora assim uma lista dos "castelos, fortes, estabelecimentos religiosos e casas particulares em Paris que recebiam internos por ordem régia" na segunda metade do século XVIII; cf. F. Funck-Brentano, *Les Lettres de cachet à Paris. Étude suivie d'une liste des prisonniers de la Bastille (1659-1789)*, Paris, Imprimerie nationale, 1903, pp. XXXVII-XXXVIII. Entre os numerosos conventos, estabelecimentos religiosos e escolas cristãs, o autor se demora no caso do convento das maturinas da rua de la Poste: "O regime das internas era dirigido pelo arcebispo de Paris. A ele competiam todos os detalhes de administração interna. As detentas viviam em comum, saíam em companhia de uma irmã rodeira, e a superiora não parava de receber cartas escritas pelos maridos irritados com a excessiva liberdade dada às suas esposas levianas" (*ibid.*, p. XXXVII).

9. Sobre a questão da laicização da prisão – da prisão canônica à prisão penal –, cf. A. Porteau-Bitker, "L'emprisonnement dans le droit laïque au Moyen Âge", *Revue historique de droit français et étranger*, nº 46, 1968, pp. 211-45 e 389-428; J. Leclercq, "Le cloître est-il une prison?", *Revue d'ascétique et de mystique*, vol. 47, nº 188, out.-dez. 1971, pp. 407-20.

10. *Dissenters* é um termo genérico que designa fiéis dissidentes de uma Igreja estabelecida. Designa de modo mais particular as comunidades protestantes formadas em oposição à doutrina e ao poder da Igreja anglicana. Cf. B. R. White, *The English Separatist Tradition: From the Marian Martyrs to the Pilgrim Fathers*, Londres, Oxford University Press, 1971; M. R. Watts, *The Dissenters*, Oxford, Clarendon Press, 1978, 2 vols.

11. A Sociedade Religiosa dos Amigos (Society of Friends) formou-se durante os anos 1640, especialmente sob a influência de George Fox (1624-1691); seus membros, os *quakers*, foram perseguidos na Inglaterra durante a segunda metade do século XVII, pelo menos até o *Toleration Act* de 1689. Muitos deles imigraram na época para a província da Pensilvânia, fundada em 1681 pelo *quaker* William Penn. Cf. W. C. Braithwaite, *The Beginnings of Quakerism*, Londres, Macmillan and Co., 1912; *Id.*, *The Second Period of Quakerism*, Londres, Macmillan and Co., 1919; H. H. Brinton, *Friends for 300 years: The History and Beliefs of the Society of Friends since George Fox started the Quaker Movement*, Nova York, Harper, 1952; P. Brodin, *Les Quakers en Amérique du Nord: au XVIIe siècle et au début du XVIIIe*, Paris, Dervy-Livres, 1985. Foucault já estudara a história dos *quakers*, o pensamento e os textos de Samuel Tuke, George Fox e a Sociedade dos Amigos, no contexto do nascimento do asilo; cf. *Folie et Déraison*, pp. 557-90; tema retomado em "La vérité et les formes juridiques", *loc. cit.*, pp. 596 ss./ pp. 1454 ss., e, evidentemente, em *Surveiller et Punir*.

12. Apesar da tentativa de Michel Le Peletier de Saint-Fargeau de abolir a pena de morte, o Código Penal francês, adotado em 1791 pela Assembleia Constituinte, previa que ela podia ser pronunciada para punir "trinta e quatro crimes de natureza política, assim como o assassinato, o envenenamento, o parricídio e o incêndio" (J.-L. Halpérin, *Histoire des droits en Europe de 1750 à nos jours*, Paris, Flammarion, 2004, p. 62). Ao contrário do que Foucault afirma, o Código Penal de 1791 previa uma "pena de grilhões", disposição central de seu arsenal repres-

sivo, definida no artigo 6 como consistindo em: "trabalhos forçados em proveito do Estado, no interior de prisões, em portos e arsenais, na extração de minas, na drenagem de pântanos ou em quaisquer outras obras penosas, que, a pedido dos departamentos, possam ser determinadas pelo corpo legislativo e substituídas pelos trabalhos forçados nos banhos" (citado *in* P. Lascoumes, P. Poncela e P. Lenoël, *Au nom de l'ordre. Une histoire politique du code pénal*, Paris, Hachette, 1989, p. 357). A partir de 1972, essa pena de grilhões é substituída por trabalhos forçados nos banhos; cf. P. Lascoumes *et al.*, *Au nom de l'ordre, op. cit.*, pp. 67-9; J.-L. Halpérin, *Histoire des droits en Europe...*, *op. cit.*

13. Foucault indica no manuscrito essa referência "Burroughs (*Works*, pp. 247-8)". Cf. E. Burroughs, *The Memorable Works of a Son of Thunder and Consolation: Namely That True Prophet, and Faithful Servant of God, and Sufferer for the Testimony of Jesus, Edward Burroughs, Who Dyed a Prisoner for the Word of God in the City of London, the Fourteenth of the Twelfth Moneth, 1662*, Londres, Ellis Hookes, 1672, cap. X ("Concerning Governours, and Governments, and Subjection to them, this testimony I give to the World [1657]"), p. 247: "Governours, Rulers, and Magistrates [...] such as be a terrour to all evil in their Government, and that fears God and hates covetousness, and delights in Equity, in Justice, and true Judgment, and gives diligent heed to try the cause of the poor, and will judge justly, without respect of men, who justifies the good, and gives praise to the Well-doer; such Government and Governours we reverence, where Sin and Iniquity is kept under, Drunkenness, Swearing, Murther, Quarrelling, and all the ways and works of the flesh are terrified, and a Well-doer praised and justified; this Government of men reaches to the witness of God in every man, and that answers to the justice and righteousness of all such Governours and Government, and these witness that they are of God." Edward Burroughs (1634-1663) foi um dos fundadores do movimento *quaker*; cf. P. Brodin, *Les quakers en Amérique du Nord...*, *op. cit.*

14. M. Foucault, "La vérité et les formes juridiques", *loc. cit.*, pp. 589-90/pp. 1457-8, *v.* p. 590/p. 1458: "Uma lei penal deve simplesmente representar o que é útil à sociedade."

15. George Fox (1624-1691, fundador da Sociedade dos Amigos), *An Autobiography*, org. Rufus M. Jones, Filadélfia, Pa., Ferris and Leach, 1904, p. 87: "I saw, also, that there was an ocean of darkness and death; but an infinite ocean of light and love, which flowed over the ocean of darkness. In that also I saw the infinite love of God, and I had great openings"; e p. 88: "For I had been brought through the very ocean of darkness and death, and through and over the power of Satan, by the eternal, glorious power of Christ."

16. *Ibid.*, p. 101: "Now the Lord God opened to me by His invisible power that every man was enlightened by the divine Light of Christ, and I saw it shine through all." Foucault cita esse trecho também em *Surveiller et Punir*, ligando-o diretamente à emergência da prisão na Nova Inglaterra: "'Cada homem', dizia Fox, 'é iluminado pela luz divina e eu a vi brilhar através de cada homem.' Foi na linhagem dos *quakers* e de Walnut Street que se organizaram as prisões da Pensilvânia, de Pittsburgh e depois Cherry Hill, a partir de 1820" (*Surveiller et Punir*, p. 241 n. 4).

17. Foucault desenvolverá essa análise da prisão e do modelo de Filadélfia em *Surveiller et Punir*, pp. 126-7. Sua abordagem baseia-se em vários textos: *Visite à la prison de Philadelphie, ou Énoncé exact de la sage administration qui a lieu dans les divers départements de cette maison. Ouvrage où l'on trouve l'histoire successive de la réformation des loix pénales de la Pen[n]sylvanie, avec des observations sur l'impolitique et l'injustice des peines capitales, en forme de lettre à un ami, par Robert J. Turnbull. Traduit de l'anglais et augmenté d'un plan qui en offre les différentes parties, par le D. Petit-Radel*, Paris, Gabon, 1799 (Ano VIII); N. K. Teeters, *The Cradle of the Penitentiary: The Walnut Street Jail at Philadelphia, 1773-1835*, sponsored by the Pennsylvania Prison Society, 1955, [n. p.]; J. T. Sellin, *Pioneering in Penology: The Amsterdam Houses of Correction in the Sixteenth and Seventeenth Centuries*, Filadélfia, University of Pennsylvania Press, 1944.

18. F.-A.-F. de La Rochefoucauld-Liancourt, *Des prisons de Philadelphie, par un Européen*, Paris, Du Pont, 1796 ("Ano IV da República"), p. 11. François-Alexandre-Frédéric, duque de La Rochefoucauld-Liancourt (1747-1827), educador e reformador social, fundou a Escola Nacional Superior de Artes e Ofícios em Châlons. Monarquista, La Rochefoucauld-Liancourt

imigrou em 1792, primeiro para a Inglaterra e depois para os Estados Unidos, onde escreveu esse livro sobre as prisões. Voltando à França em 1799, ingressou na política, tornou-se membro da Sociedade da Moral Cristã, partidário da abolição da escravidão e participou de uma comissão de inquérito sobre as prisões.

19. *Ibid.*, p. 14. Cf. também *supra*, p. 67, nota a).
20. *Ibid.*
21. *Ibid.*, p. 27.
22. Cf. *Surveiller et Punir*, pp. 51-2. O crime de majestade, que se tornará crime de lesa--majestade, designava na República romana qualquer atentado aos magistrados do povo romano; depois, durante o Império e especialmente com o desenvolvimento do culto imperial na época de Tibério, a noção também sancionou a impiedade para com o imperador. Caindo em desuso no início da Idade Média, a noção de *crimen maiestatis* foi reinvestida pelo poder régio com a redescoberta do direito romano, mas conservou certa indefinição. No fim da Idade Média, passou por significativa ampliação, caracterizada por sua despersonalização: "o que está em causa é a posição do rei, e não a pessoa do soberano, que convém proteger com uma definição extensiva da lesa-majestade" (J. Hoareau-Dodineau, *Dieu et le Roi. La répression du blasphème et de l'injure au roi à la fin du Moyen Âge*, Limoges, Presses universitaires de Limoges, 2002, pp. 169-211, *v.* p. 205). Cf. Y. Thomas, "L'Institution de la Majesté", *Revue de synthèse*, 1991, nº 3-4, pp. 331-86; J. Chiffoleau, "Sur le crime de majesté médiéval", *in* [coletivo] *Genèse de l'État moderne en Méditerranée. Approches historique et anthropologique des pratiques et des représentations*, Roma (Collection de l'École française de Rome), 1993, pp. 183-213
23. Cf. J. R. Strayer, *On the Medieval Origins of the Modern State*, *op. cit.* (ed. 1970), pp. 29-30 / *Les Origines médiévales de l'État moderne*, trad. fr. citada (1979), pp. 48-9.
24. F.-A.-F. de La Rochefoucauld-Liancourt, *Des prisons de Philadelphie, par un Européen*, *op. cit.*, pp. 15-6.
25. Cf. N. H. Julius, *Leçons sur les prisons*, trad. fr. citada. Foucault faz referência no manuscrito (fol. 13) não só a Julius como também a "Charles Lucas"; cf. *supra*, p. 72, nota 25.

AULA DE 7 DE FEVEREIRO DE 1973

Penitenciária, dimensão de todos os controles sociais contemporâneos. (I) Generalização e condições de aceitabilidade da forma-prisão. (A) Inglaterra. Grupos espontâneos para garantir a ordem: 1/ quakers e metodistas; 2/ sociedades para a eliminação do vício; 3/ grupos de autodefesa; 4/ polícias particulares. – Novo sistema de controle: inculcar condutas, moralizar e controlar as lower classes. *Colquhoun,* Tratado sobre a polícia da metrópole *(1797). Três princípios: 1/ a moralidade como fundamento do sistema penal; 2/ necessidade do Estado policial; 3/ a polícia tem como alvo as classes baixas. – Conclusões: 1/ o Estado como agente da moralidade; 2/ vínculos com o desenvolvimento do capitalismo; 3/ coerção como condição de aceitabilidade da prisão. – Movimentos atuais de dissidência moral: dissolver o vínculo penalidade-moralidade.*

[a]Insisti no fato de que a prisão nasceu no elemento penitenciário em decorrência da tendência de alguns historiadores a dizer que a prisão existia fazia tempo como forma vazia em cujo interior se encontravam indivíduos depositados, sem que ela tivesse outra função além de absorver essa população da qual todos queriam se livrar, e que só depois de algumas experiências negativas e de pesquisas é que se teria [acrescentado] o penitenciário à prisão, para corrigir seus efeitos, reformá-la, como que para ajustá-la a exigências sociais surgidas posteriormente. O elemento penitenciário seria então o corretivo da prisão. Ora, por trás dessa leitura, há duas operações: primeiramente, levar a crer que a elaboração de um sistema penitenciário e de algo que não se teme chamar de ciência penitenciária corrige a prisão; que o saber penitenciário constitui um campo de experiência suficientemente independente desta para poder ter domínio sobre ela e corrigi-la. Ora, uma vez que o elemento penitenciário não é

---

a. O manuscrito (fol. 1) tem como título: "Generalização da prisão". A primeira frase enuncia: "Generalização não é a palavra correta." Em seguida: "A reclusão *quaker* não é uma prática que tenha sido amplamente imitada [...]. Walnut Street é mais a contemporânea, mais ainda do que a primeira, de uma série de acontecimentos do mesmo tipo."

acrescentado, mas sim um elemento em cujo interior ela nasceu, qualquer elaboração de saber nascido nessa dimensão só pode reforçá-la. Tudo o que é formulado na ordem da experiência do saber e da teoria penitenciários já pertence ao elemento que deu ensejo à prisão. Em segundo lugar, mascarar o fato de que o fenômeno penitenciário é, na realidade, muito mais amplo que a reclusão e de que se trata de uma dimensão geral de todos os controles sociais que caracterizam sociedades como as nossas. A sociedade inteira porta o elemento penitenciário, do qual a prisão é apenas uma formulação. O penitenciário, portanto, é o campo associado à prisão.

Gostaria de mostrar como essa forma-prisão se generalizou. Na verdade, a própria expressão generalização não é muito feliz, pois não acredito que a prisão tenha sido uma forma nascida além-Atlântico e que tenha sido amplamente imitada, perdendo então os traços de sua localização originária e de sua origem religiosa. Prefiro acreditar que essa prisão *quaker* é contemporânea de uma série de acontecimentos do mesmo tipo; basta lembrar toda a rede de intercâmbios que ocorreu bem cedo entre a América e a Europa a propósito das prisões[a]. Também seria preciso ver em que momento, provavelmente por volta de [1780], a visita às prisões apareceu nos relatos de viagem (nos de John Howard, por exemplo[2]), [em] pesquisas econômicas, sociais, demográficas que eram feitas então e constituíram um dos grandes instrumentos de formação do saber social. Tem-se aí a rede que serviu de suporte à generalização do modelo.

Com efeito, em tal campo, que é o da história das ideias, cabe reconhecer que a influência não pode jamais ser considerada uma causa[b]. Sempre é apenas um fenômeno determinado, ou seja, não há transferência de um campo para outro, de um tempo para outro, a não ser que, evidentemente, haja uma rede de comunicação, mas também [que] haja a possibilidade de *aproveitamento* e, no local onde o modelo é recebido, haja algo que se possa chamar de *aceitabilidade*[c]. Como ocorre de alguma

---

a. O manuscrito (fol. 1) acrescenta:
"– entre a Inglaterra e a América, as seitas e as sociedades religiosas foram agentes de difusão;
– entre a França e a América, toda uma série de intercâmbios de natureza política antes e durante a Revolução. // L[a] R[ochefoucauld-]Liancourt (1796): *Prisons de Philadelphie*[1]."

b. Manuscrito (fol. 2): "é preciso sobretudo procurar saber em que condições essas transferências e intercâmbios foram possíveis".

c. O manuscrito (fol. 2) acrescenta:
"Influência exige que sejam definidos como determinação prévia:
– o veículo e o trajeto da transferência;
– os elementos constantes que formam o modelo;
– as condições que possibilitem por um lado o aproveitamento do modelo e, no ponto de chegada, sua inserção e aceitação.
Influências: são os efeitos locais e pontuais de condições globais de *aproveitamento* e *aceitabilidade*."

coisa poder ser efetivamente inserida e aceita no interior de um campo? Isso significa que todos os problemas de influência são na verdade comandados pelo problema, mais fundamental, da aceitabilidade. O que, então, tornou [a forma-prisão] aceitável em países como a França, a Inglaterra e até mesmo em países tão distantes do pensamento *quaker* quanto a Áustria, onde, em 1787, José II publicou um código no qual a prisão era a forma geral de punição?³ Como pode ter ocorrido essa introdução da prisão nos conjuntos jurídicos, religiosos, sociais e políticos que lhe eram tão alheios? Tomarei duas referências, a Inglaterra e a França, para estudar as condições de aceitabilidade que possibilitaram a generalização da forma-prisão e do domínio penitenciário no século XVIIIᵃ.

* * *

[Começarei pela Inglaterra.] Desde o fim do século XVII havia, ao lado dos grupos *quakers*, outros grupos que assumiam explicitamente como objetivo a vigilância, o controle e a punição. Eram grupos[b] não organizados de cima para baixo e que assumiam a missão de manter a *ordem* ou, em todo caso, a definição de novos tipos de ordem e a busca de instrumentos próprios para garantir essa ordem. É possível definir quatro grandes tipos. Primeiramente, as comunidades religiosas dissidentes. Entre elas, em primeiro lugar, os *quakers* e os metodistas⁴. Esses grupos tinham duas funções na ordem: por um lado, garantir no interior do grupo algumas tarefas de repressão e sanção moral. Assim, os grupos metodistas, incentivados por Wesley⁵ durante a segunda metade do século XVIII, recebiam regularmente a visita de inspetores de moral que examinavam todos os casos de desordem – adultério, fuga ao trabalho, embriaguez – e lançavam mão de algumas punições. Tratava-se de um controle coletivo endógeno da moral dos indivíduos. Por outro lado, garantir um controle exterior,

---

a. Manuscrito (fols. 2-3):
"No caso da prisão e do sistema penitenciário, como o protótipo punitivo formado na América num ambiente *quaker* pôde ser aceito em alguns anos
– na Inglaterra, apesar da grande desconfiança em relação aos *quakers*;
– na França, onde essas formas religiosas eram desconhecidas;
– e finalmente em toda a Europa. Código de 1787 na Áustria.
Dois exemplos de processo que garantiram a aceitabilidade do "penitenciário" na sociedade europeia; sua introdução nos conjuntos jurídicos e religiosos que lhe eram heterogêneos; e seus efeitos de reorganização de todo o sistema penal.
A invasão e toda a redistribuição do sistema penal pelo sistema penitenciário.
Como os homenzinhos [de] preto, que nunca tiravam o chapéu, podem ser considerados ancestrais na genealogia de nossa moral."
b. Manuscrito (fol. 4): "grupos espontâneos (em todo caso, não organizados de cima para baixo)".

uma vez que se tratava de prover às necessidades de todos os elementos duvidosos e móveis que pudessem circular na fronteira dos grupos: desempregados, miseráveis, inválidos, loucos (cabe lembrar que a primeira clínica na Inglaterra foi aberta perto de York pela Sociedade dos Amigos[6]).

Em segundo lugar, sociedades vinculadas de maneira mais indireta a comunidades religiosas. Por exemplo, a "Sociedade para reforma dos costumes", que, antes de eclipsar-se em 1737, tinha mais de cem filiais; retomou as atividades em 1760 sob a influência de Wesley e dos metodistas[a]. Assumia alguns objetivos: impor respeito ao domingo, ou seja, impedir que as pessoas se distraíssem, fossem à taverna, lá se reunissem e gastassem; impedir o jogo e a bebedeira, fontes de despesa e obstáculos ao trabalho; eliminar a prostituição e tudo o que pudesse ameaçar a família; reprimir os desvios de linguagem. Wesley dizia diante de uma de suas filiais, em 1763, que a principal tarefa da associação era impedir que "a classe mais baixa e mais vil da sociedade se apoderasse dos jovens inexperientes e lhes extorquisse dinheiro"[8]. Essas sociedades proliferaram no fim do século XVIII. Em 1787, William Wilberforce[9] incentivou o rei a fazer uma célebre "Proclamação para o incentivo à piedade e à virtude e pela prevenção e punição do vício, da impiedade e da imoralidade". Foi depois disso que Wilberforce criou a "Sociedade da proclamação", transformada em "Sociedade para a supressão do vício" em 1802; durou até 1820[b]. Propunha-se impor respeito ao domingo, impedir a publicação de livros licenciosos, mandar fechar as casas de jogo e de prostituição. Essas sociedades diferiam das primeiras porque, não sendo religiosas, não tinham o objetivo de fazer reinar uma disciplina endógena. Por definição, seus membros eram estatutariamente virtuosos. Os controles eram exercidos exclusivamente sobre elementos externos, e isso era feito de duas maneiras: por um lado, por meio de algumas intervenções, pressões e ameaças; por outro, caso estas falhassem, passava-se a um segundo tipo de intervenção nos tribunais: denúncia, ação judicial. Tinha-se aí uma intervenção que incidia essencialmente na moralidade e cuja primeira forma foi da ordem do conselho moral, da exortação, mas cuja segunda forma foi puramente jurídica, como se tais sociedades tivessem o objetivo de forçar o poder judiciário a garantir a conjunção entre o campo da moral e o da legalidade.

Em terceiro lugar, grupos de autodefesa com caráter paramilitar, que surgiram tardiamente por volta de 1779, no momento em que a Inglaterra

---

a. O manuscrito (fol. 5) faz referência à *"Society for the reformation of manners* (1692-1737)". Acrescenta que ela tinha "cem filiais quando Guilherme III morreu; destas, dez em Dublin", e que a sociedade foi "retomada por volta de 1755[7]".

b. O manuscrito (fol. 5) faz referência à *"Proclamation Society"* e à *"Society for the Suppression of Vice* (que chegou a ter seiscentos membros)"[10].

começava a ser sacudida por alguns movimentos populares[a]. Assim, por volta de 1780 alguns habitantes de bairros de Londres se organizaram em patrulhas e garantiram a vigilância e a ordem moral; seu recrutamento foi feito essencialmente entre os notáveis e a alta burguesia[b]. Paralelamente, havia toda uma literatura que incentivava essas sociedades. Cabe notar que, vinte anos depois, esses notáveis terão encontrado uma fórmula bem diferente: utilizar precisamente as pessoas mais pobres para cumprir essas tarefas; eles terão então inventado a polícia.

Por fim, em quarto lugar, grupos com caráter essencialmente econômico: uma espécie de polícia particular encarregada de vigiar a fortuna burguesa nas novas formas em que ela se encontra exposta em pleno período de desenvolvimento econômico (lojas, docas, estradas). Assim, no fim do século XVIII, as companhias de navegação criaram em Londres uma espécie de polícia de vigilância do porto.

A que corresponde essa proliferação de sociedades de ordem moral? É um período de desenvolvimento econômico, ou seja, primordialmente de deslocamento populacional. O desenvolvimento econômico subverte as velhas organizações territoriais – burgos, justiças de paz, paróquias –, esvaziando-as de sua população. E, em algumas grandes cidades, em compensação, grupos de indivíduos não organizados vêm somar-se a um núcleo urbano que não consegue enquadrá-los em suas próprias organizações nem assimilá-los. Ora, não só as pessoas se deslocaram, como também, ao mesmo tempo, houve outra fixação da riqueza: o capital foi investido cada vez mais em máquinas e estoques. A divisão do trabalho fez que a circulação de mercadorias em grande quantidade e em estágios sucessivos de elaboração e transformação fosse localizada cada vez mais maciçamente em alguns pontos – entrepostos, docas –, de tal maneira que, ao mesmo tempo que o modo de produção capitalista se desenvolvia, o capital acabava exposto a diversos riscos que antes eram muito mais controláveis. Com efeito, o capital passou a ficar exposto não só ao banditismo e ao

---

a. O manuscrito (fol. 6) acrescenta:
"– após as grandes agitações econômicas, religiosas e políticas do fim do século (*Gordon Riots*)
– e para lutar contra a influência jacobina"[11].

b. O manuscrito (fol. 6) dá vários exemplos:
"– Após as *Gordon Riots* (1780) os habitantes ['*principals*'] de St. Leonard organizaram-se em patrulhas de 10-14. Solicitaram armas. O governo a tanto incentivava todas as '*persons of note*';
– City Association, Horse and Men. Light Horse Volunt[eer]s, London Military Foot Association, London Artillery Company;
– Hanway propõe (num livro de 1775 reeditado em 1780) milícias de 23 pessoas, '*opulent and of the community*'."[12]

saque, como antes, mas também ao furto cotidiano por parte das pessoas que viviam dele, ao lado dele[a]. O furto por parte daquele que manipulava essa riqueza exposta de um modo novo, em virtude da divisão do trabalho e da amplitude dos mercados e dos estoques, foi uma das razões pelas quais seria preciso instaurar outra ordem, outra maneira de controlar as populações e impedir a prática da transferência de propriedade. O problema era o enquadramento moral das populações: tornou-se preciso reformar suas maneiras de tal modo que os riscos assumidos pela fortuna burguesa fossem reduzidos.

Ora, o fato é que o regime inglês não oferecia tais garantias. Devido à fraqueza do poder central, tinha-se, de um lado, a microterritorialidade dos organismos judiciários e dos instrumentos de penalidade, que não podiam deslocar-se e acompanhar os movimentos da riqueza, e, de outro lado, um código penal de extremo rigor[b], estabelecido no século XVII quando o poder régio tentava recobrar o poderio aumentando a severidade das leis, código que, funcionando na base do tudo ou nada, estava totalmente desadaptado e escapava até mesmo àqueles que queriam utilizá-lo[13]. Por isso, as jurisdições frequentemente renunciavam a aplicar a pena, desqualificando o crime, segundo a técnica do perjúrio piedoso[14]. Assim, no momento em que a riqueza assumia novos riscos ao se capitalizar, era preciso toda uma série de organismos de correção, que consistiam exatamente nessas associações.

Houve, portanto, na época, a busca e a instalação de um novo sistema de controle, cujas características gerais são as seguintes. Em primeiro lugar, era um sistema que se situava na fronteira entre moral e penalidade. Tais sociedades tinham como primeira função não tanto detectar e punir o crime quanto atacar principalmente falhas morais e, até mesmo aquém destas, propensões psicológicas, hábitos, modos de ser, comportamentos como a preguiça, o jogo, a devassidão. Tratava-se [também] de atacar as condições e os instrumentos de facilitação da falta, como o comércio de bebidas, jogos, loteria, casas de prostituição. Por fim, tratava-se de produzir não só algo como uma sanção penal, mas também algo muito mais positivo e contínuo. Tratava-se de ensinar, inculcar condutas, conforme diz Burke no fim do século XVIII: "Paciência, trabalho, sobriedade, frugalidade e religião, é isso o que deve ser ensinado."[15] Do mesmo modo, num ensaio de 1804, Boadman escreve: "Como levar um povo acostumado a uma vida de ociosidade, extravagância e dissipação a viver com constân-

---

a. O manuscrito (fol. 7) acrescenta: "A organização desses circuitos com pontos importantes de estocagem e o tratamento de grandes quantidades implicam a instauração de um novo aparato de controle."
b. O manuscrito (fol. 8) acrescenta: "(um 'caos sangrento')".

cia e perseverança uma vida de temperança, moderação e virtude: isso de fato é difícil, mas absolutamente necessário."[16]

Ora, o mais interessante, quando se consideram os objetivos dessas sociedades e a maneira como foram postos em prática, é uma espécie de "remoralização" que se vê nascer "de baixo para cima", em grupos da pequena burguesia[a]. E essa empreitada desloca-se consideravelmente e em velocidade acelerada na segunda metade do século XVIII. Em primeiro lugar, por meio do recrutamento dessas sociedades, portanto no nível de sua inserção social. No início do século, eram sobretudo pequenos-burgueses; no fim, como na "Sociedade da proclamação" ou na "Sociedade para a supressão do vício", eram grandes notáveis, lordes e representantes da Igreja anglicana. [Era] como se essas sociedades, através da aristocracia, se aproximassem cada vez mais do próprio poder, da máquina do Estado, como se começassem a ser assumidas por aqueles que detinham o poder estatal. Em segundo lugar, na maneira como elas agem. Isso porque, no início, se os grupos *quakers* e metodistas exerciam uma espécie de controle moral sobre si mesmos ou sobre sua vizinhança imediata, era porque, em primeiro lugar e antes de tudo, o objetivo era escapar à aplicação daquela penalidade tão pesada. A autodefesa daqueles grupos, pensando bem, era bastante ambígua: cumpria reprimir as faltas de maneira que o poder não avançasse sobre o grupo. Portanto, o que os *quakers* tentavam instaurar era não só uma dissidência religiosa, mas quase uma dissidência penal, judiciária. Ora, no fim do século XVIII, o objetivo de tais sociedades se modificou, no exato momento em que seu recrutamento social mudava: elas militavam para que fossem baixados novos decretos, novas leis, para obter a intervenção do poder judiciário como tal[b]. Era como grupos de pressão sobre o poder que elas intervinham, e não mais [como] grupos de autodefesa em relação ao poder.

Por fim, no nível de seu objeto: no início do século, seu objetivo era essencialmente controlar elementos marginais, duvidosos, perturbados, vagabundos etc.; no fim, os designados como aqueles que deviam ser objeto de controle moral eram as "classes baixas" como tais. Completemos a frase de Burke: "Paciência, trabalho, sobriedade, frugalidade e religião, é isso o que deve ser ensinado", é isso o que "deve ser recomendado aos pobres que trabalham."[17] No início do século, só se falaria dos pobres, daqueles que não trabalhavam (ociosos, desempregados); agora, tratava-se

---

a. Texto datilografado (p. 89): "em grupos como os *quakers*, os metodistas". Em vista do contexto, que se refere às associações de segurança na Inglaterra, e não somente aos grupos religiosos antecedentes, citamos o manuscrito (fol. 9).

b. O manuscrito (fol. 10) acrescenta dois exemplos: "obter uma lei sobre o domingo" e "obter a organização de uma polícia das docas".

da classe operária em formação. E, em 1804, o bispo Watson, pregando diante da "Sociedade para a supressão do vício", dizia: "As leis são boas; mas delas sempre se esquivam as *lower classes*; e as *higher classes* as consideram coisas sem valor (*for nought*)."[18] Ora, entre essas classes havia uma diferença, no sentido de que Watson desejava que as classes elevadas também observassem as leis; [isso,] não porque as leis fossem gerais, mas porque, como as leis deviam essencialmente incidir sobre as classes baixas, a observância delas pelas classes superiores constituiria, por via do exemplo, o instrumento com que seria possível obter que as classes mais baixas também as observassem[19]. A obediência dos grandes não era um fim em si[a]; a imoralidade deles não era um problema em si – podia vir a sê-lo se o exemplo deles passasse a ser para as *lower classes* um pretexto para não observar as leis[20]. E, numa alocução pública da "Sociedade para a supressão do vício", em 1802, as coisas ficaram ainda mais claras: o objetivo era não só controlar moralmente as classes baixas e laboriosas, como também controlá-las politicamente, em função dos riscos de revolta[b].

Portanto, temos dois movimentos: por um lado, através desses grupos de controle e vigilância, uma junção entre moral e penal. Ora, na teoria do direito criminal que aparece no fim do século XVIII com Beccaria e Bentham, tem-se uma ruptura entre culpa e infração. Todas as teorias do direito penal separam as duas: para eles, as leis não devem punir a conduta moral das pessoas, só dizem respeito à utilidade da sociedade, e não à moralidade dos indivíduos. Ora, na mesma época, temos toda essa prática de vigilância espontânea organizada por grupos e, afinal, por uma classe sobre a outra, toda uma vigilância que tenta remoralizar o sistema penal e investe-o de uma espécie de atmosfera moral, em suma, procura criar uma continuidade entre controle e repressão [de ordem] moral, de um lado, e sanção penal, do outro. Assiste-se, portanto, à moralização do sistema penal, a despeito de sua prática e de seu discurso. Todo esse movimento possibilita que a penalidade se difunda amplamente no cotidiano. Por outro lado e ao mesmo tempo, temos um segundo movimento, importantíssimo, por meio do qual a exigência de moralização se desloca em direção ao Estado: um movimento de estatização. As portadoras dessa exigência são as classes mais elevadas, que controlam o poder, ao passo que as classes laboriosas e mais baixas passam a ser o ponto de aplicação dessa moralização

---

a. O manuscrito (fol. 10) acrescenta: "era um instrumento para que os inferiores obedecessem".

b. O manuscrito (fols. 10-11) apresenta esse trecho na forma de citação: "Numa alocução pública da Sociedade para a supressão do vício (1802): 'Todas as questões de sedição, ou todas as questões políticas deveriam ser descobertas pela vigilância da Sociedade; esta informará os magistrados ou os agentes do governo cujo papel é conhecer atentados contra o Estado.'"[21]

do sistema penal. Exige-se do Estado que ele se torne[a] o instrumento de moralização dessas classes.

Em suma, o que temos é: moralização da penalidade; distribuição das classes de um lado e de outro dessa moralidade penal; e estatização dos instrumentos desta última. Temos um exemplo desse movimento com o personagem Colquhoun[22], por meio de cuja obra percebe-se a inserção daquilo que determinará a moralidade ocidental – infelizmente, quando se ensina moral, quando se escreve a história da moral, sempre se explica a *Fundamentação da metafísica dos costumes*[23] e não se lê esse personagem, fundamental para nossa moralidade. Inventor da polícia inglesa, esse comerciante de Glasgow voltou para lá, depois de uma temporada na Virgínia, e tornou-se presidente da Câmara de Comércio; depois instalou-se em Londres, onde algumas sociedades de navegação lhe pediram em 1792 que resolvesse o problema da vigilância das docas e da proteção da riqueza burguesa. [Era um] problema essencial, [como se vê com] o irmão de Bentham[24]; para entender o sistema de moralidade de uma sociedade, é preciso fazer a seguinte pergunta: onde está a riqueza? A história da moral deve ater-se inteiramente a essa questão da localização e do deslocamento da riqueza.

Em 1795, Colquhoun escreveu seu *Tratado sobre a polícia da metrópole*[25], onde se encontram, teorizados e sistematizados, os princípios que orientam aquelas sociedades[b]. O primeiro princípio é que o fundamento de um sistema penal deve ser a moralidade. Na época em que, precisamente, Beccaria, Brissot etc.[c] diziam que não há relação entre moral e lei, Colquhoun escrevia: "Nada contribui mais para depravar o espírito do povo do que a pouca consideração demonstrada pelas leis em relação à moralidade; infligindo penas mais severas àqueles que cometem aquilo que se pode chamar de *crimes políticos* e crimes contra a propriedade, do que àqueles que ofendem a religião ou a virtude."[26] E Colquhoun, no exato momento em que contradizia a teoria do direito penal, invertia suas proposições, pois acrescentava que a lei seria útil à sociedade[27] na exata medida em que levasse em consideração a moralidade[d]. Enquanto Beccaria dizia que a lei não tem relação com a moral, uma vez que só diz respeito

   a. O manuscrito (fol. 12) acrescenta: "(pelas leis por ele definidas ou pela polícia por ele instaurada)".
   b. O manuscrito (fol. 12) esclarece que Colquhoun estava "ligado às seitas religiosas" e "encarregado, em condições semiparticulares, da polícia das docas, que ele reorganizou inteiramente".
   c. O manuscrito (fol. 13) acrescenta aqui o nome de Bentham: "Oposição direta com Beccaria, Bentham."
   d. O manuscrito (fols. 13-14) enuncia: "o princípio de que o controle da moralidade ainda é a melhor proteção possível para o Estado".

ao interesse da sociedade, Colquhoun dizia que a lei tem relação com o interesse social, uma vez que sanciona a moralidade: "Quando renunciamos às virtudes pessoais, deixamo-nos levar facilmente a violar a fidelidade devida ao soberano"[28]; "As leis são armadas contra os *poderes* da rebelião, mas não fornecem os meios de opor-se a seus *princípios*"[29].

Segundo princípio: se a lei precisa se preocupar acima de tudo com a moralidade, e se esta é essencial à salvaguarda do Estado e ao exercício de sua soberania, é preciso uma instância que vigie, não a aplicação das leis, mas, antes desta, a moralidade dos indivíduos. As leis então nada mais são que aquilo que dá a tais organismos de vigilância a possibilidade de intervir e agir no nível da moralidade[a]: "Em todo lugar em que houver uma boa polícia, veremos reinar a boa ordem e a segurança; sem ela, só podemos esperar confusão, desordem, violência e crime."[30] É preciso "*um princípio ativo próprio para concentrar e reunir a polícia*[b] *inteira da capital e do reino, e para reduzir sua administração geral a um sistema metódico, por meio do estabelecimento de uma agência superior composta de gente capaz, inteligente e incansável*"[31].

Terceiro princípio: essa agência terá por alvo próprio as *lower classes*: "Todas as vezes que uma grande quantidade de operários se reunir num mesmo lugar, ali necessariamente haverá muitos maus súditos, que, em vista da reunião num espaço mínimo, estando mais ao alcance de tramar e executar conspirações [...], poderão, com sua conduta turbulenta, prejudicar mais a coisa pública."[32] Conspirações políticas, concentração de operários na fábrica, nas cidades operárias, temos aí todos os temas da polícia do século XIX. Como acrescenta Colquhoun, a polícia "é uma ciência absolutamente nova na economia política"[33].

Disso é possível tirar algumas [conclusões]. Primeiramente, tem-se um processo de supercodificação ético-penal, que se desenrola ao longo do século XVIII. Seus agentes são grupos mais ou menos espontâneos, mas que, desenvolvendo-se aos poucos e aproximando-se das classes superiores, portanto do poder, acabam por transmitir ao próprio Estado e a um organismo específico – a polícia – a tarefa de exercer todo um conjunto de controles da vida cotidiana. O Estado torna-se assim o agente essencial da moralidade, da vigilância e do controle ético-jurídico. Em segundo lugar, podem-se pressentir os laços entre esses movimentos e o desenvolvimento do capitalismo[c]: a aplicação progressiva desse controle apenas às

---

a. Manuscrito (fol. 14): "É preciso um organismo de Estado para controlar a moralidade. E é a polícia."

b. Segundo o texto datilografado (p. 94), Foucault diz: "vigilância" em vez de "polícia", que é o termo utilizado no manuscrito (fol. 14) e na tradução citada.

c. O manuscrito (fol. 16) acrescenta: "mais exatamente a implementação dos instrumentos políticos do capitalismo".

classes mais baixas e, finalmente, aos operários; os laços entre esse processo e a luta contra as formas novas de furto ligadas aos novos riscos assumidos pela riqueza em via de capitalizar-se[a]. Em terceiro lugar, também é preciso observar que, por trás das proibições propriamente legais, percebe-se o desenvolvimento de todo um conjunto de coerções cotidianas que incidem sobre os comportamentos, os usos e os costumes, cujo efeito não é punir algo como infração, mas agir positivamente sobre os indivíduos, transformá-los do ponto de vista moral, obter uma correção. Assim, o que se implementa não é apenas um controle ético-jurídico, um controle estatizado em favor de uma classe, é algo como o elemento do *coercitivo*. Estamos lidando com uma coerção diferente da sanção penal, e que é cotidiana, incide sobre as maneiras de ser e procura obter certa correção dos indivíduos. A coerção é aquilo que estabelece um nexo entre moral e penalidade. É aquilo que tem por alvo não apenas as infrações dos indivíduos, mas a natureza e o caráter deles. É aquilo que deve ter como instrumento uma vigilância permanente e fundamental[b]. Ora, a coerção está muito próxima daquilo que chamei de penitenciário, e lhe é muito homogênea. O penitenciário, que se trama através das prisões, no fundo é como que o prolongamento, a sanção "natural" [por meio da] coerção. Quando esta chega a seu limite e precisa passar da pedagogia à punição, produz o penitenciário, que retoma as funções da coerção, mas fazendo-as agir no interior de um sistema punitivo que é a prisão[c]. A prisão é o lugar onde os princípios gerais, as formas, as teses e as condições da coerção concentram-se para uso daqueles que procuraram escapar da coerção. Ela é a duplicação, na forma penitenciária, do sistema de coerção.

Assim, podemos começar a responder à seguinte pergunta: como a prisão, com seu horizonte penitenciário, prisão que nascera numa comunidade religiosa tão singular e localizada, pôde difundir-se [dessa maneira] e ganhar a amplitude institucional que conhecemos? A condição de aceitabilidade da prisão[d] é precisamente a *coerção*. Se a prisão, com suas particularidades geográficas e religiosas, pôde inserir-se no sistema penal, foi porque, na implementação de suas formas próprias de poder político, o capitalismo utilizou a coerção. Portanto, temos dois conjuntos: o conjunto penal, caracterizado pela proibição e pela sanção, a lei; e o conjunto punitivo, caracterizado pelo sistema coercitivo penitenciário. O primeiro

a. O manuscrito acrescenta (fol. 16): "tudo isso bastaria para prová-lo. Mas será preciso analisar com mais atenção".
b. Manuscrito (fol. 16): "permanente e total".
c. Manuscrito (fol. 17): "A passagem da coerção a seu regime de punição produz o sistema penitenciário."
d. O manuscrito (fol. 17) acrescenta: "(e do sistema penitenciário a ela ligado)".

conjunto traz consigo certa teoria da infração como ato de hostilidade em relação à sociedade; o segundo traz consigo a prática da reclusão. O primeiro conjunto é deduzido, de maneira arqueologicamente correta, da institucionalização estatal da justiça, em virtude da qual, desde a Idade Média, se tem uma prática da justiça alinhada com o exercício do poder político soberano: isso produz procedimentos de inquisição, intervenção de um personagem como o procurador etc. De todo esse conjunto prático derivou uma teoria da infração como ato de hostilidade ao soberano. O outro conjunto se forma num movimento de desenvolvimento que não é do próprio Estado, mas sim do modo de produção capitalista; no segundo sistema, vê-se que esse modo de produção adota os instrumentos de um poder político[a], mas também de um poder moral. O problema, genealógico então, é saber como esses dois conjuntos, de origem diferente, acabaram por somar-se e funcionar no interior de uma única tática[34].

Em quarto lugar, houve grupos em cujo interior ocorreu a conexão entre o punitivo e o penal[b]. Foram esses grupos[c] não conformistas e religiosos que, a partir de fora, impuseram essa conexão ao Estado, exigiram que o Estado a implementasse. Propuseram-se moralizar a sociedade, a despeito do Estado[d] ou, de qualquer modo, com a ajuda dele, caso ele aceitasse, e, no momento em que quiseram moralizar a sociedade, verificou-se que, na verdade, eles estatizaram a moral e fizeram do Estado o agente principal da moralização.

* * *

Existe uma espécie de simetria histórica entre aquela dissidência do século XVIII e o movimento atual de "dissidência moral" na Europa e nos Estados Unidos. Assim, esses [movimentos] que lutam pelo direito ao aborto, à constituição de grupos sexuais não familiares, à ociosidade[e] – ou seja, todos aqueles que lutam pela descriminalização das infrações penais ou contra o atual funcionamento do sistema penal –, em certo sentido fazem o trabalho simétrico e inverso do trabalho feito no século XVIII pelos agentes da dissidência religiosa que assumiam a tarefa de interligar moral, produção capitalista e aparato estatal[35]. Os grupos atuais têm a função de desfazer aquilo. Nisso se distinguem dos "não conformistas", daqueles

a. O manuscrito (fol. 17) acrescenta: "novo".
b. Manuscrito (fol. 18): "Importância desses grupos por meio dos quais ocorreu a conexão entre o punitivo e o penal, entre o coercitivo e o proibido, entre a penitência e a sanção."
c. O manuscrito (fol. 18) acrescenta: "(pelo menos na Inglaterra)".
d. O manuscrito (fol. 18) acrescenta: "ou, pelo menos, do soberano".
e. O manuscrito (fol. 18) acrescenta: "direito à homossexualidade" e "direito à droga".

que, em nome da transgressão, ignoram a lei ou querem considerá-la irreal. Os primeiros têm como ponto de ataque o lugar em que se intricam moral, variadas relações de poder próprias à sociedade capitalista, instrumentos de controle implementados pelo Estado[a]. Lutar contra a coerção não é a mesma coisa que transpor o interdito, uma coisa não pode ser confundida com outra. Praticar a transgressão é tornar a lei irreal e impotente num momento e num lugar, para uma pessoa[36]; entrar em dissidência[b] é atacar essa conexão, essa coerção.

Pensemos no manifesto dos médicos praticantes do aborto e na resposta do ministro Foyer, que diz algo afinal extraordinário: é lamentável que o manifesto dos médicos tenha sido publicado em período eleitoral, porque o problema do aborto é um problema de legislação e, portanto, deve ser tratado com calma e reflexão; como é um problema de legislação, não pode ser apresentado em período eleitoral[37]. Portanto, temos o seguinte: um ministro que, num regime em que os deputados nada mais são que legisladores e são eleitos, não quer que o problema seja tratado por aqueles que elegem os legisladores. Os deputados devem ser eleitos sem que seus eleitores lhes apresentem esse problema. Isso porque a propósito do aborto ocorre exatamente uma distância moral: o poder, dizendo que apenas os deputados eleitos poderão tratar dele, mas não aqueles que os elegem, quer dizer que o aborto, como problema ético-jurídico, precisa ser posto longe da escolha explícita dos indivíduos, longe da própria vontade da nação. Isso porque a lei que o proíbe é uma lei fundamental, na qual o eleitor não pode tocar, ao passo que a Constituição pode, pelo menos, ser modificada por via de referendo; logo, ela é como que uma lei natural, pois o eleitor não pode mexer nela, mas ao mesmo tempo não o é porque é possível modificá-la, mas sem que os eleitores possam solicitá-lo aos deputados. Dizer que os deputados podem modificá-la sem que seus eleitores tenham controle sobre isso é dizer que a modificação é assunto apenas do poder e dos eleitos, mas não porque eles são os representantes de uma vontade efetiva da nação, mas sim por serem agentes de um poder que ultrapassa precisamente o seu mandato, pois isso não pode ser fixado por mandato eleitoral. Portanto, é apenas no nível do exercício do poder que pode ser modificada alguma coisa como a legislação do aborto.

    a. O manuscrito (fol. 19) acrescenta: "Trata-se de desatar aquilo que os 'dissidentes' do século XVIII ataram (moral, defesa da produção capitalista, controle estatal). Desatar aquilo por meio de que o modo de produção capitalista se organizou como sistema de poder."
    b. Manuscrito (fol. 19): "'Entrar em dissidência moral', portanto, não é em hipótese nenhuma 'praticar a transgressão': uma coisa não pode ser confundida com outra. Do mesmo modo 'lutar contra a coerção' não é em absoluto 'transpor o interdito'. Num caso, trata-se de tornar a lei irreal e impotente num momento. No outro caso (entrar em dissidência), trata-se de atacar, desfazer o nexo moral-poder capitalista-Estado. A ilegalidade deve ser um instrumento na luta anticoercitiva."

Isso revela o modo de ancoragem existente desde o século XIX entre o sistema moral e o exercício efetivo do poder. Daí se pode concluir que a moral não está dentro da cabeça das pessoas: está inscrita nas relações de poder, e apenas a modificação das relações de poder pode trazer a modificação da moralidade[a].

*

ANEXO

O manuscrito dessa sexta lição termina com cinco folhas não numeradas, que contêm:

"– Estatização da justiça penal.
– Constituição de uma sociedade disciplinar que também enseja certos tipos de saber.
Essa formação caracteriza-se por dois fatos, aparentemente contraditórios. Ou melhor, um fato: a reforma do sistema penal que tem dois aspectos bastante contraditórios.
A. Uma teoria penal nova
 Beccaria, Bentham, Brissot, Le Peletier [de] Saint-Fargeau
 1. Entre o crime e a culpa, não há relações
  – há culpa em relação a uma lei moral, natural, religiosa;
  – só há crime em relação a uma lei civil, desde que a lei seja formulada. E essa lei civil define o que é útil à sociedade.

 Crime, prejuízo social; perturbação, incômodo.
 O criminoso é inimigo social. Ruptura do pacto social.

 2. A lei que pune não deve em caso algum instaurar:
  • vingança
  • redenção.

 3. A punição, portanto, deve ser calculada de modo que o dano causado à sociedade seja reparado ou então que ninguém tenha interesse de causar outro dano semelhante.
 Donde quatro tipos de punição:
  • deportação
  • trabalhos forçados
  • talião
  • opróbrio.
B. Ora, na verdade o que se vê aparecer é coisa bem diferente.
 Um sistema prisional que não atende
  – nem totalmente à exclusão,
  – nem à reparação social,
  – nem ao talião.
 Uma legislação penal que está cada vez mais centrada
  – não na utilidade social,
  – mas no indivíduo.

---

a. A última folha do manuscrito (fol. 21) acrescenta: "Em suma: todo um sistema coercitivo-penitenciário muitíssimo característico de nossa sociedade, no qual a prisão figura como peça importante (ao mesmo tempo instrumento e modelo histórico). Modelo aceito. Coerção, condição de aceitabilidade do penitenciário."

Um sistema penal que se propõe cada vez mais, ao mesmo tempo,
- controlar os indivíduos
- reformá-los.
E, por isso, em vez de punir simplesmente as infrações, pune indivíduos, virtualidades, qualidades.
Indivíduo perigoso.
E, com isso, em vez de fazer parte de um poder judiciário autônomo, a penalidade [passa] por toda uma rede de instituições
- de vigilância-polícia;
- de correção: pedagógica, psicológica, psiquiátrica, médica.
Ortopedia social.
Controles sociais.
Panoptismo: diferentes usos do Panóptico
- vigilância universal,
- correção constante.
Panóptico como utopia.
Panoptismo como forma de poder, mas também
    tipo de saber
    Exame
Investigação: conhecer os acontecimentos – segundo testemunhas, segundo critérios de observação.
Exame: conhecer os indivíduos segundo observação dos detentores do poder e dos critérios de normalidade.
Razões para essa ascensão e essa estatização dos controles:
- nova situação demográfica, mas principalmente
- nova forma de materialidade da riqueza
    • industrial
    • fundiária.
    • Ilegalismos."

*

NOTAS

1. Cf. F.-A.-F. de La Rochefoucauld-Liancourt, *Des prisons de Philadelphie, par un Européen, op. cit.*; ver também J.-G. Petit *et al.*, *Histoire des galères, bagnes et prisons, op. cit.*, p. 134.

2. Filantropo inglês, John Howard (cf. *supra*, p. 70, nota 13) em 1773 torna-se *high sheriff* do condado de Bedford e, nessa posição, descobre as condições das prisões locais; cf. *supra*, p. 70, nota 13, e pp. 70-1, nota 14. Howard constatou então que numerosos prisioneiros, declarados inocentes pelos juízes, continuavam encarcerados por não poderem pagar a soma que deviam aos carcereiros. Então tentou convencer os juízes de paz do condado da necessidade de cobrar uma taxa para remunerar os carcereiros, pedido que foi indeferido em razão da ausência de precedente. De 1773 até morrer, em 1790, Howard fez numerosas viagens para as ilhas britânicas e para o resto da Europa a fim de visitar as prisões; cf. J. Howard, *State of the Prisons in England and Wales*, 1777, edição ampliada em 1784/ *L'État des prisons, des hôpitaux et des maisons de force en Europe au XVIIIe siècle*, nova tradução francesa e edição crítica de Christian Carlier e Jacques-Guy Petit, Paris, Les Éditions de l'Atelier/Éditions ouvrières, 1994. Sua obra exerceu grande influência no Reino Unido e na Europa, redundando na adoção de várias reformas por parte do Parlamento britânico, entre as quais a remuneração dos carcereiros por meio de imposto. Cf. C. Carlier e J.-G. Petit, "Avant-propos" a J. Howard, *L'État des prisons...*, trad. fr. citada, pp. 9-66; J. Aikin, *A View of the Life, Travels and Philanthropic Labours of the Late John Howard, Esq., L. L. D., F. R. S.*, Boston, Maning & Moring, 1794; F. Gaëtan de La

Rochefoucauld-Liancourt, *Vie de John Howard*, Paris, Dondey-Dupré, 1840; A. Rivière, "Howard. Sa vie, son oeuvre", *Revue pénitentiaire*, 1891, pp. 651-80; L. Baumgartner, *John Howard (1726-1790), Hospital and Prison Reformer: A Bibliography*, Baltimore, Md., The Johns Hopkins Press, 1939.

Na Inglaterra, a prática dos relatos de viagem faz parte, de modo geral, da "*mania de viagem [que] toma conta dos ingleses*", especialmente com a prática do *grand tour*, viagem educativa feita pela Europa – sobretudo na Itália e na França – pelos jovens aristocratas ricos nos séculos XVII e XVIII: cf. G. Macaulay Trevelyan, *Histoire sociale de l'Angleterre. Six siècles d'histoire de Chaucer à la reine Victoria*, atualizado com as notas de J. P. Poussou, Paris, Robert Laffont (col. "Bouquins"), 1993, pp. 485-6. Assim, entre 1724 e 1726, Daniel Defoe publicou *En explorant toute l'île de Grande-Bretagne* (apresentação de Jean Queval, Paris, Payot, 1974), relato de suas viagens às ilhas britânicas, relato centrado na economia, mas que descreve "de passagem" as prisões de Londres, nas quais o autor passou uma breve temporada (cf. pp. 143-4). Os textos de John Howard situam-se à margem dessa tradição, uma vez que a matéria deles está circunscrita às questões penitenciárias.

3. Influenciado pelo tratado *Dos delitos e das penas* (1764) de Beccaria, o Código Penal austríaco, promulgado por José II em 1787, caracteriza-se pelo abrandamento do arsenal repressivo. Nele são afirmados os princípios de legalidade e proporcionalidade das penas. O Código Imperial estabelece estrita distinção entre os delitos criminais e os delitos políticos, e a pena de morte limita-se ao "crime de sedição julgado por um conselho de guerra" (J.-L. Halpérin, *Histoire des droits en Europe de 1750 à nos jours, op. cit.* [*supra*, pp. 89-90, nota 12], p. 62); cf. M. Foucault, *Surveiller et Punir, op. cit.*, p. 119. A detenção – sozinha, com grilhões ou com trabalhos forçados – constitui um dos pilares da punição dos delitos criminais; cf. Y. Cartuyvels, *D'où vient le code pénal? Une approche généalogique des premiers codes pénaux absolutistes au XVIIIe siècle*, Paris-Bruxelas, De Boeck, 1996, pp. 264-300.

4. Fundadas por influência de John Wesley (1703-1791), durante o século XVIII as sociedades metodistas constituíam o mais importante dos movimentos não conformistas. Quando Wesley morreu, em 1791, essas sociedades contavam 72.000 membros, número que atingiu um milhão e meio em 1850; cf. J. Cannon (org.), *The Oxford Companion to British History*, Oxford, Oxford University Press, 1997, p. 339. Teologicamente, o movimento metodista caracteriza-se pela insistência na conversão pessoal e na salvação pela fé, bem como por certa flexibilidade doutrinária; cf. E. P. Thompson, *La Formation de la classe ouvrière anglaise*, trad. fr. citada [*supra*, p. 38, nota 20], p. 38. Movimento bastante popular, as diversas igrejas metodistas desempenharam papel social importante – ainda que às vezes superestimado (cf. *ibid.*, pp. 41-6) – na formação do movimento operário no século XVIII, especialmente com a educação dos pobres e sua integração na organização da Igreja; cf. R. Southey, *Life of Wesley and the Rise and Progress of Methodism*, Londres, Harper and Brothers, 1890 [1846], 3 vols.; W. E. H. Lecky, *History of the English People in the 18th Century*, Nova York, D. Appleton & Co., 1891, vol. III; J. Kent, *The Age of Disunity*, Londres, Epworth Press, 1966.

5. John Wesley (1703-1791) foi o fundador do metodismo. Ordenado na Igreja anglicana, reuniu em torno de si em Oxford, a partir de 1729, um grupo de cristãos aos quais foi dada a designação de "metodistas" por causa de sua estrita observância das regras de vida e de estudo fixadas pela Igreja. Em 1738, após breve atividade de missionário na Geórgia, Wesley começou a evangelizar a Inglaterra, pregando não só nas igrejas, mas também ao ar livre e em sociedades religiosas locais. Sempre se opôs à independência do metodismo em relação à Igreja anglicana, ruptura que ocorreu pouco depois de sua morte, em 1791. Cf. R. Southey, *Life of Wesley and the Rise of Methodism, op. cit.*; M. Lelièvre, *John Wesley: sa vie, son oeuvre*, Paris, Chapelle Malesherbes, 1922 (Librairie évangélique, 1883) [trad. bras.: *João Wesley, sua vida e obra*, São Paulo, Vida, c. 1997]; M. L. Edwards, *John Wesley and the Eighteenth Century*, Nova York, Abingdon Press, 1933; J. H. Whiteley, *Wesley's England: A Survey of XVIIIth Century Social and Cultural Conditions*, Londres, Epworth Press, 1938; J. Kent, *Wesley and the Wesleyans*, Cambridge, Cambridge University Press, 2002.

6. A Sociedade dos Amigos, ou Sociedade Religiosa dos Amigos (*Society of Friends*), é a designação oficial dos movimentos *quakers*; cf. *supra*, p. 89, nota 11.

7. John Pollock indica que o projeto de Wilberforce de fundar a "Sociedade da proclamação" inspirou-se nas *Societies for the Reformation of Manners*, criadas como repercussão da proclamação de Guilherme e Maria "*for the Encouragement of Piety and Virtue; and for the preventing of Vice, Profaneness and Immorality*" que data de 1692 (visto que a publicação tem um retardo de três anos em relação ao início do reinado) – ato que marca tradicionalmente a ascensão de um novo soberano ao trono; cf. J. Pollock, *Wilberforce*, Londres, Constable, 1977, p. 59 (o autor explica que as proclamações estão disponíveis em *Handlist of Proclamations 1714-1810*, Bibliotheca Lindesiana, 1913). Essas sociedades se implantaram na Irlanda a partir de 1693, onde foram especialmente utilizadas para consolidar o poder dos anglicanos contra os católicos. Cf. D. W. R. Bahlman, *The Moral Revolution of 1688*, New Haven, Conn., Yale University Press, 1957; J. Innes, "Politics and Morals: The Reformation of Manners Movement in Later Eighteenth-Century England", *in* Eckhart Hellmuth (org.), *The Transformation of Political Culture: England and Germany in the Late Eighteenth Century*, Oxford, Oxford University Press, 1990; T. C. Barnard, "Reforming Irish Manners: The Religious Societies in Dublin during the 1690s", *The Historical Journal*, vol. 35 (4), dez. 1992, pp. 805-38; A. Hunt, *Governing Morals: A Social History of Moral Regulation*, Cambridge, Cambridge University Press, 1999. Sobre Wilberforce, cf. *infra*, nota 9.

8. [J. Wesley,] *The Works of the Reverend John Wesley, A.M., Sometime Fellow of Lincoln College, Oxford*, Nova York, J. Emory e B. Waugh, 1831, 7 vols.: vol. 1, Sermon LII (preached before the Society for Reformation of Manners, on Sunday, January 30, 1763, at the Chapel in West Street, Seven Dials), p. 460: "Some of these were of the lowest and vilest class commonly called gamblers; who make a trade of seizing on young and inexperienced men, and tricking them out of all their money: and after they have beggared them, they frequently teach them the same mystery of iniquity." Foucault voltará a esse trecho alguns meses depois, em maio de 1973, em "La vérité et les formes juridiques", *loc. cit.* (*DE*, II), pp. 596-7/pp. 1464-5.

9. Evangelista protestante e político inglês, William Wilberforce (1759-1833) é mais conhecido por seu engajamento a favor da abolição da escravidão, que ele defendeu especialmente como membro do Parlamento. Muito conservador em sua atuação na política interna, participou da fundação de várias sociedades evangelistas, entre as quais a *Proclamation Society to Prosecute Blasphemy and Vice* (1787) e a *Society for Bettering the Condition of the Poor* (1796). Cf. R. I. Wilberforce e S. Wilberforce, *The Life of William Wilberforce, by his sons Robert Isaac Wilberforce and Samuel Wilberforce*, Cambridge, Cambridge University Press, 2011 [1838]; R. Coupland, *Wilberforce: A Narrative*, Oxford, Clarendon Press, 1923; mais recentemente: W. Hague, *William Wilberforce: The Life of the Great Anti-slave Trade Campaigner*, Londres/Nova York/Toronto, Harper Perennial, 2008.

10. Ver em especial: Society for the Suppression of Vice, *The Constable's Assistant: Being a Compendium of the Duties and Powers of Constables and Other Police Officers*, 1808 (edições ampliadas: 3ª ed. 1818, 4ª ed. 1831); cf. M. Foucault, "La vérité et les formes juridiques", *loc. cit.*, p. 597/p. 1465.

11. No mês de junho de 1780, as agitações de Gordon (*Gordon Riots*) irromperam em Londres depois da rejeição, pela Câmara dos Comuns, de uma petição que se opunha às concessões feitas aos católicos, especialmente à sua admissão no Parlamento. Nos dias seguintes, explodiram numerosos atos violentos, dirigidos essencialmente contra ricos católicos e representantes do poder. As autoridades londrinas de Wilkes, em conflito com o poder régio, só intervieram tardiamente, quando os amotinados se apoderaram do Banco da Inglaterra. O nome das agitações provém do nome de Lord George Gordon, presidente da Associação Protestante, que apresentou a petição à Câmara e a cujos sermões foi imputada pesada responsabilidade no desencadeamento da violência. Cf. E. P. Thompson, *La Formation de la classe ouvrière anglaise*, trad. fr. citada, pp. 67-8; G. Rude, "The Gordon Riots: A Study of the Rioters and their Victims", *Transactions of the Royal Historical Society*, série 5, nº 6, 1956, pp. 3-114; C. Hibbert, *King Mob: The Story of Lord George Gordon and the Riots of 1780*, Stroud, Sutton, 2004

[1958]. Foucault mencionará de novo as *Gordon Riots* em *Surveiller et Punir*, p. 18; cf. também "La vérité et les formes juridiques", *loc. cit.*, pp. 597-59/pp. 1465-6.

12. Cf. J. Hanway, *The Defects of Police. The Cause of Immorality and the Continual Robberies Committed: Particularly in and about the Metropolis*, Londres, J. Dodsley, 1775 (citado em *Surveiller et Punir*, pp. 125 e 130).

13. Sobre a severidade da lei na Inglaterra no século XVIII e os problemas decorrentes, cf. D. Hay, "Property, Authority and the Criminal Law", *in* Douglas Hay, Peter Linebaugh e E. P. Thompson, *Albion's Fatal Tree: Crime and Society in Eighteenth Century England*, Nova York, Pantheon Books, 1975; J. H. Langbein, "Albion's Fatal Flaws", *Past and Present*, nº 98 (1), 1983, pp. 96-120, reed. *in* David Sugarman (org.), *Law in History: Histories of Law and Society*, Nova York, New York University Press, 1996, vol. 1.

14. A expressão "perjúrio piedoso" (*pious perjury*) parece vir de William Blackstone, que a usou para descrever a prática dos júris ingleses que consistia em, sob juramento, avaliar para menos o valor monetário de um roubo, para não precisar aplicar uma pena considerada severa demais; cf. W Blackstone, *Commentaries on the Laws of England (1765-1769)*, Londres, A. Strahan, 1825, 4 vols.: vol. 4, p. 237. Bentham também relata que, visto que a lei previa punir com a pena de morte os roubos de valor superior a 39 *shillings*, os júris chegavam a afirmar sob juramento que duas moedas de ouro valiam menos do que aquela soma: "Take two pieces of gold coins, two guineas, each of full weight, and, under the eye of an approving judge, to change the prisoner's doom from death to transportation, the two-and-forty-shillings'-worth of gold coin be valued by twelve jurymen, speaking upon their oaths, at nine-and-thirty shillings, and no more" (J. Bentham, *Rationale of Judicial Evidence, Specially Applied to English Practice from the manuscripts of Jeremy Bentham, in Id., Works*, org. John Stuart Mill, Londres, Hunt and Clarke, 1827, 5 vols.: vol. 5, p. 418).

15. E. Burke, "Thoughts and Details on Scarcity, Originally Presented to the Right Hon. William Pitt, in the Month of November, 1795", in *The Works of Edmund Burke*, Boston, Charles C. Little e James Brown, 1839, 9 vols.: vol. 4, pp. 250-80, *v.* p. 253: "Patience, labor, sobriety, frugality and religion, should be recommended to them [the laborers]; all the rest is downright *fraud*. It is horrible to call them 'The *once happy* laborer'" (grifo no texto).

16. A. Boadman, "On Population", "Essay XXV", in *Georgical Essays*, org. Alexander Hunter, York, T. Wilson and R. Spence, 1804, vol. V, pp. 394-404, *v.* p. 398: "The difficulty is, how to prevail upon a people, who have been long accustomed to a life of idleness, extravagance, and dissipation, to overcome its allurements, and to lead with steadiness and perseverance a life of temperance, moderation, and virtue: This, indeed, is difficult, but absolutely necessary."

17. E. Burke, "Thoughts and Details on Scarcity", *loc. cit.*, p. 253. Foucault brinca com as palavras de Burke, que escrevera esse trecho precisamente *contra* a linguagem "dos pobres que trabalham". Na época, em 1795, num período de carestia, Burke participava de um debate com William Pitt a respeito do papel do governo e dos intelectuais – mais precisamente, da linguagem dos intelectuais e dos políticos – em relação aos trabalhadores. O parágrafo de Burke sobre a paciência, o trabalho e a frugalidade começa precisamente com uma refutação da linguagem "dos pobres que trabalham": "Nothing can be so base and so wicked as the political canting language, 'The laboring *poor*'. Let compassion be shewn in action, the more the better, according to every man's ability, but let there be no lamentation of their condition. It is no relief to their miserable circumstances; it is only an insult to their miserable understandings" (*ibid.*, p. 252; grifo do texto). O historiador marxista inglês E. P. Thompson, em 1963, fez um paralelo entre as observações de Burke e os trabalhos de Patrick Colquhoun, especialmente a respeito de sua análise da questão da delinquência e das sociedades para a supressão do vício; cf. E. P. Thompson, "Satan's Strongholds", *in Id., The Making of the English Working Class, op. cit.*, pp. 56-7.

18. R. Watson, "Sermon VII. Let Us Not Be Weary in Well-doing", in *Miscellaneous Tracts on Religious, Political, and Agricultural Subjects*, Londres, T. Cadell and W. Davies, 1815, 2 vols., *v.* vol. 1, p. 537: "The laws are good: but they are eluded by the lower classes, and set at nought by the higher." Richard Watson (1737-1816), bispo de Llandaff, proferiu esse sermão perante a "Sociedade para a supressão do vício" na igreja paroquial; cf. *Id.*, "A sermon

preached before the Society for the Suppression of Vice, in the Parish Church of St. George, Hanover Square, on Thursday the 3d of May 1804; to which are added the Plan of the society, a summary of its proceedings, and a list of its members", Londres, T. Woodfall, 1804; cf. também M. Foucault, "La vérité et les formes juridiques", *loc. cit.*, p. 599/p. 1467.

19. Cf. R. Watson, "Sermon VII", *loc. cit.*, pp. 537-8: "I would be ashamed to recommend from this place the Suppression of Vice amongst some, if I did not recommend it's suppression amongst all; being sensible that the good example of their superiors would be of more efficacy in suppressing the Vices of the lower orders, than the very best execution of the very best laws even can be."

20. Cf. *ibid.*, pp. 539-40: "The suppression of Vice, though it may through your perseverance, when assisted by others who shall concur with you, be very extensive; yet it is not the only good which will be derived from your Association. The very circumstance of near a thousand persons becoming, 'in the midst of a crooked and perverse generation, shining lights,' to conduct men [...] – to conduct such unhappy, comfortless, benighted travellers into the narrow path which leads to Heaven ; this is of itself a proof that Religion has not yet left the land [...]."

21. Society for the Suppression of Vice, "Part the first, of an address to the public, from the Society for the Suppression of Vice, instituted, in London, 1802: setting forth, with a list of the members, the utility and necessity of such an institution, and its claim to public support", Londres, printed for the Society, 1803, p. 58 n.*: "All cases of sedition, or others of a political nature, should such occasionally be disclosed by their vigilance, they will transmit to the Magistrates, or to the officers of government, whose peculiar duty it is, to take cognizance of offences committed against the state."

22. Patrick Colquhoun (1745-1820) fundou, em colaboração com Jeremy Bentham, a primeira polícia regular na Inglaterra, a *Thames River Police*, encarregada de proteger os bens dos mercadores do porto de Londres no Tâmisa. Por isso, é considerado um dos inventores da polícia moderna na Inglaterra, por ter lançado os fundamentos daquilo que, por impulso de Robert Peel, trinta anos depois, se transformará na nova polícia de Londres. Colquhoun escreveu em 1797 o texto no qual Foucault se baseia aqui, *A Treatise on the Police of the Metropolis*, Londres, H. Fry, 1797.

23. I. Kant, *Grundlegung zur Metaphysik der Sitten* (1785).

24. Cf. *supra*, p. 71, nota 16.

25. P. Colquhoun, *Traité sur la police de Londres, contenant le détail des crimes et délits qui se commettent dans cette capitale, et indiquant les moyens de les prévenir*, traduzido do inglês com base na sexta edição por L.C.D.B., Paris, Léopold Collin, 1807, 2 vols. Foucault não parece voltar ao aspecto moral da obra de Colquhoun em *Surveiller et Punir*, embora cite várias vezes sua obra (cf. pp. 88, 119, 291).

26. P. Colquhoun, *Traité sur la police de Londres*, trad. fr. citada, t. II, pp. 44-5.

27. Cf. *ibid.*: "Portanto, o único meio de garantir a paz da sociedade e prevenir maiores crimes é conduzir, por meio de punições mais leves, à observância dos deveres religiosos e morais; caso contrário, as leis serão apenas fracas protetoras do Estado, das pessoas e das propriedades."

28. *Ibid.*, p. 49. No manuscrito (fol. 13), Foucault menciona outra citação que não é repetida na aula: "O homem de moral pura é sempre um súdito irrepreensível em todos os impérios, e raramente foram vistos criminosos de Estado que tivessem vivido muito tempo sem serem punidos por ofensas particulares" (*ibid.*, p. 47).

29. *Ibid.*, p. 48.

30. *Ibid.*, p. 300.

31. *Ibid.*, p. 32 (grifo no texto original).

32. *Ibid.*, p. 300 (cont. da nota 1 da p. 298).

33. *Ibid.*, p. 299 (cont. da nota 1 da p. 298).

34. Sobre essa justaposição entre arqueologia e genealogia, cf. *supra*, pp. 86-7, nota 2.

35. Na qualidade de membro do Grupo de Informação sobre a Saúde, Foucault se envolverá nas questões do direito ao aborto; cf. "Convoqués à la P. J." (texto assinado por M. Foucault, A. Landau e J.-Y. Petit, *Le Nouvel Observateur*, nº 468, 29 out.-4 nov. 1973, p. 53), ed. 1994,

DE, II, nº 128, pp. 445-7/"Quarto", vol. I, pp. 1313-5 [trad. bras.: "Convocados à PJ", in *Ditos e escritos*, vol. VIII].
36. Sobre a noção de transgressão, cf. *supra*, p. 7, nota a.
37. Foucault reage aqui às palavras proferidas na véspera, 6 de fevereiro de 1973, pelo ministro da Saúde, Jean Foyer, católico fervoroso e adversário taxativo de toda e qualquer liberalização do aborto. Em resposta ao manifesto de 330 médicos que declaravam, no *Nouvel Observateur* de 5 de fevereiro, reproduzido no jornal *Le Monde* de 6 de fevereiro, "praticar abortos ou ajudar de acordo com seus meios a realização deles fora de qualquer transação financeira", Foyer declarara: "É lamentável que seja desencadeada uma operação política em período eleitoral em torno de um problema tão grave" (citado por *L'Express* de 12 de fevereiro de 1973). Georges Pompidou já adotara em 9 de janeiro de 1973 posição semelhante em relação aos debates sobre a descriminalização do aborto (*idem*). O manifesto dos "330" vinha na esteira de outro manifesto assinado em abril de 1971 por 343 mulheres que afirmavam ter abortado. J.-Y. Le Naour e C. Valenti, *Histoire de l'avortement, XIXe-XXe siècle*, Paris, Seuil, 2003, pp. 240-2; cf. também "Convoqués à la P. J.", *loc. cit.*, *ibid.*

AULA DE 14 DE FEVEREIRO DE 1973

(A) Inglaterra (continuação). Grande promoção das virtudes. (B) França. Aparecimento de novas técnicas de captação e reclusão, bem como de um novo aparato policial. Dois mecanismos para tornar a repressão tolerável. Na França, investimento do aparelho estatal pelo interesse social lateral: ordens régias, meio de controle social que produz a moralização e a psicologização da pena no século XIX. Contrainvestimento capilar das associações, famílias e corporações. – Campo de saber, arquivos biográficos: influência sobre os saberes psiquiátrico, sociológico, criminológico no século XIX. – Substituição das ordens régias por organismos estatais centralizados: as grandes casas de correção.

[a]Vimos o estabelecimento de um processo de controle [na Inglaterra], que se tornou necessário tanto pelo deslocamento dos indivíduos quanto pelo novo sistema de localização das riquezas. Percebemos que, com a aproximação do século XIX, os titulares desse controle já não eram aqueles grupos religiosos constituídos essencialmente de pequeno-burgueses, mas de pessoas ligadas ao poder: comerciantes, aristocratas. Do mesmo modo, o alvo muda: já não são tanto os indivíduos marginais ou irregulares, mas a classe dos trabalhadores, de modo que, no fim do século XVIII, já está estabelecido algo que faça com que o controle passe a ser exercido globalmente por uma classe social sobre a outra[b].

    a. O manuscrito (fol. 1) tem como título: "Grande promoção das virtudes na Inglaterra", que estabelece um elo com a aula anterior.
    b. O manuscrito (fols. 1-2) prossegue:
"Esses controles foram:
– exercidos primeiramente por 'baixo': por grupos que, efetuando seu próprio controle, escapavam ao sistema penal;
– pouco a pouco transferidos para as próprias classes que exercem o poder; isso foi feito sob a pressão
    • dos movimentos políticos populares
    • e da constituição do proletariado.
O Estado como agente ou apoio essencial da moralização das classes pobres.
Chega-se ao seguinte:

* * *

Na França, a modalidade do processo é diferente. Isso porque a grande depressão econômica do século XVII e as crises sociais que a marcaram não conduziram a França a uma revolução burguesa como na Inglaterra, mas a uma monarquia[a] que se viu [diante de] problemas específicos de controle. Diante da amplitude dos movimentos populares do fim do século XVII, o poder só tinha à sua disposição dois instrumentos de controle e repressão: exército e justiça. Ora, desde o fim da Idade Média até o século XVII, o aparato judiciário tinha sido objeto de um processo de apropriação privada, pois os cargos judiciários tinham passado para o sistema de venalidade, de tal modo que eram transmitidos como herança. Assim, aqueles mesmos que deviam aplicar a justiça tinham vários interesses em comum com os proprietários fundiários, de modo que, diante do crescimento da fiscalidade régia e da depressão econômica, o grupo encarregado de fazer justiça estava tão recalcitrante diante do poder régio quanto a maioria da população. Assim, o poder régio percebeu que a justiça se furtava a seus pedidos de repressão. Quanto ao exército, de fato ele entrou em cena várias vezes, mas era um instrumento pesado e custoso não só para o Estado como também para as populações [entre as quais] ele se instalava, de tal modo que aqueles mesmos que recorriam a ele sofriam por causa dele tanto quanto por causa dos movimentos dos quais queriam se defender[b].

Daí a necessidade de recorrer a outro aparato: foi a invenção que consistiu em substituir a repressão por uma técnica de retirada de parte da população[1]. Em vez de enviar um exército, era menos caro e politicamente mais prudente captar de antemão os elementos da população que pudes-

— estudamos o sistema das sanções e descobrimos a heterogeneidade entre o punitivo e o penal;

— esse punitivo, estudado por sua vez, em seu protótipo americano, manifestava toda uma mecânica não tanto da sanção quanto da penitência;

— e esse elemento penitenciário, estudado por sua vez, revelava-se apenas uma peça num jogo de coerção, de injunções positivas: obrigação do bem."

a. Manuscrito (fol. 4): "uma monarquia absoluta".

b. O manuscrito (fol. 5) contém a seguinte lista, relativamente à "situação do século XVIII":

"α. feudalização e apropriação privada da justiça pela venalidade dos cargos;

β. aliança entre essa justiça feudalizada e os outros estratos de população contra a fiscalidade estatal;

γ. movimentos populares, diante dos quais essa justiça é impotente quando não quase cúmplice;

δ. intolerância geral da população; intervenção armada; consequência repetida dessa 'justiça armada';

ε. implementação da técnica: captação/reclusão."

sem ser perigosos; assim, a reclusão substituiu a técnica do controle das populações pela justiça e pelo exército. O poder adotou ao mesmo tempo dois mecanismos que deviam ser instrumentos dessa fiscalização e desse controle[2]; por um lado, um aparato ao mesmo tempo administrativo e parajudiciário: o dos intendentes de justiça, de polícia e de finanças; por outro, um aparato policial, diretamente nas mãos do rei e intermediado pela magistratura de polícia[a]. Ora, o que esses dois aparatos têm de singular é o fato de ficarem entre o judiciário e o não judiciário; por um lado, os tenentes de polícia e os intendentes tinham, pelo menos em alguns assuntos, o direito de intervir no lugar do aparato judiciário ordinário e de tomar algumas decisões propriamente judiciárias no lugar do sistema judiciário: assim, o preboste, o intendente de polícia tinham o direito de julgar judicialmente em matéria de vagabundagem. Por outro lado, os tenentes e os intendentes tinham poderes parajudiciários [pelo fato de] que, sem observarem nenhuma das formalidades de justiça e sem tomarem decisões judiciárias, tinham o direito de tomar medidas administrativas: extradição, banimento, reclusão[b]. Esse sistema durou relativamente bastante tempo e teve sucesso indubitável, pois alguns, como Colquhoun, queriam que ele fosse adotado na Inglaterra. Além disso, apesar da desestruturação do sistema por ocasião da Revolução, ele foi, *grosso modo*, logo reimplantado, a partir do termidor. Esse sistema, menos custoso e mais discreto que a intervenção armada, continuava pesado. Porque, para todas as classes da sociedade, ele era um instrumento de arrecadação fiscal. Por fim, era um aparato que subtraía o poder judiciário, portanto político, de grande número de pessoas, em especial dos elementos que subsistiam do feudalismo e dos parlamentares[c].

Por que então esse sistema foi assim tolerado? Sua força e sutileza provinham do fato de que, apesar das aparências, era um sistema dúplice. Isso porque me parece que, para que um aparato estatal repressivo possa efetivamente funcionar, é preciso que ele seja tolerado. Ora, dois grandes

---

   a. O manuscrito (fol. 4) acrescenta: "Com o tenente-general de polícia. Corpo de cavalaria. Preboste da cavalaria." À margem: "vigilância geral; intervencionismo".
   b. O manuscrito (fols. 4-5) acrescenta:
"sem passar por nenhuma das formas de polícia. E isso em dois tipos de caso bem precisos:
   – ou quando a conduta indesejável não era contemplada pelas leis,
   – ou então quando havia infração, mas se dava ao infrator a possibilidade de escapar assim à justiça".
   c. O manuscrito (fol. 3) acrescenta:
"Na verdade, o sistema resistiu muito tempo. Era até muito desejado na Inglaterra. E, apesar da Revolução, foi finalmente reinstaurado (ou melhor, integrado no novo sistema) e não eliminado.
   [Acréscimo entrelinhas] → precondição de tolerância de um aparato repressivo
   Se conseguiu resistir, foi porque era um sistema dúplice."

mecanismos possibilitam essa tolerância. É primeiramente o esquema do Segundo Império ou do fascismo[a]. Neste há um processo de transferência do aparato estatal repressivo para estratos marginalizados da população. O aparato policial de Napoleão III apoiava-se em vários civis; o do fascismo alemão, em camisas pretas ou pardas, as S.A.[b], ou seja, em categorias sociais constituídas pelo *Lumpenproletariat*, proletários desempregados ou elementos de uma pequena burguesia arruinada. É a esses elementos, econômica e politicamente marginalizados, que se confiam as tarefas de controle e repressão. A vantagem desse sistema de transferência é conferir a esse aparato uma aparência espontânea, autóctone. Com efeito, essa polícia é exercida por um grande número de pessoas. Tem possibilidades extrainstitucionais[c] de intervenção e uma espécie de liberdade controlada no interior de uma ideologia bem precisa: nacionalismo, racismo etc. Assim, o controle social é exercido ao mesmo tempo a partir de fora, pois é um estrato marginalizado que recebe por transferência algumas funções delegadas pelo aparato estatal, e a partir de dentro, uma vez que esse controle é exercido por meio de uma ideologia supostamente comum[d].

O outro esquema consiste no seguinte: em vez de transferir, mantém-se o aparato estatal[e] nas mãos de um número limitado de pessoas, submetidas ao poder central, mas dá-se um jeito para que esse aparato, ao mesmo tempo que serve o interesse da classe dominante, possa, de maneira lateral, servir alguns interesses locais e particulares. Trata-se de criar espécies de circuitos de derivação para que, em diferentes pontos desse aparato estatal, alguns indivíduos, que não pertencem obrigatoriamente à classe dominante e não têm os mesmos interesses, possam localmente [desviar] uma fração do poder e utilizá-lo por conta própria. Esses grupos reforçam assim, afinal, o poder, pois exercem um poder que lhes é transmitido pela classe dominante diretamente a partir desse aparato estatal – que, portanto, possibilita a adesão ao poder de diversos indivíduos que não têm interesses diretos para sustentá-lo[f]. Assim se entrelaçam no fun-

 a. Manuscrito (fol. 6): "Vejamos o exemplo do fascismo e do nazismo."
 b. O manuscrito (fol. 6) acrescenta: "S.S., encarregadas de repressão extrajudicial, imediata, violenta."
 c. Manuscrito (fol. 6), à margem: "e extralegais".
 d. O manuscrito (fol. 6) acrescenta: "União entre: transferência de poder policial e injeção, reforço de uma ideologia que garante e orienta o uso desse poder."
 e. O manuscrito (fol. 6) acrescenta: "(em parte e um lado apenas de seu funcionamento)".
 f. O manuscrito (fols. 6-7) acrescenta: "Trata-se de possibilitar uma utilização marginal, *ou melhor*, uma microutilização, uma utilização capilar, no nível mais frágil, *de baixo*, de um aparato que, por outro lado, é regido por um interesse de classe."
 À margem (fol. 7): "Utilidade lateral", depois: "círculo sináptico, circuito de derivação, possibilitar que indivíduos, grupos e interesses (diferentes dos da classe dominante) derivem para si mesmos uma parte do poder. Aderir à classe no poder – não por interesse de classe –, mas pela homogeneidade do poder".

cionamento global de um mesmo aparato estatal, por um lado, o interesse da classe dominante e detentora do poder e, por outro, um "uso" social lateral, que possibilita mascarar esse aparato[a], torná-lo tolerável. Tem-se aí um fenômeno de "investimento e contrainvestimento" do aparato estatal pelo "interesse de classe" dominante e pelos interesses laterais[b], e não mais um fenômeno de cisão e de translação do aparato.

Ora, o que caracteriza o curiosíssimo aparato estatal instaurado pela monarquia nos séculos XVII e XVIII? Se esse aparato *parajudiciário*, *paraestatal* do Antigo Regime foi tolerado por tanto tempo, isso ocorreu porque ele obedecia ao segundo esquema. O que então garantia o contrainvestimento desse aparato? O que permitia utilizá-lo socialmente em nível capilar?[c] Eram as ordens régias, elemento móvel que possibilitava que esse aparato, atendendo a um interesse global de classe, fosse utilizável lateralmente por uma quantidade de indivíduos que por certo não tinham os interesses políticos e econômicos da classe dominante[3].

* * *

Na historiografia do século XIX, a ordem régia é vista como símbolo de um poder autocrático e arbitrário[4]: era a presença do próprio rei e de seu poder até na vida cotidiana dos indivíduos; esse era o motivo de os signos da monarquia penetrarem na existência cotidiana dos homens. Ora, parece-me que elas tinham uma função bem diferente, e que não circulavam de cima para baixo. Qual era o mecanismo administrativo[d] da ordem régia? Tratava-se de uma decisão do rei que incidia num caso individual e, portanto, não podia ter valor universal. E, com exceção de um número limitado de ordens enviadas pelo próprio rei e por sua própria iniciativa para livrar-se de pessoas consideradas perigosas, a massa era solicitada por indivíduos, famílias, grupos religiosos, notáveis, gente da lei (notários etc.), corporações. Portanto, frequentemente era de um nível baixo na escala social que partiam várias ordens: causídicos, aldeões, comerciantes, artesãos. Ela era solicitada ao intendente, por quem morasse na província, ao tenente de polícia por quem morasse em Paris. Era encaminhada até eles por subintendentes. Tenente e intendente, sem sequer avisarem

---

a. Manuscrito (fol. 7): "mascarar esse interesse de classe". Acima da expressão "'uso' social", acréscimo da palavra "capilar".

b. Em vez da oposição: interesse de classe/interesses laterais, o manuscrito (fol. 7) contém: "'interesse de classe – uso social'".

c. Manuscrito (fol. 8): "Como, no sistema 'policial', ou melhor, *parajudiciário e estatal* do Antigo Regime, essa utilização, esse contrainvestimento foi garantido – tornando aceitável o conjunto."

d. Manuscrito (fol. 8): "seu mecanismo, se não 'judiciário', pelo menos administrativo".

a Casa Real, em geral ordenavam que se procedesse a uma investigação sobre a situação do demandante[a] entre as pessoas que o cercavam. Portanto, era no nível de certa opinião popular que se tramava a decisão; feita a investigação, caso ela confirmasse a legitimidade da demanda, [então] aqueles se dirigiam à Casa Real, que dava a assinatura[b].

Assim, [em termos de] circuito administrativo, a ordem era um processo que vinha de baixo e era autenticada pelos níveis inferiores. O que se pedia[c] apenas era um ato de poder que, numa monarquia tão centralizada, só podia vir de cima e conter a marca do rei. Pedia-se a intervenção de um poder soberano para apropriar-se dele provisoriamente, para conseguir que o poder chegasse e possibilitasse, com essa derivação, exercer em nome do rei uma espécie de poder soberano graças ao qual se podia [proceder] ao exílio, [à] reclusão do vizinho, do parente etc. De algum modo, era uma apropriação temporária do poder régio com seus signos e suas marcas no nível dos poderes locais, dos grupos, dos indivíduos. E o indício de que a ordem régia não era algo como a expressão fulgurante do poder régio atravessando a sociedade e desabando sobre um indivíduo, mas sim um processo circular que ia do povo ao povo, é que quem pedia a ordem era em geral aquele que pagava a pensão de quem ficava recluso, e não o rei; assim também, se uma ordem fosse revogada, raramente era por iniciativa do rei, mas sim por intervenção do intendente ou do tenente, que tinham o cuidado de consultar o demandante. Portanto, não havia decisão arbitrária do rei nem para soltar nem para prender.

Ora, a que propósito se pedia uma ordem régia, quando esta dizia respeito a uma punição? Era, essencialmente, a propósito de sanções parapenais que incidiam sobre alguns comportamentos que o Código Penal não definia como infrações, mas que alguns particulares, micropoderes locais (paróquias, corporações etc.), não podiam admitir: infidelidade conjugal, devassidão, dissipação do patrimônio, vida irregular, agitação, ou seja, as duas grandes categorias, desordem e violência[5]. Tratava-se também de punir por vias parajudiciais casos contemplados pela lei, mas nos quais não se fizesse muita questão de aplicá-la: por exemplo, feitiçaria, que apresentava um número tão grande de problemas para o exercício da justiça que a maioria dos feiticeiros[d] era alvo de ordens régias e de reclusão. Por

---

a. O manuscrito (fol. 9) acrescenta: "pelo subintendente que se informava junto às pessoas que cercavam o suplicante (vizinhos, pároco, notáveis do lugar, corporação)".

b. O manuscrito (fol. 9) acrescenta: "e a ordem (nunca assinada realmente pelo próprio rei) era enviada".

c. Manuscrito (fol. 10): "pedia-se a *marca* do rei, como marca de um poder, de uma soberania inteiramente presente no rei".

d. O manuscrito (fol. 10) especifica que a dureza da lei se aplicava também aos "sodomitas", além de aos "feiticeiros".

fim, havia casos sobre os quais incidiam as ordens régias porque ainda não existia jurisdição nem jurisprudência para regê-los. Assim, os primeiros conflitos de trabalho foram dirimidos por ordens régias. Eles apareceram com a retomada econômica, por volta de 1724-1725, como a greve dos tipógrafos em Paris: os mestres-tipógrafos tinham adquirido o costume, por volta de 1723, de trazer da Alemanha operários que recebiam menos do que os operários franceses; por isso ocorreu uma greve comandada principalmente por um jovem tipógrafo, Thouinet[6]. Ora, foram os mestres-tipógrafos que, independentemente das regras da jurisprudência corporativa, recorreram ao tenente de polícia para prender Thouinet em 1724. Este, solto com bastante rapidez, foi exilado a quarenta léguas de Paris e solicitou ao tenente permissão para voltar a Paris a fim de poder exercer seu ofício. O tenente de polícia pediu a opinião dos mestres-tipógrafos, que recusaram a anulação da ordem régia. Do mesmo modo, por meio de ordens régias foram presos alguns operários relojoeiros, valorizados no estrangeiro, para impedi-los de expatriar-se.

Assim, a ordem régia, vindo de baixo, servia para assumir o controle de tudo aquilo que o sistema penal tradicional deixava escapar. Produzia a reclusão na prática[a]: em oito de cada dez casos pedia-se essa punição. Ora, essa reclusão não ocorria em prisões, mas, na metade dos casos, em casas religiosas em grande parte destinadas a essa função, bem como em casas leigas, algumas das quais eram hospitais gerais, outras, pensões particulares ou casas de detenção [*maisons de force*][7]. Tem-se aí o antecedente histórico da clínica psiquiátrica. Com efeito, as primeiras clínicas para doenças nervosas que apareceram no fim do século XVIII estavam geográfica e institucionalmente ligadas a estas. Além disso, tal reclusão não funcionava como pena: não punia uma culpa, e sua duração não era fixada antecipadamente; precisava durar até que ocorresse alguma mudança no indivíduo, até que este manifestasse remorso e mudasse [de] inclinações. Aliás, era essa a justificativa dada pelo solicitante da ordem régia, e, do mesmo modo, o recluso, quando pedia a suspensão da ordem, invocava a correção que ocorrera nele[b].

Esse é o esboço daquilo que constituirá uma mudança capital. Porque a pena, na economia clássica do sistema penal, tem realmente o objetivo

---

a. O manuscrito (fol. 11) acrescenta: "(às vezes também o deslocamento ou a proibição de ir para um lugar)".

b. Manuscrito (fols. 11-12):
"Era em geral a justificativa dada pelo solicitador. Ocorria-lhe indicar o que supunha ser o tempo de resipiscência:
– quando o recluso reivindica liberdade, ele argumenta que está corrigido;
– a liberdade é concedida depois de investigação ou de parecer dado sobre essa melhora."

de modificar alguma coisa, mas onde e em quê? Mudar alguma coisa nas inclinações alheias, por exemplo. No sistema clássico, é sobre aqueles que ainda não cometeram nenhum crime que a pena deve produzir efeitos. A função preventiva da pena incide essencialmente sobre os outros, por meio do exemplo. Aqui, ao contrário, nasce a ideia de reclusão que precisa agir até que as inclinações se modifiquem, não as dos outros, mas as daquele que cometeu a falta. Essa nova orientação do sistema punitivo afasta-se do mecanismo do sistema penal. É por ela que vai passar toda a moralização e a psicologização da pena no século XIX.

Assim, pela ordem régia, o que se expressava não era tanto a intervenção de um poder absoluto, mas certo *consenso moral* cujo núcleo eram as famílias e as localidades. Donde o caráter polimorfo e ambíguo daquilo que era ao mesmo tempo rejeitado e condenado por esses consensos regionais, de tal modo que essas ordens designavam e lançavam em grande confusão e riqueza toda uma categoria de indivíduos: perturbados, doentes, os que tivessem cometido faltas. Vejamos, por exemplo, uma carta do tenente de polícia dirigida ao ministro da Casa Real, no fim do século XVIII: "Conduziu-se ontem ao Châtelet a mulher de um procurador da jurisdição dos cônsules, chamado Bertaud. Essa mulher, depois de ter-se imbuído de que era santa, comungava todos os dias havia mais de seis meses, sem nenhuma preparação e até mesmo depois de ter comido. Esse procedimento poderia merecer o último suplício, segundo a disposição das leis, mas, como há mais loucura do que má intenção, e como, aliás, não seria possível tornar pública a punição desses tipos de crime sem ofender a religião e sem dar ensejo a discursos malévolos dos libertinos e dos protestantes mal convertidos, parece-me que a medida mais conveniente seria obrigar o marido a pagar a pensão de sua mulher[8] [...]." Nesse caso, o tenente de polícia sugeria que o marido pedisse uma ordem régia porque o sistema penal era pesado demais para poder ser utilizado, bem como por razões de conveniência (o escândalo) e de conjuntura (protestantes e libertinos). Tratava-se de pôr a mulher num convento, pois, conforme dizia ele, "não duvido que os bons exemplos de uma comunidade regular, unidos a cuidados caridosos, lhe restabeleçam em poucos meses o espírito e a saúde"[9]. Há, portanto, uma referência à resipiscência, que é tanto remorso no sentido moral quanto retorno à saúde; há também uma referência ao instrumento de vida regular, regularidade que é tanto a da vida social quanto a de uma regra monástica observada dentro de uma comunidade[a].

---

a. O manuscrito (fol. 12) acrescenta: "O outro elemento essencial não é a arbitrariedade, é a *correção*. Também com tudo o que [pode] implicar de ambíguo essa palavra que designa pedagogia, cura, arrependimento religioso, conversão moral."[10]

Isso possibilita ver que a ordem régia, ao mesmo tempo que fazia parte da pirâmide que remontava ao rei[a], funcionava em sentido oposto ao da arbitrariedade régia. A ordem volta a subir o aparato estatal "parajudiciário", que é o instrumento de uma espécie de contrainvestimento capilar e marginal. Cabe notar que os pontos nos quais ocorrem esses contrainvestimentos da ordem régia são espaços de alguma forma socialmente importantes, uma vez que funcionam como intermediações e derivações do poder: vê-se que essas ordens são solicitadas e autenticadas no nível de comunidades como a paróquia – unidade ao mesmo tempo administrativa, fiscal e religiosa, e lugar de formação de uma espécie de consenso que pede ao poder respeito a sua moral, sua ordem e sua regularidade –, a família, a corporação. Esses lugares são comutadores entre o poder que vem de cima e o poder que vem de baixo.

Também cabe insistir no fato de que, através de todo esse sistema de intercâmbios entre solicitação, investigação e resposta, entre denúncia e vigilância, forma-se confusamente todo um campo de saber. Há todo um arquivo biográfico que se constitui aí. Com efeito, antes das ordens régias, as pessoas não eram anotadas, só entravam no arquivo escrito em virtude de sua fortuna, quando pagavam impostos, de seus feitos, da glória de sua genealogia ou em virtude da infâmia de seu crime; riqueza, façanha, nome e crime eram elementos por meio dos quais os indivíduos entravam no sistema de registro. A partir daí, com essas ordens régias, percebe-se que são descritas no nível do cotidiano e da existência das várias séries de banalidades biográficas que começam a tornar-se objeto de um saber, ainda infraepistemológico na época, mas que servirá de base a partir da qual poderá ser construída toda aquela grande clínica psiquiátrica e sociológica do século XIX. E, ao mesmo tempo[b], a banalidade do cotidiano, aquilo que não tem o brilho dos altos feitos, do nome, do crime, da fortuna, toda aquela uniformidade pouco irregular será descrita de acordo com certo código. Encontram-se nas ordens régias os signos socialmente aceitos e reconhecidos da irregularidade dos indivíduos; há assim toda uma série de categorias em ação, cuja distribuição e evolução seria preciso estudar: devassidão, dissipação, violência, desperdício, ilusões, conspirações etc. Ora, esses elementos não constituem exatamente características psicológicas que possibilitem classificar os indivíduos; também não são sintomas, como os das doenças; não são signos. São na realidade *marcas*, ou seja, traços por meio dos quais um poder que se exerce sobre um indivíduo põe

---

a. Manuscrito (fol. 13): "ainda que fizesse intrinsecamente parte do aparato policial 'parajudiciário'".

b. Manuscrito (fol. 14): "Ao mesmo tempo uma descrição codificada do desvio."

este último numa situação de sujeição que poderá acarretar algumas medidas: exclusão, reclusão etc.

Por fim, além dessa função da marca, encontram-se nas ordens régias procedimentos de narrativa, pois a vida é contada com silêncios, encadeamentos de causalidade etc. Tudo isso produz uma espécie de biografia perpétua da infâmia, uma espécie de anti-Plutarco: a vida dos homens infames[a]. Vejamos, por exemplo, uma carta de d'Argenson a Pontchartrain de 4 de março de 1709: "A referida Drouet, a quem se imputa com razão a vida errante e desregrada da senhorita de Cavaus, é certamente uma aventureira perigosíssima, que percorreu as províncias do reino e depois os exércitos; oferecia-se aos generais para servir de espiã; em geral lhes dava falsas informações e talvez enganasse ambos os lados. Sei que o sr. de Vendôme se deu mal com ela mais de uma vez, e que ela, tendo sido expulsa por ordem dele do exército de Flandres, voltou a Paris, onde a srta. de Cavaus se entregou totalmente à sua orientação. Ambas estiveram juntas em Béarn e Languedoc, onde buscaram vítimas, unindo esforços, sem muitos escrúpulos com a escolha dos meios. Voltando a Paris, mantiveram uma hospedaria ordinária, ou baiuca, que era local de encontro dos lacaios do bairro. O mais estranho, porém, é que esses lacaios frequentemente lá passavam as noites, em comércio infame, e essas duas pessoas aumentavam ainda mais essas abominações com demonstrações públicas de uma paixão monstruosa que parece subsistir ainda. Acredito, portanto, que essa infeliz precise ser internada no Hospital Geral, e que, ao mesmo tempo, a srta. de Cavaus seja conduzida ao *Refuge*, como execução da ordem do rei que o senhor teve a gentileza de me endereçar, e que a correção de uma das duas não produziria grande efeito caso a outra ficasse livre."[12]

Essa integração surda da biografia no saber, por intermédio da irregularidade, provavelmente é um dos fenômenos fundamentais de nosso saber, que teria imensa importância não só quando o sistema penal se reorganizasse, mas quando se formassem os saberes psiquiátrico, sociológico e criminológico. Estes se formariam a partir daquele lento e obscuro acúmulo de saber policial que tomava as pessoas pelas marcas políticas que lhes tinham sido impostas e com isso tinham desenhado a irregularidade delas. Seria possível elaborar toda uma história do saber da sexualidade e mostrar de que maneira, a partir dessa investigação permanente e secular sobre o desregramento das pessoas, se constituiu um saber que seria retomado pela psiquiatria do início do século XIX, quando esse notável desregramento se tornasse o contexto, natural de algum modo, da gênese da doença mental; retomado também pela medicina orgânica, quando a para-

---

[a]. Manuscrito (fol. 15), acréscimo entrelinhas: "contra La Bruyère"[11].

lisia geral, com sua origem sifilítica, portanto devassa, surgisse nos saberes por volta de 1824. O mesmo fundo seria codificado de modo diferente quando, por volta de 1840, entrasse em cena a histeria. Esse saber sobre o desregramento produziria, sem dúvida como um de seus episódios, a psicanálise e a teoria atual do desejo, que é sua figura passageira. Foi esse fantástico saber sobre o desregramento que produziu sucessivamente essas diversas figuras do saber.

* * *

No que se refere às relações entre os sistemas inglês e francês, pode-se dizer que na Inglaterra um movimento de controle social se impôs aos poucos ao Estado, a partir de um irredentismo religioso, ao passo que na França se tem a figura inversa, pois o movimento se apoia num aparato estatal fortemente centralizado. Por conseguinte, tem-se na Inglaterra um controle social que tem como instrumentos essenciais medidas e sanções como a exortação e a exclusão do grupo[a], enquanto na França o instrumento-chave é a reclusão[b]. Mas, para além das diferenças, é possível perceber uma analogia fundamental: com apoios completamente diferentes, temos na realidade o mesmo movimento de coerção e os mesmos elementos por controlar. São as mesmas denúncias aqui e lá[c]. Esse controle, por fim, tem os mesmos iniciadores e intermediários: família, comunidade religiosa ou de trabalho. Ademais, nos dois casos, pode-se observar esse mesmo movimento de deslocamento em direção ao Estado[d]. É verdade que no século XVIII a ordem régia caiu em desuso até certo ponto; mas esse desuso não significou em absoluto, como se poderia crer, uma espécie de desmantelamento do poder régio. Assim, em 1784, Breteuil a regulamentou[13] de tal modo que ela deixou de ser útil[e]; apareceram então organismos realmente estatais, centralizados: as grandes casas de correção que tinham por objetivo encarcerar e corrigir mendigos, vagabundos, po-

    a. O manuscrito (fol. 15) também contém, sobre a Inglaterra: "isolamento" e "exílio".
    b. O manuscrito (fol. 15) contém, para o caso francês: "os instrumentos de controle são menos morais e mais 'físicos': reclusão".
    c. O manuscrito (fol. 16) especifica que "o que é denunciado ao tenente de polícia e o que Wesley reprova durante sua inspeção é a mesma coisa".
    d. Manuscrito (fol. 16): "Na Inglaterra, deslocamento em direção ao Estado e às classes superiores de um controle que se torna cada vez mais claramente social. Na França, tendência a usar cada vez menos ordens régias; hostilidade geral à reclusão."
    e. O manuscrito (fol. 16) acrescenta:
"– deter 'aqueles cujo espírito está alienado';
– só deter um de cada dois que se entreguem aos excessos: 'As famílias exageram às vezes os erros dos indivíduos cuja detenção [elas] solicitaram.' Se deixarmos por conta delas, 'já não seria uma correção, mas uma verdadeira pena'."[14]

bres que não podiam trabalhar. Em lugar da ordem régia, houve então um aparato fortemente centralizado que tinha, de um lado, a classe que estava no poder e, de outro, a classe sobre a qual este incidia[a]. E essa incorporação da ordem moral, da ordem pública no aparato estatal foi indicada num texto de 1790, de Duport, o grande teórico judiciário da Constituinte: "É falso que a ordem pública seja diferente da justiça; é uma marca de despotismo[b]. Ele acreditava que a ordem pública era garantida de modo efetivo e arbitrário pelo rei, ao lado da justiça; na verdade, no momento em que denunciava o despotismo, denunciava uma dualidade que existia entre os dois – e, pedindo a integração da ordem pública na justiça, punha nas mãos do aparato estatal e, portanto, da classe dirigente a responsabilidade por essa manutenção da ordem pública que outrora era assegurada pelos mecanismos inferiores[c].

a. O manuscrito (fol. 17) acrescenta:
"Ora, essa resistência às ordens régias que terminaria com a sua eliminação quase unânime foi acompanhada pela instauração de um sistema mais realmente centralizador e mais socialmente polarizado do que as ordens régias:
– estabelecimento das casas de correção no fim do Antigo Regime → prisão;
– e decisões da Constituinte referentes à nacionalização dos bens hospitalares e de todos os fundos de assistência;
– atribuição a políticos eleitos de uma tarefa ao mesmo tempo de distribuição de socorros e de controle moral.
No *Troisième rapport du Comité de mendicité* [Terceiro relatório da Comissão de Mendicidade] (15 de janeiro de 1791), seria preciso criar uma comissão 'para reger superiormente as casas de correção e os asilos, para ficar a par dos erros ou da boa conduta daqueles que lá estão detidos; pronunciar-se sobre as punições ou sobre as graças [...] que eles podem merecer'.
– Importância fundamental do trabalho. Principal controle será obtido pelo trabalho de todos. É preciso que o governo favoreça não os socorros, mas os meios de trabalho: 'Inaugurem obras, inaugurem oficinas, facilitem o escoamento da venda para a mão de obra [...].' É preciso 'incentivar' aqueles 'que puserem para trabalhar à sua própria custa o maior número de operários: pois este é realmente [...] o mais útil à pátria' (*Troisième rapport du Comité de mendicité*)."[15]
b. "1. A ordem pública não é de natureza diferente da justiça.
2. A polícia não deve ser nada mais que a inevitabilidade da justiça."[16]
c. O manuscrito (fols. 18-20) termina da seguinte maneira:
"A abolição do tenente de polícia, das ordens régias e das práticas de reclusão corresponderam realmente ao desmantelamento do poder monárquico; mas na verdade tratava-se – com outro ponto de partida e por outros caminhos – de um processo que (na França assim como na Inglaterra) ocorria no sentido da integração, no aparato de justiça e no sistema penal, dos mecanismos da penitência e da correção.
Acrescentar também uma diferença:
– Na Inglaterra: a depredação do capital financeiro e econômico (com o desenvolvimento industrial, a divisão do trabalho) fora um dos fatores de aceleração do processo.
– Na França: foram mais a propriedade rural e a redistribuição dos direitos no âmbito da propriedade individual que ensejaram a depredação. [fol. 18]
Conclusão. O paralelo entre o processo inglês e o processo francês possibilita enxergar como a instituição da prisão (com o elemento penitenciário e corretivo que o acompanha) pôde ser integrada numa teoria e numa prática penais que até então a ignoravam e lhe eram até mesmo alheias.

Aula de 14 de fevereiro de 1973 125

*
NOTAS

1. Cf. M. Foucault, *Théories et Institutions pénales*, curso citado, sexta aula, fols. 18-19 (no século XVIII é implementada "a retirada de parte da população perigosa": "Subtrair ou ameaçar subtrair uma parte da população não tem os inconvenientes econômicos da invasão"); sétima aula, fol. 2.
2. Cf. M. Foucault, "La vérité et les formes juridiques", *loc. cit.* (*DE*, II), pp. 600-1/ pp. 1468-9.
3. Foucault interessou-se bem cedo pelas ordens régias e, de modo geral, pelos arquivos da internação do Hospital Geral e da Bastilha – a partir do fim dos anos 1950, enquanto escre-

---

Em seguida, é possível indicar alguns dos efeitos dessa junção.
1. Culpabilização da infração penal, sendo importantíssimo notar que ela não foi um efeito residual do cristianismo.
Culpabilização laica da infração que depois, no século XIX, possibilitou um investimento da penalidade e da prisão pelo cristianismo:
– filantropia cristã;
– o padre como funcionário da prisão;
– a 'moral cristã' como ideologia normativa;
– a codificação dessa moral no vocabulário da psicologia. [fol. 19]
2. Redefinição do papel da pena.
Sem dúvida, era antiga a recusa de ver na pena uma sanção pura e simples da culpa. A pena devia principalmente impedir novos crimes. Nesse sentido, era considerada preventiva, mas tratava-se principalmente de impedir os outros.
A pena agora tinha o papel de realizar uma transformação, interior, na própria pessoa daquele que cometera a falta.
3. Essa utilização da prisão e esse novo papel da pena estão ligados a mecanismos de controle 'moral': não há sistema penitenciário sem vigilância geral; não há reclusão penal sem controle sobre a população. Não há prisão sem polícia. Prisão e polícia são cronologicamente gêmeas. De fato, a instituição judiciária e penal viu-se enquadrada entre essas outras duas instituições, que parecem não se intercomunicar diretamente. [fol. 20]
Pode-se até dizer que essa foi a grande preocupação do legislador → 1808, que não possa haver prisão sem intervenção judiciária. Mas, historicamente, elas estão ligadas; e, em vez de serem apenas instrumentos da justiça, elas a abrangeram inteiramente e lhe deram um modo completamente diferente de funcionamento.
4. Constituição de dois campos de saber.
(α) O saber da vigilância permanente.
Documentos de vigilância.
Estatísticas.
(β) Saber individual, clínico da transformação.
É preciso conhecer os indivíduos.
Tem-se aí um acoplamento – saber estatístico-saber sobre o indivíduo – que se encontra na mesma época no conhecimento médico (no momento do nascimento da clínica) e um pouco depois no momento do nascimento do evolucionismo (com *Lyell* e Darwin). [fol. 21]
É preciso notar:
(1) que a linguagem que possibilitará transcrever as observações globais nos termos da análise individual e, inversamente, a linguagem que possibilitará transcrever o 'policial no teórico', o ético-religioso no científico, é a linguagem médica. A linguagem médica é o transcritor geral;
(2) que temos aí, assumindo um lugar na prática judiciária, um tipo de saber radicalmente diferente da *investigação*.
E que é o *exame*." (fol. 22)

via *Folie et Déraison. Histoire de la folie, op. cit.*, pp. 156-8 e 508. Os temas retomados nesta aula datam da época: a ordem régia como "prática popular", "solicitada de baixo para cima", que, portanto, refletia "um processo que vai de baixo para cima" e não um exercício de poder monárquico arbitrário; nove anos depois ele descreverá "a extraordinária beleza desses textos". (Excerto sonoro de "Lundis de l'histoire" sobre as ordens régias com Arlette Farge, Michelle Perrot, Andre Béjin e Michel Foucault, 1982, disponível em: <http://michel-foucault-archives.org/La-vie-des-hommes-infames>.) Cf. *Le Désordre des familles. Lettres de cachet des Archives de la Bastille*, apresentado por A. Farge e M. Foucault (Paris, Gallimard, 1982), em que esses mesmos temas serão desenvolvidos e documentados; *v.* p. 10: "Ora, a leitura desses documentos nos levou à pista não tanto da cólera do soberano quanto das paixões do povo miúdo, em cujo centro se encontram as relações de família – maridos e mulheres, pais e filhos." Esse centro de interesse insere-se no âmbito mais amplo dos trabalhos de arquivo: documentação recolhida sobre Pierre Rivière em 1973; projeto de uma "antologia de existência" sobre "La vie des hommes infâmes" em 1977 (*Les Cahiers du chemin*, nº 29, 15 de janeiro de 1977, pp. 12-29), *DE*, III, nº 198, pp. 237-53 /"Quarto", vol. II, pp.237-53 [trad. bras. "A vida dos homens infames", *in Ditos e escritos*, vol. IV]; coleção criada em 1978 nas edições Gallimard, intitulada "Les vies parallèles", na qual serão publicadas as memórias de Herculine Barbin, personagem tachado na época como "hermafroditismo masculino" (*Herculine Barbin, dite Alexina B*); bem como, em 1979, os manuscritos criptográficos (BnF) de Henry Legrand, *Le Cercle amoureux*, traduzido e apresentado por Jean-Paul Dumont e Paul-Ursin Dumont.

4. Foucault retomará essa análise em *Surveiller et Punir, op. cit.*, p. 216.

5. Cf. *Folie et Déraison. Histoire de la folie*, p. 157 (a família, o vizinho, o círculo de pessoas próximas ou o pároco faziam o pedido com base em queixas ou em receios de desordem, escândalo, loucura, crime); "La vie des hommes infâmes", *loc. cit.*, p. 246/p. 246 (as ordens régias diziam respeito a obscuras histórias de violência e desordem familiar): "cônjuges vilipendiados ou surrados, fortuna dilapidada, conflitos de interesses, jovens rebeldes, vigarice ou bebedeiras, e todas as pequenas desordens de comportamento"; e a investigação que se seguia "devia estabelecer se a devassidão ou a bebedeira, ou a violência e a libertinagem mereciam realmente uma internação, e em que condições e por quanto tempo: tarefa da polícia, que, para tanto, colhia testemunhos, delações e todo o murmúrio duvidoso que faz barulho em torno de cada um"; A. Farge e M. Foucault, *Le Désordre des familles, op. cit.*, p. 9: "Ficamos também impressionados com o fato de que, em muitos casos, essas demandas eram formuladas a propósito de questões familiares totalmente privadas: conflitos menores entre pais e filhos, desentendimento de casais, má conduta de um dos cônjuges, desordem causada por um rapaz ou uma moça."

6. Germain Martin relata, em seu estudo *La Grande Industrie en France sous le règne de Louis XV*, Paris, Albert Fontemoing, 1900, pp. 323-4: "As ordens régias ajudarão na manutenção da ordem. Alguns anos depois [após semelhantes súplicas em 1720], é preciso castigar Thouinet, oficial tipógrafo. Acaso ele não ousa incitar todos os outros operários do ofício e exortá-los a abandonar seus patrões, em vez de permitirem que seus salários sejam diminuídos? Os patrões dirigem-se ao sr. chanceler, que pede 'que, como exemplo, esse oficial tipógrafo seja preso'. Ele é encarcerado em 16 de novembro, e em 4 de fevereiro de 1725 é banido a quarenta léguas de Paris durante seis meses. Mas o defensor dos livreiros pedia contra ele proibição total de permanência na capital. Aquele artífice 'cabalava' e, além do mais, 'distribuía péssimos livros para o público'." Martin cita: "*Arch. de la Bastille*, 10858" e Frantz Funck-Brentano, *La Question ouvrière sous l'Ancien Regime d'après les dossiers provenant des prisonniers par lettres de cachet*, Paris, 1802, pp. 2 ss. (No entanto, o nome "Thouinet" não aparece em F. Funck-Brentano, *Les Lettres de cachet à Paris. Étude suivie d'une liste des prisonniers de la Bastille (1659-1789)*, Paris, Imprimerie nationale, 1903.)

7. Cf. *supra*, p. 89, nota 8.

8. Foucault acrescenta à margem (fol. 12) a lápis a seguinte referência: "p. 452, fotocópia". Ver a coletânea de cartas e relatórios de polícia estabelecida por Pierre Clément, *La Police sous Louis XIV* (Paris, Dither et Cie, 1866), na qual essa citação se encontra com exatidão (pp. 452-3) numa carta do ministro de Estado e tenente-general da polícia, Marc-René d'Argenson,

ao conde de Pontchartrain, secretário de Estado na Casa Real, escrita em Paris no dia 20 de junho de 1699 (documento nº 33 que, na época, estava conservado na Bibliothèque impériale com cota: "Ms. Fr. 8, 122, fol. 437", *ibid.*, p. 453).

9. *Ibid.*

10. Foucault acrescenta à margem (fol. 12) a lápis a seguinte referência: "pp. 460-1". Também nesse caso parece que ele consultou a coletânea de Pierre Clément, na qual se encontram, nas pp. 460-1, várias das temáticas abordadas aqui, referentes ao caso de certa senhorita Leviston que quisera enforcar-se. A srta. Leviston fora transferida do convento da Madeleine para o Hospital Geral e pedia para voltar à Madeleine. O tema da resipiscência está presente numa carta de d'Argenson a Pontchartrain (nº 39): nota-se que essa senhorita "promete ser mais comportada e discreta" (*ibid.*, p. 461). O consenso moral, através do parecer das freiras, também parece importantíssimo (*ibid.*: "As freiras do hospital, que vigiam sua conduta, parecem bastante contentes com ela"); a noção de cura também, pois a saúde da senhorita continua sendo fundamental (*ibid.*: "sua saúde é delicadíssima e duvido que a alimentação do hospital possa convir a seu temperamento").

11. Evidentemente, trata-se de jogos de palavras com títulos de obras bem conhecidos: Plutarco, *Les Vies des hommes illustres* [c. 100-110], trad. fr. Jacques Amyot, Paris, Gallimard, 1937 [trad. bras.: *Vidas paralelas*, São Paulo, Paumape, 1991, 5 vols.]; e Jean de La Bruyère, *Les Caractères, ou les Moeurs de ce siècle*, in *Oeuvres complétes*, Paris, Gallimard, 1935 (1688) [trad. bras.: *Os caracteres*, São Paulo, Cultrix]. Quatro anos depois, em 1977, Foucault escreverá um texto no qual usará essa expressão exata: "La vie des hommes infames" ["A vida dos homens infames"] (*Les Cahiers du chemin*, nº 29, 15 de janeiro de 1977, pp. 12-29), *DE*, III, nº 198, ed. 1994, pp. 237-53 / "Quarto", vol. II, pp. 237-53. Foucault apresenta esse texto como um prefácio a um livro por publicar que seria "uma antologia de existência", coletânea dos arquivos da reclusão do Hospital Geral e da Bastilha: "Quis em suma reunir alguns rudimentos para uma lenda dos homens obscuros, a partir dos discursos que, com infelicidade ou raiva, eles trocam com o poder" (*ibid.*, p. 241). Seria possível encontrar no projeto da coleção "Vidas paralelas" a mesma intenção dessa coletânea.

12. Carta de d'Argenson a Pontchartrain, nº 41, 4 de março de 1709, *in* P. Clément, *La Police sous Louis XIV, op. cit.*, pp. 462-3.

13. Cf. "Lettre circulaire adressée par Mr. le Baron de Breteuil, Ministre d'État, à MM. les Intendants des Provinces de son Département au sujet des Lettres de Cachet & Ordres de détention", Versalhes, 25 de outubro de 1784. Disponível em: <http://psychiatrie.histoire.free.fr/psyhist/1780/breteuil.htm>.

14. *Ibid.*

15. Cf. F.-A.-F. de La Rochefoucauld-Liancourt, *Troisième rapport du Comité de Mendicité. Bases constitutionelles du Système général de la Législation e de l'administration de Secours*, Paris, Imprimerie nationale, 15 de janeiro de 1791, pp. 28 e 34.

16. Foucault voltará à importância desse tema no pensamento de Duport. No que se refere ao parentesco percebido por Duport entre o criminoso e o tirano, cf. *Les Anormaux, op. cit.*, [aula] de 29 de janeiro de 1975, p. 86: "Duport, em 1790 (e Duport, como sabem, não apresentava uma posição extremada, muito pelo contrário), disse o seguinte, justamente na época das discussões sobre o novo Código Penal: 'Tanto o déspota quanto o malfeitor perturbam a ordem pública. Uma ordem arbitrária e um assassinato são crimes iguais a nossos olhos.'"

AULA DE 21 DE FEVEREIRO DE 1973

(B) França (continuação). Recapitulação e resultados: sociedade punitiva. Mecanismo: dominar o ilegalismo popular. 1. Ilegalismo popular no século XVIII. O caso dos tecelões do Maine. Mercadores e tecelões esquivam-se dos regulamentos. O funcionamento positivo dos ilegalismos. 2. Inversão no fim do século XVIII. A burguesia se apodera do aparato judicial para se livrar do ilegalismo popular que se tornou "depredação". A depredação operária; o banditismo dos operários do porto de Londres. 3. Implementação do sistema penal e penitenciário. Instrumentos: noção de inimigo social; moralização da classe operária; prisão, colônia, exército, polícia. – No século XIX, ilegalismo operário, alvo de todo o sistema repressivo da burguesia.

Tentei mostrar a ascensão de um sistema coercitivo de natureza e funcionamento heterogêneo em relação ao sistema penal do século XVIII. É o sistema que vimos funcionar nas sociedades moralizadoras e nos mecanismos das ordens régias. Esse sistema coercitivo foi sendo transferido pouco a pouco em seus pontos de aplicação e em seus instrumentos, sendo assumido pelo aparato estatal no fim do século XVIII, e pode-se dizer que ao fim dos vinte primeiros anos do século XIX o aparato estatal encarregou-se essencialmente do sistema coercitivo, que por sua vez se enxertou no sistema penal, de modo que se teve um sistema penal que, pela primeira vez, era um sistema penitenciário. Em suma, estamos diante de algo que chamo de sociedade punitiva, ou seja, uma sociedade na qual o aparato estatal judiciário desempenha, ademais, funções corretivas e penitenciárias. Esse é o ponto de chegada.[a]

---

a. O manuscrito (fol. 1 bis) acrescenta:
"Mas isso não é uma explicação. Ou melhor, permanecem integralmente:
– o problema de saber por que esse lento processo de transferência. Por que não um sistema binário?
– o problema de saber por que ele chegou aí bruscamente. Por que a justiça se penitenciarizou. Por que o próprio Estado se tornou o grande 'penitencial'?"
À margem: "A sociedade portadora de todos os valores morais sociais."

[A pergunta] que se deve fazer é: por que esse processo lento de transferência para o aparato estatal se acelerou e por que finalmente se chegou a esse sistema unificado? Esse problema, aparentemente de simples solução, na realidade é um pouco mais complicado. Simples, porque acreditei durante certo tempo que ele poderia ser resolvido com duas palavras: naquele fim do século XVIII, quando o crescimento e a instalação do modo de produção capitalista provocaram algumas crises políticas, a vigilância política de uma plebe que se desejava proletarizar implicava a implementação de um novo aparato repressivo[1]. Em suma, ao crescimento do capitalismo corresponderia toda uma série de movimentos de sedição popular aos quais o poder da burguesia teria respondido com um novo sistema judiciário e penitenciário. Ora, não tenho certeza de estar certo ao empregar o termo "plebe sediciosa"[2]. Com efeito, parece-me que o mecanismo que trouxe a formação desse sistema punitivo é, em certo sentido, mais profundo e mais amplo do que o mecanismo de simples controle da plebe sediciosa. Aquilo que foi preciso dominar, que o aparato estatal precisou controlar por meio do sistema penitenciário a pedido da burguesia[a], foi algo que teve a sedição apenas como caso particular e constituiu um fenômeno mais profundo e mais constante: o *ilegalismo popular*[3]. Parece-me que, até o fim do século XVIII, certo ilegalismo popular era não só *compatível* com o desenvolvimento da economia burguesa, como também *útil* a ele; chegou um momento em que esse ilegalismo, que funcionava engrenado no desenvolvimento da economia, tornou-se incompatível com ele[b].

* * *

O que se pode entender por ilegalismo popular? Tomemos um exemplo no livro de [Paul] Bois sobre os camponeses do Oeste [*Paysans de l'Ouest*], o dos tecelões do Maine[4]. Exemplo interessante, pois se trata de uma profissão que rapidamente entraria no sistema capitalista, e que no século XVIII ainda era exercida na fronteira entre a cidade e o campo; para nós, tem principalmente a vantagem de ter sido uma das profissões mais livres: não havia corporação nem liga, mas apenas regulamentos que emanavam do controlador geral das finanças, que organizara a profissão no século XVII, o que redundara no grande regulamento de 1748[5]. Aqueles tecelões, portanto, eram artesãos que possuíam em casa alguns teares, fabricavam tecidos comercializados em outro nível por comerciantes que

---

a. Manuscrito (fol. 2): "por meio do sistema policial e penal, por aquela espécie de vigilância, moralização, coerção".

b. Manuscrito (fol. 2): "esse ilegalismo popular foi um obstáculo; mais ainda, um perigo".

podiam distribuí-los e exportá-los. O controle era feito por ordenanças, entre as quais a de 1748; esta, embora relativamente menos estrita que as regras corporativas, também era coercitiva: definia a qualidade dos diferentes tecidos, o comprimento exigido das peças, a marca própria ao artesão, registrada numa agência etc.[a] Tudo isso era feito sob a vigilância de algumas pessoas: fiscais que pertenciam à própria região e que recebiam, para tanto, uma remuneração e ficavam com cerca da metade dos produtos das multas. Além disso, todas essas operações – medida, marcação, mercado – implicavam a cobrança de alguns direitos[b]. Por isso, para escapar a essas coerções, que não eram todas desfavoráveis aos artesãos[c], pois os protegiam da concorrência dos comerciantes, estabeleceu-se uma ilegalidade das duas partes. Tanto o mercador, que devia comercializar, quanto o tecelão, que tinha fabricado, entendiam-se diretamente, passando por cima dos regulamentos, para tentar esquivar-se deles. Firmavam contratos antecipados, fora do mercado oficial; graças a esse entendimento direto, as duas partes estavam diretamente em contato e estabeleciam entre si algumas relações comerciais que de certa forma eram leis do mercado[d]; por fim, o comerciante podia dar adiantamentos ao tecelão, que assim podia adquirir novos instrumentos de produção. Dessa maneira, aos poucos, o modo de produção capitalista injetou-se, inseriu-se num sistema propriamente artesanal, graças a essa prática de dupla ilegalidade.

Ora, essa forma de ilegalidade é importante por várias razões. Em primeiro lugar, é um ilegalismo "funcional": em vez de ser um obstáculo, de contribuir para a redução do lucro do capital em via de industrializar-se, possibilitava o surgimento de uma relação de lucro que é própria ao capitalismo. Esse ilegalismo não se opunha absolutamente ao lucro comercial, mas à cobrança feudal, tanto à cobrança direta do senhor quanto à cobrança indireta e estatizada. Opunha-se a toda uma série de cobranças feitas por meio de direitos e multas. Portanto, não era um ataque à propriedade material, era um ataque aos direitos. Não era um roubo, era uma *fraude* antifeudal, que servia a burguesia. Era uma espécie de linha avançada da luta da burguesia por uma nova legalidade.

Em segundo lugar, era um ilegalismo sistemático, por ser quase um modo de funcionamento da sociedade inteira. Tinha-se a junção de ilega-

a. O manuscrito (fol. 2) esclarece que a ordenança de 1748 também dizia respeito "ao mercado, seu desenvolvimento [e] aos preços".
b. O manuscrito (fol. 3) acrescenta: "se houvesse contestação e se uma das duas partes pedisse verificação".
c. O manuscrito (fol. 3) acrescenta: "que muitas vezes não sabiam ler, não tinham instrumentos de medição".
d. O manuscrito (fol. 3) acrescenta: "eles evitavam a marcação, avaliavam entre si a qualidade, a quantidade, o preço".

lismo popular com ilegalismo dos comerciantes, ilegalismo dos negócios. Tinha-se também, diante disso, o ilegalismo dos privilegiados que escapavam à lei por estatuto, tolerância ou exceção. Entre esse ilegalismo privilegiado e o ilegalismo popular, havia diversas relações, algumas das quais antagônicas. Isso porque o ilegalismo popular diminuía tanto a renda feudal quanto, de maneira indireta, as arrecadações do Estado. Mas, por outro lado, esse antagonismo não era radical e comportava alguns ajustes. Assim, durante parte do século XVII, nem a nobreza nem os grandes proprietários pressionaram muito para que seus direitos fossem efetivamente respeitados. Eles preferiam obter alguns privilégios diretamente da Corte: isenção de impostos, pensões, vantagens materiais etc. Assim, seu próprio ilegalismo acabava por compensar o ilegalismo daqueles de quem eram senhores e também por ajustar-se a este. Em outro nível, isso reintroduzia novas contradições, pois, para que o Estado pudesse pagar essas rendas, conceder essas vantagens, era preciso que não houvesse excessivos desvios dos direitos no nível das receitas do Estado.

Portanto, no século XVII, havia três tipos de ilegalismo que atuavam uns contra os outros: popular, comercial, privilegiado. A isso se pode acrescentar um quarto, que fazia o sistema funcionar: o do poder[a]. Os representantes diretos do poder – intendentes, subdelegados, tenentes de polícia – muitas vezes foram percebidos como agentes do poder arbitrário, porém, na verdade, mais do que agentes da arbitrariedade ou da legalidade estrita, eles eram árbitros do ilegalismo. Assim, nas numerosíssimas condenações de artesãos, era frequente que os representantes do poder régio interviessem para diminuir as multas[b]. Bois cita o caso de multas de cem libras reduzidas a uma libra ou alguns soldos[6]. Portanto, o poder intervinha como regulador desses ilegalismos, que atuavam uns com os outros[c].

Em terceiro lugar, [esse ilegalismo] era ao mesmo tempo econômico e político[d]. Sem dúvida, quando uma lei é evitada, quando se estabelece uma relação de mercado que escapa ao sistema regulamentar, seria possível dizer que nisso nada há de política, que se trata apenas de um jogo de interesses econômicos. No entanto, cada vez que alguém passa por cima de uma lei, viola um regulamento, o que se ataca não são tanto as coisas

a. O manuscrito (fol. 5) acrescenta: "se é que esse termo tem algum sentido numa monarquia absoluta sem instância legislativa no sentido próprio".
b. O manuscrito (fol. 5) acrescenta: "em função de interesses, pressões, riscos de agitação".
c. O manuscrito (fol. 5) acrescenta: "Esse poder, que será renegado depois como uma arbitrariedade que trombava com a legalidade, era antes uma arbitragem entre os ilegalismos. Ilegalismos que funcionavam positivamente no desenvolvimento da sociedade e da economia."
d. Manuscrito (fol. 6): "Esse ilegalismo, como se vê, não era absolutamente da ordem do direito comum, nem da ordem do político."

quanto a arrecadação sobre elas, a operação de poder exercido sobre elas, a instância regulamentar. Assim, entre o ilegalismo propriamente econômico e a transgressão quase política da autoridade do poder, há um *continuum*, e é difícil fazer distinção entre eles no ilegalismo popular do século XVIII[a]. Aliás, é possível ver suas duas extremidades. Houve um momento em que esse ilegalismo resvalou para aquilo que é propriamente a delinquência do direito comum: prisão por multa levando ao contrabando, à vagabundagem, à mendicância etc. No outro polo, esse ilegalismo tendeu para a luta mais propriamente política, quando assumiu formas coletivas contra novas medidas [ligadas à] degradação econômica: greve dos impostos, saque das arrecadações, sedição[7]. Por trás de tudo isso, havia a burguesia, que ocupava uma posição ambígua: apoiava essas lutas antilegais desde que elas lhes servissem, dava-lhe as costas quando caíam na criminalidade do direito comum ou quando assumiam a forma de lutas políticas. Aceitava o contrabando, recusava o banditismo; aceitava a recusa aos impostos, mas recusava o saque das diligências[b].

Em quarto lugar, [esse ilegalismo] era oscilante. Não se tratava de uma decisão tomada de uma vez por todas, de passar para o outro lado da lei e praticar a ilegalidade. Na verdade, havia todo um jogo entre o ilegalismo popular e a lei. Seria quase possível dizer que o respeito à legalidade não passava de estratégia no jogo do ilegalismo[c]. Quando ocorria um conflito nesse ilegalismo de dupla face, e as camadas populares percebiam que a burguesia as explorava, abandonavam o terreno desse ilegalismo e pediam proteção àqueles que eram os fiadores da legalidade: os agentes do poder régio[d]. Mas, quando a burguesia recorria à legalidade, porque precisava dela, quando o jogo do ilegalismo a levava a pedir a intervenção da legalidade, esta não se negava à burguesia ou aos privilegiados; em compensação, o aparato judiciário, não sendo controlado pelas camadas populares, na maioria das vezes ficava mudo diante das suas demandas;

    a. O manuscrito (fol. 6) acrescenta: "É verdade que em suas manifestações individuais ou até mesmo coletivas (quando havia recusa geral a aplicar um regulamento, a pagar um direito, um imposto), não havia confronto político (contra o regime, contra o rei). No entanto, todos esses ataques não eram voltados contra as coisas, mas contra poderes, contra instâncias regulamentares."

    b. O manuscrito (fols. 6-7) aqui faz referência a: "Mandrin. Esse ilegalismo mantém solidamente ligadas as duas pontas da cadeia: do banditismo à sedição. Acompanha o combate da burguesia extrapolando-o nas duas extremidades."[8]

    c. Manuscrito (fol. 7): "[O ilegalismo popular] constituía sobretudo um jogo complexo com os outros ilegalismos. Em especial, com aquele ao qual estava ligado: o ilegalismo burguês ou dos negócios."

    d. O manuscrito (fol. 7) acrescenta: "[nisso,] elas não faziam nada mais do que faziam as outras classes sociais, que também recorriam à justiça e acionavam o procurador ou o chefe de polícia".

donde a necessidade que elas tinham de reativar com seus próprios meios aquelas formas de legalidade. Assim, no século XVIII, assistiu-se a fenômenos como as revoltas frumentárias[9]. Quando os velhos regulamentos do mercado foram abandonados durante muitos anos, percebeu-se que a alta dos preços impedia a compra por parte dos pequenos compradores, e estes demandavam que tais regulamentos voltassem a vigorar; eles mesmos, numa espécie de misto de teatro e violência, foram reconstituir esse aparato judiciário que lhes faltava no momento em que precisavam dele. Restabeleceram as leis de mercado e as taxações. No limite dessa reativação, encontra-se o tribunal popular[10], maneira de reativar no seio do próprio ilegalismo aquela legalidade de que se tinha necessidade estratégica[a].

No geral, havia uma prática extensa de ilegalismo nos estratos populares, que correspondia aos outros ilegalismos; não é possível entender o funcionamento de um sistema penal, de um sistema de leis e interditos, se não nos interrogamos sobre o funcionamento positivo dos ilegalismos. É um preconceito de intelectuais acreditar que existem primeiramente interditos e depois transgressões, [ou] acreditar que há o desejo do incesto e depois o interdito do incesto; na verdade, se tivermos de entender e analisar um interdito em relação àquilo que ele proíbe, também será preciso analisá-lo em função daqueles que proíbem e daqueles sobre os quais incide a proibição. Mas também acredito que não se pode analisar algo como uma lei e uma proibição sem os situar no campo real do ilegalismo dentro do qual funcionam. Uma lei só funciona e só se aplica dentro de um campo de ilegalismo[b] que é efetivamente praticado e que, de certo modo, a sustenta. Tomemos, por exemplo, o caso do aborto: é evidente que a lei só pode funcionar desde que haja um campo de práticas ilegais que lhe possibilite ser aplicada. Ligar o funcionamento positivo do ilegalismo à existência da lei é uma das condições, infelizmente muito esquecida, para compreender seu funcionamento[11].

No fundo, a burguesia, apoiando-se ora num ilegalismo de privilegiados, com o qual ela tentava conseguir privilégios, ora num ilegalismo

---

a. O manuscrito (fols. 7-8) acrescenta: "Essa reativação da justiça pelas massas populares não traduziu um gosto inato, um sentido profundo das massas pelo exato funcionamento das instituições judiciárias. As massas não aspiravam ao tribunal; e não sentiam pelos juízes um amor que havia sido frustrado por muito tempo. O recurso à legalidade fazia parte do jogo de ilegalismo que elas praticavam, em sua aliança e seu conflito com as outras classes sociais."

b. Manuscrito (fol. 8):
"– por um lado, esse ilegalismo arranjou brechas, abriu canais, arrombou as portas pelas quais puderam ser estabelecidas as novas relações de produção;
– por outro lado, ele foi controlado, gerido e organizado por todo aquele aparato parajudiciário (intendentes, tenentes de polícia) que era o aparato correcional".
À margem: "método: funções positivas do ilegalismo".

popular, que constituía como que sua vanguarda de combate, conseguiu desequilibrar as formas jurídicas[a]. Tomando as coisas de cima, seria possível dizer o seguinte: para controlar o aparato jurídico do Estado, desde a Idade Média, a burguesia inventou três meios. Em primeiro lugar, apropriar-se do aparato judiciário: foi a venalidade dos cargos[12]. Em segundo lugar, introduzir-se no aparato estatal e regê-lo. Em terceiro, promover a prática do ilegalismo: deixar que outros estratos sociais o praticassem, de maneira que ela mesma pudesse praticá-lo num sistema funcional dos ilegalismos acumpliciados e, graças a isso, desequilibrar aquela legalidade que pudera servi-la, mas que se tinha tornado pesada demais para ela. A Revolução de 1789 foi o resultado final desse longo processo de ilegalismos acumpliciados graças aos quais a economia burguesa conseguiu abrir seu próprio caminho.

A partir daí é possível delimitar melhor o problema: no fim do século XVIII, esse aparato administrativo, policial, de vigilância extrajudiciária, que, como se percebe, funcionava não tanto como representante da legalidade, mas como instância de arbitragem dos ilegalismos, será transformado pela burguesia em aparato judiciário encarregado precisamente de livrá-la do ilegalismo popular. Esse aparato, que estava misturado ao sistema geral de ilegalismos, foi açambarcado pela burguesia, quando esta tomou o poder, e encarregado por ela de aplicar sua legalidade. Assim, esse elemento penitenciário, que, segundo acredito, funcionava na rede do não legal, será assumido e integrado no sistema da justiça, quando, precisamente, a burguesia já não puder tolerar o ilegalismo popular[b].

Por isso a pergunta: por que, nessa cumplicidade de ilegalismos, chegou um momento em que o ilegalismo burguês já não podia suportar o funcionamento do ilegalismo popular? Retomemos o caso do tecelão, que

---

a. O manuscrito (fol. 9) acrescenta: "que tinham conseguido protegê-la outrora (e das quais ela tinha vivido, apropriando-se dos cargos). Para controlar a lei, a apropriação individual fracassara: o ilegalismo acumpliciado conseguiu → Revolução".

b. O manuscrito (fols. 9-10) contém aí:
"Mas não basta dizer: a burguesia, depois de estabelecer sua própria legalidade, fez questão que ela fosse respeitada.
Depredação operária
Toda essa série de medidas desde Turgot até o início da Revolução demole:
– o conjunto de direitos que pesavam sobre a produção;
– o conjunto de regulamentos que limitavam suas formas, o desenvolvimento da produção.
O ilegalismo popular já não vinga.
Mas ao mesmo tempo estabelecem-se
– por um lado, uma forma juridicamente simplificada de propriedade;
– por outro, um modo de produção no qual todos os meios de produção estão reunidos nas mãos de uma classe social.
Com isso, as massas populares já não lidam com a hostilidade de leis, regras e direitos que pesam sobre [elas] (e contra os quais podem lutar com a ajuda dos outros): lidam com coisas, com coisas que não lhes pertencem, e que pertencem aos outros."

em meados do século XVIII possuía seu tear, suas ferramentas, sua matéria-prima, seu domicílio[a]. Comparemos com o operário do porto de Londres na segunda metade do século XVIII: nada lhe pertencia, [mas,] em compensação, ele tinha diante de si, nas embarcações e nas docas, uma riqueza que Colquhoun avaliou em 70 milhões de libras por ano[b]. Aquela fortuna estava ali, antes da comercialização e da transformação, em contato direto com os operários do porto. Nessas condições, o furto daquela fortuna assim exibida tornava-se inevitável, tudo aquilo estava "exposto aos furtos, não só em virtude da depravação de grande parte dos operários de todo tipo empregados a bordo, como também pelas tentações representadas pela confusão inevitável num porto cheio de gente, e pela facilidade de desfazer-se dos bens roubados"[14].

Ora, cabe notar, a propósito do funcionamento desses furtos, que estes não eram praticados de fora, ou seja, não eram desempregados e vagabundos que, passando por ali, se apoderavam das coisas; tais furtos passavam pelo canal dos próprios agentes encarregados de manipular a riqueza. Era um sistema de cumplicidades internas, e não um assalto externo. Das nove categorias de banditismo no porto, distinguidas por Colquhoun, sete implicavam a cumplicidade dos operários do porto[15]. Tem-se aí um sistema muito próximo do contrabando clássico dos séculos XVII e XVIII, que implicava a cumplicidade dos agentes da alfândega. Esse sistema também tinha seus circuitos de receptação e comercialização[16]. Esse sistema de roubo, ligado à presença das riquezas, era comparável ao do contrabando. Mais do que a quantidade das riquezas roubadas, talvez fosse notável e preocupante a sua forma: tinha-se, com efeito, toda uma atividade econômica coerente, subterrânea, parasitária. E tem-se a impressão de que o velho ilegalismo popular, tolerado pela burguesia, em vez de atacar como outrora os direitos e o poder que mantinha os direitos, atacava então a materialidade da fortuna burguesa. E era até obrigado a fixar-se nela: ao sair do artesanato, o operário já não estava em contato com a lei, mas com coisas que só eram regulamentadas pelo seguinte princípio: "isto não é seu". Enquanto, no sistema do artesanato, o operário estava em contato com coisas que lhe pertenciam em grande parte e através das quais lidava com um mundo regulamentar de poder, do qual ele podia tentar escapar precisamente praticando o ilegalismo, a partir do momento em que só tem uma riqueza diante de si, a única maneira de praticar o ilegalismo é depredando-a.

    a. O manuscrito (fol. 10) acrescenta: "Possuía tudo aquilo que tocava."
    b. O manuscrito (fol. 11) esclarece: "Colquhoun avaliava em 70.000.000. 13.500 navios carregam ou descarregam: 31 milhões de importação; 29 milhões de exportação; 9 milhões [de] cordame. A isso é preciso acrescentar os furtos nos armazéns da Marinha Real."[13]

Assim, pela força das coisas, com a instalação da base da economia capitalista, esses estratos populares, deslocando-se do artesanato para o salariado, foram também obrigados a deslocar-se da fraude ao roubo. Ora, na mesma época, os privilegiados, pelo mesmo mecanismo, também se viam sistematicamente transferidos da exação (fiscal, judiciária, senhorial) para a fraude. Eles, agora, reivindicavam o privilégio exclusivo de poder evitar a lei, escapar aos regulamentos, direito que assumiram duas vezes: na primeira, obtendo a possibilidade de não sofrerem os golpes da lei penal graças a alguns privilégios sociais; na segunda, obtendo o poder de fazer e desfazer a lei. Praticar a fraude e escapar à lei, portanto, teriam duas formas novas: fazer a lei e, por estatuto, escapar à lei. O poder legislativo estava assim profundamente ligado, na burguesia, à prática do ilegalismo[a].

Tem-se aí um processo que comandaria de longe toda a organização e todo o funcionamento do sistema penal e penitenciário, trazendo a clivagem entre as duas justiças. A partir daí, ocorreram alguns fenômenos importantes para a instauração desse sistema penal. Pode-se dizer que, ao se proletarizar, a plebe transferiu para a propriedade burguesa as técnicas e as formas de ilegalismo por ela criadas, em cumplicidade com a burguesia, durante todo o século XVIII. Por conseguinte, quando a burguesia constatou a transferência desse ilegalismo para a sua propriedade e temeu os seus efeitos, foi preciso reprimi-lo[b].

Daí decorreram algumas consequências. Primeiramente, a denúncia de todas essas formas socializadas de ilegalismo [e a denúncia] daquele que praticava a ilegalidade como inimigo social. Enquanto o delinquente do século XVIII, que praticava a fraude e o contrabando, não era um inimigo social porque possibilitava o funcionamento do sistema, no fim do século o delinquente era definido como inimigo público. Assim, percebe-se que a noção teórica de criminoso como alguém que rompe o contrato social foi reintegrada a essa tática da burguesia. Em segundo lugar, para destruir o grupo de ilegalidade, a aplicação sistemática, no início do século XIX, de meios como infiltrados, dedos-duros, alcaguetes[c]. Sem dúvida, no século XVII existiam alcaguetes que serviam essencialmente para a

a. O manuscrito (fol. 15) acrescenta:
"Delineiam-se os dois grandes tipos de delinquência que têm estatuto judiciário bem diferente: o roubo, como ilegalismo daquele que produz a partir de uma materialidade que não lhe pertence; [e] a fraude, como ilegalismo daquele para quem a riqueza está ligada à lei. Não que ela esteja submetida à lei, mas porque dá acesso à possibilidade de fazer e desfazer, de impor e evitar a lei.
Política ⟵⟶ fraude."
b. O manuscrito (fol. 15) acrescenta: "A burguesia ainda não escapara à predação feudal e já encontrava a depredação."
c. O manuscrito (fol. 16) acrescenta: "(que já não é o 'informante' do século XVIII)"[17].

vigilância; agora, a burguesia infiltrava seus próprios agentes nos grupos delinquentes[a]. Em terceiro lugar, a burguesia quis conseguir que, entre o operário e esse aparato de produção que ele tinha nas mãos, se introduzisse algo que não fosse apenas a lei negativa "isto não é seu". Era preciso que houvesse um suplemento de código que viesse completar e pôr em funcionamento essa lei: era preciso que o próprio operário fosse moralizado. No momento em que lhe era dito: "você só tem a força de trabalho e eu a compro a preço de mercado"[b], ao mesmo tempo que lhe punham nas mãos tanta riqueza, era preciso injetar na relação entre o operário e aquilo com que ele trabalhava toda uma série de obrigações e coerções que acompanhariam a lei do salário, que aparentemente era a simples lei do mercado[c]. O contrato salarial precisava vir acompanhado de uma coerção que era como que sua cláusula de validade: era preciso "regenerar", "moralizar" a classe operária. Assim ocorria a transferência do elemento penitenciário no qual uma classe social o aplicaria a outra: foi nessa relação de classe entre a burguesia e o proletariado que começou a funcionar o sistema penitenciário condensado e remodelado; ele viria a ser um instrumento político do controle e da manutenção das relações de produção. Em quarto lugar, para que esse suplemento de código pudesse funcionar efetivamente, para que o delinquente aparecesse realmente como inimigo social, era preciso algo mais: a separação efetiva, dentro dos estratos populares que praticavam o ilegalismo, entre delinquentes e não delinquentes. Era preciso que fosse rompida aquela grande massa contínua de ilegalismo econômico-político, que ia do crime de direito comum à sedição política, e houvesse, de um lado, aqueles que fossem puramente delinquentes e, de outro, livres da delinquência, aqueles que pudessem ser chamados de não delinquentes.

Assim, o que a burguesia queria fazer não era tanto eliminar a delinquência[18]. O essencial do objetivo do sistema penal era romper aquele *continuum* de ilegalismo popular e organizar um mundo da delinquência. Para tanto, houve dois instrumentos. Por um lado, um instrumento ideológico: a teoria do delinquente como inimigo social. Já não era aquele que lutava contra a lei, que queria escapar ao poder, mas aquele que estava em guerra com cada membro da sociedade. E o súbito rosto monstruoso as-

    a. O manuscrito (fol. 16) acrescenta: "instituição que correspondia exatamente a essas formas 'contrabandistas' de depredação [...]. Assim como a depredação se apoiava em elementos internos ao aparato de produção, a repressão se apoiaria em elementos internos ao aparato de depredação. O conluio entre polícia e ladrões retomava com outra forma o conluio agentes-fraudadores".
    b. O manuscrito (fol. 16) acrescenta: "mesmo que você morra de fome".
    c. O manuscrito (fol. 17) acrescenta: "que era seu indispensável complemento".

sumido pelo criminoso, no fim do século XVIII na literatura e entre os teóricos da penalidade, correspondeu à necessidade de rachar o ilegalismo popular. Por outro lado, instrumentos práticos. Como a burguesia materializaria e isolaria a delinquência?

O primeiro meio foi a prisão. Sua instituição acabava de ser definida, os primeiros estabelecimentos se abriam, e já se sabia que era sua propriedade levar de volta para a prisão aqueles que dela saíssem. O grande ciclo da reincidência foi imediatamente percebido e reconhecido; porque era preciso estabelecer um circuito fechado da delinquência para que esta se destacasse do grande fundo do ilegalismo popular. Assim, o confinamento da prisão deve ser entendido em dois sentidos: a prisão era onde se confinavam os delinquentes, mas era também o sistema por meio do qual a delinquência seria confinada como uma espécie de fenômeno social autônomo, bem fechado em si mesmo. O outro meio consistiu em estabelecer uma concorrência entre os delinquentes e aqueles que não o eram. Assim, o trabalho nas prisões foi apresentado como algo que concorria com o trabalho operário. Nas prisões do século XIX, as condições materiais nas quais os detentos se encontravam não eram piores que as condições de moradia e subsistência dos operários: essa espécie de concorrência na miséria também foi um dos fatores desse rompimento. Assim, o principal meio consistiu em fazer reinar entre delinquentes e não delinquentes relações de hostilidade real. Por isso, deu-se preferência a recrutar a polícia entre os delinquentes, e o exército, desde Napoleão, foi um meio de estancar a delinquência na sociedade e valer-se daqueles que tinham recusado aquela ética do trabalho que se tentava inculcar nos operários, contra os próprios operários no momento das greves e das revoltas políticas.

Prisões, colônias, exército, polícia[a] foram meios para romper o ilegalismo popular e impedir que suas técnicas fossem aplicadas à propriedade burguesa. Evidentemente, esses meios não estancaram inteiramente esse ilegalismo econômico (quebra de máquinas), social (constituição de associações), civil (recusa ao casamento)[b], político (rebeliões). Assim, o problema do ilegalismo continuou inteiramente na ordem do dia na história da classe operária durante o século XIX, mas essa história foi diferente da do século XVIII. No século XVIII, o ilegalismo funcionava com o ilegalismo burguês numa relação complexa; no século XIX, ao contrário, o ilegalismo operário foi o grande alvo de todo o sistema repressivo da burguesia. E pode-se dizer que a força da ideologia anarquista está ligada à persis-

---

a. Manuscrito (fol. 17): "Prisão, colônias, exército, polícia: recusa à ética do trabalho."
b. O manuscrito (fol. 18) acrescenta: "ilegalismo moral".

tência e ao rigor dessa consciência e dessa prática ilegalistas na classe operária – persistência e rigor que nem a legalidade parlamentar nem a legalidade sindical conseguiram absorver.

*
NOTAS

1. Cf. M. Foucault, *Théories et Institutions pénales*, curso citado, sétima aula, fol. 2: "todas as grandes fases de evolução do sistema penal, do sistema repressivo, são maneiras de responder a formas de lutas populares"; fol. 3: "O par sistema penal-delinquência é efeito do par sistema repressivo-[sistema] sedicioso. Efeito no sentido de produto, condição de manutenção, deslocamento e ocultação."

2. Foucault vai propor uma análise dos ilegalismos (ver nota seguinte e "Situação do curso", *infra*, pp. 261-3) mais precisa que a referência à noção de "plebe sediciosa", que era utilizada e bastante debatida pelos historiadores ingleses na época. Cf. E. P. Thompson, *The Making of the English Working Class*, *op. cit.*, p. 62: "Too often historians have used the term ['mobs'] lazily, to evade further analysis, or [...] as a gesture of prejudice." O sistema penal, para Foucault, não é resultado do medo provocado pela "plebe sediciosa", mas sim pela industrialização da fortuna burguesa, que vai exibir sua riqueza diante das classes populares e, portanto, colocá-la à sua disposição; cf. "Situação do curso", *infra*, p. 258. Numa entrevista concedida alguns meses depois, Foucault "retifica" seu próprio uso da expressão "plebe sediciosa": "Na verdade, não acredito que o essencial seja tanto o problema da plebe sediciosa, mas o fato de que a fortuna burguesa, em decorrência das próprias necessidades do desenvolvimento econômico, foi investida de maneira que ela estava nas mãos daqueles mesmos encarregados de produzir. Todo trabalhador era um possível predador. E toda criação de mais-valia era ao mesmo tempo a oportunidade ou, em todo caso, a possibilidade de eventual subtração" (M. Foucault, "À propos de l'enfermement pénitentiaire", *loc. cit.* [*DE*, II], ed. 1994, p. 438/"Quarto", vol. I, p. 1306).

3. Essa análise do ilegalismo popular – e do ilegalismo de modo geral – passará a ser um tema fundamental no pensamento de Foucault sobre o sistema penal e será desenvolvida durante os meses seguintes e em *Surveiller et Punir*. Foucault elabora esse tema em várias entrevistas da mesma época. Cf. "À propos de l'enfermement pénitentiaire", *loc. cit.*, pp. 435-6/pp. 1303-4: "[...] em todo regime os diferentes grupos sociais, as diferentes classes e as diferentes castas têm seu próprio ilegalismo. No Antigo Regime, esses ilegalismos tinham chegado a um estado de relativo ajuste [...]. Todos aqueles ilegalismos, evidentemente, agiam uns contra os outros [...]. A burguesia, em certo sentido, precisava do ilegalismo popular. Portanto, estabelecia-se uma espécie de *modus vivendi*. E acredito que o que ocorreu foi que, quando a burguesia tomou o poder político e pôde adaptar as estruturas de exercício do poder a seus interesses econômicos, o ilegalismo popular que ela tolerara, ilegalismo que, de certo modo, encontrara no Antigo Regime uma espécie de espaço de existência possível, tornou-se intolerável para ela; e ela precisou absolutamente amordaçá-lo. E acredito que o sistema penal, sobretudo o sistema geral de vigilância elaborado no fim do século XVIII e no início do século XIX, em todos os países da Europa, é a sanção para um fato novo: o fato de que o velho ilegalismo popular, tolerado em algumas de suas formas durante o Antigo Regime, se tornou literalmente impossível; foi preciso submeter à vigilância generalizada todos os estratos populares". Cf. também *Surveiller et Punir*, *op. cit.*, pp. 84-91 e 277-82.

4. O livro em questão é a tese de doutorado em letras de Paul Bois, *Paysans de l'Ouest. Des structures économiques et sociales aux options politiques depuis l'époque révolutionnaire dans la Sarthe*, *op. cit.* (*supra*, p. 38, nota 20). Foucault baseia-se na análise do capítulo XI do segundo livro: "Les tisserands. Étude sociale" [Tecelões. Estudo Social], pp. 515-43.

5. O regulamento geral de 1748 enunciava, em especial, os modos de fabricação. Cf. R. Musset, *Le Bas-Maine. Étude géographique*, Paris, Armand Colin ("Bibliothèque de la Fondation Thiers"), 1917; H. E. Sée, *Les Origines du capitalisme moderne*, Paris, A. Colin ("Collection Armand Colin: Section d'histoire et sciences économiques" 79), 1926, pp. 102-14 [trad. bras.: *As origens do capitalismo moderno*, Rio de Janeiro, Fundo de Cultura, 1959]; F. Dornic, *L'Industrie textile dans le Maine et ses débouchés internationaux (1650-1815)*, Le Mans, Pierre-Belon, 1955; P. Bois, *Paysans de l'Ouest*, pp. 518 ss. Para uma publicação mais recente, cf. R. Plessix, "Les tisserands du Haut-Maine à la fin du XVIIIe siècle", *Annales de Bretagne et des pays de l'Ouest*, t. 97(3), 1990, pp. 193-205: "Les industries textiles dans l'Ouest, XVIIIe-XXe siècles".

6. Cf. P. Bois, *Paysans de l'Ouest*, pp. 528-9.

7. Cf. E. P. Thompson, "The Moral Economy of the English Crowd", art. citado (*supra*, p. 38, nota 20).

8. Essa referência ao grande bandido na tradição de Robin Hood será retomada em *Surveiller et Punir*, p. 86, ao tratar dos ilegalismos populares.

9. Cf. E. P. Thompson, "The Moral Economy of the English Crowd".

10. Sobre a questão dos tribunais populares, cf. *supra*, pp. 73-4, nota 32.

11. Tema retomado em *Surveiller et Punir*, p. 23.

12. Cf. *ibid.*, pp. 82-3 e 220-1.

13. Cf. P. Colquhoun, *Traité sur la police de Londres*, trad. fr. citada, t. I, pp. 296-7: "valores das mercadorias importadas 30.957,421 1b"; "valores das mercadorias exportadas 29.640,568"; "valores de carcaças, cordame, massame e provisões [...] 8.825,000"; "Total geral [...] 70.267,989 1b."; "Comércio exterior e de cabotagem [...] 13.268 [navios]"; *ibid.*, t. II, p. 401: "durante o período de um ano, entram no porto de Londres ou dele saem 13.000 embarcações mercantis [...] e o valor das mercadorias assim importadas ou exportadas equivale a mais de *70 milhões de libras esterlinas*" (grifo no texto).

14. P. Colquhoun, *ibid.*, t. I, p. 298. Foucault acrescenta no manuscrito (fols. 11-12) outras duas citações de Colquhoun: "Ora, diz Colquhoun, nessa situação, como o operário reagirá: 'a analogia que esses operários viam entre pilhagem e contrabando, bem como o costume que durante muito tempo tiveram de exercer a pilhagem sem enfrentar oposição, levaram milhares deles a dedicar-se a essa espécie de banditismo'" (*ibid.*, t. II, p. 19); e "'sua analogia com o contrabando (pelo menos na mente daqueles que a exerciam [pilhagem] os havia familiarizado com essa espécie de delito cuja gravidade eles não percebiam'" (*ibid.*, t. I, p. 289). Foucault prossegue: "Não há, portanto, diferença entre atentado ao regulamento e atentado à propriedade; entre transgredir a lei e roubar as coisas. Mas não é simplesmente uma confusão na esfera da percepção. É a transferência de todo um sistema de comportamento" (fol. 12).

15. No manuscrito, Foucault dá dois exemplos daquelas formas de banditismo que supunham a cumplicidade ou eram obra direta dos marinheiros e dos empregados do porto. O primeiro exemplo é o das "cotovias da lama [que], a pretexto de procurarem ferro-velho, conseguiam que lhes jogassem produtos" (fol. 13). Colquhoun descreve esse tipo de banditismo como algo resultante de um acordo lucrativo entre os empregados do porto, em especial toneleiros, que conseguiam "pequenos sacos de açúcar, café, pimenta, gengibre" por meio das "cotovias da lama (*mudlarks*)", que alegavam escarafunchar a lama em busca de velhos cabos e de ferro, "mediante uma parte do butim" (*Traité sur la police de Londres*, t. I, pp. 315-6).

O segundo exemplo é o da "cavalaria ligeira [que], a pretexto de revender o produto do direito ao 'refugo' (açúcar), obtinha grandes quantidades dele" (fol. 13). A descrição apresentada por Colquhoun (*ibid.*, t. I, pp. 306-9) do banditismo dessa cavalaria ligeira (*light horsemen*) evidencia a cumplicidade das duas partes na perpetração desse ilegalismo, cuja fonte está num "conluio feito entre os contramestres das embarcações das Índias Ocidentais e os receptadores vizinhos da margem, que tinham o costume de assediá-los, pretextando a compra daquilo que era chamado de *refugo*, ou restos e migalhas de açúcar que ficavam na estiva ou nas entrecobertas, depois da retirada da carga. Uma parte dos contramestres reivindicava esse refugo, como se lhes pertencesse, embora essa pretensão fosse contrária às regras expressas e reiteradas, estabelecidas pela comissão de negociantes" (p. 306).

16. Foucault indica no manuscrito, acerca dos circuitos de comercialização do contrabando, que eles operavam em dois níveis: "– receptadores retalhistas. Compravam diretamente objetos variados. Um terço do preço. // – receptadores a granel (especializados) que revendiam a varejistas, a empreendedores ou ao Estado. // – carroças que faziam a coleta em torno de Londres. // 3.000 receptadores em Londres" (fol. 13). Colquhoun descreve essa "classe" de traficantes receptadores (*Traité sur la police de Londres*, t. I, p. 105), no terceiro capítulo de sua obra (*ibid.*, pp. 104 ss.). Divide-os em duas classes, "*comerciantes a granel e comerciantes retalhistas*" (*ibid.*, p. 106) e indica que "o número desse flagelo da sociedade subiu progressivamente de trezentos para três mil só na capital" (*ibid.*, p. 16).

Foucault acrescenta: "Esse contrabando tinha sua própria linguagem, mas principalmente sua própria moeda. F[alsa] M[oeda] // 40 a 50 fábricas na Inglaterra // Um dos fabricantes fez 200.000 libras em sete anos. // Circuitos que interferiam nos dos receptadores ('judeus'). // Colquhoun avalia em 0,75% o valor das depredações em relação ao valor das riquezas expostas. Com isso, caso o lucro fosse de 10%, ter-se-ia uma depredação de 7,5%" (fols. 13-14). Colquhoun descreve os detalhes desse "terrível flagelo", bem como a fabricação da moeda falsa no capítulo VII do primeiro volume (*Traité sur la police de Londres*, t. I, pp. 234 ss.), depois de fazer uma descrição mais genérica deles no primeiro capítulo (*ibid.*, pp. 20-6). Colquhoun associa os "judeus" (assim como os "irlandeses") ao dinheiro falso: "Os irlandeses das últimas classes e os judeus alemães são os principais agentes utilizados para a distribuição do dinheiro falso em Londres" (*ibid.*, p. 261). No que se refere ao valor dos furtos, Colquhoun escreve: "se pensarmos, além disso, que, por mais considerável que seja o prejuízo provocado pelo banditismo, ele não alcança muito mais de *três quartos por cento* do valor total dos produtos assim expostos, dificilmente poderemos nos recusar a adotar uma avaliação que, segundo os esclarecimentos contidos nesse capítulo, não parecerá de modo algum exagerada" (*ibid.*, p. 295; grifo no texto).

17. Foucault voltará ao papel dos delinquentes como alcaguetes e provocadores na vigilância policial dos séculos XVIII e XIX em *Surveiller et Punir*, p. 285 e n. 2.

18. Cf. M. Foucault, "*Il faut défendre la société*", *op. cit.*, [aula] de 14 de janeiro de 1976, pp. 28-30, *v.* p. 30: "A burguesia desdenhava os delinquentes, sua punição e sua reinserção, que não tinha muito interesse econômico. Em compensação, do conjunto dos mecanismos pelos quais o delinquente era controlado, seguido, punido, reabilitado, depreendia-se para a burguesia um interesse que funcionava dentro do sistema econômico-político geral."

AULA DE 28 DE FEVEREIRO DE 1973

(B) França (continuação). O moral fincado no penal. 4. Depredação camponesa: no século XVIII, ilegalismo como elemento funcional da vida camponesa; fim do século XVIII, abolição dos direitos feudais; no século XIX, exploração mais cerrada. O caso da exploração das florestas. Novo ilegalismo contra o contrato; contestação e litígio civil. 5. Consequências: 1/ exército como foco e comutador dos ilegalismos; 2/ o ilegalismo como fulcro da Revolução; 3/ uma resposta burguesa maciça e programada: a classe baixa como "raça abastardada". O novo personagem do delinquente: selvagem, imoral, mas regenerável por meio da vigilância. – Reflexões: a inteligência da burguesia; a burrice dos intelectuais; a seriedade da luta.

Tentei responder à questão da transferência do elemento penitenciário para o aparato penal mostrando que a noção de "plebe sediciosa" não era suficiente para resolver os problemas. Introduzi no lugar dela uma noção mais operacional, a de ilegalismo popular. Ora, parece-me que durante o Antigo Regime esse ilegalismo formou sistema com os ilegalismos das outras classes sociais e, acoplado com mais precisão e mais proximidade com o ilegalismo burguês, favoreceu o desenvolvimento da sociedade capitalista. Por fim, a partir de certo momento, esse ilegalismo deixou de ser tolerável para a classe que acabava de tomar o poder, porque a riqueza, em sua materialidade, estava espacializada segundo novas formas[1] e corria o risco de ser atacada de frente por um ilegalismo popular que já não se chocava com o sistema das leis e dos regulamentos do poder, mas com os bens dela em sua própria materialidade[a].

Os estratos populares transferiam para o próprio corpo da riqueza as técnicas do velho ilegalismo e podiam responder à burguesia: acaso não

---

a. O manuscrito (fol. 2) acrescenta: "e [porque], a essa riqueza assim disposta no espaço, os operários aplicaram formas de ilegalismos derivadas do antigo ilegalismo. Porto de Londres: as técnicas do contrabando que se opunham ao pagamento de direitos, serviços, impostos, em suma, às *cobranças do poder*, agora se opõem à materialidade da fortuna burguesa. Colquhoun, textos sobre o contrabando".

transgredimos juntos as leis, não pilhamos juntos as riquezas? A isso a burguesia respondia que durante o Antigo Regime atacavam-se regras, leis, abusos injustificáveis, que então se tratava de poder, portanto de política, ao passo que, agora, o ataque era a coisas, propriedades e, por conseguinte, ao direito comum, ao direito natural. Outrora, atacavam-se abusos de poder; agora, transgredindo o direito, manifestava-se um desvio de moral[a]. É nesse ponto que se finca o sistema de correção moral no sistema penal. Assim, Colquhoun diz: "Contudo, podemos nos gabar de que se aproxima a época [...] em que a adoção das ideias [...] relativamente *a um sistema de penitência* bem entendido poderá contribuir para acelerar a regeneração dessa classe miserável e desgarrada, que pode ser olhada como o rebotalho da sociedade."[2]

A essa análise pode-se objetar o caráter limitado do exemplo escolhido e o fato de que o único vínculo que a população urbana tinha com a fortuna burguesa era a lei de propriedade: "isto não é seu". Na verdade, essa camada da população era muito restrita em relação ao conjunto demográfico do século XVIII. Ora, será possível explicar um fenômeno tão geral quanto o estabelecimento de uma nova penalidade a partir apenas do exemplo desse embrião de classe operária? Não será atribuir ao "grande medo", que efetivamente ocorreu no século XIX, um processo que na verdade transcorreu no século XVIII?

Vou então referir-me a um exemplo de ilegalismo rural e usar como epígrafe dessa análise um texto que figura numa brochura anônima: "O camponês é um animal malvado, ardiloso, uma fera, um semicivilizado; não tem coração, probidade nem honra; deixar-se-ia arrastar com frequência à ferocidade, caso os outros dois estados não arremetessem impiedosamente contra ele e não o reduzissem à impossibilidade de executar o crime que gostaria."[3]

* * *

[b]Na forma rural, o ilegalismo popular sofreu a mesma transformação do ilegalismo urbano. No século XVIII, era um elemento funcional da vida camponesa. Toda uma série de tolerâncias permitia a subsistência da parcela mais pobre: alqueives, landas e bens comunais constituíam bolsões de ilegalidade dentro do espaço campesino. O contrabando de produtos submetidos a impostos indiretos (sal, tabaco) também tinha pontos de

---

a. No manuscrito (fol. 2), esse trecho, apresentado na forma de réplica atribuída à burguesia, termina assim: "Agora vão fazer penitência."
b. Manuscrito (fol. 5), subtítulo: "*Depredação camponesa*".

apoio na sociedade campesina. Aliás, o ilegalismo rural se comunicava com o dos proprietários e nele se apoiava. Ora, na segunda metade do século XVIII, esboça-se uma espécie de mudança de *front*, efeito de um lento processo, que consiste: primeiramente na pressão demográfica crescente; em seguida, a partir de 1730, no aumento dos rendimentos fundiários que torna a terra um bem economicamente interessante; por fim, numa grande demanda de terras para investimento. Chega-se assim, com a Revolução Francesa, à abolição dos direitos feudais, a grandes transferências de propriedades. No fim do século XVIII, a propriedade fundiária encontra-se no regime do contrato simples. Ora, precisamente, no exato momento em que, com esse triunfo do contrato, desaparece todo o velho arcabouço de direitos feudais e a terra passa a um sistema puramente contratual da propriedade, esta se torna menos acessível à massa camponesa por ser objeto de compras mais ou menos intensas e porque esse novo sistema de apropriação jurídica despoja e pauperiza ainda mais os trabalhadores diaristas, os pequenos proprietários que até então podiam viver graças a esses bolsões de ilegalidade. O novo regime de propriedade provocou o desaparecimento dos direitos comunitários, das landas, e tendeu à exploração mais intensa das terras.

O exemplo[a] mais notável é a exploração das florestas, que a partir daí ganhou ritmo mais acelerado. Essa floresta, que fora lugar de refúgio e sobrevivência, tornou-se propriedade explorável e, portanto, vigiada[b]. Sem dúvida, a fortuna fundiária, diferentemente da riqueza industrial, não mudou de lugar; no entanto, o espaço rural modificou-se, pois, à medida que a propriedade entrava no regime contratual, multiplicavam-se todos os instrumentos que garantiam sua proteção: proibições de passagem, muros etc. Em suma, foi subvertido todo o espaço de trânsito e de sobrevivência precária que era o espaço rural, e isso tornou impossíveis e intoleráveis todos os ilegalismos rurais. Entende-se assim por que o ingresso da fortuna burguesa no sistema jurídico contratual provocou como que um imenso ricochete do ilegalismo. Foram as grandes vagas de errantes do fim do século XVIII, a intensificação dos velhos ilegalismos camponeses, as re-

a. O manuscrito (fol. 6) menciona em primeiro lugar o exemplo do "desaparecimento dos alqueives".

b. O manuscrito (fols. 6-7) desenvolve: "Novo modo de exploração das florestas: mais intensivo por causa das novas necessidades; instalação de vidrarias, forjas nos limites ou no interior das florestas. A velha floresta (com ritmo de exploração secular), lugar de refúgio, tolerância e sobrevivência não só para os marginais, mas também para os habitantes mais pobres (que lá faziam pastagens, pegavam madeira e caçavam furtivamente), tendeu a tornar-se propriedade explorável e vigiada. Acrescentar a isso os fenômenos mais diretamente ligados à Revolução: elevação dos preços agrícolas (proveitosa apenas para os camponeses suficientemente abastados para vender); desconfiança em relação à moeda ruim (que provoca o açambarcamento)."

voltas frumentárias, as taxações espontâneas em [benefício] dos camponeses mais pobres etc. Assim, as mais antigas práticas de ilegalismo popular foram reativadas nos anos que antecederam a Revolução Francesa. Também houve tentativas de continuar explorando os velhos direitos consuetudinários, as velhas tolerâncias, apesar da nova legislação. Desse modo, a Revolução Francesa foi agitada por essas micro-histórias. Essa explosão de ilegalismo[a] nada mais era que reação espontânea a formas jurídicas novas que tornavam impossíveis os antigos ilegalismos e, também nesse caso, punham de certa maneira a propriedade fundiária num embate direto com aqueles que eram excluídos dela e já não tinham sobre ela sequer os direitos tolerados da vida comunitária ou do ilegalismo aceito. Essa prática do ilegalismo camponês animou a Revolução Francesa (como mostram os episódios da Vendeia e do sul da França[5]) e a provocou, uma vez que esta, em boa parte, foi feita para dominar esse movimento.

Tomemos alguns exemplos desse ruído de fundo do ilegalismo rural. O intendente da Provença escreveu a Necker, na primavera 1789: "Eu poderia citar várias comunidades nas quais o camponês devastou e pilhou tudo; ele ataca o burguês, o artesão e o nobre indistintamente. É ele que reina, e são os bandidos que dirigem e estão à frente do populacho."[6] No ano III, quando se percebeu que o Código Rural de 1791 não tinha efeito real sobre esse ilegalismo, projetou-se modificá-lo; o autor de um desses projetos disse o seguinte: "É inconcebível, digo, como os aldeões têm pouco respeito pelas propriedades: as proibições mais categóricas não os detêm [...] somos pilhados, devastados e arruinados sem sabermos na maioria das vezes a quem devemos acusar."[7] No ano VI, no volume I dos *Anais de agricultura*, encontra-se o seguinte: "Outrora, sem dúvida, o excesso de avidez tornava alguns agricultores odiosos para a classe pouco abastada; hoje veem-se homens dessa classe pouco abastada que procuram apropriar-se daquilo que pertence aos agricultores. Os erros de outrora não justificam os de hoje."[8]

Percebe-se portanto que, assim como o salário, o contrato redistribuiu a ação da lei, do ilegalismo, do indivíduo e do próprio corpo da riqueza.

a. O manuscrito menciona outros exemplos dessa "imensa explosão de ilegalismo campesino", algumas das quais "com mais violência", como revoltas, "taxação espontânea" e "pilhagem dos açambarcadores"; outros na forma de "tentativas para dar continuidade à vigência de direitos consuetudinários e de antigas tolerâncias, na forma de depredações voluntárias (direitos de passagem ou pedágio; respiga)"; "ataques diretos aos novos açambarcadores de terra ou às suas colheitas"; e "formas extremas de banditismo e de sedição econômico-política do oeste e do sul da França (entre [17]93 e [17]99)"[4].

O manuscrito (fol. 8) acrescenta: "Mas ele [o ilegalismo campesino] enquadrou, animou e extravasou a Revolução. E, se até certo ponto provocou a Revolução, foi porque essa revolução burguesa, urbana e jurídica, estava destinada a detê-lo."

Acredito que a análise da penalidade, se feita corretamente, ou seja, se relacionada com o ilegalismo, deve levar em conta sempre os seguintes quatro elementos que estão efetivamente em jogo nessa parte da luta pelo ilegalismo: a lei, a prática ilegal, o indivíduo e o corpo da riqueza. O contrato redistribuiu a ação entre esses elementos, mas de maneira mais ambígua do que o salário. Porque, no fim das contas, a plebe urbana foi coagida a assalariar-se, e, nessa nova interação que se estabeleceu entre os indivíduos e o corpo da riqueza, estes foram coagidos; ao contrário, o contrato como forma jurídica da propriedade rural provocou de fato algumas coerções, mas ao mesmo tempo era desejável por livrar de direitos e obrigações antigas, despojar a propriedade de todas as coerções feudais; por isso, o contrato como via de acesso à propriedade foi desejado pelo campesinato. Mas ao mesmo tempo introduziu no mundo rural dificuldades, riscos, reações de defesa, cálculos que provocaram um novo ilegalismo camponês, que se desenvolveu nesse novo mundo do contrato. Isso com duas formas: um ilegalismo contra o contrato, ou seja, contra a propriedade, que praticaria o saque puro e simples dos bens, das colheitas; [e] um ilegalismo que investiria o contrato a partir de dentro e tentaria modificá-lo: entrava-se então no mundo da contestação e do litígio.

Por isso, enquanto o ilegalismo urbano necessariamente foi alvo de penalidades, o ilegalismo rural acabou se introduzindo em grande parte no direito civil, não sem provocar dificuldades e sofrimentos. Balzac descreveu os sofrimentos provocados pelos contratos de casamento, de comércio[9]. Também seria preciso descrever os sofrimentos devidos ao contrato rural que incidiu sobre a propriedade camponesa e a regeu. Na verdade, isso foi descrito por Pierre Rivière, por exemplo, que, a partir de sua experiência de pequeno camponês normando, contou os sofrimentos [ligados a] esse contrato[10]: para escapar ao recrutamento, [seu pai] se casou e assinou o contrato de casamento; esse contrato, ilegalista em si mesmo por ser uma maneira de contornar a lei, revelou-se cheio de ciladas[a].

* * *

Portanto, é possível depreender alguns pontos. Em primeiro lugar, a fortuna burguesa, do modo como estava se estabelecendo tanto na forma industrial e comercial quanto na forma rural, mal tinha escapado da dilapidação feudal graças à Revolução deparou com a dilapidação popular e

---

a. O manuscrito (fol. 13) acrescenta: "Pierre Rivière: contrato-ilegalidade (para evitar o exército); contrato cheio de armadilhas formadas por um punhado de ilegalismos; contrato do qual não é possível livrar-se ou que não é possível rescindir pelo assassinato. Toda uma enfiada de pequenos ilegalismos contratuais, no maior dos crimes."

com os ilegalismos rural e urbano. Estes se comunicavam por meio de outro ilegalismo, o do exército. Os grandes exércitos no fim do século XVIII eram um foco perpétuo de reiteração, de comunicação dos ilegalismos, servindo ao mesmo tempo de freio, ao absorver todos aqueles que tinham caído numa situação de ilegalidade, ou reprimindo as formas mais extremas do ilegalismo[11]. No entanto, desempenhavam ainda mais um papel de aceleração, pois garantiam a impunidade daqueles que se tornavam soldados, davam àqueles que entravam para suas fileiras hábitos de pilhagem e vagabundagem; enfim, provocavam uma grande quantidade de ilegalismos como a recusa à conscrição, que se multiplicou a partir do ano II. Serviam enfim de comutador entre os ilegalismos rural e urbano, pois, com seus deslocamentos populacionais, redistribuíam os camponeses pelas cidades, e a plebe urbana pela zona rural, por meio do sistema de deserções. Esse foi também o problema da Inglaterra, como diz Colquhoun em seu *Tratado sobre a polícia da metrópole*: "É verdade que, durante os três primeiros anos da guerra atual, muitos criminosos, vadios e pessoas que viviam na desordem foram recrutados para o serviço de terra ou de mar [...] quantas precauções será necessário tomar antes do retorno da paz!"[12]

Em segundo lugar, eu gostaria de insistir num ponto a partir do qual podemos tentar compreender os problemas que apresentei. Em geral se vê o ilegalismo pré-revolucionário como consequência de uma série de crises do poder, das instituições, da legalidade: as velhas legalidades se tornaram obsoletas em vista do surto econômico e, antes que dessem lugar à nova legalidade, teria havido essa grande explosão de ilegalismo. Na verdade, gostaria de mostrar que o nascimento da sociedade industrial não abalou simplesmente a ordem das legalidades, mas todo aquele sistema de ilegalismos tradicionais e sólidos, graças aos quais consideráveis massas da população podiam viver. No fim do século XVIII, os ilegalismos assim ameaçados pelas novas formas da sociedade passaram à revolta. O ilegalismo, portanto, não é apenas a forma extrema e popular do ímpeto revolucionário, é aquilo que está em jogo nesse mesmo ímpeto. Todos os grandes movimentos procuravam a manutenção do ilegalismo como prática à qual se tinha direito. Observe-se o que ocorreu na Vendeia com aquela recusa à nova legalidade[13]. Tratava-se da luta contra um sistema de apropriação incompatível com o antigo jogo dos ilegalismos, e, se os revoltosos da Vendeia se declaravam partidários do Antigo Regime, decerto não o faziam por algum amor positivo à lei, a todo aquele sistema regulamentar e àquele jogo de exações que estavam ligados a tal regime, mas queriam voltar a um regime que possibilitasse o funcionamento de alguns ilegalismos necessários à existência da comunidade camponesa. [a]Nas cidades, as

a. O manuscrito (fol. 17) acrescenta: "o exemplo inverso:".

taxações espontâneas, a pilhagem dos açambarcadores e os tribunais populares eram uma maneira de impor, na forma de nova legitimidade, as práticas populares que eram as antigas práticas do ilegalismo popular.

Terceira consequência: nesse surto ilegalista, não só em termos de forma, mas sobretudo de objetivo – pois visava à manutenção daquele ilegalismo que já não ameaçava as velhas estruturas do feudalismo, mas o próprio corpo da riqueza social –, a burguesia respondeu com uma gigantesca operação que constituiu um cerco penal e penitenciário ao ilegalismo popular em geral[a]. Esse cerco foi perfeitamente programado. Suas fórmulas fundamentais são encontradas nos textos do fim do século XVIII e do início do século XIX. Assim, tem-se uma trama de teorias e de práticas penais que designam o infrator como inimigo da sociedade em geral e toda uma prática da correção que considera o infrator menos como inimigo do que como alguém sobre quem se pode agir, que se pode transformar moralmente, corrigir. A junção entre a definição jurídico-penal do infrator como inimigo social e a definição do correcionário como indivíduo por transformar ocorre em vários discursos que tornam teórica e discursivamente aceitável a grande instauração do sistema penitenciário do século XIX. Essa junção consiste, primeiramente, em afirmar que todo ilegalismo faz parte, de modo preferencial, se não exclusivo, de uma única classe social, a dos trabalhadores; em segundo lugar, em declarar que esse ilegalismo é produto dessa classe, uma vez que esta não está realmente integrada na sociedade; por fim, em dizer que essa recusa ao pacto social, própria à classe mais baixa, é uma espécie de delinquência primária, selvagem, própria de uma camada da população ainda próxima do instinto e da vida em natureza: são os inimigos do próprio corpo da riqueza[b].

Essa qualificação da classe dos trabalhadores como objeto privilegiado da transformação penitenciária para a integração num pacto social constitui a junção ideológica, pré-institucional, que tornará aceitável toda a organização do sistema penal e penitenciário. [Podemos nos remeter a vários textos.] O primeiro [data de] 1772: um texto no qual os agentes da Fazenda Geral escrevem ao intendente de Auvergne para se queixarem da indulgência dos juízes de Clermont em relação aos contrabandistas: "eles [os juízes de Clermont] precisam considerar os contrabandistas de sal e contrabandistas em geral menos como intrusos que procuraram compartilhar uma porção dos benefícios da Fazenda e mais como perturbadores do sossego público"[14]. Isso significa que os magistrados os viam como

---

a. O manuscrito (fol. 17) indica com um acréscimo entrelinhas que essa vasta operação da burguesia, que "deverá ser estudada", "foi programada numa operação ideológica que existe".

b. O manuscrito (fol. 18) acrescenta: "Temos ainda selvagens entre nós. Transformar o ilegalismo em delinquência, a liberdade social em perigo social."

intrusos que, no sistema da predação feudal, iam colher sua parte daquilo que fora cobrado sobre a riqueza, em suma, arrecadadores suplementares, e, nesse caso, não havia por que os tratar como criminosos: eram apenas coletores ilegais de impostos. Ora, era preciso tratá-los como perturbadores do sossego público, ou seja, delinquentes que punham em perigo a sociedade inteira. Tal era o programa: transformar em inimigo social o intruso do sistema da predação feudal. Em 1768, a Fazenda de Auvergne, para separar o contrabandista Montagne de seus apoios populares, se propôs imprimir um falso panfleto no qual se contavam pseudodelitos deste, para transformar a imagem do contrabandista, positiva para os camponeses, na imagem negativa de um criminoso: "Foram publicadas essas notícias, foram atribuídos a ele alguns roubos cuja veracidade, para dizer a verdade, é bastante incerta; Montagne foi apresentado como uma fera que devia ser caçada. Como em Auvergne todos têm cabeça quente por natureza, essa ideia pegou, e vários responderam que, se Montagne passasse por suas terras, o matariam como a um animal selvagem e nocivo[a]." Tem-se aqui também a transformação do personagem do ilegalismo tolerado em personagem que já é o delinquente monstruoso com o qual lidarão a penalidade, a criminologia e a psiquiatria do século XIX. Essa conversão é resultado de uma estratégia perfeitamente combinada.

Trinta anos depois, em 1798, os efeitos dessa operação apareceram num relatório sobre o banditismo no sul da França: "Considerando os assassinatos e os delitos aos quais nenhuma noite ainda emprestara suas sombras, delitos cujo relato espantará todas as terras em todos os séculos; considerando que canibais que a natureza se envergonha de ter posto dentro da classe dos humanos [...]."[16] [Também aparecem num] texto de Target, jurista do Antigo Regime, encarregado de 1802 a 1804 de elaborar o primeiro projeto de código penal, que será retomado em 1808[17]. Em sua apresentação, encontra-se visivelmente formulada a maioria das operações reais que a legislação penal depois porá em prática: "[S]uponham uma vasta região cuja imensa população seja formada, de certo modo, por povos diversos que só tenham em comum o centro da autoridade e esteja dividida em inumeráveis classes, umas esclarecidas pelas luzes, aperfeiçoadas pela educação, abrandadas pela sociabilidade, enobrecidas pelos sentimentos morais; outras degradadas pela miséria, aviltadas pelo desprezo e imersas por muito tempo em antigos hábitos ou crimes ou faltas; a cada dia se assistirá ali ao aflitivo contraste entre as virtudes mais honrosas e os vícios mais baixos. Ali, perto da elevação da coragem, da generosidade e do heroísmo, serão observados com repugnância o egoísmo, a

---

a. Manuscrito (fol. 18): "Em 1768: Boletim de propaganda contra Montagne."[15]

insensibilidade, a abjeção e até a atrocidade. Ali, almas duras, secas, ferozes, desprovidas de ideias morais, só obedecerão às grosseiras sensações; preguiça, devassidão, avidez e inveja mostrar-se-ão inimigas irreconciliáveis da sabedoria e do trabalho, da economia e da propriedade. Ali, proliferarão delitos e crimes de todas as espécies, não tanto na massa da nação quanto na escória daquela população alheia ao caráter geral, formada à margem do verdadeiro povo pela força das circunstâncias e dos hábitos acumulados durante séculos. Quase sempre, para tal nação, as penas deverão ser dosadas com base na natureza dessa raça abastardada, foco dos crimes, cuja regeneração mal e mal se deixa entrever, após uma longa sequência de anos do governo mais sábio [...]."[18]

Percebe-se nesse texto, em primeiro lugar, a equiparação entre o ilegalista e o novo personagem do delinquente, que constitui – com quem o cerca – uma população estrangeira. Em segundo lugar, uma população que é estrangeira porque selvagem: ao mesmo tempo abastardada e primitiva, degenerada e mais próxima da natureza e dos instintos. Esse caráter de selvageria é determinado pela imoralidade: como desapareceu o selvagem que, em sua primitividade, era portador da moral em estado puro, a selvageria se manifesta pela imoralidade. Em terceiro lugar, em relação a essas classes que se opõem, o poder político é definido como um árbitro. A função do poder é definida em relação a esse confronto entre as classes e para proteger uma classe da outra. Finalmente, a ideia de regeneração dessa classe primitiva e abastardada pela intervenção do poder político e pela vigilância perpétua possibilita articular a teoria do delinquente como inimigo social com a prática da correção[a].

Se insisti nesse texto, sobre o caráter preliminar da operação ideológica como condição de aceitabilidade de algumas operações, foi por várias razões[b]. Em primeiro lugar, esse texto é de prodigiosa lucidez. Sempre se tem o hábito de falar da "burrice" da burguesia. Pergunto-me se o tema da burrice burguesa não é um tema para intelectuais[c]: estes imaginam que os comerciantes são limitados, os endinheirados são cabeçudos e os que estão no poder são cegos. A salvo dessa crença, aliás, a burguesia é de uma inteligência notável. A lucidez e a inteligência dessa classe, que conquistou e manteve o poder nas condições que conhecemos, produzem realmente efeitos de burrice e cegueira, mas onde, a não ser precisamente

---

a. Manuscrito (fol. 18), à margem: "Articulação inimigo social-correção."

b. O manuscrito contém, depois da última folha numerada (fol. 18), três folhas não numeradas, a primeira das quais contém: "Ap. a[ula] nº 9". A primeira linha contém: "N.B. Um texto como o de Target merece atenção mais demorada: [...]"

c. Sem a modulação de crença apresentada no texto datilografado, o manuscrito contém: "para artistas, intelectuais, filósofos" (Ap. aula nº 9, primeira folha).

na comunidade dos intelectuais? É possível definir os intelectuais como aqueles sobre os quais a inteligência da burguesia produz efeito de cegueira e burrice[a]. Além disso, tudo o que estava ocorrendo naquela implementação do sistema penal foi dito: o princípio da análise em forma da busca do não dito não será próprio daqueles que não são capazes de enxergar onde está o cinismo efetivo da classe dominante? Não há necessidade do silêncio do não dito para precipitar o entendimento, a profundidade do intérprete, que encontraria aquilo que os outros não disseram. Na verdade os outros sempre disseram [tudo]. O problema, portanto, não é ir buscar nas lacunas de um texto a força ou o efeito do não dito[19]. Por fim, isso implica que nunca será em textos de um autor ou numa obra que se irá buscar esse dito, esse cinismo e essa inteligência[b]. Se a burguesia parece burra, é porque os vestígios de sua inteligência ou de sua burrice são buscados naquela categoria de discursos muito escolarizados que se chamam obras dos autores, textos. Todas essas categorias – autores, escritores, obras, textos – são aquilo que a escolarização da sociedade isolou em relação à massa ativa e estratégica dos discursos. Um texto é um discurso que perdeu seu contexto e sua eficácia estratégica. Uma obra é um discurso que foi vinculado por um lado a um autor e, por outro, aos significados implícitos de um não dito.

"A burguesia é burra", "as coisas não são ditas", "o importante são as obras" – essas três proposições[c] comandam a análise textual, que é preciso abandonar. Dizer que as coisas estão ditas é admitir o princípio do cinismo da burguesia e dimensionar a amplitude desse poder contra o qual se luta.

a. O manuscrito acrescenta:
"– Como detém o poder, ela [a burguesia] pode ser cínica.
– O desenvolvimento da exploração com[ercial] e do exercício do poder cria saber. Aqueles que o negam são cômicos. Não reconhecem a seriedade da luta" (Ap. aula nº 9, primeira folha).
b. Manuscrito: "Não se trata aí de um autor, de uma obra, de um texto. Ao tema 'artístico' de que a burguesia é burra, corresponde o tema professoral de que só uma coisa conta (o autor, o escritor, a obra, o texto), de que eles é que nos dominam e fazem nossa lei; de que são eles que nos engajam. Kant nos prendeu, Kierkegaard nos libertará. Essas noções são produto da 'escolarização' do discurso; do engendramento de objetos destinados à explicação escolar. Pouco importa se nos colocamos em uma extremidade da série ou na outra, no lado do autor ou no do texto, no lado da expressão ou no do estudioso, no lado da [psicologia] ou na retórica: de qualquer maneira, a série inteira é um produto da escolarização do discurso. Escolarização que permite, por um lado, esquivar-se de todos os discursos que estejam fora dos textos e, principalmente, mascarar o papel, a posição, a função dos discursos em estratégias e em lutas" (Ap. aula nº 9, primeira e segunda folha).
c. Manuscrito:
"As três proposições estão ligadas:
– a burguesia não é burra: princípio de luta;
– as coisas estão completamente ditas: princípio de cinismo;
– o importante não são as obras" (Ap. aula nº 9, segunda folha).

Admitir que o importante são os discursos é recolocar o discurso onde, efetivamente, ele pode ser atacado: não em seu sentido, não pelo que ele não diz, mas no nível da operação que ocorreu através dele, ou seja, em sua função estratégica, a fim de desfazer aquilo que o discurso fez. Portanto, deixemos de lado as obras e os textos e estudemos de preferência os discursos nas funções ou nos campos estratégicos em que eles produziram seus efeitos[a].

*

NOTAS

1. Cf. M. Foucault, "À propos de l'enfermement pénitentiaire", *loc. cit.* (*DE*, II), p. 436/p. 1304: "Durante o Antigo Regime, a fortuna era essencialmente fundiária e monetária [...]. Mas, quando a fortuna burguesa foi investida em grande escala numa economia de tipo industrial, ou seja, investida em fábricas, ferramentas, máquinas, máquinas-ferramenta, matérias-primas, estoques, e tudo isso foi posto nas mãos da classe operária, a burguesia literalmente pôs sua fortuna nas mãos do estrato popular."
2. P. Colquhoun, *Traité sur la police de Londres*, trad. fr. citada, t. II, p. 165 (grifo no texto original).
3. No manuscrito, Foucault se refere a uma "Brochura anônima, 2ª metade do século XVIII, sul da França" (fol. 4) que, conforme mencionado no texto datilografado (p. 132), é "citada por Agulhon, *La Vie sociale en Provence*, 1970". Maurice Agulhon, em *La Vie sociale en Provence intérieure au lendemain de la Révolution* (*op. cit.* [*supra*, pp. 38-9, nota 22], p. 180), cita esse trecho; ele o atribui a "um [arlesiano] anônimo [...] em 1752" e esclarece sua origem: "Num manuscrito da biblioteca de Arles, citado por G. Valran, *Misère et Charité en Provence au XVIIIe siècle*, p. 29." Nesta última obra, *Misère et Charité en Provence au XVIIIe siècle. Essai*

---

a. O manuscrito termina da seguinte maneira:
"Isso porque a burguesia, do ponto de vista das obras das quais está ausente, pelo menos como burguesia, é em primeira análise burra, muda e teimosa. Mas, se quisermos vê-la em ação, no interior de suas decisões, em sua agilidade estratégica, na formação ininterrupta de seu saber, então será preciso recorrer ao que não está nos textos. É fora dos textos [que] a coisa acontece, é dita e é vista. No texto, a coisa dorme, se esconde; não se diz. É normal que a busca do não dito seja afinal o grande modo de análise do texto. [Tornando-se] afinal interpretativo. A análise do que está fora do texto, ao contrário, tem o papel de fixar a função e o papel estratégico dos discursos nas lutas. Nisso estão ligados a dadas operações que eles possibilitam ou de que fazem parte ou são consequência.
Opor a série texto-não dito-interpretação à série fora do texto-ato discursivo-estratégia. Isso possibilita discernir posições, alianças, bloqueios, pontos fortes e fracos. Em suma, fazer uma crítica que faça parte imediatamente das lutas. Fazer assim uma história da moral 'fora do texto'[20]:
• autos de processo
• [laudos] de perícias médico-legais
• casos de consciência
• relatórios policiais
• documentos de todas as sociedades moralizadoras
• atas de todas as instâncias [dirigentes].
Isso não seria a arquitetura dos sistemas de moral; nem a doxologia das opiniões sobre a moral. Seria a história da moral como estratégia" (Ap. aula nº 9, segunda e terceira folhas).

d'histoire sociale, Paris, Arthur Rousseau, 1899, Gaston Valran atribui esse trecho a "uma testemunha ocular e anônima, um burguês (presume-se), pois é animado por vivo ressentimento contra a nobreza e contra os camponeses" (p. 28).

    4. Sobre o banditismo em geral, cf. M. Agulhon, *La Vie sociale en Provence intérieure*, pp. 367-404.

    5. É possível que Foucault aqui faça referência à repressão militar ao banditismo relatada por Agulhon (*ibid.*, *loc. cit.*), mas a justaposição com a Vendeia aponta mais para a insurreição federalista. Após o golpe jacobino contra os girondinos na Convenção em 2 de junho de 1793, numerosas administrações departamentais em que os girondinos estavam bem implantados opuseram-se a Paris. Em especial no sul, Lyon, Marselha, Bordeaux e Toulon tornaram-se centros de uma tentativa de reconquista do poder. Os jacobinos e os representantes da Convenção foram expulsos de tais locais e às vezes executados. Lyon, Marselha e depois Toulon foram retomadas pelos exércitos revolucionários, dando ensejo a sangrentas repressões. Um decreto de 12 de outubro de 1793 enunciava assim em seu artigo 3º: "A cidade de Lyon será destruída. Tudo o que foi habitado pelo rico será demolido." Foi no cerco a Toulon que se mostrou pela primeira vez o gênio militar de Napoleão Bonaparte, então jovem oficial da artilharia. Cf. H. Wallon, *La Révolution du 31 mai et le fédéralisme en 1793*, Paris, Hachette & Cie, 1886, 2 vols.; C. Riffaterre, *Le Mouvement antijacobin et antiparisien à Lyon et dans le Rhône-et-Loire en 1793*, Lyon, A. Rey, 2 vols., 1912 e 1928.

    6. Esse trecho é citado em *La Vie sociale en Provence intérieure*, p. 182. Maurice Agulhon o situa da seguinte maneira: "na primavera de 1789 a luta entre os diferentes 'estados' é várias vezes indicada nas cartas do intendente a Villedeuil e a Necker – 27 e 30 de março". Agulhon dá como fonte os Arquivos Departamentais de Bouches-du-Rhône, 4110. Cf. M. Cubells, *Les Horizons de la liberté. Naissance de la Révolution en Provence (1787-1789)*, Aix, Edisud, 1987, pp. 92-109.

    7. Foucault, em seu manuscrito (fol. 9) faz referência a uma "Brochura anônima. Ano III (pouco antes do voto do decreto de 20 messidor, que completou o Código Rural de [17]91)". Esse texto provém de uma brochura de 12 páginas de F. L. Lamartine, *Mémoire sur une question d'agriculture et d'économie politique, relative à la cotisation des prairies artificielles et aux moyens de pourvoir à leur conservation* (Dijon, Desay, março de 1793), in *L'Esprit des journaux français et étrangers*, Paris, Valade, 1795, t. V, set.-out. 1795, pp. 119-20.

    8. Cf. H.-A. Tessier, *Annales de l'agriculture française, contenant des observations et des mémoires sur l'agriculture en général*, Paris, Huzard, 1797 (Ano VI), 4 vols.: t. I, p. 371.

    9. Cf. H. de Balzac, *Le Contrat de mariage* [*O contrato de casamento*] (1835), *Eugénie Grandet* (1834) e os outros textos reunidos em "Cenas da vida da província" da *Comédia humana*. Na aula de 7 de março (*infra*, p. 166, nota 3), Foucault abordará o tema das classes perigosas e laboriosas – tema central do historiador Louis Chevalier, autor de *Classes laborieuses et Classes dangereuses à Paris, pendant la première moitié du XIXe siècle*, Paris, Plon, 1958. É interessante notar o tratamento que Chevalier dá à obra de Balzac e compará-lo com essa análise de Foucault; cf. L. Chevalier, *op. cit.*, ed. Paris, Hachette, 1984, pp. 133-50.

    10. Cf. *Moi, Pierre Rivière, ayant égorgé ma mère, ma soeur et mon frère. Un cas de parricide au XIXe siècle*, apresentado por M. Foucault, Paris, Gallimard (col. "Archives" 49), 1973, pp. 73-148 ("La mémoire") [trad. bras.: *Eu, Pierre Rivière, que degolei minha mãe, minha irmã e meu irmão: um caso de parricídio do século XIX*, Rio de Janeiro, Graal, 2012].

    11. O manuscrito menciona: "Vendeia, Sul da França". Cf. acima, p. 46 e nota 5.

    12. P. Colquhoun, *Traité sur la police de Londres*, t. I, pp. 138-9.

    13. Existe uma historiografia abundante e contraditória sobre as causas dessa revolta, que parece estar ligada às esperanças frustradas de regiões pobres, onde os camponeses, mal suportando o peso dos impostos, não dispunham dos meios necessários para se beneficiarem da venda dos bens nacionais; ao recrutamento de voluntários para o exército; bem como à substituição do clero refratário, numa região extremamente católica. Cf. E. Gabory, *Les Guerres de Vendée*, Paris, Robert Laffont, 2009 [1912-1931]; L. Dubreuil, *Histoire des insurrections de*

l'Ouest, Paris, Rieder, 2 vols., 1929-1930; G. Walter, *La Guerre de Vendée*, Paris, Plon, 1953; C. Tilly, *La Vendée. Révolution et contre-révolution*, Paris, Fayard, 1970.

14. *Inventaire sommaire des Archives départementales antérieures à 1790, Puy-de-Dôme: C 1516 a C 2817*, arquivistas Michel Cohendy e Gilbert Joseph Rouchon, vol. II, Clermont--Ferrand, Imprimerie et lithographie G. Mont-Louis, 1898, série C (Intendance d'Auvergne), C 1660 (Liasse), 769-779 ("Contrebandiers").

15. Foucault mencionará esse episódio em *Surveiller et Punir, op. cit.*, p. 70, onde dará como referência: "Archives du Puy-de-Dôme, citado *in* M. Juillard, *Le Brigandage et la Contrebande en Haute-Auvergne au XVIIIe siècle*, Aurillac, Imprimerie moderne, 1937, p. 24."

16. Arquivos departamentais, Acórdão de 26 vendemiário do ano VIII, série L, f°s. 49-51 ss., citado *in* abade Maurel, *Le Brigandage dans les Basses-Alpes*, Marselha, P. Ruat, 1899, parte II, cap. II.

17. Foucault situará Target na categoria dos grandes "reformadores", ao lado de figuras como Beccaria, Servan e Duport. No manuscrito da aula de 7 de março (*infra*, pp. 157 ss.), ele descreve Target como "um jurista do Antigo Regime, que se tornou legislador durante o Império" (fol. 1). Cf. *Surveiller et Punir*, p. 77; cf. também *ibid.*, pp. 82, 84, 95, 280.

18. Foucault voltará a algumas expressões mencionadas nesse trecho sobre Target, em especial a "raça abastardada", em *Surveiller et Punir*, p. 280, e dará como referência (*ibid.*, p. 95): "G. Target, *Observations sur le projet du Code pénal*, in Locré, *La Législation de la France*, t. XXIX, pp. 7-8". Cf. M. Target, "Observations sur le Projet de Code criminel", *in* Jean-Guillaume Locré, *Législation civile, commerciale et criminelle, ou Commentaire et complément des Codes français*, Bruxelas, Société typographique belge, 1837, t. XV, pp. 2-16, espec. p. 5.

19. É possível que Foucault, com suas referências ao "não dito", esteja fazendo alusão à análise que Louis Althusser propõe em "Du 'Capital' à la philosophie de Marx" (*in* L. Althusser, E. Balibar, R. Establet, P. Macherey e J. Rancière, *Lire le Capital*, Paris, Maspero, 1968 [1965], 2 vols.) [trad. bras.: "De *O Capital* à filosofia de Marx", in *Ler o* Capital, Rio de Janeiro, Zahar, 1979], da leitura por Marx da obra de Adam Smith. Inspirada pela psicanálise, a "leitura '*sintomal*' [...] revela o irrevelado no texto que ela lê e o relaciona com *outro texto*, presente de uma ausência necessária no primeiro" (*ibid.*, vol. 1, pp. 28-9). "A partir de Freud começamos a desconfiar do que quer dizer escutar, portanto, falar (e calar-se); que esse '*querdizer*' do falar e do escutar revela, por trás da inocência da fala e da escuta, a profundidade designável de um segundo, de um discurso *completamente outro*, o discurso do inconsciente" (*ibid.*, pp. 12-3; grifo no texto).

20. Essa análise de Foucault em termos de "fora do texto" evidentemente é suscitada pela obra de Jacques Derrida, *De la grammatologie*, Paris, Minuit, 1967, p. 227 [trad. bras.: *Gramatologia*, 2ª ed., São Paulo, Perspectiva, 2011]; cf. também, do mesmo autor, *Limited Inc*, Paris, Galilée, 1990, p. 273 [trad. bras.: *Limited inc.*, Campinas, Papirus, 1991].

AULA DE 7 DE MARÇO DE 1973

Analogias entre Target e os quakers. *(I) O medo no começo do século XIX: 1/ ligado aos novos modos de produção; medo do operário, de seu desejo, de seu corpo; 2/ baseado na realidade; 3/ medo da classe laboriosa; 4/ pelo fato de que "eles" não trabalham o suficiente. Ameaça ao aparato capitalista. O sistema penal visa o corpo, o desejo, a necessidade do operário. Duas exigências: livre mercado e disciplina. Carteira profissional do operário. (II) Dualismo penal: o duplo* front *da penalidade. 1. Recodificação dos delitos e das penas: homogênea, positiva, coercitiva, representativa, eficaz. 2. Integração de um condicionamento moral: circunstâncias agravantes e atenuantes; vigilância; casas de correção; reeducação. – Dualidade direito-correção. Criminologia: discurso que garante a transcrição dessa dualidade. Monomania. – Simbiose da criminologia com o sistema penal.*

O texto de Target[1] definia o lugar do poder político entre duas classes, uma portadora de virtudes, de valores do bem, e a outra caracterizada pelos vícios com os quais era animada, pela imoralidade, pelo fato de ser considerada estranha ao próprio corpo da sociedade, como se formasse uma espécie de nação enxertada a partir de fora na nação real. Ora, tem-se na imagem do poder como árbitro uma espécie de eco daquilo que se encontrou na teoria política dos *quakers*, que apresentavam o Estado como uma espécie de instância indispensável para absorver, dominar o mal na sociedade e pôr esta última a serviço do bem. Percebe-se que no texto se delineiam a divisão da sociedade em duas classes; a imputação de dissidência social a uma dessas classes; a acusação de falha moral na classe dissidente; e um medo social contra o qual o autor recorre à autoridade do Estado, que deveria dominar e corrigir essa imoralidade.

* * *

Gostaria de voltar a esse medo que me parece ter desempenhado papel determinante na organização do sistema penal do século XIX. Tem-se o costume de descrever esse medo social, primeiramente, como essencialmente ligado ao processo de urbanização, ou seja, à chegada às cidades de toda uma população flutuante, expulsa pela pobreza e pelo novo regime da propriedade, população já desempregada, perigosa e marginal, oposta à população laboriosa. Sua imagem é a dos trapeiros de Paris que se revoltaram em 1832². Sua imagem teórica se encontra no livro de Frégier de 1840 sobre as classes perigosas³ e em Sue, onde há o jogo perpétuo do operário virtuoso e das classes perigosas ([por exemplo, em seu romance] *Le Juif errant* [*O judeu errante*])⁴. Em seguida, descreve-se esse medo como um medo fantasístico, em parte físico e em parte político[a], mais do que um medo determinado por uma percepção lúcida dos processos sociais. Sem dúvida se encontram expressões disso, por exemplo em 1840, nos sermões do abade Le Dreuille: os ricos devem ter mais medo do que pensam; "Ali [entre os operários], as necessidades são inúmeras e os projetos são mais numerosos que as necessidades; os sonhos de organização são discutidos em meio à agitação, vinganças são preparadas nas trevas [...]. Mas, ficai sabendo: começam a cansar-se de esperar e, se não se tomar cuidado, no ano que vem, amanhã talvez, escalando o precipício, aparecendo terrível na beira do abismo transposto, o povo temível, sacudindo a resignação como poeira imunda [...], respirando a vingança implacável, surgirá como o anjo exterminador no meio de vossos ricos palacetes, de vossas moradas suntuosas"⁵.

Mas, embora possa ser aplicada aos anos 1840-1845, essa análise não me parece exata para o início do século. Na época era de outro tipo o medo que se encontrava naqueles que faziam a lei e que se mostrava na superfície do discurso decisório. Em primeiro lugar, era um medo ligado não tanto ao processo de urbanização quanto ao novo modo de produção – ou seja, à acumulação do capital que agora estava investido de modo visível, na forma de materialidade tangível e acessível, em estoques, máquinas, matérias-primas, mercadorias –, [e] ao salariado que punha o operário, despojado de toda e qualquer propriedade, em contato com a riqueza. O medo estava ligado a essa presença física do corpo do operário, de seu desejo, ligado ao próprio corpo da riqueza. Em segundo lugar, esse medo não era fantasístico, era perfeitamente fundamentado: a riqueza burguesa, assim exposta, assumia novos riscos, desde a erosão cotidiana do roubo até as grandes destruições coletivas de máquinas. O perigo representado pela classe operária no limite da miséria não era fantasístico. Em terceiro lugar,

---

a. Manuscrito (fol. 3): "Como um misto de medo físico e político. Irrupção do proletariado cabeludo que pode ter aterrorizado os burgueses. Um jogo, um avatar da literatura de terror: ao fantasma do Castelo de Otranto, ao maldito de Lewis, sucederia o proletário."

aquele medo, inicialmente, não se dirigia àquelas categorias marginais, nos limites da cidade e da lei; no início do século XIX já não se temiam tanto os ociosos e os mendigos, mas aqueles que trabalhavam e estavam em contato com aquela riqueza. Aquela classe era perigosa por ser laboriosa[6], e foi só como efeito de todo um processo de seleção, no qual o sistema penal seria peça fundamental, que se viu surgir, por volta de 1840, toda uma série de discursos que ao mesmo tempo constituíam o efeito da divisão e tinham a função de reativá-la. Assim, o texto-ficção de Frégier construía a categoria da classe perigosa[7]. Antes dessa divisão, a classe laboriosa era a classe perigosa[8]. [Prova disso, por exemplo, é] esse texto de um médico que em 1830 descreve as classes sociais em Brest: a que possui "a delicadeza de pensamento e elevação de alma"; a dos "operários inteligentes e hábeis, que são calmos, pacíficos, conciliadores"; a dos proletários, "de uma amplitude proporcionalmente imensa, que, com algumas honrosas exceções, possui a profunda ignorância, a superstição, os hábitos ignóbeis e a depravação de costumes dos filhos da floresta. Impossível exprimir o que têm de vulgaridade, rusticidade, imprevidência e prodigalidade em meio a alegrias burlescas e orgias. Suas moradas são compostas de velhos pardieiros e águas-furtadas expostas ao vento, sujas, deterioradas e exíguas, onde, amontoada e vivendo de cada dia, ela prolifera abundantemente em vergonhosa nudez, insultando o pudor com seu cinismo e entregando à comiseração pública ou ao asilo público milhares de vítimas de sua dissipação ou de sua degeneração"[9]. Em quarto lugar, aquele medo não visava apenas as grandes monstruosidades, as agitações políticas, mas o cerne do perigo estava aquém até do ilegalismo: algo que ainda não era sequer infração. Perigoso era o operário que não trabalhava o suficiente, que era preguiçoso, embebedava-se, ou seja, tudo aquilo com que o operário praticava o ilegalismo, dessa vez não em relação ao corpo da riqueza patronal, mas ao seu próprio corpo, àquela força de trabalho de que o patrão se considerava uma espécie de proprietário, pois a comprara mediante o salário, sendo dever do operário oferecer sua força de trabalho num mercado livre.

Por conseguinte, tudo aquilo que podia atingir não só o capital acumulado da fortuna burguesa, mas também o próprio corpo do operário como força de trabalho, tudo o que podia subtraí-la à utilização pelo capital seria considerado como tal ilegalismo infralegal, grande imoralidade, aquilo sobre o que o capitalismo tentaria exercer domínio: um ilegalismo que não era infração à lei, que era uma maneira de subtrair as condições do lucro. E no fim do século XVIII e no início do século XIX vemos o aparecimento de formulações estranhas que consistiam em dizer que um operário preguiçoso "subtrai"ª. Ele subtrai aquilo que deve ao patrão, aquilo que poderia ganhar para sua família. A imoralidade operária é constituída por tudo aquilo com que o operário se esquiva da lei do mercado de trabalho, do modo como o capitalismo quer constituí-la.

O medo burguês social e cotidiano, do modo como funcionava no início do século XIX – período de organização dos sistemas penais –, tinha como base não tanto as classes marginais e perigosas quanto a classe dos trabalhadores como foco permanente e cotidiano de imoralidade. Fosse na forma da relação que o corpo do operário mantinha com a riqueza, fosse na maneira como a força de trabalho era utilizável ao máximo, era sempre o corpo do operário em sua relação com a riqueza, com o lucro e com a lei que constituía o grande jogo em torno do qual se organizaria o sistema penal. Daí a necessidade da criação de um aparato que fosse suficientemente refinado e profundo para atingir o próprio foco daquele ilegalismo: o corpo, o desejo, a necessidade do operário.

No momento em que estabeleceu o código civil que devia reger o contrato entre proprietários, a burguesia definiu um código penal que teria como função superficial punir aquilo que fosse infração ao contrato, porém, mais profundamente, atingir na medida do possível aquele foco de imoralismo que punha em xeque o corpo do operário e sua relação com a riqueza, o lucro e a lei, bem como constituir não mais um contrato, e sim um hábito: ao contrato do proprietário deveriam corresponder os bons hábitos do operário[b].

Ora, no momento em que esse projeto se delineou tão claramente, percebeu-se a dificuldade: por um lado, havia um aparato produtivo que

a. Manuscrito (fols. 5-6):
"Ora, com o salariado e o desaparecimento de todo o tecido regulamentar que cercava a atividade artesanal, o que se tornou temível não era a infração à lei, mas a esquiva àquilo que lhe era apresentado como obrigatório; que era simplesmente exigência e necessidade do patrão. Preguiça, impontualidade, abandono do trabalho, essa era a forma altamente temível do ilegalismo operário. Ilegalismo que não era infração à lei ou maneira de esquivar-se a ela. Ilegalismo que começava abaixo da lei, antes dela. Recusa de adesão no nível pré-legal. Em suma, imoralidade, preguiça, impontualidade, indelicadeza."

b. Manuscrito (fols. 6-7):
"Tem-se afinal um processo complexo:
– reconhecimento de duas classes e de seu confronto em torno do aparato de produção;
– impossibilidade de tolerar no ilegalismo proletário as margens que eram concedidas ao ilegalismo popular;
– medo desse ilegalismo, medo que assume a forma inicial de acusação geral de incapacidade moral;
– enfim, necessidade de instauração de um aparato obrigatoriamente complexo, múltiplo em seus pontos de aplicação, que deve garantir ao mesmo tempo:
• proteção do aparato produtivo
• repressão ao ilegalismo
• equipamento moral do proletariado."

corria alguns riscos [por causa]ᵃ daqueles que estavam em contato com ele, e, por outro, havia forças produtivas, com o corpo do operário, que, [por causa]ᵇ do próprio operário, estavam expostas a alguns perigos. Para proteger esse aparato produtivo, possibilitar o seu desenvolvimento, a burguesia adotou um Estado forte. Ora, no momento em que surgiu essa necessidade de proteger o aparato de produção, para seu funcionamento, para a constituição e o crescimento do lucro, a burguesia precisou da colaboração dos operários, do livre mercado de trabalho, da possibilidade de abastecer-se como queria naquele livre viveiro de mão de obra. Precisava que a compra e o uso que ela fazia daquela força de trabalho, que, no entanto, ela queria proteger, ficassem à mercê da lei da livre concorrência. Por um lado, era preciso o desenquadramento legislativo dos operáriosᶜ, era preciso que o operário ficasse no limite da indigência para que os salários fossem os mais baixos possíveis; por outro, no momento em que quem trabalhava estava reduzido à miséria, era preciso que a propriedade não ficasse exposta às necessidades dele. Esse era o problema que se apresentava ao sistema penal: era preciso uma solução para que ficassem livres de quaisquer entraves as condições de utilização da força de trabalho, e que se desse proteção à materialidade do aparato de produção e ao vigor das forças de produção.

Existe um texto de Regnaud de Saint-Jean-d'Angély, legislador do Consulado e do Império, que considera os meios de recobrar o domínio sobre os operários[10]. Há, por um lado, a solução da força militarᵈ, mas ela não era boa; por outro lado, o retorno às corporações, maneira de recodificar a vida do operário até a sua trama mais cotidiana, mas isso seria descumprir a lei Le Chapelier[11], com o risco de perturbar o mercado de trabalho. A solução preconizada foi então a da caderneta[12]. Assim, em 1803, esse texto definia os dois grandes limites da penalidade do regime capitalista: uso da força militar, que tem a vantagem de proteger diretamente o aparato produtivo, e o corporativismo. (A solução fascista utiliza os dois.) Foi entre esses dois limites que o século XIX definiu um conjunto de soluções que pode ser caracterizado por várias coisas.ᵉ

 a. Texto datilografado (p. 149): "da parte de".
 b. Texto datilografado (p. 149): "da parte de".
 c. Manuscrito (fol. 7): "O desenquadramento legislativo dos operários era necessário para a economia de mercado e para a construção do lucro capitalista no momento em que seu aparato de produção se expunha ao ilegalismo, à imoralidade operária."
 d. O manuscrito (fol. 8) acrescenta: ": proteger o aparato produtivo deixando desenvolver-se o desemprego; deixando as condições de utilização da força de trabalho o mais favoráveis possível para os empregadores".
 e. O manuscrito (fol. 8) acrescenta: "Todo o aparato penal foi feito para atender a essas duas exigências."

* * *

Os dois *fronts* da penalidade[a]: aqui não se trata da ambiguidade que caracteriza todos os sistemas penais e em virtude da qual aqueles que formulam a lei a formulam e a fazem funcionar de modo que eles possam escapar dela na prática, organizando uma espécie de bolsão estatutário de ilegalismo. Assim, no Código Penal francês redigido em 1810, as penas por associação não eram as mesmas para os operários e para os patrões[13]; do mesmo modo, havia todo um jogo entre prisão e multa[14]. Esse [último] termo quer dizer aqui que, na própria redação do Código Penal, havia dois *fronts* táticos, independentemente da distinção teoria/prática. Por um lado, uma [espécie] de recodificação geral do sistema dos delitos e das penas, que tinha a função de absorver todas as regiões nas quais se constatasse o ilegalismo popular. Apresentava várias características: era um conjunto de leis homogêneas que recusava explicitamente qualquer referência àquilo que pudesse ser uma lei religiosa, uma lei natural, uma lei moral. Não se tratava de punir uma falta. O artigo primeiro definia a infração como aquilo que era punido pela lei; e a diferença entre contravenção, delito e crime não remetia a uma lei natural: contravenção era aquilo que era punido por uma pena de polícia simples; delito, por uma pena correcional; crime, por uma pena infamante. Portanto, era a pena, o próprio exercício da penalidade, que definia a natureza da falta. Era um código no qual a arbitrariedade, a capacidade de decisão do juiz, era reduzida ao mínimo. Em 1791, o juiz só podia fazer uma coisa: depois de ter constatado a materialidade e a imputabilidade da infração, aplicava a pena prevista para o delito. Era um código no qual se recorria à participação do cidadão na qualidade de "representante da sociedade"[15], pois desejava-se precisamente que a justiça não fosse um poder ao lado dos poderes legislativo e executivo, mas o próprio exercício do direito que a sociedade tem de julgar cada um de seus membros; é um direito da sociedade sobre si mesma. Por fim, o que constituía a eficácia desse código não devia ser a severidade da lei, mas o caráter inevitável da pena, uma vez cometido o delito; ao código devia somar-se o exercício de uma polícia judiciária. Nisso, a legislação de 1810 não era diferente em seus princípios gerais daquilo que os teóricos do século XVIII reivindicavam; estes queriam uma lei[b] penal que não fosse baseada numa lei natural, mas na vontade da sociedade.

a. Manuscrito (fol. 9), subtítulo: *"Dualismo penal"*.
b. Manuscrito (fol. 11): "[uma] lei própria a uma sociedade; inevitavelmente aplicada com o mínimo de intervenção do juiz; a lei representava não uma lei natural, religiosa ou moral, mas apenas a utilidade social".

Mas, [por outro lado,] se o mais perigoso não era o ilegalismo, atingido diretamente pelas leis, porém a imoralidade, que dizia respeito ao corpo, à necessidade, ao desejo, aos hábitos e à vontade, seria preciso procurar integrar na penalidade todo um conjunto de condicionamento moral. Assim, no momento em que, em seu texto, o código parecia só falar de lei positiva, percebe-se o surgimento de algumas medidas que permitiriam o controle e a coerção moral. Não eram dois aparatos diferentes, mas um único assim tramado; por exemplo, artigos do Código Penal sobre a vagabundagem[a], delito definido pelo fato de não haver domicílio fixo e de haver deslocamento sem documentos, sem que a pessoa pudesse reconhecer alguém como senhor. Havia também elementos que indicavam a instauração de um controle moral, toda uma série de medidas que cuidavam da própria moralidade do indivíduo.

Assim, embora o Código se abstivesse de punir em nome da lei moral, abria a possibilidade de punir segundo a moralidade, que era assim uma modulação legal da lei: a reincidência era circunstância agravante; a introdução das circunstâncias atenuantes funcionava como *modulação moralizadora* do sistema penal[16]. E, mesmo fora do Código Penal, se observarmos a maneira como as penas deviam funcionar, perceberemos que elas tinham por objeto coisa bem diferente das penas do século XVIII, ou daquilo que os teóricos do século XVIII queriam que elas fossem. Beccaria, por exemplo, diz que o único objeto delas é impedir os crimes, ou seja, que a pena deve ser tal que impeça os outros de cometer crimes: é seu valor de exemplo, seu efeito de dissuasão que deve dimensionar o valor da pena[17]. [Em compensação,] no século XIX, tem-se uma pena que propõe agir sobre o próprio indivíduo e corrigi-lo, e seu valor dissuasivo não passa de corolário. Por fim, o *Code d'instruction criminelle* previa a instauração de instituições parapenais com função moralizadora: todos os sistemas que se seguem à punição, a vigilância que deve acompanhar toda uma série de penas, as casas de correção, de reeducação.

Há, portanto, uma espécie de dualidade, essencial ao sistema penal como um todo: por um lado, o desenvolvimento da teoria de Beccaria, um discurso da penalidade pura, que só conhece a positividade da lei, e não a imoralidade do crime, só a universalidade da lei, e não a moralização dos indivíduos, só a inevitabilidade da lei, e não a correção dos indivíduos; por outro, misturada aos textos e às instituições, uma espécie de pesquisa que pretende corrigir, regenerar o indivíduo[b]. Esses dois elementos são funda-

---

a. O manuscrito (fol. 12) acrescenta: "[sobre a] bebedeira".

b. O manuscrito (fol. 13) acrescenta: "um quakerismo rasteiro (pesquisa, pretensão a transformar, corrigir, melhorar, regenerar, individualizar)".

mentais no sistema penal, e, no ponto de articulação de ambos, está o lugar onde vai ocorrer o discurso da transcrição de um para o outro, uma espécie de discurso psicojurídico[a] cuja função é retranscrever em termos de correção, regeneração e cura os elementos jurídicos da penalidade e, inversamente, recodificar as noções morais como categorias penais.

Esse discurso estranho, que traz consigo o código dessa transcrição, é o da criminologia: esta possibilita a transcrição jurídico-médica[b] que, por meio do código do discurso criminológico, consiste em descrever aquele que a teoria penal definiu como inimigo social, como imaturo, desajustado, primitivo. Esse discurso também possibilita definir o infrator como agressivo, descrever a punição como um processo de readaptação, reintegração social. A criminologia, além disso, tem uma função inversa, de codificação médico-judiciária[c], que consiste em representar como perigoso socialmente, portanto como alguém que, se não deve ser punido, pelo menos deve ser encarcerado, o indivíduo que, mesmo não tendo cometido nenhuma infração, ofereça alguns perigos[18] devido a características psicológica ou medidamente definidas. A tendência à delinquência, aquilo que se chama "periculosidade social", é uma maneira de recodificar em termos penais uma espécie de categoria psicológica que não é da alçada dos tribunais. É esse mesmo discurso que vai pedir que a punição já não seja dimensionada em função do delito, nem daquilo que o indivíduo era no momento do crime[19] – pois, se é verdade que a punição é uma cura, só se pode considerá-la terminada quando se tiver certeza de que a cura foi obtida, donde a ideia da graduação das penas em função do "progresso" da integração social[d].

* * *

Duas observações para concluir. Em primeiro lugar, é curioso assistir historicamente à formação desse discurso criminológico, cuja única função de existência é o código, com o aparecimento da noção de monomania[20]. Objeto das discussões de médicos e juízes por volta de 1815-1850, noção curiosa porque os médicos definem como monomania homicida uma doença que consiste em não apresentar nenhum outro sintoma além do de matar alguém. A sintomatologia se reduz àquilo que é codificado penalmente como homicídio. Tem-se aí o grau mais simples da transcrição.

    a. Manuscrito (fol. 13): "psicossociológico".
    b. Manuscrito (fol. 14), à margem: "jurídico-psicológico".
    c. Manuscrito (fol. 14), à margem: "psicológico-judiciário".
    d. O manuscrito (fol. 15) esclarece a propósito da "função de transcrição [...] realizada pelo discurso criminológico: é ela que explica sua existência".

Crime nada mais é que doença. E, inversamente, a menos que o crime seja determinado por alguma razão designável, com a noção de monomania[a] começa a elaborar-se essa transcrição do jurídico no médico, que vai dar ensejo à enorme proliferação do discurso criminológico.

Em segundo lugar e finalmente, não há antinomia entre a criminologia e o sistema penal. É tradicional apresentar a criminologia como uma espécie de ciência que foi formada fora do sistema penal e assim, carregada de um saber médico ou sociológico, viria trabalhar o Código Penal e possibilitar sua transformação. Ora, se a análise que fiz for correta, não é possível conceber o texto penal tal como existe sem o conjunto de todos os procedimentos de moralização que ele traz consigo e sem que sejam dadas pelo menos a virtualidade e, portanto, a necessidade de um discurso como o da criminologia. Esse discurso faz parte do conjunto do sistema penal [em vigor] em 1811. Portanto, só pode reforçar o funcionamento do sistema penal. [O jurídico e o médico] ajustam-se, pois, mutuamente e, segundo as épocas, tem-se tendência a voltar a um funcionamento puramente legislativo do código ou a adotar um funcionamento mais criminológico. De todo modo, é o mesmo sistema penal que funciona, com ênfase diferente. Portanto, não se deve esperar uma reformulação do sistema penal a partir do discurso criminológico. Muito pelo contrário, introduziremos a verdadeira disfunção desse sistema – como tenta fazer o Sindicato da Magistratura[21] – se eliminarmos a codificação criminológica e aplicarmos a lei em sua universalidade e inevitabilidade, ou seja, se fizermos o sistema penal funcionar no modo beccariano, sem essa espécie de correlativo-corretivo que são a moralização e a criminologia[b].

*
NOTAS

1. Cf. acima, aula de 28 de fevereiro, pp. 150, 155 nota 17.
2. No âmbito da luta contra a epidemia de cólera que grassava desde abril de 1832 em Paris (cf. J. Tulard, *La Préfecture de police sous la monarchie de Juillet*, Paris, Imprimerie municipale, 1964, pp. 102-3 e 132), as autoridades reformaram drasticamente as modalidades de coleta de lixo, perturbando os meios de subsistência dos trapeiros parisienses, que se revoltaram durante aquele mês de abril. Cf. L. Chevalier (org.), *Le Choléra: la première épidémie du XIXe siècle. Étude collective*, La Roche-sur-Yon, Imprimerie de l'Ouest, 1958; P. Delaunay, "Le corps médical et le choléra de 1832", *Médecine internationale illustrée*, out. 1931-out. 1933, p. 43.

a. Manuscrito (fol. 15): "Monomania: doença que existe pelo fato de se cometer um crime; doença curada com a reclusão. É exatamente a matriz desse código de transcrição criminológica."

b. O manuscrito (fol. 15) acrescenta: "Por mais paradoxal que seja, a aplicação estrita do Código é mais subversiva que a correção pela criminologia."

3. Cf. H.-A. Frégier, *Des classes dangereuses de la population dans les grandes villes, et des moyens de les rendre meilleures*, Paris, J.-B. Baillière, 1840, 2 vols. Foucault voltará a esse texto em *Surveiller et Punir, op. cit.*, pp. 267 e 286. A obra de Frégier, premiada em 1838 pela Academia de Ciências Morais e Políticas, propõe um estudo quantitativo e qualitativo da "parte da sociedade considerada perigosa por seus vícios, sua ignorância e sua miséria" (*Des classes dangereuses..., op. cit.*, p. 1). Embora observe que "o vício se mostra em todos os níveis da sociedade" (*ibid.*, p. 7), esse chefe de gabinete do governo departamental do Sena especifica que "o vicioso rico ou abastado [...] inspira piedade ou aversão, mas não o medo" (*ibid.*, p. 10). Em compensação, "as classes pobres e viciosas sempre foram e sempre serão o viveiro mais produtivo de todas as espécies de malfeitores; são elas que designaremos mais especificamente com o título de *classes perigosas*; pois o vício, mesmo que não seja acompanhado pela perversidade, estando aliado à pobreza no mesmo indivíduo constitui um justo motivo de medo para a sociedade, é perigoso" (*ibid.*, p. 11).

Louis Chevalier, em sua obra *Classes laborieuses et Classes dangereuses à Paris pendant la première moitié du XIXe siècle* (*op. cit.* [*supra*, p. 154, nota 9], p. 158), vê na obra de Frégier, bem como na pesquisa de Eugène Buret, *De la misère des classes laborieuses en Angleterre et en France: de la nature de la misère, de son existence, de ses effets, de ses causes*, também publicada em 1840 (Paris, Paulin, 2 vols.), o desfecho "da difícil transição entre as classes perigosas e as classes laboriosas". Com efeito, Chevalier ressalta "a impossibilidade de Frégier de sair da confusão entre as classes laboriosas e as classes perigosas: apesar de seu assunto, as classes perigosas" (*Classes laborieuses et Classes dangereuses...*, p. 159).

4. Foucault faz referência aqui aos folhetins de Eugène Sue (1804-1857), tais como *Les Mystères de Paris*, Paris, Gosselin, 1843-1844, 4 vols. [trad. port.: *Os mistérios de Paris*, Lisboa, Guimarães, 1913, 5 vols.]; *Le Juif errant*, Paris, Paulin, 1844-1845, 10 vols. [trad. bras.: *O judeu errante*, São Paulo, Paulista, [s. d.], 3 vols.]; *Les Mystères du peuple, ou Histoire d'une famille de prolétaires à travers les âges*, Paris, 1849-1857, [s.n.,] 16 vols. Sobre Eugène Sue e sua obra *Les Mystères du peuple* [Mistérios do povo], Foucault escreverá em 1978 que os leitores encontrarão "todo um lado Alexandre Dumas ou Ponson du Terrail: além das imagens atraentes e dos quadros fixos em plena luz, há trajetos subterrâneos, episódios sombrios, mortes e reencontros, aventuras" (M. Foucault, "Eugène Sue que j'aime" (*Les Nouvelles littéraires*, ano 56, nº 2618, 12-19 de janeiro de 1978, p. 3), *DE*, III, nº 224, ed. 1994, pp. 500-2, *v.* p. 500/ "Quarto", vol. II, pp. 500-2, *v.* p. 500) [trad. bras.: "Eugène Sue que eu amo", *in Ditos e escritos*, vol. III]; cf. também *Surveiller et Punir*, p. 292. A propósito da mesma obra de Eugène Sue, Foucault acrescentará que as ideias veiculadas por esse texto "foram essenciais na gestação dos temas socialistas em meados do século XIX" (*DE*, III, p. 502/p. 502).

Aqui, assim como na aula anterior (*supra*, aula de 28 de fevereiro, pp. 147, 154, nota 9) a propósito de Balzac, encontramos um elo possível com a obra de Louis Chevalier, *Classes laborieuses et Classes dangereuses...*, em que Chevalier acompanha através da literatura, nas obras de Balzac, Sue e Hugo, as transformações e a metamorfose do problema criminal em problema social. A análise de *Mistérios de Paris* de Eugène Sue (ed. fr. 1851, 2 vols.), assim, é fundamental no trabalho de Chevalier: ao contrário das descrições de Balzac ou de Hugo, "as obras de Sue resistem menos a uma avaliação de história econômica" (*Classes laborieuses et Classes dangereuses...*, Paris, Perrin, 2002 [fac-símile da ed. Plon, 1958], p. 11). Chevalier escreve: "*Os mistérios de Paris* podem ser considerados um dos mais importantes documentos que possuímos, no que se refere à mentalidade popular que não teríamos meios nem oportunidade de atingir de outro modo. [... E isso] graças ao sucesso da obra, à adesão do povo a uma descrição que não lhe dizia respeito, mas na qual ele quis se reconhecer e que ele orientou progressivamente até que, por verdadeira coerção coletiva, a transformou em seu mais fiel retrato, até converter esse livro das classes perigosas num livro das classes laboriosas" (*ibid.*, p. 510).

5. O sermão mencionado aqui aparece em [F.-A. Le Dreuille,] "Discours prononcés aux réunions des ouvriers de la Société de saint François-Xavier, à Paris et en province, par M. l'abbé François-Auguste Le Dreuille, recueillis et publiés par M. l'abbé Faudet", Paris, Presbytère de Saint-Roth, 1861; transcrito em J.-B. Duroselle, *Les Débuts du catholicisme social en*

France (1822-1870), Paris, PUF, 1951, p. 269. Segundo uma citação que faz referência a um artigo da *Gazette de France* em 1845, esse sermão, chamado de "Discurso de Saint-Roch", foi feito em 25 de maio de 1845. O abade Le Dreuille está entre os principais oradores da Sociedade de são Francisco Xavier, organização católica operária fundada por volta de 1837. Dedica-se à melhoria das condições de vida dos operários. Expressando-se primeiramente como leigo, Le Dreuille torna-se padre em 1845. Diretor de revista, criador de lares e centros de empregos para os operários, é um dos pioneiros do catolicismo social. Sua obra e seus discursos são objeto de debates midiáticos e governamentais; cf. J.-B. Duroselle, *Les Débuts du catholicisme social...*, *op. cit.*, pp. 262-77.

Foucault acrescenta no manuscrito (fol. 3) uma referência ao folhetim de Pierre Alexis de Ponson du Terrail, *Rocambole*. Esse romance, que data dos anos 1857 a 1871, conta as aventuras de Rocambole, desde a juventude delinquente até a maturidade de justiceiro. Foucault aproximará Ponson du Terrail a Eugène Sue e Alexandre Dumas; cf. "Eugène Sue que j'aime", *loc. cit.*, p. 500 / p. 500.

6. Depois dessa frase, Foucault acrescenta no manuscrito (fol. 4) a seguinte indicação: "(Texto de Taxil)". Léo Taxil (1854-1907) foi um livre-pensador anticlerical e antimaçônico. Depois de publicar numerosos panfletos que misturavam livre-pensamento e libertinagem pornográfica, tornou-se famoso em 1885 por sua falsa conversão ao catolicismo que logrou até o papa Leão XIII. Sua obra está totalmente voltada para a denúncia do clero e dos franco-maçons.

7. H.-A. Frégier, *Des classes dangereuses de la population dans les grandes villes...*, *op. cit.* A designação desse texto por Foucault como "texto-ficção" parece desqualificar o valor descritivo do relato, que se apresenta como "uma obra de administração e de moral" (*ibid.*, p. 2) e demonstra grande ambição empírica (ver a apresentação das fontes, *ibid.*, pp. 4-5). Chevalier também ressalta os pontos fracos da documentação quantitativa, mas repertoria a obra entre as "pesquisas sociais" (*Classes laborieuses et Classes dangereuses...*, p. 151).

8. Parece que com essa justaposição Foucault se distingue da tese defendida por seu colega no Collège de France, Louis Chevalier (1911-2001), historiador e demógrafo, em sua obra, *Classes laborieuses et Classes dangereuses...* Com efeito, Chevalier criticava o quadro traçado pelos sociólogos, de "uma cidade e uma sociedade nas quais todos os problemas – até o da folga – se reduziriam a um problema único que seria o do trabalho" (*ibid.*, p. XXVIII). A essa abordagem Chevalier opõe aquilo que ele chama de "fundamentos biológicos da história social", ou seja, "a influência dos caracteres físicos das populações sobre esses diferentes aspectos da existência individual e coletiva, sem cujo conhecimento não pode haver descrição das sociedades" (*ibid.*, p. 559). Mobilizando conjuntamente o estudo de obras romanescas e de dados estatísticos, Chevalier apresenta as transformações da realidade e das representações do crime e da pobreza na Paris do início do século como consequência do "volume e [do] ritmo de crescimento da população das grandes aglomerações urbanas" (*ibid.*, p. 183).

Encontram-se em Chevalier temáticas e fontes semelhantes às utilizadas por Foucault, mas apreendidas de um ângulo teórico e com instrumentos metodológicos muito divergentes. A divergência de procedimento intelectual entre os dois, por outro lado, é acompanhada por um posicionamento muito diferente no campo político. Historiador conservador, próximo ao poder, que o consulta – em especial como conselheiro do governador do departamento do Sena – e é por ele instruído – em especial como professor do Institut Politique de Paris e da École nationale d'administration –, Chevalier defendeu durante muito tempo políticas inspiradas por sua visão de unidade necessária entre um território e sua população, tornando-se, por exemplo, defensor de políticas de povoamento, em vez de abertura para a imigração a fim de resolver os problemas de mão de obra.

9. Não foi possível encontrar esse texto de autoria de um médico de Brest em 1830. Consultar, porém, a obra dos doutores Ange Guépin e Eugène Bonamy, *Nantes au XIXe siècle. Statistique topographique, industrielle et morale* (reedição precedida de *De l'observation de la ville comme corps social* de P. Le Pichon e A. Supiot, Nantes, Université de Nantes, 1981; disponível em: <http://archive.org/details/nantesauxixesi00guuoft>), que descreve particularmente a população de Nantes em oito classes, entre as quais a dos "operários remediados" e a

dos "operários pobres" (pp. 455-92), apresentando inúmeros detalhes sobre suas moradias e sua "higiene física e moral".

10. Michel-Louis-Étienne Regnaud de Saint-Jean-d'Angely (1761-1819) foi um dos mais próximos conselheiros de Napoleão, que se destacou durante a campanha do Egito e o assistiu no golpe de Estado de 18 brumário. Ele, que fora deputado do terceiro estado nos Estados-Gerais, tornou-se conselheiro de Estado em 1799 e durante o Império exerceu numerosas funções políticas e, em menor medida, militares, que lhe valeram ser considerado a "eminência parda de Napoleão" (O. Blanc, *L'Éminence grise de Napoléon, Regnaud de Saint-Jean d'Angély*, Paris, Pygmalion, 2003). Em 1803, foi o relator da lei que restabelecia a caderneta operária (cf. abaixo, nota 12), que ele justificou pela necessidade de "garantir que não houvesse deserção das fábricas e transgressão aos contratos" (E. Dolléans e G. Dehove, *Histoire du travail en France. Mouvement ouvrier et législation sociale*, Paris, Domat-Montchrestien, 1953-1955, 2 vols.: t. I, p. 156). Eleito para a Academia Francesa em 1803, Regnaud de Saint-Jean-d'Angély colaborara com André Chenier no *Journal de Paris*, depois com Bonaparte, durante a campanha da Itália, na publicação de *La France vue de l'armée d'Italie: 16 thermidor-16 brumaire an V. Journal de politique, d'administration et de littérature françoise et étrangère* (18 números publicados), nº 1, 16 termidor ano V (3 de agosto de 1797). Ministro de Napoleão durante os Cem Dias, foi exilado por Luís XVIII e só obteve autorização para voltar à França em 1819, ano de sua morte; cf. A. Fierro-Domenech, "Regnaud de Saint-Jean-d'Angély", in Jean Tulard (org.), *Dictionnaire Napoléon*, Paris, Fayard, 1987, p. 1449.

11. Votada em 14 de junho de 1791, a lei Le Chapelier, sucedendo à eliminação das corporações três meses antes, declarava ilegais todas as associações de operários ou patrões. O artigo 1º enunciava: "Considerando que o aniquilamento de todas as espécies de corporação é uma das bases fundamentais da Constituição Francesa, é proibido restabelecê-las de fato a qualquer pretexto e em qualquer forma que seja" (citado par A. Soboul, "Le choc révolutionnaire, 1789-1797", in Fernand Braudel e Ernest Labrousse (orgs.), *Histoire économique et sociale de la France*, Paris, PUF, t. III, vol. 1, 1976, p. 12). A partir de 20 de julho de 1791, essas disposições também se aplicavam à zona rural. Segundo Albert Soboul, "a proibição da coalizão e da greve operária [...] constituiu uma das peças mestras do capitalismo da livre concorrência: o liberalismo, baseado na abstração de um individualismo social igualitário, servia aos mais fortes" (*ibid.*). Cf. também E. Soreau, "La loi Le Chapelier", *Annales historiques de la Révolution française*, ano 8, 1931, pp. 287-314.

12. Segundo Jacques Lagrange (*Le Pouvoir psychiatrique*, op. cit., p. 92 n. 14), a partir de 1781 o operário precisava andar munido de uma "carteira" ou "caderneta" para ser contratado e precisava mostrá-la às autoridades administrativas em seus deslocamentos. Essa prática, que tem alguns antecedentes já no século XII, desapareceu com a Revolução antes de ser parcialmente reintroduzida, apenas para os operários papeleiros, cujas habilidades pareciam cruciais com o desenvolvimento dos *assignats*; cf. E. Dolléans e G. Dehove, *Histoire du travail en France*, op. cit., t. I, p. 155. Generalizada para a totalidade dos operários por uma lei de abril de 1803 (22 germinal ano XI), a caderneta do operário foi regulamentada pelo acórdão de 1º de dezembro de 1803 (9 frimário ano XII). "Era proibido os empregadores contratarem algum operário que não fosse portador de sua caderneta, com certificado de quitação emitido pelo ex-patrão [...]. Ora, está evidente que este não concordava em emiti-lo a não ser que fosse reembolsado dos adiantamentos que tivesse concedido ao operário" (*ibid.*, p. 156). A caderneta operária finalmente foi abolida em 1890. Cf. M. Sauzet, *Le Livret obligatoire des ouvriers*, Paris, F. Pichon, 1890; A. Plantier, *Le Livret des ouvriers*, tese de direito, Paris, Jouve et Boyer imprimeurs, 1900; G. Bourgin, "Contribution à l'histoire du placement et du livret en France", *Revue politique et parlementaire*, t. LXXI, jan.-mar. 1912, pp. 117-8; S. Kaplan, "Réflexions sur la police du monde du travail (1700-1815)", *Revue historique*, ano 103, nº 529, jan.-mar. 1979, pp. 17-77. Para estudos mais recentes das práticas relativas à caderneta operária no século XIX, ver também: A. Cottereau, "Droit et bon droit. Un droit des ouvriers instauré, puis évincé par le droit du travail (France, XIXe siècle)", *Annales. Histoire, Sciences sociales*, ano 57, 2002/6, pp. 1521-57; J.-P. Le Crom, "Le livret ouvrier au XIXe siècle entre assujettissement

et reconnaissance de soi", *in* Yvon Le Gall, Dominique Gaurier e Pierre-Yannick Legal (orgs.), *Du droit du travail aux droits de l'humanité*. Études offertes à Philippe-Jean Hesse, Rennes, Presses universitaires de Rennes, 2003. A apresentação que Foucault faz dessa lei está muito próxima da de Édouard Dolléans e Gérard Dehove em sua *Histoire du travail en France*.

13. "No que se refere às associações, os artigos 6, 7 e 8 da lei de germinal ano XI confirmaram sua proibição geral, promulgada pela lei Le Chapelier, ao mesmo tempo que introduzia uma distinção sutil, que possibilitava tratar de maneira mais severa as associações operárias do que as patronais" (E. Dolléans e G. Dehove, *Histoire du travail en France*, t. 1, p. 162). O artigo 6 punia com multa e eventualmente com pena de prisão de um mês no máximo a intenção de reduzir "abusivamente" e "injustamente" os salários, enquanto o artigo 7 punia "todas as associações da parte dos operários" para "suspender, impedir, encarecer os trabalhos" (citado *ibid.*, pp. 162-3), e previa penas que podiam ir até três meses de reclusão. O Código Penal de 1810, arts. 414-416, reforçava essa desigualdade: "Os patrões eram passíveis de prisão de seis dias a um mês e de multa de 200 a 3.000 francos, mas para os operários era fixado o mínimo de um mês de prisão" (*ibid.*, p. 163). Esse Código Penal de 1810 também continha disposições mais severas para os líderes de movimentos operários. Cf. J. Godechot, *Les Institutions de la France sous la Révolution et l'Empire*, Paris, PUF, 1951, pp. 634-6; P. Lascoumes, P. Poncela e P. Lenoël, *Au nom de l'ordre...*, *op. cit.* (*supra*, pp. 89-90, nota 12); A. Damien, "Code pénal", *in* J. Tulard (org.), *Dictionnaire Napoléon, op. cit.*, 1989[2] [1987], pp. 454-5; J.-M. Carbasse, "État autoritaire et justice répressive. L'évolution de la législation pénale de 1789 au Code pénal de 1810", in *All'ombra dell'aquila imperiale. Trasformazioni e continuità istituzionali nei territori sabaudi in età napoleonica*, Roma, Ministero per i beni culturali e ambientali, Ufficio centrale per i beni archivistici, 1994, pp. 313-33; *Id.*, "Code pénal", *in Dictionnaire de la culture juridique*, Paris, PUF, 2003, pp. 210-6.

14. O Código Penal de 1810, art. 52, enunciava: "A execução das condenações a pagamento de multa, restituições, indenizações por perdas e danos, e custas poderá ter prosseguimento por via da perda de liberdade." O artigo 53 previa ademais que o condenado preso, "para a quitação de suas condenações pecuniárias", poderia obter liberdade provisória depois de um ano para os crimes e de seis meses para os delitos, caso pudesse comprovar a sua insolvabilidade, desde que esta perdurasse.

15. A expressão "representante da sociedade", que não figura no Código Penal, por certo era uma referência à expressão doutrinária usada na época (e ainda hoje) nos tratados de direito criminal para designar o procurador.

16. Foucault voltará com frequência ao funcionamento das circunstâncias atenuantes, introduzidas em 1832 no Código Penal de 1810; cf. *Les Anormaux, op. cit.*, [aula] de 8 de janeiro de 1975, pp. 9-10 (sendo o verdadeiro objetivo não o abrandamento da pena, mas impedir as absolvições, "decididas com demasiada frequência quando o júri não queria aplicar a lei em todo o seu rigor"); *Surveiller et Punir*, p. 23 (por meio das circunstâncias atenuantes, as reformas jurídicas introduzem todo um conjunto de conhecimentos sobre o criminoso que se somará ao crime como objeto de julgamento).

17. Cf. C. Beccaria, *Des délits et des peines*, trad. fr. citada (1991), cap. XII, pp. 86-7.

18. Foucault desenvolverá esse tema numa conferência de 1978, "L'evolution de la notion d''individu dangereux' dans la psychiatrie légale du XIXe siècle" (*Déviance et Société*, vol. 5 (4), 1981, pp. 403-22), *DE*, III, n° 220, ed. 1994, pp. 443-64/ "Quarto", vol. II, pp. 443-64 [trad. bras.: "A evolução da noção de 'indivíduo perigoso' na psiquiatria legal do século XIX", *in Ditos e escritos*, vol. V], bem como em *Mal faire, dire vrai, op. cit.*, aula de 20 de maio de 1981, pp. 199 ss.

19. Foucault menciona, no manuscrito (fol. 14): "Jackson". Trata-se de George Jackson (1941-1971), membro do Black Panther Party, preso em San Quentin (Califórnia), morto por balas provenientes de atiradores de elite no pátio durante uma rebelião em 21 de agosto de 1971. Jackson, preso com dezoito anos, até a data de morte onze anos depois, politizou-se na prisão e fundou um grupo marxista-maoísta, Black Guerrilla Family. Ver suas cartas políticas em *Les Frères de Soledad. Lettres de prison de George Jackson*, trad. fr. Catherine Roux, Paris,

Gallimard, 1977 / *Soledad Brother: The Prison Letters of George Jackson*, Lawrence Hill Books, 1970; ver também suas entrevistas reunidas no fascículo 3: *L'Assassinat de George Jackson* da brochura do GIP: *Intolérable: les prisons*, prefácio de Jean Genet, Paris, Gallimard, 1971. Nessa brochura, publicada em 10 de novembro de 1971, com texto de Catherine von Bülow, Daniel Defert, Gilles Deleuze, Jean Genet e Michel Foucault, o GIP escreverá que "A morte de George Jackson não é acidente de prisão. É um assassinato político. Nos Estados Unidos, o assassinato foi e continua sendo um modo de ação política" (quarta capa); ver também P. Artières, L. Quéro e M. Zancarini-Fournel (orgs.), *Le Groupe d'information sur les prisons. Archives d'une lutte, 1970-1972, op. cit.* [*supra*, p. 40, nota 32], pp. 105 ss.

20. Foucault introduz aqui a noção de monomania, tema que ele retomará em vários textos seus, em especial já no ano seguinte, em *Le Pouvoir psychiatrique*, [aulas] de 9 de janeiro de 1974, p. 177, e de 23 de janeiro, p. 249; em *Les Anormaux*, [aula] de 29 de janeiro de 1975, pp. 94-7, [aulas] de 5 de fevereiro de 1975, pp. 102-25, e de 12 de fevereiro, pp. 131-45; e em *Moi, Pierre Rivière, op. cit.* (*supra*, p. 154, nota 10). A noção de monomania desempenhará papel importante no curso dado em Louvain em 20 de maio de 1981, *in Mal faire, dire vrai*, pp. 215-9 (ver p. 232 n. 14), bem como na conferência "L'évolution de la notion d'"individu dangereux' dans la psychiatrie légale du XIXe siècle", *loc. cit.* Robert Castel estudará essa noção em "Les médecins et les juges", *in Moi, Pierre Rivière*, pp. 315-31. Cf. também o capítulo "Monomania", in J. Goldstein, *Console and Classify: The French Psychiatric Profession in the Nineteenth Century*, Cambridge, Cambridge University Press, 1987, pp. 152-96, bem como as referências apresentadas por Jacques Lagrange em *Le Pouvoir psychiatrique*, pp. 264-5 n. 45: R. Fontanille, *Aliénation mentale et Criminalité (Historique, expertise médico-légale, internement)*, Grenoble, Allier Frères, 1902; P. Dubuisson e A. Vigouroux, *Responsabilité pénale et Folie. Étude médico-légale*, Paris, Alcan, 1911; A. Fontana, "Les intermittences de la raison", in *Moi, Pierre Rivière*, pp. 333-50.

21. O Sindicato da Magistratura, criado em junho de 1968, apesar de não ser consequência direta de Maio de 68 (pois a decisão de fundá-lo datava de janeiro), era uma organização ao mesmo tempo profissional e militante, que deu muita atenção ao problema da criminalidade de colarinho branco e apoiou alguns objetivos do GIP e de Foucault. Os "juízes vermelhos" do Sindicato da Magistratura, segundo expressão do *Paris Match* em 1975, aliavam a "preocupação com a revalorização e com a defesa da profissão com ambições mais militantes e menos diretamente corporativistas, de abertura e apoio às mobilizações sindicais, especialmente no mundo do trabalho", Cf. L. Israël, "Un droit de gauche? Rénovation des pratiques professionnelles et nouvelles formes de militantisme des juristes engagés dans les années 1970", *Sociétés contemporaines*, nº 73, 2009, p. 59; cf. também L. Joinet, "Critiques du jugement. Propos recueillis par Olivier Doubre et Stany Grelet", *Vacarme*, nº 29, 2004; disponível em: <http://www.vacarme.org/article1370.html>. Louis Joinet, um dos pioneiros do Sindicato da Magistratura, relata que participou da fundação do GIP ao lado de Foucault. Em 1973 e em 1977, convidou-o para falar no seminário do Sindicato em Goutelas; cf. M. Foucault, "La redéfinition du judiciable. Intervention au séminaire du Syndicat de la Magistrature, 1977", *Vacarme*, nº citado. Em 1977 o Sindicato atuou, em particular, contra a extradição de Klaus Croissant, ex-advocado do "bando de Baader" – luta na qual Foucault também desempenharia papel de primeiro plano; cf. M. Foucault, "Va-t-on extrader Klaus Croissant?" (*Le Nouvel Observateur*, nº 679, 14-20 de novembro de 1977), *DE*, III, nº 210, ed. 1994, pp. 62-3 / "Quarto", vol. II, pp. 62-3 [trad. bras.: "Vão extraditar Klaus Croissant?", *in Ditos e escritos*, vol. VIII]; cf. também L. Israël, "Défendre le défenseur de l'ennemi public. L'affaire Croissant", *Le Mouvement social*, nº 240, 2012/3, pp. 67-84.

AULA DE 14 DE MARÇO DE 1973

(I) Novo ilegalismo: da depredação à dissipação. Recusar a força de trabalho. O corpo do operário como fator dominante: ociosidade; recusa ao trabalho; irregularidade; nomadismo; festa; recusa à família; devassidão. (A) História da preguiça. Ociosidade clássica dos séculos XVII-XVIII; recusa coletiva e organizada no século XIX. (B) Características dessa dissipação: fortalecimento recíproco dos ilegalismos; coletiva e fácil de difundir; infralegal; proveitosa para a burguesia; objeto de reprovação. As três formas de dissipação: intemperança, imprevidência, desordem. As três instituições de dissipação: festas, loteria, concubinato. (II) Domínio da dissipação. Mecanismos parapenais; caderneta de poupança; caderneta de trabalho. Sistema graduado, contínuo, cumulativo. (III) Continuidade e capilarização da justiça na vida cotidiana. Vigilância geral. Forma de exame. Par vigiar-punir. A sociedade disciplinar.

[a]Quando falei de ilegalismo de depredação, falei da riqueza acumulada como se ela fosse feita de bens de consumo, elementos de riqueza que seriam postos em circulação e que podiam ser retirados, quer para uso próprio, quer para distribuição. Mas isso é apenas uma abstração. Essa riqueza era acima de tudo um aparato de produção, em relação ao qual o corpo do operário – agora diretamente na presença dessa riqueza que não lhe pertencia – já não era simplesmente desejo, mas força de trabalho, que devia tornar-se força produtiva. Precisamente nesse ponto da transformação da força corporal em força de trabalho e da integração dessa força num sistema de produção que a tornaria uma força produtiva, constituiu--se um novo ilegalismo que, tal como o da depredação, dizia respeito à relação entre o corpo do operário e o corpo da riqueza, mas cujo ponto de

---

a. Manuscrito (fol. 1), subtítulo: *"Pequena história da preguiça"*. Nessa aula, Foucault não retoma a primeira seção do manuscrito (fol. 1), intitulada *"Pequena história do roubo"*:
"– não vinculada às condutas delinquentes, mas a práticas *coletivas*, a um ilegalismo de depredação.
Ilegalismo de depredação
– que não é novo no século XIX, mas tem formas novas".

aplicação já não era o corpo da riqueza como objeto de apropriação possível, e sim o corpo do operário como força de produção.

Esse ilegalismo consistia essencialmente em recusar-se a aplicar esse corpo, essa força no aparato de produção. Ele podia assumir várias formas: 1/ decisão pela ociosidade: recusar-se a oferecer no mercado de trabalho tais braços, tal corpo, tal força; "*subtraí-los*" à lei da livre concorrência do trabalho, no mercado; 2/ irregularidade operária[a]: recusa a aplicar sua própria força onde era preciso, no momento necessário; era *dispersar* as forças, decidir pessoalmente o tempo durante o qual seriam aplicadas; 3/ festa: não conservar essa força em tudo o que poderia torná-la efetivamente utilizável, *desperdiçá-la* não tomando cuidado com o corpo, incidindo na desordem[b]; 4/ recusa à família: não utilizar o próprio corpo na reprodução de suas forças de trabalho na forma de família que criasse os próprios filhos e, cuidando deles, garantisse a renovação das forças de trabalho; é a recusa à família no concubinato, na devassidão.

Esse conjunto de práticas era designado e denunciado por toda uma série de autores que apresentavam seus discursos como uma empreitada de moralização da classe operária. Assim em *De la moralisation des classes laborieuses* [Sobre a moralização das classes laboriosas], publicado em 1851, Grün indica as principais taras da classe operária[1]: 1/ intemperança; 2/ imprevidência e casamentos precoces: só cabe o casamento quando se têm os meios de sustentar uma família; é preciso inculcar a pureza de costumes, confiando a educação "ao ensino religioso, à solicitude dos pais e das mães, à vigilância dos patrões"[2]; 3/ turbulência, paixões anárquicas, recusa a submeter-se às leis, a fixar-se; 4/ falta de economia; 5/ recusa a instruir-se e a aperfeiçoar sua própria força de trabalho; 6/ falta de higiene: "As classes laboriosas frequentemente desconhecem as regras de boa higiene, entregam o próprio corpo e suas habitações à sujeira e caem num estado de degradação física em que perdem ao mesmo tempo a saúde e a dignidade"[3]; 7/ mau uso do tempo de folga; portanto, é preciso que os patrões e a administração pública cuidem de sua organização. Tudo isso é apresentado como uma defesa daquilo que arrancará as classes laboriosas da miséria e as tornará mais felizes. Mas essa literatura também diz explicitamente que é do interesse do patrão que essa força de trabalho operária seja efetivamente aplicada no aparato de produção. Assim, Thouvenin escreve em 1847, em "La santé des populations dans les grands centres manufacturiers" [A saúde das populações nos grandes centros manufatureiros], publicado em *Annales d'hygiène publique*, que o operário não deveria

a. O manuscrito (fol. 2) acrescenta: "nomadismo".
b. Manuscrito (fol. 2): "(embriaguez, desordem, má saúde)".

entregar-se ao alcoolismo e deveria ter uma família e sustentá-la, pois "o operário deveria pensar também nos danos cometidos contra os industriais que, tendo dedicado um capital considerável à construção das instalações, à compra das máquinas e das matérias-primas, incorrem em grande perda em consequência da cessação não calculada do trabalho de seus operários; durante esse tempo, os proprietários sempre são obrigados a pagar suas contribuições, enquanto perdem os lucros do dinheiro investido em suas fábricas"[4].

Assim aparece a figura de um ilegalismo que já não era o da *depredação*, mas o da *dissipação*: o que estava em questão já não era uma relação de *desejo* pela materialidade da riqueza, era uma relação de *fixação* no aparato de produção. Esse ilegalismo teria a forma de faltas, atrasos, preguiça, festas, devassidão, nomadismo, em suma, de tudo o que é da ordem da irregularidade[a], da mobilidade no espaço. Num texto de 1840, Michel Chevalier declara: "Da existência irregular à vida desregrada a distância é pequena."[5] O exército industrial tinha a mesma forma de vida, as mesmas práticas "das turbas bárbaras, indisciplinadas, andrajosas, saqueadoras de que se compunham os exércitos mil e duzentos anos antes"[6]. Algum dia seria preciso abandonar aquele velho modelo de exército andrajoso, e o exército industrial passaria a assemelhar-se àquilo que é o exército moderno com aqueles "corpos regulares, bem equipados, bem disciplinados, bem munidos de todas as coisas [...]. Aqui, a previdência incansável acompanha cada um desde o dia em que ingressa para as fileiras até o momento da reforma, até o momento da morte; benefício incalculável pelo qual anseiam hoje nossos proletários, esmagados que estão sob a carga de sua independência absoluta!"[7].

É verdade que o século XIX não inventou a ociosidade, mas nele seria possível escrever toda uma história da preguiça, ou seja, não das folgas – que são a maneira como a ociosidade foi codificada, institucionalizada, certa maneira de distribuir o não trabalho ao longo dos ciclos de produção, de integrar a ociosidade na economia, assumindo-a e controlando-a dentro de um sistema de consumo –, mas das maneiras como se escapa à obrigação do trabalho, como se subtrai a força de trabalho, como se evita ser retido e fixado pelo aparato de produção. Ora, se pode haver uma história da preguiça, é porque ela não faz parte das mesmas lutas, dependendo das diferentes relações de produção em cujo interior ela atua como força perturbadora. Há uma forma de preguiça clássica, nos séculos XVII-XVIII, definida pelo termo "ociosidade". Esta é detectada e controlada

---

a. Manuscrito (fol. 3): "da irregularidade no tempo, da mobilidade no espaço, do frenesi do corpo".

em dois níveis: [por um lado,] sofre uma pressão local, quase individual: a do mestre-artesão que faz o seu companheiro trabalhar o máximo possível. [Por outro lado,] no nível estatal, numa forma de economia dominada por muito tempo pelos temas mercantilistas, era a obrigação de pôr todos a trabalhar para aumentar ao máximo a produção – seus instrumentos eram a polícia e os intendentes. Entre a pressão da célula artesanal e da polícia estatal, a ociosidade dispunha de grande margem para manifestar-se. No século XIX, a preguiça teria outra forma; em primeiro lugar, porque haveria a necessidade de ociosos conjunturais: os desempregados. Por isso assiste-se rapidamente ao desaparecimento da reprovação de ociosidade dirigida à classe laboriosa. Em compensação, no momento do nascimento dos centros industriais, das fábricas, o alvo do controle e da pressão era constituído por todas essas recusas ao trabalho, que assumiam uma forma mais ou menos coletiva e organizada, até a forma das greves.

Esse ilegalismo[a] de dissipação, portanto, tem uma especificidade que agora é preciso esclarecer. Em primeiro lugar, as relações entre o ilegalismo de dissipação e o ilegalismo de depredação: um dos grandes problemas da moral, da polícia, de todos os instrumentos de controle do século XIX consistiria em separar esses ilegalismos e transformar a depredação em algo passível de penalidade severa, como um delito, e em dela dissociar o ilegalismo brando, cotidiano, permanente, da dissipação. Mas, ao mesmo tempo, esse mesmo aparato que tentava opor o ladrão ao preguiçoso mostrava como se ia de um ao outro. Na verdade, por trás desse esforço de separação e junção, havia uma realidade que era outra e complexa. Por um lado, um fortalecimento recíproco de tais ilegalismos: quanto mais dissipadas e móveis as massas, menos elas se fixam em pontos precisos do aparato de produção e mais são tentadas a passar à depredação. Em contrapartida, quanto mais tendência têm à depredação, mais tenderão, para escapar às punições, a ter vida irregular, a incidir no nomadismo[b]. Mas, por outro lado, a partir do momento que se tentava dominar um desses ilegalismos, era-se levado a reforçar o outro; isso porque todos os controles pesadíssimos com os quais se tentava vigiar as populações, frear a depredação, provocavam a aceleração do processo de mobilidade[8]. Em

a. Manuscrito (fol. 5):
"Todos esses ilegalismos que incidem sobre a economia das forças de trabalho e que podem ser rotulados já não como *ociosidade*, mas como *dissipação*, são novos, portanto,
- na forma
- na difusão
- no efeito
- na luta travada em torno deles."

b. O manuscrito (fol. 6) acrescenta: "cf. a criminalidade na população migrante".

compensação, os meios utilizados para controlar o ilegalismo de dissipação levavam ao fortalecimento da depredação, em especial o meio utilizado para fixar os operários em seu local de trabalho, para conseguir que trabalhassem ali e quando se quisesse – ou seja, o nível salarial mais baixo possível e pagamento semanal, para que o operário tivesse diante de si o mínimo de dinheiro possível. Aproximado da indigência, ele era fixado ao seu trabalho, mas lhe era indicada ao mesmo tempo a possibilidade de depredação como maneira de escapar àquela miséria. Assim, os dois ilegalismos reforçavam-se mutuamente, até o momento em que, em meados do século XIX, foi encontrado outro meio de controlar o ilegalismo de dissipação[a].

Em segundo lugar, o que tornava o ilegalismo de dissipação mais perigoso que o primeiro era o fato de ele poder assumir com mais facilidade formas coletivas: primeiramente, era um ilegalismo que se difundia com facilidade. Enquanto a depredação, para ganhar certa amplitude, supunha uma organização de receptação, revenda e circuitos, a dissipação não supunha esse sistema fechado. Não era sequer uma organização, era um modo de vida que podia remeter a uma escolha, a recusa ao trabalho industrial. Houve recusas maciças e às vezes coletivas ao trabalho nas segundas-feiras, circuitos de nomadismo organizados em função dos mercados de trabalho, sociedades de bares[b], formas de organização espontânea da classe operária. Assim, enquanto o ilegalismo de depredação estava bloqueado numa forma "contrabandista" que o obrigava a um sistema fechado e que encontrava poucas saídas, a não ser em algumas explosões como os saques, o ilegalismo de dissipação desembocava em possibilidades de ações combinadas que pressionariam o mercado, contra os empregadores[9]. No longo prazo teria influência econômica e política; a partir disso, seriam desenvolvidas as estratégias perfeitamente organizadas de luta contra o patronato[c].

Em terceiro lugar, enquanto o primeiro [ilegalismo] regredia durante o século XIX, o segundo, que parecia mais brando e cotidiano, teria sucesso político e imporia graves riscos à riqueza burguesa. E a dificuldade para controlar esse ilegalismo era ainda maior do que no primeiro caso: todas aquelas irregularidades não eram infrações, e, em vista da liberdade

a. O manuscrito (fol. 7) acrescenta: "E esses dois ilegalismos que se reforçavam tiveram o ponto de junção na quebra de máquinas, destruição da riqueza acumulada; mas como aparato de produção; como algo que reduzia à miséria; como algo que sujeitava a uma forma de produção."
b. Manuscrito (fol. 8): "sociedades de café" e "finalmente recusas coletivas ao trabalho para obter a elevação dos salários, ou luta contra reduções".
c. O manuscrito (fol. 9) acrescenta: "E desse modo ele poderá multiplicar-se a partir de si mesmo. Ensejando toda uma luta política. Legislação contra o ilegalismo, a concessão, o novo ilegalismo. Quando dizem que os grevistas são preguiçosos, os patrões estão fazendo um escorço histórico."

do mercado de trabalho necessária àquela economia burguesa[a], era impossível organizar seu sistema jurídico de maneira que tudo aquilo pudesse constituir infrações; portanto, esse ilegalismo expandiu-se num nível infralegal. Além disso, no fundo, a burguesia até certo ponto tinha interesse nesse ilegalismo: uma mão de obra móvel, sem resistência física nem sobra de dinheiro e sem poder se dar ao luxo de uma greve, tudo isso em certo sentido atendia a seus interesses. Por fim, [ela] encontrou como abrigar seu próprio ilegalismo nesse ilegalismo: na época das cadernetas, o operário, quando não estava quite com o patrão do qual se demitia, não podia pedir-lhe a devolução da caderneta; não podia apresentá-la a seu novo patrão e, não estando quite, não podia ter as mesmas pretensões salariais. Assim, a inobservância dos decretos sobre as cadernetas foi uma prática patronal corrente no século XIX[10].

Em quarto lugar, esse ilegalismo, aliás, não era tanto motivo de "medo" – pois não atacava o próprio corpo da riqueza e, sim, representava simplesmente um lucro cessante – quanto motivo de reprovação. Assim, Villeneuve-Bargemont, em *L'Économie politique chrétienne* [Economia política cristã], dizia a propósito dos operários do Norte: "[S]e a porção indigente da população flamenga tem vícios que contribuem para mergulhá-la e perpetuá-la na condição hedionda de abjeção e miséria, a brandura ou, digamos, a falta de energia de caráter dos indigentes os preserva, em geral, de excessos prejudiciais à sociedade. Eles vivem na penúria mais completa e, apesar disso, raramente se tornam culpados de atentados graves contra as pessoas e as propriedades; sofrem sem revolta e quase sem reclamar, e assim seriam muito mais alvo de piedade do que motivo de alarmes e desconfiança [...]."[11] Seria possível acompanhar os alvos e os mecanismos dessa reprovação; bastaria, por exemplo, estudar um termo como *dissipação*[12]. Ele é encontrado todas as vezes em que é preciso designar a imoralidade operária. É encontrado no século XVII nos registros de reclusão ou nas ordens régias: o dissipador era [então] essencialmente aquele que se opunha ou era irredutível a certa maneira razoável de gerir seus bens. A partir do século XIX, dissipador passou a ser aquele que atentava contra sua própria força de trabalho, e não contra o capital e a fortuna: era uma maneira ruim de gerir, não mais seu capital, e sim sua própria vida, seu tempo e seu corpo.

Por esse motivo, nessas análises, a dissipação assume três grandes formas: intemperança, como desperdício do corpo; imprevidência, como dispersão do tempo; e desordem, como mobilidade do indivíduo em relação

---

a. O manuscrito (fol. 10) acrescenta: "e para deixar o empregador com as mãos livres, era-lhe dada a forma (ilusória) de livre contrato".

à família e ao emprego[13]. As três grandes instituições nas quais a dissipação se realizou foram: festa, loteria – que é exatamente aquilo por meio de que o indivíduo tenta ganhar a vida sem trabalhar, loteria cujo tempo pontual e cujos acasos se opõem àquilo que constitui o ganho do dinheiro no sistema da economia racional, ou seja, o trabalho contínuo recompensado por uma soma previamente fixada – e concubinato[14], como modalidade de satisfação sexual fora da fixação familiar. Tudo o que poderia ser chamado de nomadismo moral é visado através desses termos. Na época clássica, temia-se sobretudo o nomadismo físico que estava ligado à depredação. Agora, continuava-se temendo essa circulação dos indivíduos em torno da riqueza, mas temia-se da mesma forma o primeiro [nomadismo]: embora quase não precisasse da "qualificação" técnica do operário, a produção industrial, em compensação, precisava de um trabalho enérgico, intenso e contínuo – em suma, da qualidade moral do trabalhador.

Em quinto lugar, o problema era saber como essa irregularidade poderia ser dominada. Tal controle pressupunha antes a moralização do sistema penal[15]; mas também pressupunha uma máquina muito mais refinada e que fosse muito além da máquina penal propriamente dita: um mecanismo de *penalização da existência*. Seria preciso enquadrar a existência numa espécie de penalidade difusa, cotidiana, introduzir no próprio corpo social prolongamentos parapenais, aquém até do aparato judiciário. Foi todo um jogo de recompensas e punições no qual se tentou enquadrar a vida popular; por exemplo, as medidas decididas em nível puramente regulamentar ou factual para controlar a embriaguez; assim, em Sedan, estabeleceu-se um sistema de punição[16]: o operário bêbado na rua era expulso da fábrica e não era readmitido sem o juramento de nunca mais se embriagar. Foi também o controle pela poupança a partir de 1818[17]: a caderneta de poupança funcionava como um enquadramento moral, um jogo de recompensas e punições perpétuas para a existência dos indivíduos. A partir de 1803, os operários que não tivessem caderneta de trabalho na qual fossem marcados os nomes de seus empregadores sucessivos eram presos por vagabundagem; ora, a partir de 1810, graças a um arranjo com a polícia, esta deixou de prender por falta de caderneta o operário que tivesse uma caderneta da caixa econômica. Essa última, garantia de moralidade, possibilitava que o operário escapasse aos diferentes controles policiais; do mesmo modo, o recrutamento preferencial dos operários que tivessem caderneta de poupança era prática patronal corrente. Portanto, percebe-se que no próprio interior dos mecanismos econômicos se introduzia toda uma série de jogos de recompensas e punições, um jogo de penalidades que era infrajudiciário.

Ora, esse sistema punitivo extrajudiciário tinha como primeira característica não pertencer à pesada máquina penal, com seu sistema binário; pois todo aquele jogo punitivo não fazia ninguém efetivamente ser condenado, não fazia ninguém cair para o outro lado da lei, na delinquência. Era um jogo que advertia, ameaçava, [exercia] uma espécie de pressão constante. Era um sistema graduado, contínuo, cumulativo: todas aquelas pequenas advertências, aquelas pequenas punições, afinal, somavam-se e eram marcadas tanto na memória dos empregadores quanto nas cadernetas, e, assim, acumulando-se, tudo isso tendia a um limiar, exercia sobre o indivíduo uma pressão cada vez maior, até o momento em que, tendo cada vez mais dificuldades para encontrar trabalho, ele caísse na delinquência. A delinquência se tornaria o limiar, fixado de antemão e como que natural, de toda aquela série de pequenas pressões que se exercem ao longo da existência individual. Por exemplo, esse mecanismo punitivo extrapenal funcionava assim no caso da caderneta: depois do decreto de aplicação de vendemiário do ano XI, um operário precisava sair do emprego com uma caderneta na qual o patrão tivesse marcado o trabalho, o salário, as datas de entrada e de saída[18]. Ora, os patrões desde cedo pegaram o costume de marcar nas cadernetas a avaliação que faziam do operário. Em 1809, o ministro do Interior, Montalivet, lembrava aos governadores dos departamentos, [por] circular, que os patrões não tinham o direito de fazer anotações negativas, mas apenas anotar as condições de emprego, e acrescentava: Como continua sendo permitido fazer anotações elogiosas, todos entenderão que a ausência de anotação elogiosa equivalerá a anotação depreciativa[19]. Assim, as condições de emprego estavam ligadas à presença ou à ausência de tais anotações; além disso, o endividamento [do] operário o obrigava a pedir adiantamentos no momento da contratação, e estes sempre eram [indicados] na caderneta. O operário não tinha o direito de demitir-se sem ter reembolsado o adiantamento, seja em dinheiro, seja em trabalho; e, se saísse antes disso, não poderia reaver a caderneta, era preso por vagabundagem e então era levado à justiça. Percebe-se então como esse sistema de micropunições acabava por fazer o indivíduo ficar sujeito ao aparato judiciário.

* * *

Acredito que, nesses mecanismos propriamente punitivos que penetraram o corpo social inteiro, tem-se uma figura historicamente importante. Ela implica, em primeiro lugar – e isso pela primeira vez na história da sociedade ocidental –, a perfeita continuidade entre o punitivo e o penal. A partir daí, ter-se-á uma trama ininterrupta que prolonga a justiça até a vida cotidiana; como capilarização da instância de julgamento, idas e vindas perpétuas entre o punitivo e o penal. Na época clássica, [existia] realmente todo um setor punitivo, exercido em parte pela Igreja e por seu sistema de confissão-penitência e, em parte, por um sistema policial que possibilitava punir fora da lei. Mas esse setor punitivo era uma região específica. Tinha de fato alguns elos com o setor penal, mas, seja por efeito de um privilégio – quando se tratava, por exemplo, de nobres ou eclesiásticos –, seja por efeito de um sobrecontrole – como no caso das ordens régias –, o setor punitivo era relativamente independente do sistema penal. [No século XIX] tem-se um sistema muito sutil, que comportava continuidade entre o punitivo e o penal, apoiando-se em várias leis, medidas e instituições. Assim, a caderneta era ao mesmo tempo um ato contratual entre o patrão e o operário e uma medida policial: era preciso ter um controle econômico e moral sobre o operário. A caderneta era uma daquelas instituições não exatamente penais, mas que possibilitavam garantir a continuidade entre o punitivo e o penal. Os conselhos trabalhistas também desempenhavam esse papel: destinados em princípio a resolver o contencioso entre patrões e operários, podiam tomar algumas medidas, [como] visitas domiciliares, e assim desempenhavam o papel de instâncias punitivas que, a partir de certo momento, marginalizariam os indivíduos punidos e os fariam tombar para o lado da delinquência. Todas as instituições de vigilância – asilo, albergue etc. – desempenhavam esse papel de controle cotidiano e marginalizador.

Além disso, essa continuidade que caracteriza a sociedade punitiva só é possível desde que haja uma espécie de vigilância geral, de organização não só de um controle ou de uma percepção, mas também de um saber sobre os indivíduos, de maneira que eles sejam submetidos a uma prova permanente, até o momento em que for preciso fazê-los passar para o outro lado e submetê-los efetivamente a uma instância de julgamento. Ora, essa espécie de julgamento permanente, essa instância de recompensas e punições que segue o indivíduo ao longo de toda a sua existência, não tem a forma do regime de prova encontrado no sistema penal grego ou medieval[20]; naquele sistema de prova, [a decisão de culpa é tomada] durante algo que é o confronto, a justa, e [determina] de uma vez por todas se o indivíduo é culpado ou não – ato único, justa de indivíduo com indivíduo, de poder com poder. Tampouco tem a forma da inquirição, constituída no fim da Idade Média [e que dura] até o século XVIII[21]; forma de saber que, depois de cometida a ação e detectado o delito, possibilita determinar quem fez o quê, e em quais circunstâncias; dado o crime, o problema é saber onde é preciso buscar os culpados. Tinha-se então uma forma de saber e de controle que era a forma inquisitorial.

Ora, o sistema de controle permanente dos indivíduos não pertence a essa ordem de prova nem à da inquirição. Ou melhor, é como uma prova permanente, sem ponto final. É uma inquirição, mas antes de qualquer delito, fora de qualquer crime. É uma inquirição de suspeita geral e *a priori* do indivíduo. Pode-se chamar de *exame*[22] essa prova ininterrupta, graduada e acumulada que possibilita controle e pressão constantes, seguir o indivíduo em cada um de seus passos, ver se ele está regular ou irregular, comportado ou dissipado, normal ou anormal. O exame, fazendo essa divisão perpétua, autoriza uma distribuição graduada dos indivíduos até o limite judiciário[a]. Assim, nesse ponto exato da relação entre o corpo operário e a força de produção, assiste-se ao nascimento de uma forma de saber que é a do exame. Essa sociedade, que precisa resolver os problemas de gestão, do controle de ilegalismos com novas formas que se constituem, torna-se uma sociedade que não é comandada pelo judiciário – pois provavelmente nunca o judiciário teve menos poder do que nessa sociedade –, mas que difunde o judiciário num sistema punitivo cotidiano, complexo, profundo, que moraliza o judiciário, como ele nunca foi. Em suma, é uma sociedade que liga a essa atividade permanente de punição uma atividade conexa de saber, de registro[b].

O par vigiar-punir instaura-se como relação de poder indispensável à fixação dos indivíduos no aparato de produção, à constituição das forças produtivas, caracterizando a sociedade que se pode chamar de *disciplinar*[23]. Tem-se aí um meio de coerção ética e política necessária para que o corpo, o tempo, a vida e os homens sejam integrados no jogo das forças produtivas, através da forma de trabalho. Faltava dar um passo: como essa vigilância-punição foi possível? Por meio de quais instrumentos o sistema disciplinar instaurado pôde efetivamente ser garantido?[c]

*

NOTAS

1. A. Grün, *De la moralisation des classes laborieuses*, Paris, Guillaumin, 1851. O livro de Grün, que não tem mais de 91 páginas, dedica 70 delas (pp. 17-91) aos sete defeitos morais das classes laboriosas descritos por Foucault nessa aula.
2. *Ibid.*, p. 23.
3. *Ibid.*, p. 76.

---

    a. O manuscrito (fol. 15) acrescenta: "(com inquérito de instrução e prova na audiência)".
    b. Manuscrito (fol. 15): "deixar de lado essa nova forma de saber. Ficar com a noção de que vivemos numa sociedade punitiva e examinatória, *disciplinar*".
    c. O manuscrito (fol. 16) acrescenta:
"– Muitos meios: instrução; associação; consumo (após a indigência); moradia; mas
– uma forma geral: reclusão."

4. J.-P. Thouvenin, "De l'influence que l'industrie exerce sur la santé des populations dans les grands centres manufacturiers", *Annales d'hygiène publique et de médecine légale*, série 1, nº 36, pp. 16-46, e nº 37, pp. 83-111, espec. pp. 84-5, Paris, Jean-Baptiste Baillière, 1847.
5. Michel Chevalier, *De l'industrie manufacturière en France*, Paris, Jules Renouard et Cie, 1841, p. 38. Louis Reybaud, em seu livro, *Économistes modernes* (Paris, Levy Frères, 1862), dedica um capítulo a Michel Chevalier (pp. 172-243).
6. *Ibid.*, p. 39.
7. *Ibid.*, pp. 39-40 ("independência absoluta!" – conforme o texto original).
8. À margem de um desenvolvimento referente à relação entre o controle e a mobilidade: "mudanças de residência para evitar o oficial de justiça, o credor, ou o patrão para o qual o trabalho não foi terminado", Foucault acrescenta no manuscrito: "visitas domiciliares pelos conselhos trabalhistas" (fol. 7); cf. acima, p. 178. Esses conselhos, compostos "meio a meio de patrões e operários eleitos por seus pares", eram destinados a "julga[r] os litígios em matéria de artes e ofícios, entre os operários e seus patrões" (Emile Littré, *Dictionnaire de la langue française*, t. 5, p. 5074), ou litígios referentes ao direito do trabalho. A primeira jurisdição de conselho trabalhista foi instaurada em Lyon (lei de 18 de março de 1806), a segunda em Paris (lei de 27 de dezembro de 1844). Após várias reformas, as leis de 18 de janeiro de 1979 e de 6 de maio de 1982 estenderam essa jurisdição à totalidade do território francês e dos setores profissionais.
9. Foucault menciona à margem do manuscrito: "Weitling" (fol. 9). Wilhem Weitling (1808-1871) é considerado um precursor de Marx, embora tenha sido classificado por este último como um "socialista utópico". Originário da classe popular e autodidata, Weitling professava uma forma de "comunismo evangélico primitivo" (cf. L. Kolakowski, *Histoire du marxisme*, trad. fr. do alemão por Olivier Masson, Paris, Fayard, 1987 [1976], 2 vols., t. I: *Les Fondateurs. Marx, Engels et leurs prédécesseurs*, pp. 302-5, *v.* p. 304), incitando a revolta violenta e coletiva dos oprimidos contra os proprietários. Autor de brochuras abundantemente difundidas na Europa, Weitling participou de várias organizações comunistas ilegais, entre as quais a "Liga dos Justos"; em 1846, ajudou brevemente Marx em sua tentativa de estabelecer elos entre as diversas ligas comunistas europeias.
10. A propósito do proveito que a burguesia extraía do ilegalismo de dissipação, Foucault acrescenta em seu manuscrito: "Bar como exemplo: interesse financeiro, interesse moral e político, tolerância de empréstimo" (fol. 10), como referência à recuperação da poupança operária pelos donos de bares, que se multiplicaram por efeito da lei de 17 de julho de 1880, durante a III República.
11. A. de Villeneuve-Bargemont, *Économie politique chrétienne, ou Recherches sur la nature et les causes du paupérisme, en France et en Europe, et sur les moyens de le soulager et de le prévenir*, Paris, Paulin, 1834 [reed. Paris, Hachette, 1971], 3 vols.: t. 2, p. 64.
12. Foucault escreve no manuscrito: "um exemplo: Madre, *Des ouvriers* (1863)" (fol. 11). Cf. A. de Madre, *Des ouvriers et des moyens d'améliorer leur condition dans les villes*, Paris, Hachette, 1863.
13. Foucault acrescenta no manuscrito a seguinte referência: "Grün (*Moralisation des classes laborieuses*, 1851): o *verdadeiro* e o *falso socialismo*" (fol. 11). Cf. A. Grün, *De la moralisation des classe laborieuses, op. cit.*
14. Foucault acrescenta o termo "Primitivismo" no manuscrito e faz referência a "V. Bargemont" (fol. 11). Cf. A. de Villeneuve-Bargemont, *Économie politique chrétienne, op. cit.*
15. Foucault menciona no manuscrito (fol. 12): a "lei sobre a embriaguez" (lei de 23 de janeiro de 1873 que punia a embriaguez pública) e "o caráter delituoso do nomadismo" (art. 270 do Código Penal francês de 1810).
16. Essa prática é relatada por Louis-René Villermé em sua obra, *Tableau de l'état physique et moral des ouvriers employés dans les manufactures de coton, de laine et de soie*, Paris, Études et documentations internationales, 1989 [ed. orig.: Paris, Jules Renouard e Cie Librairies, 1840], p. 391. A propósito dos meios empregados para lutar contra a bebedeira dos operários, Villermé escreve: "Mas vi coisa melhor em Sedan. Fiquei sabendo naquela cidade, não sem surpresa e sem satisfação, que os chefes das primeiras casas e a maioria dos outros uniam-

-se, entendiam-se entre si para reprimir a bebedeira [...], e que eram bastante hábeis e bem-sucedidos. O meio deles consiste em prevenir o melhor que podem o desemprego, em conservar o emprego dos operários que ficam doentes, em suma, em tratar bem aqueles com os quais estão contentes, em vinculá-los a si mesmos, mas também em nunca admitirem um bêbado em suas fábricas, em demitir e nunca mais readmitir qualquer homem que fosse visto bêbado, e em punir com a mesma pena a falta ao trabalho na segunda-feira. [...] Os operários sabem muito bem o que devem a seus patrões por semelhante serviço, e mostram-se reconhecidos. Por fim, foram eles mesmos que me iniciaram nas boas ações de seus fabricantes, e pude convencer-me da boa influência destes últimos para prevenir maus hábitos" (*ibid.*). Paul Leroy-Beaulieu, em *État moral et intellectuel des populations ouvrières* (Paris, Guillaumin et Cie, 1868), também cita várias vezes Sedan como exemplo das cidades nas quais foram implantadas medidas capazes de soerguer o estado moral dos operários: "em todos os lugares onde vemos os operários sóbrios, em Sedan, em Guebwiller, encontramos a iniciativa inteligente dos industriais" (p. 74). [Jacqueline Lalouette nota, no fim do século XX, que nenhuma estatística possibilitou ainda determinar o consumo de álcool segundo as classes sociais; cf. J. Lalouette, "Alcoolisme et classe ouvrière en France aux alentours de 1900", *Cahiers d'histoire*, t. 42 (1), 1997; disponível em: <http://ch.revues.org/index11.html>.]

17. Foucault acrescenta no manuscrito, após "poupança": "Bruno" (fol. 13), em referência, sem dúvida, ao personagem fictício inventado por Pierre Édouard Lemontey em *Moyen sûr et agréable de s'enrichir, ou, les Trois Visites de M. Bruno*, Paris, Hacquart, 1818, em retomado em *Suite à la brochure de M. P.-E. Lemontey, intitulée* Moyen sûr et agréable de s'enrichir, ou Quatre Nouvelles Visites de M. Bruno. *Conseils aux hommes de tous les rangs et de toutes les classes, et surtout aux pères de famille, aux capitalistes, aux propriétaires, aux rentiers, aux artistes, aux salariés, etc.*, Paris, Renard, 1825. O sr. Bruno, marceneiro aposentado do comércio, resolve ensinar aos operários os benefícios da poupança. Pierre Édouard Lemontey foi presidente da Assembleia Legislativa em 1791 e depois, voltando a Lyon, participou da insurreição a favor dos girondinos e exilou-se na Suíça após a vitória dos republicanos. Anistiado no Império e depois na Restauração, foi eleito em 1819 para a Academia Francesa; morreu em 1826; cf. Dr. Robinet, A. Robert, e J. Le Chaplain, *Dictionnaire historique et biographique de la Révolution et de l'Empire 1789-1815*, Évreux, Charles Hérissey, 1898.

18. Cf. *supra*, pp. 168-9, nota 12.

19. Cf. [Jean-Pierre Bachasson (1766-1823), conde de Montalivet,] "Circulaire du Ministre de l'intérieur (Comte de Montalivet) aux Prefets, Paris, Novembre de 1809, sur les 'Livrets des Ouvrers'", *in Circulaires, Instructions, et autres actes émanés du Ministère de l'intérieur, ou, relatifs à ce département: de 1797 à 1821 inclusivement*, 2ª ed., Paris, Ministère de l'Intérieur, 1822, t. II (1807 a 1815 inclusive), p. 162: "embora não seja permitido fazer anotações depreciativas na caderneta, nada impede de demitir de modo favorável. O silêncio mantido pelo fabricante, no primeiro caso, prova de maneira indireta, se não um problema de conduta, pelo menos pouco contentamento com os serviços do operário". Marthe-Camille Bachasson, conde de Montalivet (1801-1880), aparecerá em *Surveiller et Punir, op. cit.* (p. 237) a propósito dos questionários que ele dirigira aos diretores das casas de detenção tratando do isolamento dos detentos.

20. A noção de "prova" (*épreuve*) como forma de exercício de poder e produção de verdade, em oposição a outras formas como a inquirição ou o exame, fora introduzida já em 1970-1971 no primeiro curso do Collège de France; cf. *Leçons sur la volonté de savoir, op. cit.*, a respeito do sistema grego (aula de 3 de fevereiro de 1971, pp. 82-3) e, no ano seguinte, *Théories et institutions pénales* (nona aula, fols. 3-9, e décima terceira [bis] aula, fols. 1-6) a respeito da prova pelo juramento, dos ordálios e do duelo judiciário na Idade Média, entre os séculos X e XIII. Foucault continuará desenvolvendo a noção de prova em "La vérité et les formes juridiques", *loc. cit.* (*DE*, II), pp. 555-6/pp. 1423-4 (no pré-direito grego), pp. 572-7/pp. 1440-5 (no antigo direito germânico e no direito feudal). Cf. também: *Le Pouvoir psychiatrique, op. cit.*, aula de 23 de janeiro de 1974, pp. 237-9; *Surveiller et Punir*, pp. 45-6; *Mal faire, dire vrai, op. cit.*, aula de 22 de abril de 1981, pp. 20 ss.

21. A noção de "inquirição" esteve no centro dos cursos dos anos anteriores. Cf. "Théories et institutions pénales", Resumo do curso, in *DE*, II, nº 115, ed. 1994, p. 390/"Quarto", vol. I, p. 1258: "A *medida* fora analisada, no ano anterior, como forma de 'poder-saber' ligada à constituição da cidade-estado grega. Neste ano a *inquirição* foi estudada da mesma maneira em sua relação com a formação do Estado medieval; no próximo ano trataremos do *exame* como forma de poder-saber ligado aos sistemas de controle, exclusão e punição próprios às sociedades industriais" [trad. bras.: "Teorias e instituições penais", in *Ditos e escritos*, vol. VIII]; *Théories et institutions pénales*, décima terceira [bis] aula, folhas 4-10; *Leçons sur la volonté de savoir*, aula de 3 de fevereiro de 1971, pp. 84-9. Será também retomada e desenvolvida nos anos seguintes. Cf. "La vérité et les formes juridiques", *loc. cit.*, pp. 557-70/pp. 1425-38 (em *Édipo Rei* de Sófocles), pp. 577-88/pp. 1445-56 (na segunda Idade Média); *Surveiller et Punir*, pp. 24-5 e 226-9; *Mal faire, dire vrai*, aula de 28 de abril de 1981, pp. 47 ss. Para uma análise bastante próxima do papel da inquirição no direito medieval, cf. J. R. Strayer, *On the Medieval Origins of the Modern State*, *op. cit.* [*supra*, p. 18, nota 13], pp. 39-40/*Les Origines médiévales de l'État moderne*, trad. fr. citada, pp. 62-3 (descrição da emergência do jurado como método de quase inquirição – inquirição baseada não no testemunho, mas no conhecimento dos vizinhos "bons cidadãos").

22. A noção de "exame" desempenha papel importante no pensamento de Foucault. Essa noção será desenvolvida em "La vérité et les formes juridiques", *loc. cit.*, pp. 594-5/pp. 1462-3 (no contexto do panóptico); *Le pouvoir psychiatrique*, aula de 21 de novembro de 1973, p. 54; e em *Surveiller et Punir*, pp. 186-96 ("L'examen" ["O exame"]) e pp. 227-8.

23. O conceito de poder disciplinar, que se distingue tanto do poder de soberania, do biopoder (que aparece com *La Volonté de savoir*, Paris, Gallimard, 1976 [trad. bras.: *História da sexualidade 1: A vontade de saber*, 2ª ed., Rio de Janeiro, Paz e Terra, 2015], e *"Il faut défendre la société"*, *op. cit.*, [aula] de 17 de março de 1976), quanto dos dispositivos de segurança (que se tornarão importantes em 1978 e 1979 com *Securité, Territoire, Population*, *op. cit.*, e *Naissance de la biopolitique*, *op. cit.*), formará um dos eixos mais importantes do pensamento de Foucault durante os anos 1973-1980.

A hipótese de um poder disciplinar, intimamente ligado ao conjunto das práticas de controle, vigilância e punição, será desenvolvida não apenas na última aula deste curso, em 28 de março de 1973, mas nas conferências e nos cursos do ano seguinte; cf. "La vérité et les formes juridiques", *loc. cit.*, pp. 588 ss./pp. 1456 ss. (exposição da sociedade disciplinar); *Le Pouvoir psychiatrique*, aula de 21 de novembro de 1973, pp. 42-59, *v.* p. 42: "A hipótese que eu gostaria de aventar é a de que existe em nossa sociedade algo como um poder disciplinar. Com isso não refiro-me a nada mais do que certa forma de algum modo final, capilar do poder, uma última etapa, certa modalidade por meio da qual o poder político, os poderes em geral, acabam no último nível, por tocar os corpos, invadi-los, levar em conta gestos, comportamentos, hábitos, palavras"; cf. também *Les Anormaux*, [aula] de 15 de janeiro de 1975, pp. 40-5 (desenvolvimento do modelo de ronda da cidade empestada em contraposição ao modelo de exclusão dos leprosos; na nota 10 da p. 50, é indicado que Foucault questiona suas análises das formas de táticas punitivas da maneira como as desenvolveu em 3 de janeiro de 1973, mas, conforme o próprio Foucault indica nessa aula de 3 de janeiro, pp. 4-7, o que ele criticaria retrospectivamente seria seu uso anterior da noção de exclusão); *"Il faut défendre la société"*, [aula] de 25 de fevereiro de 1976, pp. 161-6 (recapitulação do poder disciplinar) e pp. 219-26 (comparação entre disciplina e segurança); *Sécurité, Territoire, Population*, aula de 11 de janeiro de 1978, pp. 6-25 (comparação aprofundada entre os poderes jurídico, disciplinar e de segurança). A noção de poder de soberania está bem desenvolvida em *Le Pouvoir psychiatrique*, *loc. cit.*, pp. 44-8; os dispositivos de segurança, em *Sécurité, Territoire, Population*, aula de 18 de janeiro de 1978, pp. 46-50, e aula de 1º de fevereiro de 1978, pp. 111-3.

AULA DE 21 DE MARÇO DE 1973

A fábrica-caserna-convento em Jujurieux. Regulamentos minuciosos, Icária patronal. (I) Instituições de reclusão: pedagógicas, corretivas, terapêuticas. Pesquisa arquitetônica e microssociológica. (II) Análise dessas instituições. (A) Nova forma de reclusão-sequestração. Três diferenças em relação ao período clássico. 1. Forma de superpoder. 2. Normatização. 3. Sistema intraestatal. (B) Funções da sequestração. 1. Sequestração do tempo. Sujeitar o tempo da vida ao tempo da produção. 2. Controle direto ou indireto da existência inteira. Fabricação do social. 3. Julgamento permanente e ininterrupto. 4. Produção de um novo tipo de discursividade: contabilidade moral cotidiana da existência total; em função do normal e do anormal.

Imaginemos uma sociedade de trezentas a quatrocentas pessoas, solteiras, cujo uso do tempo seria o seguinte: levantar-se às 5h50 para se arrumar, tomar café; fábrica das 6h10 às 20h15, com intervalo de uma hora para as refeições; ceia, prece e cama às 21h[1]. O artigo 5º do regulamento especificava a respeito do domingo: "O domingo é um dia excepcionalíssimo; queremos conservar o caráter que ele deve sempre ter, ou seja, dedicá-lo aos deveres religiosos e ao repouso. No entanto, como o tédio não demorará a tornar o domingo mais cansativo que um dia da semana, todas as atividades serão variadas de maneira que esse dia transcorra de modo cristão e alegre."[2] Pela manhã, exercícios religiosos, seguidos de leituras e escrita, depois recreação; à tarde, catecismo e vésperas e, às quatro horas, se o tempo permitisse, passeio ou, caso contrário, leitura em conjunto; ceia, prece, cama. Os exercícios religiosos não ocorriam na igreja, mas numa capela dentro dos prédios[3]. Os passeios eram feitos sob vigilância constante de um pessoal religioso, também encarregado da administração da casa e da direção das fábricas[4]. O dinheiro ganho ficava retido até a saída[5]. Caso alguém de sexo diferente ao dos internos fosse chamado por razões de serviço dentro do estabelecimento, sua escolha seria feita, conforme o regulamento, "com o maior cuidado, e [esses indivíduos] só ficam durante um tempo curtíssimo; são obrigados ao silêncio sob pena de demissão"[6]. Os princípios gerais da organização estipulavam que nenhum interno jamais ficasse sozinho e que era preciso evitar misturas, devendo reinar constantemente o mesmo espírito[7].

Não se trata de um protótipo de regulamento de um internato do século XVII, mas do regulamento de uma tecelagem de sedas em Jujurieux em Ain no ano de 1840[a]. Em certo sentido, é uma utopia, é a institucionalização da fábrica-caserna-convento[b]: uma fábrica sem salário, em que o tempo do operário pertence integralmente ao patrão, em que o corpo do operário é literalmente encadeado ao aparato de produção. É a Icária patronal. Ora, essas utopias foram relativamente numerosas e, embora tenham desaparecido cedo, por volta de 1860-1870, existiram em número bastante grande: por volta de 1860, quarenta mil operárias trabalhavam nessas condições no sul da França[8]. Reybaud descreve também uma tecelagem de lã de Villeneuvette, que fornecia principalmente roupas para o exército: "A comuna está toda encerrada na fábrica. A vida civil e a vida industrial ali se confundem. A igreja e a prefeitura, bem como as oficinas e as casas dos operários, constituem uma propriedade privada em regime quase militar. São cercadas por muralhas com ameias; ali se toca a alvorada, e à noite se ergue a ponte levadiça."[9] O regulamento era estrito: todos os nômades eram excluídos; os retornos deviam ocorrer em horas fixadas; estava proibido tudo o que fosse jogo e bebedeira. A única taverna da cidade fechava às nove da noite; em caso de sedução não reparada pelo casamento, o operário logo era considerado delinquente e rebaixado, sendo obrigado a exilar-se na hipótese de se recusar a casar-se[10]. O relatório concluía: "Como essas classes laboriosas, tão indóceis ao jugo, chegaram a esse ponto? [...] A causa está num meio de governo que agia sobre os operários sem que eles se dessem conta, lisonjeava a vaidade deles e desarmava a sua vontade."[11]

Portanto, era um fenômeno de grande amplitude. Na primeira metade do século XIX, houve toda uma empreitada de reclusão, acasernamento da classe operária em toda uma série de instituições não produtivas (além do aparato de produção), como, por exemplo, as instituições pedagógicas – creches, colégios, orfanatos; instituições corretivas – colônias agrícolas, casas de correção, prisões; instituições terapêuticas – asilos, albergues.

a. Manuscrito (fols. 3-4): "Isto é o regulamento de que instituição? De qualquer uma. Homem ou mulher; prisão; internato; escola; casa de correção; hospital psiquiátrico; orfanato; fábrica para moças penitentes. Casa de tolerância. Caserna. No entanto, não é uma reconstrução nem um protótipo. É um estabelecimento que realmente existiu – tecelagem de sedas de Jujurieux. Por que citar esse exemplo-limite?"

b. Manuscrito (fol. 4): "da fábrica-convento, da fábrica-prisão".

Provisoriamente, seria possível pôr todas essas instituições sob o signo da reclusão. Seria possível acrescentar a essas instituições reais tudo aquilo que foi projeto, sonho de reclusão[a]: por exemplo, Marquet-Vasselot[12], diretor da prisão de Loos, imaginou uma cidade-refúgio para os delinquentes e os indigentes de toda uma região da França[b]; ou o sonho de Villeneuve-Bargemont que dizia, a respeito do problema do casamento e da natalidade na classe operária: "Sem dúvida chegará o dia [...] em que os governos serão levados, pela força das coisas e pelo maior desenvolvimento do esclarecimento e da liberdade, a autorizar" – com base no modelo dos monges e dos padres – "a formação de novas associações celibatárias de trabalho e caridade, que não buscarão a opulência, mas a utilidade, e cujo objetivo, no estado atual da civilização, se coadunará com as novas necessidades da sociedade."[13]

E, permeando toda essa produção de utopias, havia toda uma atividade de pesquisa. Pesquisas arquitetônicas: para resolver o problema da construção de um estabelecimento que pudesse garantir um nível ideal de vigilância; arquitetura do teatro invertido[14], onde se procurava fazer o máximo possível de pessoas ficar sob o olhar e a vigilância do menor número possível de pessoas (cf. pesquisas de Baltard pai[15]). Pesquisas "microssociológicas"[c]: *avant la lettre*, sobre os esquemas de dependência, autoridade, vigilância num grupo limitado. Assim, a colônia agrícola de Mettray[16], fundada por volta de 1841, era um modelo dessa pesquisa: o grupo de colonos era dividido em pequenas famílias, com duas autoridades, uma exterior, do vigilante, e outra que emanava do próprio grupo e estava nas mãos de um dos irmãos considerado irmão mais velho.

* * *

[d]O problema é saber qual era o estatuto dessas curiosas instituições, das quais algumas desapareceram, como as fábricas-conventos, e outras se mantiveram e proliferaram, como as prisões. Pode-se perguntar em que

---

a. O manuscrito (fol. 5) apresenta esses exemplos como "toda uma série de instituições mistas, ao mesmo tempo produtivas e repressivas: 'colônias' agrícolas; produtivas e pedagógicas: oficinas, asilos para crianças".

b. O manuscrito (fol. 6) acrescenta, a respeito dessa série de sonhos e utopias, que eles "têm como características:
1/ representar adjacências em relação à sociedade dada; essas utopias devem realizar funções existindo na sociedade atual;
2/ representar sistemas de dominação. Memorizar algumas categorias. Utopias do serviço e da servidão. Sonha-se com a escravidão – enclaves de escravos".

c. Manuscrito (fol. 6): "pesquisas 'microssociológicas': nível ótimo de autoridade. Estudo sobre a circulação das ordens; formas de agrupamento e de isolamento dos indivíduos".

d. Manuscrito (fol. 7), subtítulos: "*Análise dessas instituições*". "A: *Reclusão-sequestração*".

medida essa reclusão pode ser considerada herança da reclusão dos séculos XVII-XVIII, ou seja, daqueles controles mais ou menos difusos, organizados pelo Estado, e da grande reclusão clássica[17]. Uma coisa é certa: todos tinham consciência da proliferação dessas instituições. Assim, em *Habitations ouvrières et agricoles* [Habitações operárias e agrícolas], publicado em 1855, Muller escreve: "Acompanhemos o trabalhador desde o primeiro dia de sua infância até esses terríveis anos de velhice, em que a natureza reduz seus braços à impotência. Ao lado de cada uma de suas necessidades, foi criada uma instituição para provê-las [...]. Para a infância, creches e asilos, que possibilitam à mãe frequentar as fábricas [...]. Quanto à idade madura, [...] beneficência do Estado, que supre com hospitais os antigos recursos da caridade monástica [...]. [E, recentemente, inventou-se] a organização dos socorros em domicílio [...]. O trabalhador podia ser exposto ao risco de dissipar no calor da especulação os poucos fundos penosamente amealhados por ele à custa de fadigas e esforços. Para protegê-lo desse perigo, imaginaram-se as caixas econômicas. O sofrimento e a infelicidade ameaçavam seus dias de velhice; nossos pais, com os asilos, apenas pensaram em aliviar a imprevidência: fazemos mais, facilitamos a previdência com nossas caixas particulares de aposentadoria. Por fim, era preciso melhorar a moradia do trabalhador"[18] – e foi assim que se criaram as cidades operárias. Portanto, tem-se consciência do enquadramento constante do indivíduo por essas instituições, desde o nascimento até a morte.

Nesse texto é possível identificar as diferenças capitais entre a reclusão do período clássico e aquilo a que assistimos no século XIX. No período clássico, o controle e a fixação dos indivíduos eram obtidos primeiramente pelo seu pertencimento a castas, comunidades e grupos, como grêmios, corporações, associações de operários, corpos de ofício. O indivíduo, pertencendo a certo corpo social, estava preso primeiramente a um conjunto de regras que dirigiam e, eventualmente, puniam seu comportamento; por outro lado, devido ao próprio grupo, ele se encontrava no interior de uma instância de vigilância que não era diferente do grupo em questão. Em outras palavras, o grupo, com suas regras e a vigilância que exercia, era uma espécie de instância endógena de controle. A partir do século XIX, ao contrário, os indivíduos ficaram de alguma forma presos de fora a e por aparatos aos quais não se incorporavam. Logo que nasciam eram colocados numa creche; na infância, enviados à escola; iam para a fábrica; durante a vida toda, pertenciam a uma agência de beneficência; podiam fazer depósitos numa caixa econômica; acabavam no asilo. Em suma, durante toda a vida, as pessoas mantinham uma multiplicidade de elos com uma multiplicidade de instituições, sendo que nenhuma dessas instituições as representava exatamente, e nenhuma delas as constituía como grupo – fazendo depósitos numa caixa econômica e passando por uma escola ninguém constitui um grupo, ao passo que no período clássico o controle e a vigilância eram organizados no próprio interior e pelo fato de se pertencer a um grupo como uma corporação etc. Assim, os indivíduos eram fixados como que pelo lado de fora a esses aparatos que tinham uma especificidade institucional em relação àqueles para os quais eram feitos, que tinham uma localização espacial etc.

Em suma, percebe-se que naquele momento emergiram "corpos" absolutamente novos no espaço social, corpos diferentes daqueles que vinham à mente outrora quando se falava de corporações e grêmios. Não eram corpos sociais, ou seja, corpos de pertencimento, que apareciam com instituições como creches, caixas econômicas ou previdenciárias e prisões. Tampouco eram corpos que funcionassem ao modo da máquina, ou seja, corpos produtores, ainda que houvesse elos entre o desenvolvimento do maquinismo e dos novos corpos. Eram corpos com função de multiplicadores de poder, zonas nas quais o poder estava mais concentrado, era mais intenso. Em certo nível, essas instituições não passavam de simples estágios do poder exercido por uma classe sobre outra; mas, quando olhamos seu funcionamento com um pouco mais de atenção, percebemos que elas instauraram uma verdadeira ruptura, que passou a reinar uma espécie de poder concentrado, quase autônomo, com uma força nova, no espaço e na zona de influência dessas instituições: o poder do patrão na indústria, o poder do contramestre na fábrica. Esse poder não derivava apenas nem diretamente das hierarquias de poder que iam de baixo para cima. Na verdade, havia uma instância de poder quase controlada, pois o contramestre ou o patrão, com várias medidas, podiam expor o operário à ação da justiça penal, bastando para tanto algumas demissões ou anotações desfavoráveis.

O exemplo mais impressionante dessa descontinuidade, dessa reconcentração, dessa reintensificação do poder dentro dessas zonas, era a prisão. Em princípio, ela deveria ser apenas um lugar onde fosse aplicado aquilo que houvesse de mais legal nas instituições, ou seja, as decisões da justiça. Ora, na verdade, a prisão era coisa bem diferente de um local onde se aplicassem decisões da justiça tomadas em outro lugar, pelos tribunais. Ela funcionava como algo que tinha por si mesmo o seu próprio poder e também sua própria justiça. Decazes, em 1819, exclamava que "seria bem necessário que a lei reinasse nas prisões"[19], e, em 1836, Béranger definia assim o papel do diretor de prisão: "O diretor de prisão é um verdadeiro magistrado que reina soberanamente na casa."[20]

Essas instâncias com superpoder, portanto, não eram corpos de pertencimento nem corpos maquinais, mas corpos dinásticos. A percepção que se tinha delas na época, aliás, era nesse sentido. A reação dos operários, tal como pode ser percebida através da imprensa operária, consistia em dizer que se tinha voltado ao feudalismo: a fábrica era designada como praça-forte, o operário percebia-se como servo do senhor-patrão, os estabelecimentos de correção eram novas Bastilhas[a]. E essa percepção da sociedade não era simplesmente a transposição de um velho esquema que tivesse ficado na memória popular; era a percepção de algo particular: na sociedade capitalista que se implantava, exatamente como na sociedade feudal, existiam zonas de poder não exatamente integradas no aparato de Estado, não exatamente controladas por ele, em cuja territorialidade reinava um controle muito frouxo, mas um poder que era um excedente de poder em relação àquilo que seria uma sociedade comandada do ponto de vista simplesmente hierárquico. A percepção do poder capitalista como ressurgimento de uma semente feudal na sociedade era tão forte na classe operária, que o próprio Reybaud, num relatório de 1865 sobre a condição dos operários da lã, falando da fábrica fundada por Patrol, escrevia: "É uma espécie de feudalismo que se desvencilhou de qualquer ato arbitrário."[21]

Esta é a primeira diferença: as instâncias de controle, em vez de serem imanentes ao próprio corpo social, são transferidas para fora e exercidas por algumas regiões e instituições com superpoder[22]. Uma segunda transformação em relação ao antigo sistema foi, de certo modo, o inverso da primeira. No século XVIII, ao lado da vigilância endógena ao próprio grupo, tinha-se o grande sistema de reclusão, por sua vez marginal em relação ao corpo da sociedade e, por outro lado, dirigido àqueles que estavam marginalizados, tanto no nível individual, em relação aos comportamentos e às regras éticas de seu ambiente, quanto, mais ainda, no nível daquelas massas que eram marginalizadas pela miséria, pelo desemprego, pela vagabundagem. Eram presos aqueles que estavam fora do grupo e, com essa ação, eram postos durante certo tempo fora da lei. Tais estabelecimentos, portanto, eram principalmente instrumentos de subtração. Com os aparatos surgidos no século XIX, ao contrário, a reclusão deixava de apresentar-se como maneira de marginalizar os indivíduos ou de subtrair indivíduos já marginalizados. A criança que fosse colocada numa

---

a. Manuscrito (fol. 9):
"Notar as maneiras como são analisados ou percebidos:
 – a análise 'institucional' que tentava esquivar-se deles como superpoder, reduzi-los a uma função e integrá-los a um conjunto legislativo ou regulamentar;
 – ora, em face disso: uma percepção muito vívida dessas regiões de superpoder. Uma percepção quase mítica e retranscrita num vocabulário semipolítico, semi-histórico. São vistos como uma ressureição da Idade Média ou do Antigo Regime: fábrica como praça-forte; novas Bastilhas; liceu-convento."

colônia agrícola, o jovem operário que fosse posto numa fábrica-convento, o indivíduo que fosse enviado para uma penitenciária onde houvesse oficinas na realidade estavam sendo fixados num aparato produtivo. A criança mandada para a escola era fixada num aparato que transmitia saber, que normatizava[a].

Em todos esses casos, a função do aparato em relação à marginalidade é bem diferente do sistema monótono da reclusão clássica: não se trata em absoluto de marginalizar, mas sim de fixar dentro de certo sistema de transmissão do saber, de normatização, de produção. Sem dúvida, esses aparatos têm uma função de marginalização; mas marginalizam aqueles que resistem[b]. Supunha-se que a maioria dos colégios onde as crianças eram internadas estava conectada a certo aparato de transmissão do saber, e que só eram marginalizados aqueles que resistiam a essa transmissão. A máquina trabalhava para desmarginalizar, e a marginalização era apenas um efeito colateral. O exemplo mais impressionante é, sem dúvida, o dos asilos para crianças abandonadas. O de Lille funcionava assim por volta de 1840-1845: já nas primeiras semanas, a criança era mandada para a zona rural, à casa de uma ama de leite; com doze anos, voltava ao asilo, onde recebia um uniforme e era mandada para uma classe fora do asilo com outras crianças, ou para a fábrica. A partir dessa marginalidade da criança abandonada – ou seja, ilegítima, fruto de uma relação contra a qual lutavam os sistemas de controle estabelecidos pela burguesia –, marginalidade marcada pelo uniforme, donde o nome *collets jaunes* [golas amarelas] que lhes era imposto, o papel do asilo era fazer que os indivíduos superassem essa marginalidade, integrando-se ao aparato de produção ou ao aparato escolar, conectando-se a alguns aparatos sociais.

Tratava-se, portanto, de uma reclusão de fixação[c], de distribuição de indivíduos ao longo de e em aparatos sociais. Essas instituições de reclusão funcionavam, por assim dizer, como adjacentes aos aparatos de produção, de transmissão de saber, de repressão, e ofereciam a espécie de suplemento de poder de que estes precisavam para funcionar. Essas instituições já não eram do tipo de reclusão clássica, mas do que seria possível chamar de *sequestração*, em referência àquela espécie de autoridade arbitral que se apodera de algo, retira-o da livre circulação e o mantém fixado em certo ponto, durante certo tempo, até uma decisão do tribunal. Interessante é a posição e o funcionamento desses instrumentos de sequestração em relação àquilo que habitualmente se chama de aparato estatal. Identifiquei, no

---

a. O manuscrito (fol. 10) acrescenta: "ou que corrigia, curava, endireitava".

b. O manuscrito (fol. 11) acrescenta: "por exemplo, aqueles que não se adaptam à escola, à fábrica".

c. O manuscrito (fol. 11) acrescenta: "seleção, distribuição".

fim do século XVIII, uma espécie de tendência à centralização, à estatização dos meios de controle em ação nessa sociedade. Ora, tem-se agora a impressão, quando vemos o florescimento e a proliferação de todos esses instrumentos de sequestração, que, ao contrário, havia uma expansão, e que em certo sentido estes escapavam ao Estado. Eram frequentemente devidos à iniciativa privada; e o Estado, em sentido estrito, em alguns casos apenas acompanhou iniciativas que não eram suas. Mas é preciso notar que a maioria daqueles estabelecimentos tomava por modelo a estrutura estatal: eram pequenos Estados postos para funcionar no interior do Estado. Sempre se apoiavam nos aparatos estatais por meio de todo um sistema de remissões e reciprocidades: a fábrica não podia funcionar nessa estrutura de convento ou de caserna se não tivesse a seu lado a polícia ou o exército. Todos aqueles estabelecimentos, ligados diretamente ou não ao Estado, sempre remetiam, apesar de tudo, a aparatos estatais, embora não fossem por si mesmos aparatos estatais, mas sim retransmissores-multiplicadores de poder dentro de uma sociedade na qual a estrutura estatal era a condição de funcionamento dessas instituições[a].

* * *

[b]Caberia saber para que exatamente serviu essa sequestração, por que houve necessidade de tais suplementos de poder para fixar os indivíduos nos aparatos sociais, pedagógicos, produtivos etc. A primeira coisa que se deve observar é a seguinte: desses aparatos de sequestração, é verdade que o mais visível – a fábrica-convento – desapareceu cedo, por volta de 1870[c]; mas, no exato momento em que desaparecia e, para dizer a verdade, ao longo de toda sua existência, de 1830 a 1870, esse aparato foi precedido e sustentado por formas flexíveis e difusas de sequestração. Não acredito que, para analisar a função de sequestração na sociedade capitalista, seja preciso restringir-se às formas espacialmente isoladas da sequestração; as caixas econômicas e de previdência, para retomar o exemplo de Muller, eram instâncias de controle tanto quanto as creches e os asilos[23]. Portanto, é preciso detectar essa função de sequestração não só naqueles estabelecimentos geográfica e arquitetonicamente isolados, mas

a. Manuscrito (fol. 12): "Não era um aparato estatal, era um aparato preso no nó estatal. Um sistema intraestatal."
b. Manuscrito (fol. 13), subtítulo: "B. *Funções de sequestração*".
c. O manuscrito (fol. 13) acrescenta: "por razões econômicas (muito rígidas) [e] políticas. Mas na verdade muitas dessas funções foram retomadas e, aliás, antecipadas por toda uma série de instituições mais difusas, mas também mais flexíveis e mais bem adaptadas: caderneta, caixa econômica, caixas de previdência, cidades operárias".

também em todas aquelas instâncias difusas que, situadas em torno deles ou em lugar deles, garantiam o controle. Ora, houve três funções principais da sequestração na sociedade capitalista.

[a]A primeira função aparece claramente no regulamento de Jujurieux: a aquisição total do tempo por parte do empregador. Este não adquire apenas indivíduos, mas uma massa de tempo que ele controla de cabo a rabo. Isso caracteriza a política do capitalismo do início do século XIX: ele precisava de uma massa de desempregados para fazer pressão sobre os salários e não precisava do pleno emprego dos indivíduos; em compensação, precisava do pleno emprego do tempo, para que diversos indivíduos não estivessem empregados, não sendo raro o trabalho de doze ou quinze horas. Agora se descobriu o valor já não do pleno emprego do tempo, e sim do pleno emprego dos indivíduos; o pleno controle do tempo é garantido por meio de folgas, espetáculos e consumo, o que equivale a reconstituir aquele pleno emprego do tempo que no século XIX foi uma das primeiras preocupações do capitalismo.

Todas aquelas instituições de sequestração caracterizavam-se pelo fato de que os indivíduos estavam ocupados o tempo todo em atividades produtivas, puramente disciplinares ou de lazer. O controle do tempo era um dos pontos fundamentais daquele superpoder que o capitalismo organizava através do sistema estatal[b]. Fora das instituições de sequestração concentrada – colégio, fábrica-prisão, casa de correção – onde o emprego do tempo era uma peça essencial [...] –, o controle, a gestão e a organização da vida dos indivíduos [representavam] uma das coisas essenciais estabelecidas no início do século XIX. Era preciso controlar o ritmo no qual as pessoas queriam trabalhar. No caso dos indivíduos pagos por dia, foi preciso agir de maneira que eles não se demitissem quando quisessem. Foi preciso acossar festas, faltas, jogos e especialmente loterias, como má relação com o tempo na maneira de esperar ganhar dinheiro não da continuidade do trabalho, mas da descontinuidade do acaso. Foi preciso levar o operário a dominar o acaso de sua existência: doença e desemprego[c]. Foi preciso ensinar-lhe aquela qualidade a que se dava o nome de previdência, torná-lo responsável por si mesmo até a morte, oferecendo-lhe caixas de poupança. Ora, tudo isso que é apresentado na literatura da época como aprendizado de qualidades morais significava na verdade a integração da vida operária, por um lado no tempo da produção e por outro no tempo da poupança. O tempo da vida, que podia ser ritmado por lazer, prazer, sorte

---

a. Manuscrito (fol. 14), subtítulo: "*A sequestração do tempo*".
b. O manuscrito (fol. 15) acrescenta: "mas sem o localizar no aparato estatal".
c. O manuscrito (fol. 15) acrescenta à margem: "caixa de previdência".

e festas, precisou ser homogeneizado de maneira que fosse integrado num tempo que já não era o da existência dos indivíduos, de seus prazeres, de seus desejos e de seu corpo, mas que era o da continuidade da produção, do lucro[a]. Foi preciso organizar e sujeitar o tempo da existência dos homens a esse sistema temporal do ciclo da produção[b].

A primeira função da sequestração era: submeter o tempo da vida ao tempo da produção. Enquanto o problema da sociedade feudal foi o da localização dos indivíduos, de sua fixação a uma terra sobre a qual se podia exercer soberania e da qual se podia retirar a renda, o problema da sociedade capitalista já não era tanto fixar localmente os indivíduos quanto prendê-los numa engrenagem temporal que tornasse a vida deles efetivamente sujeita ao tempo da produção e do lucro. Passou-se da fixação local[c] à sequestração temporal.

[d]A segunda função é identificada em paradoxos apresentados por essas instituições de sequestração, seja esta de forma concentrada, seja de forma difusa e lábil dentro da sociedade. Aparentemente, essas instituições destinavam-se a serem monofuncionais: o colégio instrui, a fábrica produz, a prisão aplica uma pena, o hospital trata; e, em princípio, não se entende por que o colégio pediria à criança algo que não fosse aprender, o hospital algo que não fosse tratar etc. Ora, havia uma coerção suplementar, indispensável à existência daquelas instituições. O discurso que percorre o regulamento de uma fábrica nunca é: "Trabalhem e, afora isso, façam o que quiserem"; o discurso proferido na escola nunca consiste em dizer: "Aprendam a ler, escrever e calcular e, depois, não se lavem se isso não lhes der prazer"[e]. Na verdade, essas instituições encarregavam-se do controle direto ou indireto da existência. Retiravam da existência alguns pontos que, em geral, eram o corpo, a sexualidade e as relações interindividuais[25]. Sobre esses três pontos exerciam um controle suplementar que, à primeira vista, não estava de modo algum implicado na função princi-

a. O manuscrito (fol. 16) acrescenta: "O que Bouvel fizera ingenuamente em Jujurieux é feito habilmente em Mulhouse."[24]
b. Manuscrito (fol. 16):
"Em suma, trata-se da integração do tempo dos indivíduos no tempo da capitalização, do lucro, da produção. Integração feita de três maneiras:
α – por meio de um modelo homogeneizador: você é submetido às mesmas leis e às mesmas vantagens, porque você também poupa;
β – por meio de um esquema moralizador: você deve e é preciso. Você está em dívida. Você está preso num sistema de obrigações;
γ – por meio de uma operação de sujeição. Porque na verdade o pleno emprego do tempo possibilita que o tempo da produção e do lucro estabeleça suas normas."
c. Manuscrito (fol. 16): "de uma reclusão local".
d. Manuscrito (fol. 17), subtítulo: "*Outra característica das instituições de sequestração*".
e. O manuscrito (fol. 17) acrescenta: "eu trato de vocês, e vocês farão amor como quiserem".

pal, visível e institucional do estabelecimento. Essas instituições de sequestração eram, digamos, "in-discretas", uma vez que cuidavam daquilo que não lhes [dizia respeito] diretamente. Fazia parte de suas funções serem indiscretas, sincréticas, ou seja, misturar a um controle referente ao aprendizado, à produção ou à saúde controles referentes a outra coisa, em especial aos três pontos mencionados. Isso fica evidente no exemplo[a] de Jujurieux, onde se pedia a moças que trabalhassem das seis da manhã às oito da noite para fabricar sedas e, além disso, que não saíssem aos domingos, que não falassem com os homens que entrassem no estabelecimento etc.

Ora, o que se encontra assim em estado concentrado nessas instituições estritas de sequestração é encontrado em estado difuso em toda uma série de medidas de sequestração por meio das quais o poder patronal quase sempre procurou controlar, mesmo fora da fábrica, na vida cotidiana, alguns elementos da existência que, no fundo, nada tinham a ver com a atividade de produção em si[b]. Assim, em 1821, foi baixado pelo prefeito de Amiens um regulamento, citado por Villermé, que, segundo consta, tinha em vista prevenir "desordens que se tornaram escandalosas demais"[26]: "Considerando ter-se observado que [nas fábricas] as moças frequentemente tomam rapazes como cerzidores, e que os rapazes, ao contrário, escolhem moças para o mesmo fim; e que é essencial e de interesse dos bons costumes prevenir os inconvenientes resultantes da aproximação dos dois sexos, sobretudo para os rapazes: *Decreta o que segue...* Ordena-se expressamente aos homens e às mulheres que só tomem como ajudantes jovens de seu respectivo sexo."[27]

A questão é saber de que serve essa espécie de controle suplementar exercido a partir da instituição de sequestração e independentemente de sua função principal e visível. Na verdade, uma instituição de sequestração isola indivíduos em relação ao restante da população. Desse modo, assume dois riscos: por um lado, formar uma população estranha, irredutível aos outros, com vantagens ou desvantagens em relação aos outros;

    a. Manuscrito (fol. 17): "o exemplo por excelência de Jujurieux. É evidente também nas instituições compactas".
    b. O manuscrito (fol. 17) contém aqui dois exemplos: "a embriaguez do operário [e] a família". As duas folhas seguintes (fols. 18 e 19) estão faltando. A folha 20 começa com: "Impedir que se constitua uma coletividade real; isso é feito substituindo-a forçosamente por um 'universo moral'. Uma 'Normalidade', algo como um *habitus* e um consenso social. Aparato para fabricar a sociedade como ficção, como norma, como realidade." O restante da folha 20 e a seguinte (não numerada, entre fol. 20 e fol. 21) estão inteiramente riscadas. Tratam da família e da sexualidade na classe operária, em especial da constituição "dos grupos monossexuais, impondo a norma da heterossexualidade", da "atitude da classe operária em relação à família e à homossexualidade" e da "penetração da ideologia burguesa da família" na classe operária.

por outro, constituir, dentro do próprio sequestro, um grupo que se tornará uma [espécie] de força coletiva apoiada em formas específicas de existência que lhes são dadas. Por conseguinte, seria preciso encontrar um meio para que, por um lado, a população assim sequestrada fosse vinculada de uma maneira ou de outra às formas coletivas de existência da sociedade, e que, por outro lado, se dispusesse de um meio de vigilância que possibilitasse impedir que, no próprio interior da sequestração, se constituísse uma espécie de contraforça, de contracoletividade, que poderia ameaçar a própria instituição.

Tomemos o exemplo da sexualidade no colégio. Entrava-se no colégio para aprender a ler, a escrever e ter boas maneiras. Como então uma das bases mais fundamentais de toda a regulamentação dos colégios no século XIX se baseava na "repressão" sexual? Na verdade, esse termo "repressão" parece-me mais incômodo que exato, pois havia duas coisas na restrição da sexualidade dentro do colégio: em primeiro lugar, impedia-se com rigor a heterossexualidade: a monossexualidade da instituição tornava materialmente impossível ter uma relação heterossexual; em segundo lugar, somando-se a isso, havia algo de um tipo bem diferente: a proibição da homossexualidade, proibição que já não era da ordem do impedimento, porque, ao contrário, a proibição pressupõe a existência e só pode de fato atuar em presença de uma homossexualidade latente e efetivamente praticada até certo ponto, e praticada de maneira que pudesse, a cada instante, dar ensejo a uma intervenção do poder, do julgamento, da punição, ensejo para um sobrecontrole exercido assim sobre os indivíduos, de modo que, até na vida corporal, afetiva e pessoal, eles pudessem ser submetidos a algo como um controle, uma vigilância perpétua.

Ora, a partir desse sistema duplo de impedir a heterossexualidade e proibir a homossexualidade, que caracterizava os colégios, difundiu-se certa imagem da sociedade na qual a heterossexualidade seria permitida como recompensa e na qual a homossexualidade era considerada inexistente ou um fenômeno marginal, tão anormal que só podia dizer respeito a um número restrito de indivíduos. No final, a proibição da sexualidade no colégio servia, por um lado, para estabelecer uma norma interna, portanto para dar ponto de apoio a um poder, e, por outro, para difundir uma norma externa: ela apresentava uma imagem fictícia da sociedade, imagem que tinha a função de dar aos indivíduos certa concepção da sociedade na qual eles viviam e, [aos colegiais][a], certo modelo de comportamento que seria o comportamento deles [na sociedade na qual viveriam][b]. Assim, a

---

a. Texto datilografado (p. 189): "a eles".
b. Texto datilografado (p. 189): "quando vivessem na sociedade".

partir desse sistema duplo, tem-se a criação de certa ficção social que serviu de norma e possibilitou o exercício de poderes dentro da instituição e, por fim, a projeção de algo que se tornaria a própria realidade da sociedade, na qual a heterossexualidade seria permitida e a homossexualidade não existiria.

A instituição de sequestração, num caso como esse, tinha por função fabricar o social[a]. Entre as classes sobre as quais esses sistemas de sequestração agiam e o Estado no qual eles se apoiavam, esses sistemas tinham o papel, entre outros, de constituir uma imagem da sociedade, uma norma social. As instituições de sequestração fabricavam algo que era ao mesmo tempo interdito, norma, e que deveria tornar-se realidade: eram instituições de normatização[28].

Para que pudesse haver efetivamente essa fabricação do social e essa instauração de um tempo da vida que fosse homogêneo ao tempo da produção, era preciso que houvesse, no interior daquelas instituições de sequestração: primeiramente, uma instância de julgamento[b], uma espécie de judicatura ininterrupta, que tornasse os indivíduos sempre submetidos a algo como uma instância judiciária que avaliasse, impusesse punições ou desse recompensas. Quer se tratasse do colégio, da fábrica, do hospital psiquiátrico ou da prisão, quer das formas compactas de sequestração ou das formas abrangentes, como o sistema da caderneta operária e as cidades operárias, percebe-se uma instância judiciária funcionando em surdina e complementarmente.

[Em segundo lugar, era preciso que houvesse] um tipo de discursividade, pois julgamento significa vigilância, anotações, contabilidade etc. E desse modo o comportamento dos indivíduos acabaria entrando num tipo de discursividade absolutamente novo. Evidentemente, não foi a primeira vez que o comportamento individual entrou para o discurso, e não foi necessário esperar essas instituições de sequestração para que esse cotidiano, essa intimidade da existência, fosse efetivamente inserido num sistema de discursividade. No fim das contas, a confissão católica[c] é uma das maneiras de introduzi-lo num tipo de discursividade[29]. Mas esta se caracteriza pelo fato de que é o próprio sujeito que fala; nunca deixa ne-

    a. A penúltima frase da folha não numerada (entre fol. 20 e fol. 21) está riscada. Pode-se ler: "Em resumo: Os aparatos de sequestração fabricavam normatividade social."
    b. Manuscrito (fol. 21): "Essas instituições sempre tiveram uma terceira função, ou melhor, uma terceira e uma quarta. Essas duas funções acopladas são: 1/ função de julgamento permanente."
    c. O manuscrito (fol. 22) caracteriza a confissão católica como: "a mais conhecida, ou melhor, a mais mal conhecida e mais importante" das "discursividades encarregadas de registrar o comportamento dos indivíduos".

nhum arquivo; e a discursividade que a confissão produz se situa no âmbito de algo como uma casuística[a]. Ora, o que se vê surgir no século XIX é bem diferente: é uma discursividade que prende o cotidiano, o individual, o íntimo, o corporal, o sexual em certo espaço definido por instâncias de sequestração. É sempre do ponto de vista da totalidade do tempo que a vida dos indivíduos vai ser percorrida e dominada. Enquanto a confissão sempre trata de um caso – o que foi feito nesta ou naquela circunstância –, a discursividade nascida nessas técnicas gerais de sequestração seguirá o indivíduo desde o nascimento até a morte e será uma discursividade da existência total deste. Assim, na colônia penitenciária de Mettray, os rapazes chegavam com um prontuário que supostamente contava a vida deles, as razões da prisão, o julgamento, a atitude durante a fase de instrução e do processo; a partir daí, entravam para uma espécie de contabilidade moral cotidiana. A totalidade de seu tempo era assim repassada para o interior de uma discursividade.

[Em terceiro lugar,] esse discurso não só toma os indivíduos do começo ao fim da existência, como também não é proferido pelo próprio indivíduo, e sim por uma autoridade hierarquicamente situada no interior desses sistemas de sequestração. Esse discurso é indissociável de certa situação de poder e de certo encaixe dos indivíduos nos aparatos de produção e de transmissão de saber. Por fim, nessa discursividade o discurso era feito em função da normatividade[b]. O indivíduo era sempre descrito em função de seu desvio possível ou real em relação a algo que, se não era definido como o bem, a perfeição e a virtude, era definido como o normal. Essa norma que, como se sabe, na época não era forçosamente a média, também não era, de certo modo, uma noção, mas uma condição de exercício daquela discursividade à qual ficavam presos os indivíduos sob sequestro. Estar sob sequestro é estar preso numa discursividade ininterrupta no tempo, proferida a partir de fora por uma autoridade e necessariamente feita em função daquilo que é normal e daquilo que é anormal[c].

a. O manuscrito (fol. 22) acrescenta: "Em segundo lugar, os relatórios policiais: categorização; casos."
b. Manuscrito (fol. 23): "ela se coordena com certa normatividade que desempenha o duplo papel
– de se apresentar como fato social coletivo, contra o qual nada se pode fazer, e
– de funcionar como uma regra em nome da qual se pune e se recompensa
porque ela, de fato, se não é exaustivamente produzida, é pelo menos revitalizada e reativada o tempo todo pela incessante atividade de sequestração".
c. O manuscrito (fols. 23-24) termina da seguinte maneira:
"• Substituição do tempo religioso (do exercício, da festa e da eternidade) por um tempo baseado no tempo da produção.
• Para abranger a relação ['a luta' está riscada] entre as classes e o Estado, constituição de uma trama de sociabilidade normativa (ao mesmo tempo objeto de estudo e prescrição de comportamento).

ANEXO

O manuscrito dessa décima segunda aula do curso contém em seguida seis folhas, não numeradas, seguidas de três folhas intituladas "Conclusão", também não numeradas, que seriam um esboço, derivado dessa aula, da segunda parte da quinta conferência que Foucault deu alguns meses depois no Rio de Janeiro (cf. "La vérité et les formes juridiques", *loc. cit.* (*DE*, II), pp. 612-23 / pp. 1480-91). Aqui são retranscritas essas nove folhas:

Em certo sentido, trata-se realmente de
– herança das técnicas "francesas" de reclusão;
– herança dos procedimentos "ingleses" de controle moral.
Mas, na realidade, transformações profundas.
1. No controle inglês, o indivíduo era vigiado por um grupo, como alguém pertencente a esse grupo: religioso, social, de trabalho.
Aqui, o indivíduo é exterior à instituição que o vigia: a fábrica onde ele trabalha; a escola onde ele estuda; o hospital para o qual vai.
Mais "vigilância" que "controle"[30].
2. Na reclusão francesa, tratava-se de exclusão: ou temporária, como punição, ou exclusão que se somava a outra, que punia uma marginalidade já adquirida (desempregados, vagabundos, mendigos).
Agora, porém, é uma reclusão que fixa a um processo de produção; ou a um processo de formação, de normatização dos produtores.
É mais inclusão que exclusão.
Donde a palavra "sequestração".
Opor   sequestração / reclusão
              inclusão / marginalidade
              normatização / exclusão.
3. Situação em relação ao Estado
    – na Inglaterra, o controle era extraestatal;
    – na França, era francamente [estatal]. Aqui será uma rede intraestatal.
Para que servem essas instituições:
1. Controle do tempo
No sistema feudal, o controle dos indivíduos estava ligado à sua localização:
    • pertencente a tal lugar
            a tal proprietário
            a tal soberano.
Na sociedade industrial, o que se controla é o tempo dos indivíduos:
    – é preciso que o tempo faça parte do mercado;
    – é preciso que ele seja transformado em tempo de trabalho.
Por isso, nas formas "compactas", o tempo é adquirido de uma vez por todas:
    • grupo
    • modelo monástico.

• Formação de uma instância, ou melhor, de toda uma rede de instâncias cognitivo-punitivas epistemológico-judiciárias, cuja forma de intervenção geral é o exame perpétuo e cujas diversas esferas serão a psicologia, a sociologia, a criminologia, a psiquiatria etc.
• Organização, nos confins dos aparatos estatais, mas frequentemente em posição avançadíssima em relação a eles, de todo um corpo de 'prepostos do sequestro social' – trabalhadores sociais.
Esses quatro fenômenos, ao mesmo tempo correlativos, têm como instrumento comum a sequestração."

Nas formas difusas:
- festa
- poupança (fazer de modo que ele possa trabalhar após o desemprego; que não morra de fome. Mas que não gaste suas economias para não trabalhar).

Em suma, trata-se de transformar o tempo em objeto de salário. Fazê-lo entrar na troca salarial.

2ª função
A sequestração não só controla o tempo dos indivíduos, como também impõe toda uma série de controles anexos:
- higiene
- embriaguez
- sexualidade.

São controles do corpo. Toda uma história por fazer sobre os controles do corpo:
– o corpo superfície de inscrição dos suplícios;
– o corpo elemento de adestramento.

Trata-se de transformar o corpo em força de trabalho, assim como se tratava de transformar a vida em força de trabalho.

3º caráter: instaurar um tipo especial de poder
– poder econômico: dar ou pedir um salário;
– poder "político" de dar ordens, estabelecer regulamentos;
– poder judiciário de recompensar, punir, intimar a comparecer perante uma instância de julgamento;
– poder de extrair saber: ou da prática
            ou dos indivíduos;
saber que, ao se redistribuir pelas outras formas de poder, possibilita racionalizá-las: eco[nômica]; pol[ítica]; judiciária.

Poder multiplicado, poder acumulado: "superpoder".
    Mas ao mesmo tempo: "subpoder",
    abaixo das grandes estruturas estatais.

Tem a função global de articular o tempo, o corpo, a vida dos homens com o processo de produção e com os mecanismos do superlucro. Superpoder que leva ao superlucro; mas com margens de incerteza, de discrepância.

Conclusão
1. Prisão: forma concentrada desse subpoder isomorfo com todo o panoptismo social.
2. A essência concreta do homem é o trabalho: na verdade, o homem [só] está ligado ao trabalho, no nível de sua vida e de seu corpo, por uma relação de poder.
3. O poder não é uma maneira de restabelecer as relações de produção, mas de constituí-las.
4. Saberes normatizadores, na forma de exame, que funcionam
    – não só no nível da expressão das relações de produção,
    – não só no nível das forças produtivas,
mas no nível da própria organização das relações de produção.

Viu-se um saber que nascia do próprio deslocamento das formas de exclusão feudal.
Vê-se um que nasce das relações de poder inerentes à constituição das relações de produção.
Desse panoptismo, alguns [contemporâneos tiveram consciência].

Julius
- espetáculo
- comunidade social
- sacrifício
- vigilância
- indivíduos
- Estado.

Suas diferentes manifestações.
História de toda a instituição judiciária.
Treilhard. Apresentação do Código Penal francês.
Analisar sobretudo a partir de baixo e em formas surdas, insidiosas, cotidianas.

*
NOTAS

1. Trata-se do regulamento da tecelagem de seda de Jujurieux em Ain, datado de 1840 (cf. acima, p. 186). É provável que Foucault se tenha baseado no modelo do "Regime e regulamento de uma tecelagem de sedas" apresentado *in* L. Reybaud, *Étude sur le régime des manufactures. Condition des ouvriers en soie* (Paris, Michel Lévy Frères, 1859, "Nota F" das justificativas, pp. 334 ss.), bem como na descrição de Jujurieux apresentado por Louis Reybaud no corpo da obra (*ibid.*, pp. 198 ss.). Reybaud explica que se estabeleceu "em Jujurieux uma regra que, em vista de sua severidade, assemelha-se à das congregações religiosas" (p. 199). Sobre o regime e os regulamentos de Jujurieux, cf. também J. Simon, *L'Ouvrière*, Paris, Librairie de L. Hachette & Cie, 1891^9 [1861], pp. 56 ss.; M. Cristal, "De l'éducation professionnelle des filles", *Revue contemporaine*, vol. 83, ano XIV, 2ª série, t. 48, 15 de novembro de 1865, Paris, Librairie Dentu, 1865, pp. 32-62, espec. pp. 42 ss. Foucault retomará esse exemplo alguns meses depois em suas conferências no Rio de Janeiro, "La vérité et les formes juridiques" (*loc. cit.*, pp. 609-11/ pp. 1477-9), com a seguinte forma: "Vou propor uma adivinhação. Apresentarei o regulamento de uma instituição que de fato existiu nos anos 1840-1845 na França, portanto no início do período que estou analisando. Apresentarei o regulamento sem dizer se se trata de fábrica, prisão, hospital psiquiátrico, convento, escola, caserna; é preciso adivinhar de que instituição se trata" (p. 609/p. 1477). Esse exemplo também será apresentado em *Surveiller et Punir* (*op. cit.*), como extensão da "grande trama carcerária" que se estende da prisão aos orfanatos, aos estabelecimentos para aprendizes, até "mais além ainda às fábricas-conventos, como a de La Sauvagère, Tarare e Jujurieux (onde as operárias entravam mais ou menos com treze anos de idade, viviam reclusas durante anos e só saíam sob vigilância; não recebiam salário, mas cauções, modificadas por gratificações de zelo e boa conduta, que elas só recebiam quando saíam)" (p. 305). Para uma descrição dos alojamentos operários construídos em Lille, Foucault cita (*ibid.*, n. 2) um trecho extraído de "Houzé de l'Aulnay, *Des logements ouvriers à Lille*, 1863, pp. 13-5". As noções de regulamentação e emprego do tempo, que serão desenvolvidas nesta aula, emergirão como temas principais na introdução e no desenvolvimento de *Surveiller et Punir*, pp. 12-3 e 151-3.

2. Capítulo V do regulamento de Jujurieux, citado *in* J. Simon, *L'Ouvrière*, *op. cit.*, pp. 56-7, e *in Revue contemporaine*, nº citado, p. 43. Esse trecho também se encontra no modelo anônimo do "Régime et règlement d'un tissage de soies", *in* L. Reybaud, *Étude sur le régime des manufactures*, *op. cit.*, p. 344.

3. Foucault retranscreve no manuscrito (fol. 2) um trecho que provém diretamente da obra *L'Étude sur le régime des manufactures*, p. 201: "'A igreja paroquial poderia ter sido um ponto de contato com o mundo; foi consagrada uma capela dentro do estabelecimento, e os fiéis de fora não eram admitidos.'"

4. *Ibid.*: "Quando as operárias saem, e isso só ocorre em casos determinados, são acompanhadas por uma freira; só vão passear guiadas pelas freiras."

5. Foucault nota no manuscrito (fol. 2): "Não há salário. Simplesmente caução (40 a 80 francos por ano) retida até a saída; com um sistema de gratificações se o trabalho fosse bem feito." Cf. L. Reybaud, *Étude...*, p. 203: "Em vez de salário, recebem uma caução que varia entre 80 e 150 francos por ano, segundo a natureza do trabalho e os graus de aprendizado. Algumas gratificações, além disso, estão vinculadas à boa realização do serviço, e são distribuídas depois de uma classificação feita a cada mês"; e p. 204 (referente ao estabelecimento de Tarare, está escrito que as cauções variam de 40 a 100 francos por ano; as gratificações, de 1 franco a 50 cêntimos por mês).

6. *Ibid.*, p. 201.

7. Cf. *ibid*: "Portanto, o sequestro é o mais absoluto possível, e o tempo é dividido entre o trabalho e os exercícios de devoção, acompanhados por algumas distrações."

8. Foucault cita no manuscrito os seguintes exemplos: "Tarare, Séauve, Bourg-Argental e La Sauvagère" (fol. 4), acrescentando (fols. 4-5): "tecelagem – Na Suíça 'A operária é realmente

prisioneira; é alojada, alimentada, vestida; entra para uma grande família, não lhe falta sequer atendimento médico'; 'As operárias têm direito de sair para visitar os pais que morem na vizinhança. Caução de 50 a 100 francos.' // Episódio da jovem de olhar ousado (ficha Reybaud). // Há fábricas análogas para homens. // Na França, Villeneuvette. Na América, Lowell". As indicações referentes a Tarare, bem como aos outros locais mencionados e à Suíça provêm de L. Reybaud, *Étude sur le régime des manufactures*, pp. 197 ss. Louis Reybaud (1799-1879), membro do Institut de France, havia pessoalmente "visitado três desses estabelecimentos: Jujurieux em Ain, Tarare no Ródano, La Séauve em Haute-Loire (*ibid.*, p. 197) e estudara os outros: Bourg-Argental, La Sauvagère etc.

 9. L. Reybaud, *La Laine. Nouvelle série des études sur le régime des manufactures*, Paris, Michel Lévy Frères, 1867, p. 111.

 10. *Ibid.*, p. 127.

 11. *Ibid.*, pp. 127-8.

 12. Foucault, no manuscrito (fol. 6), faz referência à obra de L.-A.-A. Marquet-Vasselot, *La Ville du refuge. Rêve philanthropique*, Paris, Ladvocat, 1832. Marquet-Vasselot foi diretor da casa central de detenção de Loos em Lille. Foucault voltará a essa obra em *Surveiller et Punir* (p. 248), bem como à função de diretor penitenciário de seu autor (pp. 237, 244, 256, 257).

 13. A. de Villeneuve-Bargemont, *Économie politique chrétienne, ou Recherches sur la nature et les causes du paupérisme, en France ou en Europe, et sur les moyens de le soulager et de le prévénir, op. cit.* [*supra*, p. 181, nota 11], t. I, p. 236.

 14. Trata-se aqui, evidentemente, de uma alusão ao princípio de vigilância universal elaborado nas *Leçons sur les prisons* de Julius (cf. *supra*, aula de 10 de janeiro, pp. 22 e 36-7 nota 3) e ao Panóptico de Bentham (cf. *supra*, aula de 24 de janeiro, pp. 59 e 71 nota 16). É interessante notar que o sociólogo americano Philip Smith, em sua crítica a Foucault (*Punishment and Culture*, Chicago, University of Chicago Press, 2008, pp. 106-7), sugere que talvez Bentham tivesse se inspirado no modelo do teatro, e não no da casa senhorial; encontramos aqui, trinta e cinco anos antes, o possível elo com o teatro. Cf. também *infra*, p. 223, nota 26.

 15. L.-P. Baltard, *Architectonographie des prisons, ou Parallèle des divers systèmes de distribution dont les prisons sont susceptibles, selon le nombre et la nature de leur population, l'étendue et la forme des terrains*, Paris, [autor,] 1829. Baltard será citado em *Surveiller et Punir*, p. 238.

 16. Foucault desenvolverá sua análise de Mettray em *Le Pouvoir psychiatrique, op. cit.*, aula de 28 de novembro de 1973, p. 86, e em *Surveiller et Punir*, pp. 300-4. A colônia de Mettray foi fundada perto de Tours pelo magistrado Frédéric-Auguste Demetz (1796-1873). Para referências contemporâneas, cf. F.-A. Demetz, *Fondation d'une colonie agricole de jeunes détenus à Mettray*, Paris, B. Duprat, 1839; [E. Ducpetiaux,] *Colonies agricoles, écoles rurales et écoles de réforme pour les indigents, les mendiants et les vagabonds et spécialement pour les enfants... en Suisse, en Allemagne, en France, en Angleterre, dans les Pays-Bas et en Belgique. Rapport adressé à M. Tesch, Ministre de la Justice, par Ed. Ducpetiaux*, Bruxelas, impr. T. Lesigne, 1851, pp. 50-65; F.-A. Demetz, *La Colonie de Mettray*, Batignolles, De Hennuyer, 1856; *Id.*, *Notice sur la colonie agricole de Mettray*, Tours, Ladevèze, 1861. Jean Genet descreverá a experiência que ele viveu em Mettray de 1926 a 1929 em *Miracle de la Rose*, Paris, Marc Barbezat-L'Arbalète, 1946 [trad. bras.: *O milagre da rosa*, Rio de Janeiro, Nova Fronteira, 1984]. Para um estudo mais recente, cf. L. Forlivesi, G.-F. Pottier e S. Chassat, *Éduquer et Punir. La colonie agricole et pénitenciaire de Mettray (1839-1937)*, Rennes, Presses universitaires de Rennes, 2005.

 17. Cf. M. Foucault, *Folie et Déraison. Histoire de la folie à l'âge classique, op. cit.*, pp. 54-96: "Le grand renfermement" ["A grande internação"].

 18. E. Muller, *Habitations ouvrières et agricoles. Cités, bains et lavoirs, sociétés alimentaires*, Paris, Librairie scientifique-industrielle et agricole de Lacroix-Comon, 1856, pp. 6-7.

 19. Cf. *supra*, pp. 72-3, nota 26.

 20. Pierre Jean de Béranger (1780-1857), cancionista e poeta francês muito popular em sua época, desempenhou certo papel político na oposição liberal à Restauração, fazendo tam-

bém aliança com os bonapartistas. Seus textos lhe valeram frequentes condenações a penas de prisão, especialmente na prisão de Sainte-Pélagie em 1821 e em La Force em 1829. Próximo de Adolphe Thiers, Béranger manteve-se, porém, distante do poder político após a revolução de 1830. Em sua abundante correspondência com várias personalidades políticas, literárias e artísticas da primeira metade do século XIX (*Correspondance de Béranger*, coligida por Paul Boiteau, Paris, Perrotin, 1860, 4 vols.), Béranger mostra-se particularmente sensível à sorte reservada aos prisioneiros políticos. Escreveu, principalmente, em 1836 várias vezes a Adolphe Thiers tratando da situação de um prisioneiro político, Ulysse Trélat, e de suas condições de encarceramento; cf. D. Halévy, "Lettres inédites de Béranger et de Lamartine à Thiers", *Revue d'histoire littéraire de la France*, ano 24, nº 1, 1917, pp. 133-43. A frase citada por Foucault, porém, não se encontra nessa correspondência. (Uma busca por palavra-chave em quase toda a obra de Béranger não possibilitou identificar a fonte dessa citação.)

21. L. Reybaud, *La Laine*, op. cit., p. 183.

22. Foucault retomará essa noção de "superpoder" em *Le Pouvoir psychiatrique*, definindo esse poder psiquiátrico como um "superpoder da realidade" (aula de 19 de dezembro de 1973, p. 143).

23. E. Muller, *Habitations ouvrières et agricoles*, op. cit.

24. A respeito das cidades operárias construídas em Mulhouse por volta de 1830-1835, Foucault voltará à questão em *Le Pouvoir psychiatrique* (aula de 28 de novembro de 1973, p. 85), bem como em "L'oeil du pouvoir" (in J. Bentham, *Le Panoptique*, op. cit. [*supra*, p. 71, nota 16], p. 12). Cf. também A. Penot, *Les Cités ouvrières de Mulhouse et du département du Haut-Rhin*, Paris, Eugène Lacroix, 1867.

25. Cf. "La vérité et les formes juridiques", *loc. cit.*, pp. 617-18/pp. 1485-6.

26. L.-R. Villermé, *Tableau de l'état physique et moral des ouvriers employés dans les manufactures de coton, de laine et de soie*, op. cit., ed. 1840, t. I, p. 292. Sugerindo um paralelo interessante entre a vida e a obra, essa ilustração será retomada alguns anos depois por Édouard Ducpetiaux num livro que trata de assuntos análogos: *De la condition physique et morale des jeunes ouvriers et des moyens de l'améliorer*, Bruxelas, Meline, Cans et Compagnie, 1843, t. I, p. 326.

27. Trecho do decreto da prefeitura de Amiens de 27 de agosto de 1821, reproduzido em L.-R. Villermé, *Tableau de l'état physique et moral des ouvriers...*, pp. 292-3 n. 1 (o acréscimo entre colchetes é de Foucault).

28. A noção de normatização, associada ao poder disciplinar e já presente em M. Foucault, *Naissance de la clinique* (op. cit., pp. 56-62 e 76), será desenvolvida durante os anos seguintes. Cf. *Le Pouvoir psychiatrique*, aula de 21 de novembro de 1973, p. 56: "Em suma, o poder disciplinar tem a [...] propriedade [...] de ser sempre normatizador, de sempre inventar novos sistemas recuperadores, de sempre restabelecer a regra. O que caracteriza os sistemas disciplinares é um perpétuo trabalho da norma na anomia"; *Les Anormaux*, op. cit., [aulas] de 8 de janeiro de 1975, p. 24, e de 15 de janeiro, pp. 45-8; *Surveiller et Punir*, pp. 180-6: "La sanction normalisatrice" ["A sanção normalizadora"]; *"Il faut défendre la société"*, op. cit., [aula] de 14 de janeiro de 1976, pp. 35-6, e [aula] de 17 de março de 1976, pp. 225-6. Foucault apresenta o tratamento infligido ao "indivíduo delinquente" como algo pertencente a uma "técnica de normatização", a partir da "emergência do poder de normatização, da maneira como ele é formado, da maneira como se instalou [...] [e] ampliou sua soberania em nossa sociedade" (*Les Anormaux*, p. 24); ele investigará as relações mantidas entre a noção de normatização e as reflexões propostas por Georges Canguilhem na segunda edição de seus trabalhos sobre *Le Normal et le Pathologique* (Paris, PUF, 1966 [trad. bras.: *O normal e o patológico*, 7ª ed., Rio de Janeiro, Forense Universitária, 2014]; cf. *Les Anormaux*, pp. 45-8); e desenvolverá o tema do poder produtivo do sistema "disciplina-normatização" (*ibid.*, p. 48; cf. também *Surveiller et Punir*, pp. 186 e 196).

29. Já presente nos cursos do ano anterior, *Théories et institutions pénales*, décima terceira [bis] aula, fols. 1-6, Foucault desenvolverá esse tema da confissão como modo de discursividade inerente à subjetividade em *La Volonté de savoir*, op. cit., pp. 79 ss. Cf. também *Du gouver-*

nement des vivants. Cours au Collège de France, 1979-1980, org. M. Senellart, Paris, Gallimard-Seuil (col. "Hautes Études"), 2012, p. 80 *et passim* [trad. bras.: *Do governo dos vivos*, São Paulo, WMF Martins Fontes, 2014]; *Surveiller et Punir*, pp. 47-8, 72, 99; bem como seu estudo sobre a função da confissão em justiça, *Mal faire, dire vrai, op. cit.*

30. Gilles Deleuze mais tarde quis opor à "vigilância" segundo Foucault a ideia de "sociedade de controle", que seria a nossa; cf. G. Deleuze, "Post-scriptum sur les sociétés de contrôle", *in Id.*, *Pourparlers 1972-1990*, Paris, Minuit, 1990 (col. "Reprise" 6), 2003, pp. 240-7 [trad. bras.: *"Post-scriptum* sobre as sociedades de controle", *in Conversações 1972-1990*, 3ª ed., São Paulo, Ed. 34, 2013]; *Id.*, "Qu'est-ce qu'un dispositif?", *in Id.*, *Deux Régimes de fous*, Paris, Minuit, 2003, pp. 316-25, espec. p. 323. Aqui, Foucault deixa bem clara a diferença por ele introduzida entre os dois conceitos.

AULA DE 28 DE MARÇO DE 1973

Temática do curso: a forma-prisão como forma social; um saber-poder. (I) Análise geral do poder. Quatro esquemas por rejeitar. 1. Apropriação: o poder não é possuído, é exercido. Caso da poupança operária. 2. Localização: o poder não está estritamente localizado nos aparatos estatais, mas sua ancoragem é bem mais profunda. Caso da polícia no século XVIII e do sistema penal no século XIX. 3. Subordinação: o poder não garante, mas constitui modos de produção. Caso da sequestração. 4. Ideologia: o exercício do poder não é lugar de formação de ideologia, mas de saber; todo saber possibilita o exercício de um poder. Caso da vigilância administrativa. (II) Análise do poder disciplinar: normatização, hábito, disciplina. – Comparação do uso do termo "hábito" na filosofia dos séculos XVIII e XIX. Comparação do poder-soberania no século XVIII com o poder-normatização no século XIX. – A sequestração fabrica a norma e produz os normais. Novo tipo de discurso: ciências humanas.

Para concluir o que eu disse neste ano, vou tentar passar para o discurso o que guardei na cabeça enquanto falava. No fundo, o ponto de partida foi o seguinte: por que essa instituição estranha, a prisão? Essa pergunta se justificava de várias maneiras. Em primeiro lugar, do ponto de vista histórico, pelo fato de que a prisão como instrumento penal foi, apesar de tudo, uma inovação radical no início do século XIX. De repente, todas as formas das antigas punições, todo aquele maravilhoso e fulgurante folclore das punições clássicas – pelourinho, esquartejamento, forca, fogueira etc. – desapareceu em proveito dessa função monótona da reclusão. Do ponto de vista histórico, portanto, é uma peça nova. Além disso, teoricamente, acredito que não se pode deduzir das teorias penais formuladas na segunda metade do século XVIII a necessidade da prisão como sistema de punição coerente com essas novas teorias. Teoricamente, é uma peça estranha. Por fim, por uma razão funcional[a]: desde o começo, a prisão foi

---

a. Manuscrito (1ª fol.): "economicamente ou politicamente/funcionalmente". O manuscrito dessa décima terceira aula não está numerado e é composto de 26 folhas.

disfuncional. Percebeu-se que, em primeiro lugar, esse novo sistema de penalidade não reduzia de modo algum o número de criminosos e, em segundo, que levava à reincidência; que reforçava de modo muito perceptível a coesão do grupo constituído pelos delinquentes.

O problema que propus, portanto, era o seguinte: por que há cento e cinquenta anos e durante cento e cinquenta anos a prisão? Para responder, tomei como pista o texto de Julius, em que ele fala das características arquitetônicas especiais da prisão, dizendo que estas não são características apenas da prisão, mas de toda uma forma de sociedade ligada ao desenvolvimento do Estado[1]. Parece-me que esse ponto de partida é de fato importante. Existe certa forma espacial da prisão: a de estrela[a], com um centro que é o ponto de vigilância constante e universal, em todas as direções e em todos os instantes; em torno desse centro, braços em cujo interior se desenrolam a vida e o trabalho dos prisioneiros; e, construída no ponto central, uma torre que constitui o coração do edifício, onde se estabelece a autoridade, onde são transmitidas ordens e para a qual afluem as informações emanadas do conjunto. Tem-se aí uma figura na qual se compõe exatamente a figura da ordem como comando e como regularidade; os problemas arquitetônicos do teatro, mas invertidos: mostrar todos a um único indivíduo; da fortaleza, mas invertidos: pois esta define um lugar que protege e possibilita ver tudo o que ocorre fora, ao passo que com a prisão se trata de ver tudo o que ocorre dentro sem que se possa ver de fora e, ao mesmo tempo, de que quem detém o poder dentro da prisão seja protegido daqueles mesmos que ele vê.

Ora, essa forma-prisão é muito mais que forma arquitetônica, é uma forma social[3]. Em última análise, especulando muito, seria possível dizer que, se a pólis grega inventou certo espaço social que é o da ágora, condição de possibilidade institucional do *logos*, a forma de estrela, do poder de vigilância, dá ensejo a uma forma de saber de tipo novo. Esse era o meu propósito: a prisão como forma social, ou seja, como forma segundo a qual o poder é exercido no interior de uma sociedade – a maneira como ele extrai o saber de que precisa para se exercer e a maneira como, a partir desse saber, ele vai distribuir ordens e prescrições[b]. Assim, seria possível tentar identificar em quais imagens foi simbolizada a forma do poder; teríamos a imagem medieval do trono, lugar de onde se escuta e de onde se julga: é a forma magistral do poder. Tem-se em seguida a imagem absolutista da cabeça que comanda o corpo, que culmina: é a forma capital do poder tal como representada na página de rosto de *Leviatã*[4]. Por fim, tería-

---

a. O manuscrito (2ª fol.) acrescenta: "Bentham → Petite Roquette"[2].
b. O manuscrito (3ª fol.) acrescenta: "Essa forma estelar é uma forma do saber-poder."

mos a imagem moderna do centro a partir do qual se irradia o olhar que vigia e controla, para onde converge toda uma série de fluxos de saber e de onde parte todo um fluxo de decisões: é a forma central do poder[a]. Pareceu-me que, para compreender bem essa instituição da prisão, seria preciso estudá-la sobre esse pano de fundo, ou seja, não tanto a partir das teorias penais ou das concepções do direito, tampouco a partir de uma sociologia histórica da delinquência, mas fazendo a seguinte pergunta: em que sistema de poder a prisão funciona?

* * *

Está na hora de falar desse poder[5]. Para situar o problema, gostaria de marcar quatro [tipos] de esquemas teóricos que me parecem comandar [...] as análises feitas sobre o poder – das quais gostaria de mostrar meu distanciamento.

Em primeiro lugar, o esquema teórico da apropriação do poder, ou seja, a ideia de que o poder é algo que se possui, algo que numa sociedade alguns possuem e outros não. Há uma classe que possui o poder: a burguesia. Sem dúvida, a fórmula "tal classe tem o poder" é uma fórmula que tem seu valor político, mas não pode servir a uma análise histórica. Porque o poder é coisa que não se possui, por várias razões. Primeiramente, poder é algo exercido em toda a espessura, em toda a superfície do campo social, segundo todo um sistema de intermediações, conexões, pontos de apoio, coisas tênues como família, relações sexuais, moradia etc. Por mais finos que sejam os capilares da rede social a que cheguemos, encontraremos o poder, não como algo possuído por alguém, mas como algo que passa, se efetua, se exerce. Em segundo lugar, consegue-se ou não exercer o poder: ele é, portanto, sempre certa forma de enfrentamentos estratégicos instantâneos e continuamente renovados entre vários indivíduos. Não é possuído, porque é algo que está em ação, que se arrisca. Logo, o que está no cerne do poder é uma relação belicosa, e não uma relação de apropriação. Por fim, o poder nunca está inteiramente de um lado. Não existem aqueles que têm o poder e o aplicam brutalmente naqueles que não o têm de modo algum. A relação de poder não obedece ao esquema monótono de opressão, dado de uma vez por todas. Evidentemente, nessa espécie de guerra geral através da qual se exerce o poder, há uma classe social que ocupa um lugar privilegiado e, por isso, pode impor sua estra-

---

a. O manuscrito (4ª fol.) acrescenta: "Ora, essa forma, também segundo Julius, estava ligada ao nascimento de uma sociedade industrial [e] ao desenvolvimento do Estado. Com efeito, essa necessidade de vigilância está ligada à ameaça de uma classe logo percebida como numerosa; estranha; nos limites da indigência; perigosa."

tégia, conseguir diversas vitórias, acumulá-las e obter para seu proveito um efeito de superpoder, mas esse efeito não é da ordem da superposse. O poder não é monolítico. Nunca é inteiramente controlado de certo ponto de vista por certo número de pessoas. A cada instante, ele se desenrola em pequenas disputas singulares, com inversões locais, derrotas e vitórias regionais, desforras provisórias.

Para dar alguns exemplos, vou me remeter ao problema da poupança operária: como se dá? Durante o século XIX, ela é sede de uma batalha de poderes, com toda uma série de estratégias opostas, de vitórias e derrotas apoiadas umas nas outras. Aquela poupança teve origem na necessidade sentida pelo patronato de fixar a classe operária a um aparato de produção, de evitar o nomadismo operário; ele a fixou no espaço fixando-a no tempo: depositando em determinado lugar algo que garantisse o futuro. Mas, ao mesmo tempo, aquela poupança, imposta pela estratégia patronal, produziu como contraefeito o fato de o operário ter algumas disponibilidades que lhe possibilitavam algumas liberdades, entre elas a de fazer greve. De modo que a greve como instrumento de represália contra o patronato está inscrita na própria medida por meio da qual o patronato pretendia controlar a classe operária. Por isso, em contrapartida, nova medida patronal: controlar aquela poupança e impor a presença de representantes patronais nas caixas de previdência. Por isso, a partir da segunda metade do século XIX, as lutas por causa da direção e do controle de tais caixas. Assim se vê como, dentro de uma estratégia geral de sequestração operária pelo patronato, é travada toda uma série de lutas, como ocorre toda uma série de vitórias e derrotas umas em seguida às outras, umas sobre as outras.

Portanto, a relação de poder nunca é estável nem conhecida uma vez por todas; mas está sempre nessa espécie de mobilidade. Não se pode então dizer poder e lucro, como se fossem análogos. O poder não deve ser equiparado a uma riqueza que alguns possuam; é uma estratégia permanente que se deve pensar sobre o pano de fundo de guerra civil. Também é preciso abandonar o esquema segundo o qual o poder, por meio de um contrato de tipo comercial, seria conferido a alguns pela vontade de todos – contrato em virtude do qual aqueles que o desrespeitassem cairiam fora da sociedade e retomariam a guerra de todos contra todos. O poder, a legalidade de que ele se serve, os ilegalismos que ele arregimenta ou aqueles contra os quais luta, tudo isso deve ser pensado como certa maneira de travar a guerra civil.

Em segundo lugar, o esquema da localização do poder: o poder político está sempre localizado dentro de uma sociedade em alguns elementos, essencialmente nos aparatos estatais[6]. Há, pois, adequação entre formas do poder e estruturas políticas. Ora, não acredito que o poder possa ser descrito de forma adequada como algo localizado em aparatos estatais. Talvez nem seja suficiente dizer que os aparatos estatais estejam em jogo numa luta, interna ou externa. Parece-me mais que o aparato estatal é uma forma concentrada, ou mesmo uma estrutura de apoio, de um sistema de poder que vai muito além e bem mais fundo. Por causa disso, na prática, nem o controle nem a destruição do aparato estatal podem bastar para causar a transformação ou o desaparecimento de certo tipo de poder, aquele dentro do qual ele funcionou.

Tentei dar alguns exemplos dessa relação entre os aparatos estatais e o sistema de poder dentro do qual funcionam. Tomemos esse aparato estatal de novíssimo tipo, o aparato policial da monarquia francesa no século XVIII. Aquele aparato não era impingido de fora a pessoas que se resignariam a ele; estava profundamente intricado dentro de um sistema de poder que percorria a totalidade do corpo social. Só pôde funcionar acoplado, ligado a poderes distribuídos entre as famílias (autoridade paterna), as comunidades religiosas, os grupos profissionais etc. E foi por haver tais microinstâncias de poder na sociedade que algo como aquele novo aparato estatal pôde efetivamente funcionar. Do mesmo modo, o aparato penal do século XIX não constituiu uma espécie de grande edifício isolado. Funcionou em ligação[a] constante com algo que era não só seu campo anexo, como sua condição de possibilidade: todo um sistema punitivo cujos agentes eram os empregadores, os senhorios, os fornecedores; tudo isso constituía instâncias de poder que iriam possibilitar o funcionamento do aparato penal, pois é aos poucos, por um acúmulo de mecanismos punitivos, estranhos ao aparato estatal, que os indivíduos são por fim levados para o interior do sistema penal e se tornam efetivamente seus objetos.

Portanto, é preciso fazer a distinção não só entre os sistemas de poder e os aparatos estatais, como também, de forma geral, entre os sistemas de poder e as estruturas políticas. Isso porque a maneira como o poder é exercido numa sociedade não é descrita de modo adequado por estruturas políticas como o regime constitucional[b] ou a representação dos interesses econômicos no aparato estatal. Há sistemas de poder muito mais amplos que o poder político em seu funcionamento estrito: todo um conjunto de focos de poder que podem ser as relações sexuais, a família, o emprego, a moradia. E o problema não é tanto saber se essas outras instâncias de poder repetem a estrutura do Estado. Pouco importa, no fundo, se a família reproduz o Estado ou vice-versa. A família e o Estado funcionam em

---

a. Manuscrito (8ª fol.): "em ligação com um sistema disciplinar, um sistema punitivo em que o empregador, o contramestre, o senhorio, o fornecedor constituíam instâncias de poder".

b. O manuscrito (9ª fol.) acrescenta: ", o recrutamento da classe política".

relação mútua, apoiando-se um no outro, enfrentando-se eventualmente, num sistema de poder que, numa sociedade como a nossa, pode ser caracterizado como disciplinar de maneira homogênea, ou seja, [em que] o sistema disciplinar é a forma geral na qual o poder se insere, seja ele localizado num aparato estatal ou difuso num sistema geral.

Em terceiro lugar, o esquema da subordinação segundo o qual o poder é certa maneira de manter ou reproduzir um modo de produção: o poder é sempre subordinado a um modo de produção que lhe é preliminar, se não historicamente, pelo menos analiticamente. Se conferirmos ao poder a extensão de que acabo de falar, seremos levados a detectar seu funcionamento até em níveis bem profundos. Portanto, o poder já não pode ser entendido apenas como o garantidor de um modo de produção, como aquilo que possibilita constituir um modo de produção. O poder é de fato um dos elementos constitutivos do modo de produção e funciona no cerne deste. Foi o que eu quis mostrar quando falei de todos aqueles aparatos de sequestração, nem todos ligados – muito pelo contrário – a um aparato estatal, mas todos atuantes em certo nível que não era o da garantia a um modo de produção, e sim o de sua constituição, quer se tratasse das caixas de previdência, das fábricas-prisão, das casas de correção.

De fato, para que serve essa sequestração? Seu primeiro objetivo é submeter o tempo individual ao sistema de produção, mais exatamente a três elementos seus. É preciso submeter o tempo da vida aos mecanismos, aos processos temporais da produção. É preciso que os indivíduos estejam ligados a um aparato de produção segundo certo uso do tempo, que prossegue de hora em hora e fixa o indivíduo ao desenrolar cronológico da mecânica produtiva; isso exclui todas as irregularidades do tipo faltas, farras, festas etc. É preciso que os indivíduos sejam submetidos não só à cronologia da produção, mas também aos ciclos da atividade produtiva. Mesmo que não possuam meios de produção, precisam suportar o desemprego, as crises, a redução da atividade. Isso implica prescrever-lhes a poupança de maneira coercitiva; poupar, portanto, será um meio de estar conectado e submetido a esses grandes ciclos da atividade produtiva. Poupança – que quer dizer exclusão de gastos inúteis, do jogo, da dissipação. É preciso que o tempo dos indivíduos seja submetido ao tempo do lucro, ou seja, que a força de trabalho seja aplicada pelo menos durante o tempo necessário para que o investimento se torne rentável. Para isso, é preciso que os indivíduos fiquem fixados durante certo tempo a certo aparato de produção, o que implica todos os controles da fixação local dos operários, o sistema da dívida[a], por exemplo.

---

a. Manuscrito (11ª fol.): "a pressão da indigência e um sistema de endividamento".

Um sistema de poder como o da *sequestração* vai bem além da garantia ao modo de produção; é constitutivo dele. Seria possível dizer o seguinte: o problema da sociedade feudal era garantir a cobrança da renda por meio do exercício de uma soberania que era sobretudo territorial; o problema da sociedade industrial é fazer de modo que o tempo dos indivíduos, comprado pelo salário, possa ser integrado no aparato de produção na forma da força de trabalho. É preciso agir de modo que aquilo que o empregador compra não seja tempo vazio, mas força de trabalho. Em outras palavras, trata-se de constituir o tempo da vida dos indivíduos como força de trabalho[7]. Isso levaria à seguinte conclusão: se é verdade que a estrutura econômica, caracterizada pela acumulação de capital, tem a propriedade de transformar a força de trabalho dos indivíduos em força produtiva, a estrutura de poder que assume a forma da sequestração tem o objetivo de transformar, antes desse estágio, o tempo da vida em força de trabalho. É preciso que as pessoas possam trazer para o mercado algo que seja força de trabalho, o que é obtido por esse sistema de poder que é a sequestração, correlativo, em termos de poder, àquilo que, em termos econômicos, é a acumulação de capital. O capitalismo não encontra a força de trabalho pronta[a].

É falso dizer, como alguns famosos pós-hegelianos, que a existência concreta do ser humano é o trabalho[8]. O tempo e a vida do homem não são por natureza *trabalho*[b]; são prazer, descontinuidade, festa, repouso, necessidade, instantes, acaso, violência etc. Ora, toda essa energia explosiva precisa ser transformada em força de trabalho contínua e continuamente oferecida no mercado. É preciso sintetizar a vida em força de trabalho, o que implica a coerção desse sistema de sequestração. A astúcia[c] da sociedade industrial, para exercer essa coerção que transforma o tempo da vida em força de trabalho, foi ter retomado a velha técnica[d] da reclusão dos pobres, que no período clássico era uma maneira de fixar e, ao mesmo tempo, eliminar aqueles que, por ociosidade, vagabundagem ou revolta, tivessem escapado a todas as fixações geográficas nas quais se dava o exercício da soberania. Essa instituição deverá ser generalizada e utilizada, ao contrário, para prender os indivíduos aos aparatos sociais; será especificada segundo toda uma série de aparatos que vão da fábrica-prisão à prisão, passando por asilos, escolas, casas de correção. Todo aquele velho sistema de reclusão, reutilizado para esse fim, possibilitará a sequestração, que é efetivamente constitutiva dos modos de produção[e].

    a. Manuscrito (13ª fol.): "como forma imediata e concreta da existência humana".
    b. Manuscrito (14ª fol.): "*trabalho* contínuo".
    c. Manuscrito (14ª fol.): "Lance genial".
    d. O manuscrito (14ª fol.) acrescenta: "aparentemente muito desvalorizada".
    e. O manuscrito (15ª fol.) acrescenta: "Desfazer ou não desfazer um tipo de poder, portanto, é essencial à própria existência de um modo de produção."

Em quarto lugar, o esquema da ideologia[a] segundo o qual, na ordem do conhecimento, o poder só pode produzir efeitos ideológicos, ou seja, o poder ou funciona mudo na violência ou discursivo e falador na ideologia[b]. Ora, o poder não está preso a essa alternativa: ou ser pura e simplesmente exercido impondo-se pela violência[c], ou então esconder-se[d], fazer-se aceitar proferindo o discurso loquaz da ideologia[9]. Na verdade, todo ponto de exercício de um poder é, ao mesmo tempo, um lugar de formação, não de ideologia, mas de saber; e, em compensação, todo saber estabelecido possibilita e garante o exercício de um poder. Em outras palavras, não se deve opor o que se faz ao que se diz, o mutismo da força à palração[e] da ideologia. É preciso mostrar como o saber e o poder estão efetivamente interligados, não ao modo de uma identidade – saber é poder ou vice-versa –, mas de forma absolutamente específica que obedece a um jogo complexo.

Tomemos o exemplo da vigilância administrativa das populações, que é uma das necessidades de todo poder. Nos séculos XVII e XVIII, a vigilância administrativa era uma das funções do poder exercidas por algumas pessoas: intendentes, aparato policial etc. Ora, aquele poder, com seus instrumentos próprios, dava ensejo a alguns saberes.

1/ Um *saber ligado à gestão*: aqueles mesmos que geriam o aparato estatal, quer de modo direto, em função do poder político, quer de modo indireto, por um sistema de outorga de direito de cobrança de impostos, formavam simultaneamente certo saber que iam acumulando e usando. Assim, após uma inquirição, sabiam como se deviam taxar e calcular os impostos, quem podia pagá-los, quem precisava ser mais vigiado para que pagasse seus impostos, sobre quais produtos era preciso impor taxas alfandegárias[f].

2/ Colateralmente a esse saber administrativo, assiste-se ao surgimento de um *saber ligado à pesquisa*: há pessoas que, em geral, não estão diretamente ligadas ao aparato estatal nem são encarregadas de geri-lo, mas fazem pesquisas sobre a riqueza da nação, o movimento demográfico de uma região, as técnicas artesanais empregadas em dada região, a situação sanitária das populações. Essas pesquisas, de iniciativa privada, pelo menos na origem, durante a segunda metade do século XVIII começam a ser controladas de novo pelo Estado. Assim, a Sociedade Real de Medicina, fundada em 1776, codificaria e assumiria tais pesquisas sobre a situação sanitária[10]; do mesmo modo, as pesquisas sobre as técnicas artesanais

---

a. Manuscrito (5ª fol.): "o da produção ideológica".
b. O manuscrito (5ª fol.) acrescenta: "Ele precisa de uma ideologia. E fabrica ideologia."
c. Manuscrito (15ª fol.): "pela ameaça, pela violência, pelo terror".
d. O manuscrito (15ª fol.) acrescenta: "justificar-se".
e. Manuscrito (15ª fol): "e à tagarelice (até mesmo à persuasão) do discurso ideológico".
f. O manuscrito (16ª fol.) acrescenta: "de qual população recrutar soldados".

passariam de novo ao controle do Estado e assumiriam a forma de um aparato estatal no século XIX[11].

3/ Um *saber ligado à investigação policial*: o envio de um indivíduo para um lugar de detenção é assim acompanhado por um relatório sobre seu comportamento, suas motivações. A partir do século XIX, todas as formas e técnicas desse saber ligado à vigilância serão retomadas e, ao mesmo tempo, baseadas em forma nova, em função de dois grandes princípios que são capitais na história do saber.

Em primeiro lugar, o princípio que surge durante a Revolução Francesa e será sistematizado, sobretudo por Chaptal[12] e durante o Consulado[13]: todo agente do poder passará a ser também um agente de constituição do saber. Todo agente[a] deve dar informações sobre os efeitos da ordem emanada do poder, portanto sobre as correções necessárias para aquela ação. A partir do fim do século XVIII, governadores de departamentos, procuradores-gerais, funcionários da polícia etc. estão vinculados a essa obrigação fundamental do relatório. Entra-se na era do relatório como forma de relação entre saber e poder. É claro que isso não foi inventado no século XVIII, mas a sistematização daquilo que no século XVII não passava de ações pontuais, por exemplo, nas relações entre intendentes e ministros, a institucionalização desse envio de certo saber por todo agente do poder a seu superior, aí é que está um fenômeno essencial.

Ligada a essa instauração do envio do saber à origem do poder tem-se a instalação de toda uma série de instrumentos específicos, instrumentos de abstração, generalização, cálculo quantitativo. Pode-se inferir isso da comparação de várias camadas de documentos. Os relatórios feitos por Sartine[14], um dos últimos tenentes de polícia do Antigo Regime: a maneira como ele vigia a população, os tipos de informações dadas a seu ministro, que são pontuais, individuais. Os relatórios de Fouché[15], que são já uma espécie de síntese e integração, não mais apenas de diversos acontecimentos pontuais, porém daquilo que supostamente representaria a situação da oposição política, da delinquência, a situação constante desta na França. Os relatórios anuais do Ministério da Justiça, publicados a partir de 1826[16], nos quais se tem o mesmo tipo de informação do começo, mas tratadas e filtradas por uma máquina de saber e algumas técnicas de abstração, de quantificação estatística. Caberia fazer a história desse saber de Estado, ou seja, a história da extração administrativa do saber[17].

    a. Manuscrito (16ª fol.): "Todo agente do poder deve remeter um saber correlativo ao poder por ele exercido (que possibilite determinar suas condições e seus efeitos: possíveis correções): Governadores de departamentos; procuradores-gerais." À margem: "Entra-se na era do relatório. Tão importante na sociedade [industrial] quanto o *feedback* na tecnologia moderna e a contabilidade de partidas dobradas na economia."

Em segundo lugar, o outro fenômeno, inverso do anterior, foi a abertura dos aparatos do poder aos núcleos autônomos do saber[a]. É claro que não se esperou o século XIX para que o poder se esclarecesse com conselhos e conhecimentos de algumas pessoas consideradas competentes; mas, a partir do século XIX, o saber como tal foi estatutariamente dotado de certo poder. Esse século trouxe algo de novo: na sociedade, o saber devia funcionar dotado de certa quantidade de poder. A escola, as graduações, a maneira como os graus do saber foram efetivamente calculados, medidos e homologados por todos os aparatos educacionais, tudo isso é fator e, ao mesmo tempo, expressão do fenômeno fundamental de que o saber tem o direito de exercer poder. Assim, o personagem do douto que na sociedade só exercia o poder de dizer a verdade, de dar conselhos, desapareceu para dar lugar a personagens como o diretor de laboratório, o professor, cujo saber é imediatamente homologado pelo poder que ele exerce. Isso vale para o economista, por exemplo: quem era economista no século XVIII? Vauban, alguém que caiu em desgraça e, depois de perder o poder, estudou economia[18]. Quesnay, que quis o poder, mas não o teve[19]. Naquele momento só havia um saber administrativo daqueles que estavam no poder. A teoria econômica não nasceu dentro do aparato do poder. O caso mais evidente é o do médico que a partir do século XIX, na qualidade de senhor do normal e do patológico, deixou de exercer certo poder simplesmente sobre seu cliente e passou a exercê-lo sobre grupos, sobre a sociedade. Do mesmo modo, o psiquiatra passou a ter como tal um poder institucionalizado pela lei de 1838, que, fazendo dele um perito que devia ser consultado em qualquer medida de internação, conferia certo poder ao [médico-]psiquiatra e ao saber psiquiátrico[20].

Aqui é preciso responder a uma objeção: falar de estratégia, cálculo, derrota e vitória não será eliminar toda a opacidade do campo social? Em certo sentido, sim. Creio que se dá facilmente opacidade ao campo social quando se consideram nele apenas a produção e o desejo, a economia e o inconsciente; há, na verdade, toda uma margem que é transparente à análise e pode ser descoberta quando se estudam as estratégias de poder. Naquilo em que os sociólogos só veem o sistema mudo ou inconsciente das regras, naquilo em que os epistemólogos só veem efeitos ideológicos mal controlados, creio ser possível ver estratégias de poder perfeitamente calculadas e controladas. O sistema penal é um exemplo privilegiado disso. É claro que, formulado em termos de economia, o problema do sistema penal parecerá opaco e até obscuro, porque nenhuma análise do papel

---

a. O manuscrito (17ª fol.): "Até o século XVIII, isso ocorria na forma de conselho ou pedagogia dos reis [que ouviam] filósofos, cientistas e sábios."

econômico da prisão, da população marginalizada por esse sistema penal poderá elucidar sua existência[21]. Em termos de ideologia, ele é não só opaco como completamente confuso, a tal ponto esse sistema foi coberto por temas ideológicos variados[a]. Em compensação, se o problema for formulado em termos de poder e da maneira como efetivamente o poder foi exercido em dada sociedade, parece-me que o sistema penal se esclarece bastante. Isso não quer dizer que o campo social em sua totalidade é transparente, mas que não devemos arranjar opacidades fáceis.

* * *

Aonde eu queria chegar? Gostaria de fazer a análise de certo sistema de poder: o poder disciplinar[b]. Parece-me que vivemos numa sociedade de poder disciplinar, ou seja, dotada de aparatos cuja forma é a sequestração, cuja finalidade é a constituição de uma força de trabalho e cujo instrumento é a aquisição de disciplinas ou hábitos. Parece-me que desde o século XVIII se multiplicaram, refinaram e especificaram incessantemente mais aparatos para fabricar disciplinas, impor coerções, fazer contrair hábitos. Neste ano eu quis fazer a primeiríssima história do poder dos hábitos, a arqueologia dos aparatos de poder que servem de base à aquisição dos hábitos como normas sociais.

Consideremos essa noção de *hábito*. O hábito, tomado na filosofia política do século XVIII, tem um uso essencialmente crítico. Essa noção possibilita fazer a análise da lei, das instituições, da autoridade. Usa-se essa noção de hábito para saber até que ponto pode ser fundamentado algo que se apresente como instituição, autoridade. A tudo o que se apresente como assim fundamentado, formula-se a indagação: Afirmas que estás fundamentado na palavra divina ou na autoridade do soberano, mas não serias [simplesmente] um hábito? É assim que funciona a crítica humiana, que usa a noção de hábito como instrumento crítico, redutor, porque o hábito, por um lado, nunca é mais que um resultado, e não um dado de origem – há nele algo de irredutivelmente artificial –, e, por outro lado, ao mesmo tempo que não pode ter pretensão ao originário, tampouco é fundamentado por algo como uma transcendência: o hábito sempre vem da natureza, pois há na

a. O manuscrito (19ª fol.) acrescenta: "Ele reúne todos, desde o inimigo social até o neurótico da confissão, passando pelo devasso, pelo primitivo, pelo degenerado, pelo perverso. Se o problema é formulado em termos econômicos, o sistema penal perde toda a utilidade. [Se o problema é formulado em termos] ideológicos, perde toda a especificidade. Ele se racionaliza quando estudado na forma de poder no qual atua."

b. Manuscrito (20ª fol.): "a análise de uma forma de poder que chamei de punitivo e que seria melhor chamar de disciplinar".

natureza humana o hábito de adquirir hábitos. O hábito é ao mesmo tempo natureza e artifício[22]. E, se na filosofia política e moral do século XVIII, se utiliza essa noção, é para afastar tudo o que poderia ser obrigações tradicionais, baseadas numa transcendência, e substituí-las pela pura e simples obrigação contratual; para substituir aquelas obrigações tradicionais que, segundo se mostra, são apenas efeitos do hábito por um conjunto de obrigações em que a vontade de cada um será livremente vinculada e atualizada no contrato. Criticar a tradição pelo hábito para contratualizar os vínculos sociais é a essência desse uso da noção de hábito.

Ora, parece-me que no século XIX o uso do termo "hábito" é diferente. Na literatura política, ele deixa de ser regularmente usado de forma crítica. Em compensação, é usado de forma prescritiva: hábito é aquilo a que as pessoas precisam submeter-se. Há toda uma ética baseada no hábito. Em vez de reduzir pelo hábito algo como a moral e a ética, constitui-se toda uma política do hábito que se transmite por textos bem diferentes – [espécies] de textos de moralização popular ou tratados de economia social[23]. O hábito é sempre apresentado como algo positivo, que deve ser adquirido. Ora, nessa posição, ele não tem a mesma relação com o contrato que tinha no século XVIII: naquele, depurava-se a tradição com a crítica ao hábito, de tal maneira que se abria espaço para o *contrato*, que substituía o hábito, [enquanto] no século XIX o hábito é concebido como complementar ao contrato. O contrato, nesse pensamento político do século XIX, é a forma jurídica por meio da qual aqueles que possuem se vinculam uns aos outros. É a forma jurídica que garante a propriedade de cada um. É o que confere forma jurídica ao comércio. É, enfim, aquilo por cujo intermédio os indivíduos fazem alianças a partir de sua propriedade. Em outras palavras, é o vínculo dos indivíduos com sua propriedade ou o vínculo dos indivíduos entre si através de sua propriedade. Em compensação, hábito é aquilo por cujo intermédio os indivíduos estão vinculados não à sua propriedade – pois esse é o papel do contrato –, mas ao aparato de produção. É aquilo por cujo intermédio aqueles que não possuem serão vinculados a um aparato que eles não possuem; aquilo por cujo intermédio eles estão vinculados entre si num pertencimento que supostamente não é um pertencimento de classe, mas um pertencimento à sociedade inteira. O hábito, portanto, não é aquilo por cujo intermédio se está vinculado a um parceiro no nível da propriedade, mas aquilo por cujo intermédio se está vinculado a uma ordem das coisas, a uma ordem do tempo e a uma ordem política. O hábito é o complemento do contrato para aqueles que não estão vinculados pela propriedade.

Pode-se dizer então como o aparato de sequestração pode efetivamente fixar os indivíduos ao aparato de produção: fixa-os formando hábitos por meio de um conjunto de coerções e punições, aprendizados e castigos. Fabrica um tecido de hábitos por meio do qual se define o pertencimento social dos indivíduos a uma sociedade. Fabrica algo como norma; norma é o instrumento por meio do qual os indivíduos estão ligados a esses aparatos de produção. Enquanto a reclusão clássica lançava indivíduos para fora das normas, enquanto, encerrando pobres, vagabundos e loucos, ela fabricava, escondia e às vezes mostrava monstros, a sequestração moderna fabrica *norma*[a], e sua função é produzir normais[24]. Tem-se, portanto, uma série que caracteriza a sociedade moderna: constituição da força de trabalho – aparato de sequestração – função permanente de normatização[b].

Para concluir, se quiséssemos caracterizar o sistema de poder dentro do qual funciona a prisão e do qual ela é ao mesmo tempo um símbolo, um concentrado, mas também uma peça funcional estratégica, poderíamos dizer o seguinte. Até o século XVIII, tinha-se uma sociedade na qual o poder assumia a forma visível, solene e ritual da hierarquia e da soberania. Esse poder realizava suas operações através de um conjunto de marcas e cerimônias que o designavam como soberano. A essa soberania, assim visibilizada no ritual da cerimônia, correspondia certo tipo de narrativa histórica, por isso ainda próxima da narrativa heroica e, por isso, ainda bastante próxima da eficácia mítica; narrativa histórica que tinha a função de contar o passado do soberano, de reatualizar o passado da soberania para fortalecer o poder. A historiografia, como forma de discurso anexo a esse poder em forma de soberania, era uma função anexa do poder; e, embora no século XVIII se assista à sua inversão crítica, com Voltaire, Saint-Simon, Dupin etc., é ainda na região do poder, para fortalecê-lo ou para miná-lo, que se constitui esse discurso[25].

No século XIX, aquilo por cujo intermédio o poder se efetua já não é a forma solene, visível e ritual da soberania, e sim o hábito imposto a alguns, ou a todos, mas para que, de início e fundamentalmente, alguns se curvem obrigatoriamente a ele. Nessas condições o poder pode abandonar toda aquela suntuosidade dos rituais visíveis, todas as suas roupagens e todas as suas marcas. Assumirá a forma insidiosa, cotidiana e habitual da norma, e é assim que ele se esconde como poder e se apresenta como sociedade. O papel da cerimônia do poder no século XVII[26] é assumido agora por aquilo que se chama consciência social. É nisso, precisamente, que Durkheim vai encontrar o objeto da sociologia. É preciso reler o que

---

a. O manuscrito (24ª fol.) acrescenta: "Seu meio é a normatização."

b. O manuscrito (24ª fol.) apresenta essa série da seguinte forma: "Aparato de sequestração. Constituição de uma força de trabalho. Sociedade disciplinar. Função permanente de normatização/normatividade."

ele diz em *O suicídio* a respeito da anomia: o que caracteriza o social como tal, em oposição ao político, que é o nível das decisões, e ao econômico, que é o nível das determinações, nada mais é que o sistema de disciplinas e coerções[27]. Esse sistema de disciplinas como meio do poder é aquilo por cujo intermédio o poder é exercido, mas de maneira que se esconde e se apresenta como a realidade que agora deve ser descrita e estudada, aquela que se chama sociedade, objeto da sociologia. A sociedade, como disse Durkheim, é o sistema das disciplinas; mas o que ele não disse é que esse sistema deve poder ser analisado no interior das estratégias próprias a um sistema de poder[a].

Agora que o poder já não se manifesta por meio da violência de seu cerimonial, mas se exerce através da normatização, do hábito e da disciplina, assiste-se à formação de um novo tipo de discurso. O discurso que acompanhará o poder disciplinar já não poderá ser o discurso mítico ou heroico, que contava o nascimento do poder e tinha a função de fortalecê-lo. É um discurso que descreverá, analisará e fundamentará[b] a norma e a tornará prescritível, persuasiva. Em outros termos, o discurso que fala do rei e fundamenta sua realeza pode desaparecer e dar lugar ao discurso do mestre, ou seja, ao discurso daquele que vigia, dita a norma, estabelece a separação entre o normal e o anormal[28], avalia, julga, decide: discurso do mestre-escola, do juiz, do médico, do psiquiatra. Ligado ao exercício do poder, assiste-se então ao aparecimento de um discurso que assume o lugar do discurso mítico sobre as origens do poder – que contava periodicamente a genealogia do rei e de seus ancestrais –, é o discurso normatizador, o das ciências humanas[29].[c]

*
NOTAS

1. N. H. Julius, *Leçons sur les prisons, op. cit.* [*supra*, pp. 35-6, nota 2], pp. 384 ss.
2. A alusão à "Petite Roquette" no manuscrito (fol. 2) é uma referência à prisão construída originalmente para jovens detentos no XI distrito de Paris, em 1827, a partir de plantas inspiradas no *Panóptico* de Bentham; na época do GIP, a Petite Roquette era prisão para mulheres. Foi demolida no fim da década de 1970. Como indica Jacques Lagrange em *Le Pouvoir psychia-*

a. Manuscrito (26ª fol.): "Durkheim verá em nossos hábitos o próprio signo do social."
b. Manuscrito (26ª fol.): "fundamentará racionalmente".
c. O manuscrito (26ª fol.) termina da seguinte forma: "No império assírio, havia um discurso mítico profundamente ligado ao exercício do poder[30]. Discurso das origens. Há atualmente outro tipo de discurso ligado ao exercício do poder, inseparável dele; mas que lhe está ligado de modo bem diferente; que é proferido de um lugar bem diferente e por pessoas bem diferentes. De certa forma e visto com certo distanciamento, porém, ele assumiu o lugar daqueles discursos do poder. São os discursos 'normatizadores', que são as ciências humanas."

trique (*op. cit.*, p. 92 n.18), o projeto arquitetônico da prisão-modelo, segundo os termos da circular de 24 de fevereiro de 1825, propôs uma disposição "tal que, por meio de um ponto central ou de uma galeria interna, a vigilância de todas as partes da prisão pudesse ser exercida por uma pessoa ou duas no máximo". Cf. também C. Lucas, *Du système pénitentiaire en Europe et aux États-Unis*, *op. cit.* [*supra*, p. 72, nota 25], t. I, p. CXIII; M. Foucault, *Surveiller et Punir*, *op. cit.*, p. 276.

3. Foucault acrescenta a seguinte frase em seu manuscrito (2ª fol.): "Ora, essa forma arquitetônica é ao mesmo tempo uma forma social geral, que extrapola em muito a prisão. Caberá dizer: *ágora-logos* // prisão-vigilância?" O tema da vigilância social e da sociedade punitiva, apesar de central no curso e de vir a ser tratado em *Surveiller et Punir* (ver, por exemplo, pp. 196, 209, 211), na época da recepção da obra chamou pouco a atenção dos leitores, que ficou focalizada no panoptismo mais como descrição de uma forma penitenciária do que de uma forma social; em outras palavras, concentrou-se mais no tema da prisão do que no tema mais geral da sociedade punitiva. Ora, na concepção de Foucault, como confirma Daniel Defert, o livro *Surveiller et Punir* se inseria na continuidade daquele curso sobre um problema de sociedade.

4. Alusão ao célebre frontispício do livro de Hobbes, *Leviathan*, *op. cit.*, p. III.

5. Análise que será desenvolvida em *Surveiller et Punir*, pp. 31-3, e em *"Il faut défendre la société"*, *op. cit.*, [aula] de 7 de janeiro de 1976, pp. 15-9.

6. Como indica Jacques Lagrange em *Le Pouvoir psychiatrique* (p. 20 n. 21), pode ser que essa crítica tenha em vista Louis Althusser, que trata do conceito de "aparato estatal" em seu artigo "Idéologie et appareils idéologiques d'État. (Note pour une recherche)", *La Pensée. Revue du rationalisme moderne*, nº 151, junho de 1970, pp. 3-38 (reproduzido *in* L. Althusser, *Positions*, Paris, Éditions Sociales, 1976, pp. 79-137 [trad. bras.: "Ideologia e aparelhos ideológicos de Estado", *in* L. Althusser, *Posições 2*, Rio de Janeiro, Graal, 1980; também foi publicado como livro – *Ideologia e aparelhos ideológicos de Estado*, Rio de Janeiro, Graal, 1983 –, assim como em várias outras coletâneas]); sobre o argumento de Foucault, cf. *infra*, "Situação do curso", pp. 250-1 e 268-9. Em *Le Pouvoir psychiatrique*, Foucault proporá a seguinte análise: "em vez de falar de modelo familiar ou de 'aparato estatal', gostaria de tentar ver a estratégia dessas relações de poder e desses confrontos que se desenrolam na prática psiquiátrica" (aula de 7 de novembro de 1973, p. 18); "O que, metodologicamente, implica deixar de lado o problema do Estado, de aparatos estatais, e livrar-se da noção psicossociológica de autoridade" (*ibid.*, p. 42 n.*). Note-se que o manuscrito de *La Société punitive* [A sociedade punitiva], nesse trecho exato e também *infra* (8a. e 9a. folhas), fala em "aparato estatal" no singular, embora Foucault, ao que parece, o tenha pronunciado no plural (texto datilografado, pp. 197-9).

7. Sobre esse tema, cf. *Les Anormaux*, *op. cit.*, [aula] de 29 de janeiro de 1975, pp. 80-1 (resumo esquemático), e *Surveiller et Punir*, p. 30: "Esse investimento político do corpo está ligado a seu uso econômico, segundo relações complexas e recíprocas; em boa parte, é como força de produção que o corpo é investido de relações de poder e dominação; mas, em contrapartida, sua constituição como força de trabalho só será possível se ele ficar preso a um sistema de sujeição (em que a necessidade é também um instrumento político cuidadosamente organizado, calculado e utilizado); o corpo só se torna força útil quando é, ao mesmo tempo, corpo produtivo e corpo submetido"; cf. também *ibid.*, pp. 147 e 222-3.

8. Questão retomada em maio de 1973, em "La vérité et les formes juridiques", *loc. cit.* (*DE*, II), pp. 621-2 / pp. 1489-90: "O que eu gostaria de mostrar é que, na verdade, o trabalho não é absolutamente a essência concreta do homem ou a existência do homem em sua forma concreta. [...] É preciso a operação ou a realização de uma síntese por um poder político para que possa parecer que a essência do homem é o trabalho."

9. Com essa justaposição de coercitivo a ideológico, é evidente que Foucault se refere a Althusser, a propósito de seu artigo de 1970 (cf. *supra*, nota 6, e *infra*, "Situação do curso", pp. 265-6).

10. Em 1776 Turgot criou uma Comissão de Medicina encarregada de estudar as epidemias; no período de Necker, ela passou a se chamar Sociedade Real de Medicina. Seus membros, em grande parte oriundos da Academia de Ciências, tinham como incumbência: "a) fazer

pesquisas sobre as epidemias; b) discuti-las e interpretá-las; c) prescrever os métodos terapêuticos mais adequados" (J.-P. Peter, "Une enquête de la Société royale de médecine: malades et maladies à la fin du XVIIIe siècle", *Annales. Économies, Sociétés, Civilisations*, ano 22, nº 4, 1967, p. 713). Subordinada ao Ministério das Finanças, a Sociedade Real de Medicina foi em geral considerada o primeiro organismo estatal de saúde. Cf. *Histoire et mémoires de la Société Royale de Médecine et de Physique, tirés des registres de cette société*, Paris, Didot, 1776-1779; C. Hannaway, "The Société Royale de médecine and Epidemics in the Ancien Régime", *Bulletin of the History of Medicine*, 46, 1972, p. 257; J.-P. Desaive et al., *Médecins, climat et épidémies à la fin du XVIIIe siècle*, Paris, EHESS, 1972. Para uma análise mais recente do lugar ocupado pela Sociedade Real de Medicina na formação de uma ciência administrativa da saúde, cf. V. Tournay, "'Le concept de police médicale'. D'une aspiration militante à la production d'une objectivité administrative", *Politix*, 2007/1, nº 77, pp. 173-99; cf. também M. Foucault, *Naissance de la clinique*, ed. citada [*supra*, pp. 14-5, nota 1], cap. II, espec. pp. 49-56.

11. Poderia tratar-se, aqui, das câmaras de comércio, bem como, a partir do Consulado, da Câmara Consultiva de Artes e Manufaturas, "assembleia dos principais manufatureiros encarregados de esclarecer o governo sobre as necessidades da indústria" (A. Chéruel, *Dictionnaire historique des institutions, moeurs et coutumes de la France*, primeira parte, Paris, Librairie Hachette et Cie, 1899, p. 123). Isso justificaria, sobretudo, o emprego da expressão "de novo", pois tais instituições, estabelecidas oficialmente em 1701, foram abolidas pela Revolução Francesa em 1791 e restabelecidas em 1802, tendo por missão "apresentar pareceres sobre os meios de aumentar a prosperidade do comércio, levar ao conhecimento do governo as causas que impedem seu progresso, indicar os recursos que podem ser obtidos [...]" (Decreto de 3 nivoso ano XI/24 de dezembro de 1802, citado por B. Magliulo, *Les Chambres de commerce et d'industrie*, Paris, PUF, 1980, p. 31). Chaptal, ministro do Interior, apresentou os motivos desse restabelecimento nos seguintes termos: "A ação do governo sobre o comércio só pode ser esclarecida pela exposição fiel da situação e das necessidades do comércio em cada ponto da República [...]" (citado *ibid.*, p. 32). No entanto, a noção de pesquisa, e principalmente de pesquisa sobre as técnicas artesanais, não aparece diretamente nessas competências. Para uma bibliografia extensiva sobre o assunto, cf. E. Pendleton Herring, "Chambres de Commerce: Their Legal Status and Political Significance", *The American Political Science Review*, vol. 25 (3), ago. 1931, pp. 691-2; cf. também A. Conquet, *Napoléon [III] et les chambres de commerce*, APCCI, 1978.

12. Foucault refere-se também à pesquisa de Chaptal em *Surveiller et Punir*, p. 236: "já em 1801 (quando se procurava fazer o cálculo do que podia ser utilizado para implantar o sistema carcerário na França)".

13. No manuscrito Foucault faz uma lista que menciona: "Revolução; Consulado; Império" (16ª fol.). Ver a lista de pesquisas em *Surveiller et Punir*, pp. 236-7: "a de Decazes em 1819, o livro de Villermé publicado em 1820, o relatório sobre as casas de detenção elaborado por Martignac em 1829, as pesquisas feitas nos Estados Unidos por Beaumont e Tocqueville em 1831, por Demetz e Blouet em 1835, os questionários dirigidos por Montalivet aos diretores de detenções e aos conselhos gerais em pleno debate sobre o isolamento dos detentos".

14. Cf. A. de Sartine, *Journal des inspecteurs de M. de Sartines, 1e partie, 1767-1764*, Bruxelas, Ernest Parent, 1863. Antoine de Sartine, conde de Alby (1729-1801), político, foi tenente criminal no Châtelet em Paris, tenente-general de polícia (1759-1774), e ministro da Marinha sob Luís XVI.

15. Cf. J. Fouché, *Rapport fait aux consuls par le ministre de la Police sur l'infâme complot tendant à assassiner les consuls, leurs familles, les ministres et les principaux membres du gouvernement*, Paris, impr. Cornu, [s. d.]; *Rapport du ministre de la Police générale concernant l'attentat commis contre le 1er consul Bonaparte, le 3 nivôse* [14 nivôse an IX]. *Arrêté des consuls, qui ordonne la déportation de 131 individus. Arrêté du Sénat conservateur, qui approuve cette mesure*, Paris, impr. Marchant, [s. d.]. Joseph Fouché (1759-1820) foi ministro da Polícia no Diretório e no Império.

16. Foucault aqui faz referência ao *Compte général de l'administration de la justice criminelle*, publicado pela primeira vez em 1827, com base nos números do ano de 1825. "O *Compte*

criminel tem periodicidade anual (exceto os anos de guerra) com volumes recapitulativos em 1850, 1880 e 1900. É realizado com o uso dos quadros estatísticos enviados aos tribunais [...]. Os dados numéricos, abundantes no século XIX, tendem a restringir-se a partir dos anos 1920-1930. Os quadros mais numerosos dizem respeito aos réus, enquanto os dados sobre estado civil, profissão e domicílio são considerados apenas no início do século XX" (J.-C. Farcy, *Guide des archives judiciaires et pénitentiaires 1800-1948*, Paris, CNRS, 1992, p. 228). Com base nesse modelo foram criados, sucessivamente, um *Compte général de l'administration de la justice civile et commerciale* (1831), um *Compte général de l'administration de la justice militaire* (1832) e um *Compte général de l'administration de la justice dans les colonies* (1834). Todos se apresentam como "uma série de quadros estatísticos precedidos por uma introdução mais ou menos longa, escrita pelo ministro encarregado das estatísticas, introdução que comenta os dados numéricos de um ponto de vista oficial" (*ibid.*). Cf. M. Perrot, "Premières mesures des faits sociaux: les débuts de la statistique criminelle en Franee 1780-1830", *in* [coletivo,] *Pour une histoire de la statistique*, t. 1: *Contributions/Journées d'études sur l'histoire de la statistique (Vaucresson, 1976)*, Paris, INSEE, 1977, pp. 125-77; Ministère de la Justice, *Compte général de l'administration de la justice criminelle en France pendant l'année 1880 et Rapport relatif aux années 1826 à 1880*, publicado e comentado por Michelle Perrot e Philippe Robert, Genebra/ Paris, Slatkine Reprints, 1989.

17. Foucault acrescenta no manuscrito (16ª fol.): "A estatística como ciência de Estado", depois escreve (17ª fol.): "Faz-se milhares de vezes a crítica filosófica da abstração, da evolução do método experimental, [mas] nunca a história do saber de Estado, da extração administrativa do saber." Escreverá em *"Il faut défendre la société"*, [aula] de 11 de fevereiro de 1976, p. 120: "Entre o saber do príncipe e os conhecimentos de sua administração, cria-se um ministério da história que, entre o rei e sua administração, devia estabelecer de forma controlada a tradição ininterrupta da monarquia." Comparar com o assunto da tese de Daniel Defert sobre o desenvolvimento da estatística como saber administrativo de Estado nas universidades alemãs no século XVIII, intitulada *Le Savoir du Prince et les ci-devant secrets* (orientação de Raymond Aron).

18. Sébastien Le Prestre de Vauban (1633-1707), mais conhecido por seu papel essencial como comissário-geral das fortificações, endereçou ao Rei, a partir de 1695, vários memorandos com a "ideia de reduzir as numerosas taxas então existentes e de substituí-las pela capitação. Essa capitação tinha o objetivo de arrecadar uma tarifa com taxa quinze de juros sobre o clero, os proventos, os ordenados e as pensões de todos os funcionários civis e militares do reino, da Casa Real, das tropas de terra e mar, 'sem exceção de nenhum daqueles que possam arcar com ela'" (G. Michel e A. Liesse, *Vauban economiste*, Paris, E. Plon, Nourrit et Cie, 1891, p. 17). Obrigado a afastar-se de suas funções militares por motivo de doença, Vauban, nomeado marechal de França em 1703, foi progressivamente perdendo os favores do rei. A obra na qual ele expunha seu projeto, *La Dîme royale*, foi publicada em 1707 sem autorização e rapidamente proibida. Vauban morreu algumas semanas depois. O livro se inicia com uma justificação das intenções do autor: "Digo, pois, com a maior boa-fé do mundo, que não foi a vontade de me engrandecer nem de atrair novas deferências que me levaram a empreender esta obra. Não sou letrado nem homem de finanças, e não teria cabimento buscar glória e vantagens em coisas que não são de minha profissão" (Vauban, *La Dîme royale*, apresentação de Emmanuel Le Roy Ladurie, Paris, Imprimerie nationale, 1992 [1897], p. 57). Ver também A. Rebelliau, *Vauban*, [publicado por Jacques Lovie,] Paris, Club des libraires de France, 1962.

19. François Quesnay (cf. *supra*, p. 53, nota 3), por causa de sua posição de cirurgião do rei e de médico de Madame de Pompadour, assim como de sua determinação de morar no entressolho do castelo de Versalhes para encorajar as visitas de personagens influentes, exercia certa influência na corte. Muitos o acusaram de ter pretensões políticas; cf. G. Weulersse, *Le Mouvement physiocratique en France de 1756 à 1770, op. cit.* [*supra*, p. 53, nota 3], t. 2, pp. 626-82.

20. Foucault descreve e analisa a lei de 1838 em: *Le Pouvoir psychiatrique*, aula de 5 de dezembro de 1973, pp. 97-9; *Les Anormaux*, [aula] de 12 de fevereiro de 1975, pp. 130-41. Parece que Foucault escreveu "Castel" à margem do manuscrito (17ª fol.), provavelmente como referência aos trabalhos de Robert Castel sobre a história da psiquiatria; cf. R. Castel, "Le traite-

ment moral. Thérapeutique mentale et contrôle social au XIXe siècle", *Topique*, nº 2, 1970, pp. 109-29. Em *Le Pouvoir psychiatrique*, p. 88 n.* (nota de remissão ao manuscrito do mesmo curso), Foucault refere-se explicitamente à obra de Castel publicada em 1973, *Le Psychanalysme* (Paris, Maspero) [trad. bras.: *O psicanalismo*, Rio de Janeiro, Graal, 1978], sobre a qual diz: "É um livro radical porque, pela primeira vez, a psicanálise é especificada apenas dentro da prática e do poder psiquiátricos" (*ibid.*, p. 198 n. 41). E no ano seguinte, em *Surveiller et Punir*, p. 29 n. 1: "Eu deveria também ter citado em várias páginas *Le Psychanalysme* de R. Castel." Ver também, do mesmo autor, a obra publicada em 1976, *L'Ordre psychiatrique. L'âge d'or de l'aliénisme*, Paris, Minuit [trad. bras.: *Ordem psiquiátrica: a idade de ouro do alienismo*, Rio de Janeiro, Graal, 1991].

21. A esse respeito, cf. G. Rusche e O. Kirchheimer, *Punishment and Social Structure*, Nova York, Columbia University Press, 1939 [trad. bras.: *Punição e estrutura social*, 2ª ed., Rio de Janeiro, Instituto Carioca de Criminologia/Revan, 2012]. Em *Surveiller et Punir*, Foucault escreverá que "Do grande livro de Rusche e Kirchheimer podem-se extrair várias referências essenciais" (p. 29) e deles tomará a noção de economia política da pena para desenvolver sua ideia de "'economia política' do corpo" (*ibid.*, p. 30).

22. Cf. D. Hume, *Treatise on Human Nature*, org. L. A. Selby-Bigge, Oxford, Clarendon Press, 1978² [1739], livro I, parte III, seção XVI, p. 179: "Nature may certainly produce whatever can arise from habit: Nay, habit is nothing but one of the principles of nature, and derives all its force from that origin" / *Traité de la nature humaine*, Paris, Bureau de la critique philosophique, 1878, livro I, terceira parte, seção XVI, p. 237: "A natureza certamente pode produzir tudo o que tem origem no hábito: ou melhor, o hábito nada mais é que um dos princípios da natureza, e é dessa origem que ele extrai toda a sua força" [trad. bras.: *Tratado da natureza humana*, 2ª ed. rev. e ampl., São Paulo, Editora Unesp, 2009]. Hume não só põe o costume ou o hábito no cerne da explicação do raciocínio provável, como também os caracteriza como naturais *e* artificiais. É o hábito que "nos determina a fazer do passado o padrão do futuro" / "determine[s] us to make the past a standard for the future", e "a suposição de que *o futuro se assemelhará ao passado* não se fundamenta em argumentos de nenhuma espécie, mas deriva inteiramente do hábito" / "the supposition *that the future will resemble the past* is not founded on arguments of any kind, but is derived entirely from habit" (*Traité*..., livro I, terceira parte, seção XII, pp. 178-9 / *Treatise*..., pp. 133-4; grifo no texto). Quando produto de uma experiência passada constante, o hábito é "pleno e perfeito" / "full and perfect", e "fazemos a transição sem reflexão e não interpomos um tempo muito grande entre a visão de um objeto e a crença naquilo que com frequência se encontra com ele" / "we make the transition without any reflection, and interpose not a moments delay betwixt the view of one object and the belief of that which is often found to attend it" (*ibid.*). Em outras palavras, é o hábito, sem nenhuma reflexão e sem nenhuma referência à suposição de que o futuro se assemelhará ao passado, que garante a transição entre a experiência da percepção de um objeto e a crença naquilo que ordinariamente lhe está associado. Trata-se então de uma produção natural da crença, mas que só se produz na presença de um hábito pleno e perfeito, por sua vez consequência de uma experiência passada constante. Em compensação, no caso mais comum em que a experiência passada é mista, os raciocínios dessa espécie não provêm *diretamente* do hábito, mas de uma maneira *oblíqua* / "reasonings of this kind arise not *directly*, but in an *oblique* manner" (*ibid.*; grifo no texto). Em outra passagem do texto, Hume fala também de uma "maneira oblíqua e artificial" / "oblique and artificial manner" (p. 141 ed. fr. / p. 104). Em tais casos, consideramos conscientemente a suposição de que o futuro se assemelhará ao passado, e é essa consideração que produz a crença. Esta, portanto, é produzida como um artifício humano, diante da referência à suposição de que o futuro se assemelhará ao passado, "que se estabeleceu em virtude de um hábito suficiente" / "has establish'd itself by a sufficient custom" (p. 142 trad. fr. / p. 105). Para mais detalhes, cf. D. Owen, *Hume's Reason*, Oxford, Oxford University Press, 1999, cap. 7, pp. 147-74.

23. Foucault anota dois exemplos no manuscrito: "Entrevista de [M.] Bruno; *Traité d'economie sociale*" (22ª fol.). Sobre M. Bruno, cf. *supra*, p. 182, nota 17. Além disso, Foucault faz referência aqui à obra do dr. Ange Guépin (1805-1873), *Traité d'economie sociale*, Paris,

De Lacombe, 1833. Médico filantropo e teórico de um socialismo de inspiração saint-simoniana e fourierista, Ange Guépin desempenhou papel central na vida política de Nantes no século XIX. Empenhou-se em dimensionar a miséria dos operários de Nantes e em propor soluções para combatê-la; cf. A. Guépin e E. Bonamy, *Nantes au XIXe siècle*, *op. cit.* (*supra*, pp. 167-8, nota 9). Em seu *Traité d'économie sociale* (pp. 82-3), o dr. Guépin, a partir do exemplo dos operários tipógrafos, desenvolve a ideia de associações de indústria que possibilitem, em especial, socializar os riscos de acidente ou de inatividade, bem como o custo das aposentadorias, e cujo objetivo final seria possibilitar a compra das próprias tipografias pelos operários; cf. J. Maitron (org.), *Dictionnaire biographique du mouvement ouvrier français. Première partie: 1789-1864. De la Révolution française à la fondation de la Première Internationale*, Paris, Les Éditions ouvrières, 1965, 3 vols.: t. II, pp. 309-11.

24. Cf. *Surveiller et Punir*, pp. 104-5.

25. Foucault anota no manuscrito: "sua inversão crítica (Saint-Simon ou Voltaire) só na aparência o afastava dessa função primeira" (25ª fol.). Louis de Rouvroy, duque de Saint-Simon (1675-1755), em suas *Mémoires*, afasta-se da adulação a Luís XIV praticada pela história oficial de sua época e, numa série de retratos e relatos de episódios históricos, descreve como que um avesso da monarquia; cf. M. Stefanovska, *Saint-Simon, un historien dans les marges*, Paris, Honoré Champion, 1998, p. 29. Nas "Considerações preliminares" de sua obra, Saint-Simon escreve: "A narrativa dos fatos precisa descobrir suas origens, causas e consequências, bem como os nexos de uns com os outros, o que só pode ser feito pela exposição das ações dos personagens que participaram de tais coisas [...], o que os levou a participar como participaram dos fatos narrados, e a relação de união ou oposição que houve entre eles." Luís XIV, apesar disso, continua ocupando uma posição simbolicamente central na exposição dos fatos. Sobre a importância da cerimônia na história saint-simoniana, cf. M. Stefanovska, *op. cit.*, pp. 59-65.

Claude Dupin de Chenonceaux (1686-1769), financista e arrecadador-geral, foi um precursor do pensamento fisiocrata. Em *Oeconomiques* (Paris, Marcel Rivière et Cie, 1913 [1745]), Claude Dupin expõe a organização econômica da França e propõe diversos meios de melhorá-la. O terceiro volume da obra apresenta uma história do imposto, na qual o autor descreve a evolução das políticas tributárias régias. Claude Dupin, porém, é mais conhecido por ter-se oposto, em duas obras sucessivas, a *L'Esprit des lois* (*Observations sur un ouvrage intitulé "l'Esprit des lois"* foi proibida pela censura) e ao questionamento do sistema de arrecadação fiscal feito por Montesquieu. De 1745 a 1751, Jean-Jacques Rousseau foi secretário particular da esposa de Claude Dupin, Louise-Marie-Madeleine Fontaine.

Voltaire, por sua vez, é em geral considerado um dos pais da historiografia moderna. Dedicou várias obras à história e à filosofia da história, como *Nouvelles Considérations sur l'histoire* [Novas considerações sobre a história] (1744) e *Le Siècle de Louis XIV* [O século de Luís XIV] (1751), onde escreve: "Não é apenas a vida de Luís XIV que pretendemos escrever; propomo-nos objetivo maior. Queremos tentar retratar para a posteridade não as ações de um homem só, mas o espírito dos homens no século mais esclarecido que já houve" (Voltaire, "Introduction" a *Le Siècle de Louis XIV*; in Id., *Oeuvres avec préface, avertissements, notes, etc. par M. Beuchot*, Paris, Lefèvre, 1830, t. 19, p. 237). Em *Nouvelles Considérations sur l'histoire*, Voltaire opõe "a história dos homens", que ele preconiza, à "história dos reis e das cortes" (*Oeuvres historiques*, Paris, Gallimard, 1987 [1744], pp. 47-8).

26. Sobre esse tema Foucault deu uma conferência intitulada "Cérémonie, théâtre et politique au XVIIe siècle" [Cerimônia, teatro e política no século XVII] na Universidade de Minnesota, Minneapolis, em abril de 1972, contribuição (resumida em inglês por Stephen Davidson) para a *Fourth Annual Conference on 17th Century French Literature* (Armand Renaud (org.), *Proceedings of the Fourth Annual Conference of XVIIth-Century French Literature, with programs and brief account of the first, segund, third conferences*, Minneapolis, Minn., [s. n.,] 1972, pp. 22-3).

27. Cf. E. Durkheim, *Le Suicide. Étude de sociologie*, Paris, Félix Alcan, 1897 [trad. bras.: *O suicídio: estudo de sociologia*, 2ª ed., São Paulo, WMF Martins Fontes, 2011]. A propósito da decadência provocada por desastres econômicos para certos indivíduos, Durkheim

diz, notadamente: "Todos os frutos da ação social estão perdidos no que lhes diz respeito; sua educação moral precisa ser refeita. Ora, não é de um momento para outro que a sociedade pode dobrá-los e ensinar-lhes a exercer sobre si mesmos esse aumento de contenção ao qual não estão acostumados. [...] O estado de desregramento ou de *anomia*, portanto, é mais reforçado pelo fato de que as paixões estão menos disciplinadas no momento em que precisariam de disciplina mais forte" (*op. cit.*, pp. 280-1). No entanto, em Durkheim, a noção de disciplina fundamenta-se, necessariamente, em justiça, e não pode limitar-se à força ou ao hábito: "Contudo, essa disciplina [...] só poderá ser útil se for considerada justa pelos povos a ela submetidos. Quando ela se mantém apenas pelo hábito e pela força, a paz e a harmonia só subsistem na aparência [...]; os apetites, superficialmente contidos, não demoram desencadear-se" (*ibid.*, p. 279).

28. Tema retomado em *Les Anormaux, passim*. Em seu manuscrito, Foucault acrescenta, ao anormal, o "desviante" e o "doente" (26ª fol.).

29. Essa crítica das ciências humanas, cujas primeiras formulações se encontram no "Prefácio" à *Antropologia* de Kant, em *Folie et Déraison. Histoire de la folie* e em *Les Mots et les Choses*, será desenvolvida ulteriormente. Cf.: "La vérité et les formes juridiques", *loc. cit.*, pp. 622-3 / 1490-1; *Le Pouvoir psychiatrique*, aula de 21 de novembro de 1973, pp. 58-60; *Surveiller et Punir*, pp. 28-9 e 315.

30. Sobre a referência ao império assírio, lugar de um discurso mítico ligado ao exercício do poder, cf. *Leçons sur la volonté de savoir*, aula de 10 de fevereiro de 1971, pp. 106-7.

*Resumo do curso**

* Publicado em *Annuaire du Collège de France, 73ᵉ année, Histoire des systèmes de pensée, année 1972-1973*, 1973, pp. 255-67. Reproduzido em *Dits et Écrits, 1954-1968*, org. por D. Defert e F. Ewald, com a colaboração de J. Lagrange, Paris, Gallimard ("Bibliothèque des sciences humaines"), 1994, 4 vols.: t. II, nº 131, pp. 456-70 / reed. col. "Quarto", vol. I, pp. 1324-38 [trad. bras.: "A sociedade punitiva", in *Resumo dos cursos do Collège de France 1970-1982*, Rio de Janeiro, Zahar, 2009].

No regime penal do período clássico, é possível encontrar, entremescladas, quatro grandes formas de tática punitiva – quatro formas que têm origens históricas diferentes, cada uma, segundo as sociedades e as épocas, com um papel que, se não é exclusivo, é pelo menos privilegiado.

1/ Exilar, expulsar, banir, desterrar, proibir alguns lugares, destruir o lar, apagar o lugar de nascimento, confiscar os bens e as propriedades.

2/ Organizar uma compensação, impor um resgate, converter o dano provocado em dívida por reembolsar, reverter o delito em obrigação financeira.

3/ Expor, marcar, ferir, amputar, fazer uma cicatriz, depositar um sinal no rosto ou nas costas, impor uma diminuição artificial e visível, supliciar; em suma, apoderar-se do corpo e nele inscrever as marcas do poder.

4/ Prender.

Como hipótese, segundo os tipos de punição preferidos, seria possível distinguir sociedades de banimento (sociedade grega), sociedades de resgate (sociedades germânicas), sociedades de marcação (sociedades ocidentais do fim da Idade Média) e sociedades que encarceram, a nossa?

A nossa, apenas desde o fim do século XVIII. Pois uma coisa é certa: a detenção e a prisão não faziam parte do sistema penal europeu antes das grandes reformas dos anos 1780-1820. Os juristas do século XVIII eram unânimes no seguinte ponto: "A prisão não é vista como uma pena condizente com nosso direito civil [...] embora os Príncipes, por razões de Estado, às vezes sejam dados a infligir essa pena, trata-se de atos de autoridade, e a Justiça ordinária não faz uso desse tipo de condenação" (Serpillon, *Code criminel* [Código criminal], 1767)[1]. Mas já pode-se dizer que tal insistência em *recusar* qualquer caráter penal à prisão indica uma incerteza crescente. Em todo caso, as reclusões praticadas nos séculos XVII

---

[1] F. Serpillon, *Code criminel, ou Commentaire sur l'ordonnance de 1670*, Lyon, Périsse, 1767, vol. 2, terceira parte, título XXV: "Des sentences, jugements et arrêts", art. XIII, § 33, p. 1095.

e XVIII estavam à margem do sistema penal, ainda que estivessem bem próximas dele e não parassem de aproximar-se:

– reclusão-penhor, praticada pela justiça durante a instrução de um caso criminal, pelo credor até o reembolso da dívida ou pelo poder régio quando temia um inimigo; tratava-se menos de punir um delito do que de controlar uma pessoa;

– reclusão-substituta, a que era imposta a alguém não submetido à justiça criminal (seja por causa da natureza de suas faltas, que eram apenas da ordem da moralidade ou da conduta; seja por algum privilégio estatutário: os tribunais eclesiásticos, que, a partir de 1629, deixaram de ter direito a ditar penas de prisão em sentido estrito, passaram a ordenar ao culpado que ingressasse num convento; a ordem régia muitas vezes era um meio de o privilegiado escapar à justiça criminal; as mulheres eram enviadas para casas de detenção por faltas que os homens iam expiar nas galés).

Cabe notar que (salvo neste último caso) essa reclusão-substituta se caracterizava em geral pelo fato de não ser decidida pelo poder judiciário; de sua duração não ser fixada de uma vez por todas e de ela depender de um fim hipotético: a correção. Punição mais que pena.

Ora, cerca de cinquenta anos depois dos grandes monumentos do direito criminal clássico (Serpillon, Jousse[2], Muyart de Vouglans[3]), a prisão tornou-se a forma geral de penalidade.

Em 1831, Rémusat, numa intervenção na Câmara, dizia: "O que é o sistema de penalidade admitido pela nova lei? É o encarceramento em todas as suas formas. Comparem as quatro penas principais que restam no Código Penal. Os trabalhos forçados [...] são uma forma de encarceramento. O banho é uma prisão ao ar livre. A detenção, a reclusão, a prisão correcional não passam, de certo modo, de nomes diversos para um mesmo castigo."[4] E Van Meenen, abrindo o II Congresso penitenciário em Bruxelas, lembrava os seus tempos de juventude, quando a terra ainda estava coberta "de rodas, forcas, patíbulos e pelourinhos", com "esqueletos horrendamente expostos"[5]. Era como se a prisão, punição parapenal, no fim do século XVIII tivesse se introduzido no interior do sistema penal e ocupado

---

2. D. Jousse, *Traité de la justice criminelle de France*, Paris, Debure, 1771, 4 vols.

3. P.-F. Muyart de Vouglans, *Institutes au droit criminel, ou Principes généraux en ces matières*, Paris, Le Breton, 1757.

4. C. de Rémusat, "Discussion du projet de loi relatif à des réformes dans la législation pénale", Câmara dos deputados, 1º de dezembro de 1831, *Archives parlementaires de 1787 à 1860. Recueil complet des débats législatifs et politiques des Chambres françaises*, segunda série, Paris, Paul Dupont, 1889, t. LXXII, p. 185, col. 2.

5. P.-F. Van Meenen (presidente da Corte de Cassação de Bruxelas), "Discours d'ouverture du IIe Congrès international pénitentiaire" (20-23 de setembro de 1847, Bruxelas), in *Débats du Congrès pénitentiaire de Bruxelles*, Bruxelas, Deltombe, 1847, p. 20.

rapidamente todo o seu espaço. O testemunho mais manifesto dessa invasão logo triunfante é dado pelo Código Criminal austríaco, redigido sob José II.

A organização da penalidade de reclusão não é simplesmente recente; é enigmática.

No momento em que estava sendo planejada, era alvo de críticas violentíssimas. Críticas formuladas a partir de princípios fundamentais. Mas também formuladas a partir de todas as disfunções que a prisão podia induzir no sistema penal e na sociedade em geral.

1/ A prisão impede o poder judiciário de controlar e verificar a aplicação das penas. A lei não penetra nas prisões, como dizia Decazes em 1819.

2/ A prisão, misturando condenados ao mesmo tempo diferentes e isolados, constitui uma comunidade homogênea de criminosos que se tornam solidários na reclusão e assim permanecerão fora dela. A prisão fabrica um verdadeiro exército de inimigos internos.

3/ Ao dar aos condenados abrigo, alimentação, roupas e, muitas vezes, trabalho, a prisão às vezes constitui, para os condenados, um destino preferível àquele dos operários. Ela não só não pode ter efeito de dissuasão, como também atrai para a delinquência.

4/ Da prisão saem pessoas fadadas definitivamente à criminalidade pelos hábitos e pela infâmia com que são marcadas.

Imediatamente, portanto, a prisão é denunciada como instrumento que, às margens da justiça, forja aqueles que essa justiça enviará ou reenviará para a prisão. O círculo carcerário é claramente denunciado já nos anos 1815-1830. A essas críticas houve, sucessivamente, três respostas:

– imaginar uma alternativa à prisão que mantivesse seus efeitos positivos (segregação dos criminosos, sua retirada do circuito da sociedade) e eliminasse suas consequências perigosas (a volta deles à circulação). Para tanto, seria retomado o velho sistema de deportação, que os britânicos haviam interrompido durante a guerra de Independência e que após 1790 restabeleceram, para a Austrália. As grandes discussões acerca de Botany Bay ocorreram na França em torno dos anos 1824-1830. Na verdade, a deportação-colonização nunca substituiria a prisão; na época das grandes conquistas coloniais, desempenharia um papel complexo nos circuitos controlados da delinquência. Todo um conjunto, constituído por grupos de colonos mais ou menos voluntários, regimentos coloniais, batalhões da África, Legião Estrangeira, Caiena, acabaria, durante o século XIX, funcionando em correlação com um sistema penal que permaneceria essencialmente carcerário;

– reformar o sistema interno da prisão, de maneira que ela parasse de forjar aquele exército de perigos internos. Esse foi o objetivo designado em toda a Europa como "reforma penitenciária". É possível indicar como pontos de referência cronológicos, por um lado, *Aulas sobre as prisões*, de Julius (1828)[6], e, por outro, o Congresso de Bruxelas em 1847. Essa reforma compreendeu três aspectos principais: isolamento completo ou parcial dos detentos dentro das prisões (discussões em torno dos sistemas de Auburn e da Pensilvânia); moralização dos condenados por meio de trabalho, instrução, religião, recompensas, reduções de penas; desenvolvimento das instituições parapenais de prevenção, recuperação ou controle. Ora, essas reformas, às quais as revoluções de 1848 puseram fim, não haviam modificado em nada as disfunções da prisão, denunciadas no período anterior;

— conferir finalmente feições antropológicas ao círculo carcerário; substituir o velho projeto de Julius e de Charles Lucas[7] (fundar uma "ciência das prisões" capaz de fornecer os princípios arquitetônicos, administrativos e pedagógicos de uma instituição que "corrija") por uma "ciência dos criminosos" que pudesse caracterizá-los em sua especificidade e definir os modos de reação social adequados a seu caso. A classe dos delinquentes, à qual o circuito carcerário conferia pelo menos uma parte de autonomia, garantindo ao mesmo tempo seu isolamento e sua reclusão, aparece então como desvio psicossociológico. Desvio que é do âmbito de um discurso "científico" (para o qual convergem análises psicopatológicas, psiquiátricas, psicanalíticas e sociológicas); desvio a propósito do qual se indagará se a prisão constitui realmente uma resposta ou um tratamento apropriado.

Aquilo que no início do século XIX era usado, com outras palavras, para criticar a prisão (constituição de uma população "marginal" de "delinquentes") passou a ser visto como fatalidade. Não é só aceito como fato, mas também constituído como dado primordial. O efeito "delinquência", produzido pela prisão, torna-se problema da delinquência à qual a prisão deve dar resposta adequada. Inversão criminológica do círculo carcerário.

* * *

Cabe perguntar como foi possível tal inversão; como efeitos denunciados e criticados puderam, no fim das contas, ser assumidos como dados

---

6. N. H. Julius, *Vorselungen über die Gefängnisskunde...*, Berlim, Stuhr, 1828, 2 vols. / *Leçons sur les prisons, présentées en forme de cours au public de Berlin en l'année 1827*, trad. fr. (t. I) H. Lagarmitte, Paris, F. G. Levrault, 1831.

7. C. Lucas, *De la réforme des prisons, ou De la théorie de l'emprisonnement, de ses principes, de ses moyens et de ses conditions pratiques*, Paris, Legrand et Bergounioux, 1836-1838, 3 vols.

fundamentais para uma análise científica da criminalidade; como foi possível que a prisão, instituição recente, frágil, criticável e criticada, se introduzisse no campo institucional com tanta profundidade que o mecanismo de seus efeitos pudesse apresentar-se como uma constante antropológica; qual era, afinal, a razão de ser da prisão; a que exigência funcional ela acabava respondendo.

A pergunta é necessária e, sobretudo, de difícil resposta por não ser fácil distinguir a gênese "ideológica" da instituição. Seria possível crer que a prisão tenha sido realmente denunciada, desde cedo, em suas consequências práticas, mas que estava tão fortemente ligada à nova teoria penal (a que regeu a elaboração do código do século XIX) que foi preciso aceitá-la com ela; ou então que, em se querendo fazer uma política radical da prisão, seria preciso retrabalhar de cabo a rabo aquela teoria.

Ora, desse ponto de vista, o exame das teorias penais da segunda metade do século XVIII produz resultados bem surpreendentes. Nenhum dos grandes reformadores – sejam eles teóricos como Beccaria, juristas como Servan, legisladores como Le Peletier de Saint-Fargeau, tudo isso ao mesmo tempo como Brissot – propunha a prisão como pena universal ou mesmo principal. De modo geral, em todas essas elaborações, o criminoso era definido como inimigo da sociedade. Nisso, os reformadores retomavam e transformavam aquilo que resultara de toda uma evolução política e institucional desde a Idade Média: a substituição da solução do litígio por uma ação pública. O procurador do rei, intervindo, designava a infração não só como atentado a uma pessoa ou a um interesse privado, mas também como atentado à soberania do rei. Comentando as leis inglesas, Blackstone dizia que o procurador defendia ao mesmo tempo a soberania do rei e os interesses da sociedade[8]. Em suma, os reformadores em sua grande maioria, a partir de Beccaria, procuraram definir a noção de crime, o papel da parte pública e a necessidade de uma punição a partir apenas do interesse da sociedade ou da necessidade de protegê-la. O criminoso lesava antes de tudo a sociedade; rompendo o pacto social, ele se constituía nela como um inimigo interno. Desse princípio geral derivaram algumas consequências.

1/ Cada sociedade, segundo suas necessidades próprias, deveria modular a escala das penas. Como o castigo não derivava da falta em si, mas do dano causado à sociedade ou do perigo a que a expusera, quanto mais fraca uma sociedade, mais deveria precaver-se e mostrar-se severa. Portanto, sem modelo universal da penalidade, relatividade essencial das penas.

2/ Se a pena fosse expiação, não haveria mal em ser forte demais; em todo caso, seria difícil estabelecer uma proporção justa entre ela e o crime.

---

8. W. Blackstone, *Commentaries on the Laws of England*, Oxford, Clarendon Press, 1758 / *Commentaire sur le Code criminel d'Angleterre*, trad. fr. abade Goyer, Paris, Knapen, 1776.

Mas, em se tratando de proteger a sociedade, ela pode ser calculada de maneira que desempenhe exatamente essa função: para além disso, qualquer severidade a mais torna-se abuso de poder. A justiça da pena está em sua economia.

3/ O papel da pena está inteiramente voltado para fora e para o futuro: impedir que o crime se repita. Em última análise, um crime que se soubesse com segurança ser o último não teria por que ser punido. Portanto, deixar o culpado sem condições de prejudicar e afastar os inocentes de infrações semelhantes. A eficácia então está na certeza e na inevitabilidade da pena, mais que em sua severidade.

Ora, a partir de tais princípios, não é possível deduzir o que ocorrerá efetivamente na prática penal, a saber, a universalização da prisão como forma geral de castigo. Ao contrário, assiste-se ao aparecimento de modelos punitivos muito diferentes:

– um deles está associado à infâmia, ou seja, aos efeitos da opinião pública. A infâmia é uma pena perfeita, pois é a reação imediata e espontânea da própria sociedade: ela varia em cada sociedade; é graduada segundo a nocividade de cada crime; pode ser revogada pela reabilitação pública; por fim, atinge apenas o culpado. É, portanto, uma pena que se ajusta ao crime sem ter de passar por um código, sem ter de ser aplicada por um tribunal, sem risco de ser desviada por algum poder político. É exatamente adequada aos princípios da penalidade. "O triunfo de uma boa legislação ocorre quando a opinião pública é suficientemente forte para punir sozinha os delitos [...]. Feliz o povo em que o senso de honra pode ser a única lei! Ele quase não precisa de legislação: infâmia, esse é seu código penal"[9];

– outro modelo empregado nos projetos de reformas foi o de talião. Impondo ao culpado um castigo do mesmo tipo e da mesma gravidade do crime, tem-se a certeza de obter uma penalidade graduada e exatamente proporcional. A pena assume a forma de contra-ataque. E, desde que seja imediata e inevitável, anula quase automaticamente as vantagens esperadas pelo infrator, tornando inútil o crime. O benefício do delito é brutalmente reduzido a zero. Por certo, o modelo de talião nunca foi proposto de forma detalhada, mas frequentemente possibilitou definir tipos de punição. Beccaria, por exemplo: "Os atentados contra as pessoas devem ser punidos com penas corporais"; "as injúrias pessoais contra a honra devem ser pecuniárias". Essa pena também é encontrada na forma de "talião moral": punir o crime, não revidando seus efeitos, mas voltando-se para seus primórdios e

---

9. J. P. Brissot de Warville, *Théorie des loix criminelles*, Berlim, [s.n.,] 1781, 2 vols.: t. 1, cap. II, seção II, p. 187.

para os vícios que lhe ocasionaram[10]. Le Peletier de Saint-Fargeau propunha à Assembleia Nacional (23 de maio de 1791): a dor física para punir os crimes que tenham como princípio a atrocidade; o trabalho penoso para punir os crimes que tenham como princípio a preguiça; a infâmia para punir os crimes inspirados por uma alma "abjeta e degradada"[11];

– por fim, como terceiro modelo, a escravização em proveito da sociedade. Tal pena pode ser graduada na intensidade e na duração, segundo o dano causado à coletividade. Está vinculada à falta por intermédio desse interesse lesado. Beccaria, a respeito dos ladrões: "A escravidão temporária põe o trabalho e a pessoa do culpado a serviço da sociedade para que esse estado de dependência total a indenize pelo injusto despotismo que ele exerceu ao violar o pacto social."[12] Brissot: "[P]elo que substituir a pena de morte [...]? Pela escravidão, que deixa o culpado sem condições de prejudicar a sociedade, pelo trabalho que o torna útil, pela dor prolongada e permanente que apavora os que sejam tentados a imitá-lo."[13]

Evidentemente, em todos esses projetos a prisão figurava com frequência como uma das penas possíveis: seja como condição do trabalho forçado, seja como pena de talião para os que tivessem atentado contra a liberdade dos outros. Mas não aparecia como forma geral de penalidade nem como condição de transformação psicológica e moral do delinquente.

Foi nos primeiros anos do século XIX que os teóricos atribuíram esse papel à prisão. "A prisão é a pena por excelência nas sociedades civilizadas. Sua tendência é moral quando acompanhada pela obrigação do trabalho" (P. Rossi, 1829)[14]. Mas, nessa época, a prisão já existia como principal instrumento de penalidade. A prisão como lugar de correção era reinterpretação de uma prática do aprisionamento que se disseminara nos anos anteriores.

* * *

A prática da prisão, portanto, não estava implicada na teoria penal. Ela nasceu alhures e formou-se por outras razões. De certo modo, impôs-se

---

10. C. Beccaria, *Dei delitti e delle pene*, Milão, 1764 / *Traité des délits et des peines*, trad. fr. J.-A.-S. Collin de Plancy, Paris, Flammarion (col. "Champs"), 1979, cap. XXVII, p. 118; cap. XXVIII, p. 121; cap. XXX, p. 125. [Trad. bras.: *Dos delitos e das penas*, 2ª ed., São Paulo, Martins Fontes, 1998.]

11. L.-M. Le Peletier de Saint-Fargeau, "Rapport sur le projet du Code pénal", Assembleia nacional, 23 de maio de 1791, *Archives parlementaires de 1787 à 1860. Recueil complet des débats législatifs et politiques des Chambres françaises*, primeira série, Paris, Paul Dupont, 1887, t. XXVI, p. 322, col. 1.

12. C. Beccaria, *Traité des délits et des peines*, trad. fr. citada, p. 125.

13. J. P. Brissot de Warville, *Théorie des loix criminelles*, *op. cit.*, t. 1, p. 147.

14. P. L. Rossi, *Traité de droit pénal*, livro III, cap. VIII: "De l'emprisonnement", Paris, A. Sautelet, 1829, p. 169.

a partir do exterior à teoria penal, que se verá na obrigação de justificá-la *a posteriori*, como fará Livingston, por exemplo, em 1820, dizendo que a pena de prisão tem quatro vantagens: poder dividir-se nos mesmos graus da gravidade dos delitos; impedir a reincidência; possibilitar a correção; ser suficientemente branda para que os jurados não hesitem em punir e para que o povo não se revolte contra a lei[15].

Para compreender o funcionamento real da prisão por trás de sua aparente disfunção, bem como seu profundo sucesso por trás de seus fracassos superficiais, é preciso voltar àquelas instâncias parapenais de controle nas quais ela figurou, como se viu no século XVII e sobretudo no XVIII.

Naquelas instâncias, a reclusão desempenhava um papel que comportava três características distintas:

– intervinha na distribuição espacial dos indivíduos por meio do aprisionamento temporário de mendigos e vagabundos. Sem dúvida algumas ordenanças (fim do século XVII e século XVIII) os condenaram às galés, pelo menos em caso de reincidência. Mas a reclusão era de fato a punição mais frequente. No entanto, se os prendiam, era menos para fixá-los num lugar e mais para deslocá-los: proibir-lhes as cidades, devolvê-los ao campo ou mesmo impedi-los de ficar circulando por uma região, obrigá-los a ir aonde podiam achar trabalho. Era uma maneira pelo menos negativa de controlar a localização deles em relação ao aparato de produção agrícola ou manufatureira; uma maneira de agir sobre o fluxo da população, levando em conta tanto as necessidades da produção quanto as do mercado de emprego;

– a reclusão também intervinha na conduta dos indivíduos. Punia em nível infrapenal maneiras de viver, tipos de discurso, projetos ou intenções políticas, comportamentos sexuais, desacato à autoridade, provocações à opinião pública, violências etc. Em suma, intervinha menos em nome da lei do que em nome da ordem e da regularidade. O irregular, o perturbado, o perigoso e o infame eram objeto de reclusão. Enquanto a penalidade pune a infração, o que se condenava era a desordem;

– por fim, se é verdade que a reclusão estava nas mãos do poder político, que escapava totalmente ou em parte ao controle da justiça regular (na França, quase sempre era decidida pelo rei, por ministros, intendentes e subdelegados), estava longe de ser instrumento da arbitrariedade e do absolutismo. O estudo das ordens régias (tanto de seu funcionamento quanto de sua motivação) mostra que elas eram na grande maioria solicitadas

---

15. E. Livingston, *Introductory Report to the System of Penal Law Prepared for the State of Louisiana*, New Orleans, 1820 / *Rapport fait à l'Assemblée générale de l'État de la Louisiane sur le projet d'un code pénal*, La Nouvelle-Orléans, impr. B. Levy, 1822.

por pais de família, autoridades menores, comunidades locais, religiosas e profissionais contra indivíduos que lhes causavam incômodo e provocavam desordens. A ordem régia ia de baixo para cima (na forma de petição) antes de descer de volta o aparato do poder na forma de ordem com o selo régio. Era instrumento de controle local e, por assim dizer, capilar.

Seria possível fazer uma análise do mesmo tipo a propósito das associações encontradas na Inglaterra desde o fim do século XVII. Frequentemente dirigidas por "dissidentes", propunham-se denunciar, excluir e penalizar indivíduos por desvios de conduta, recusa ao trabalho e desordens cotidianas. Entre essa forma de controle e aquela garantida pela ordem régia, evidentemente há enormes diferenças. No mínimo pela seguinte: as sociedades inglesas (pelo menos na primeira parte do século XVIII) eram independentes do aparato estatal: mais que isso, bastante populares em seu recrutamento, atacavam, em termos gerais, a imoralidade dos poderosos e dos ricos; por fim, o rigorismo de que davam mostras em relação a seus próprios membros era por certo uma maneira de fazê-los escapar a uma justiça penal extremamente rigorosa (a legislação penal inglesa, "caos sangrento", comportava mais casos de penas capitais do que qualquer outro código europeu). Na França, ao contrário, as formas de controle estavam fortemente ligadas a um aparato estatal que organizara a primeira grande polícia da Europa, polícia que a Áustria de José II e a Inglaterra decidiram imitar. A propósito da Inglaterra, cabe justamente notar que, nos últimos anos do século XVIII (essencialmente depois dos *Gordon Riots* e na época dos grandes movimentos populares mais ou menos contemporâneos da Revolução Francesa), surgiram novas sociedades moralizadoras, com recrutamento muito mais aristocrático (algumas delas com equipamento militar): pediam a intervenção do poder régio, a instauração de uma nova legislação e a organização de uma polícia. Colquhoun e sua obra estavam no centro daquele processo.

O que transformou o sistema penal na virada do século foi o ajuste do sistema judiciário a um mecanismo de vigilância e controle; foi sua integração comum num aparato estatal centralizado; mas foi também a instauração e o desenvolvimento de toda uma série de instituições (parapenais e às vezes não penais) que serviam de ponto de apoio, posições avançadas ou formas reduzidas ao aparato principal. Um sistema geral de vigilância-reclusão penetrou toda a espessura da sociedade, assumindo formas que iam desde as grandes prisões construídas com base no modelo do Panóptico até as sociedades de patrocínio cujas ações estavam voltadas não só aos delinquentes, mas também a crianças abandonadas, órfãos, aprendizes, colegiais, operários etc. Num trecho de suas *Aulas sobre as prisões*, Julius opunha as civilizações do espetáculo (civilizações do sacrifício e do ritual em que se trata de oferecer a todos o espetáculo de um acontecimento único, em que a forma arquitetônica principal é o teatro) às civilizações da vigilância (em que se trata de garantir a alguns o controle ininterrupto sobre a maioria; forma arquitetônica privilegiada: a prisão). E acrescentava que a sociedade europeia, que substituíra a religião pelo Estado, oferecia o primeiro exemplo de civilização da vigilância[16].

O século XIX fundou a era do panoptismo.

* * *

A quais necessidades atendia essa transformação?

Provavelmente a novas formas e a um novo jogo na prática do ilegalismo. A novas ameaças, sobretudo.

O exemplo da Revolução Francesa (como também de muitos outros movimentos nos últimos vinte anos do século XVIII) mostra que o aparato político de uma nação está ao alcance das revoltas populares. Insurreições por motivo de subsistência, revoltas contra impostos ou taxas, rebeldia à conscrição já não eram daqueles movimentos localizados e limitados que podiam atingir (até fisicamente) o representante do poder político, mas deixavam intactas suas estruturas e sua distribuição. Agora podiam pôr em xeque a posse e o exercício do poder político. Por outro lado e talvez principalmente, o desenvolvimento da indústria punha de forma maciça e direta o aparato de produção em contato com aqueles que deviam fazê-lo funcionar. As pequenas unidades artesanais, as manufaturas com maquinaria reduzida e relativamente simples, os armazéns de capacidade limitada que abasteciam mercados locais não davam muito ensejo a depredações ou destruições globais. Mas a maquinaria e a organização das grandes indústrias, com estoques vultosos de matérias-primas, a globalização do mercado e o surgimento de grandes centros de redistribuição de mercadorias punham as riquezas ao alcance de ataques incessantes. E esses ataques não vinham de fora, daqueles deserdados ou desajustados que, sob os andrajos do mendigo ou do vagabundo, causavam tanto medo no século XVIII, mas sim de dentro, dos mesmos que precisavam manipulá-los para torná-los produtivos. Desde a depredação cotidiana dos produtos armazenados até as grandes destruições coletivas de máquinas, um perigo perpétuo ameaçava a riqueza investida no aparato de produção. Pode servir de exemplo toda a série de medidas tomadas no fim do século XVIII e no início do XIX para proteger portos, docas e arsenais de Londres, para desmantelar as redes de revendedores e receptadores.

---

16. N. H. Julius, *Leçons sur les prisons*, trad. fr. citada, pp. 384-6.

No campo, uma situação aparentemente inversa produziu efeitos análogos. A fragmentação das propriedades rurais, o desaparecimento quase total dos bens comunais e a exploração dos maninhos consolidaram as apropriações e tornaram a sociedade rural intolerante com todo um conjunto de ilegalismos menores que antes havia sido preciso aceitar – de bom grado ou não – no regime da grande propriedade subexplorada. Desapareceram as margens nas quais os mais pobres e os mais móveis tinham conseguido subsistir, aproveitando-se de tolerâncias, negligências, regulamentos esquecidos ou fatos consumados. O estreitamento dos vínculos de propriedade, ou melhor, o novo estatuto e a nova exploração da propriedade fundiária transformaram em delitos muitos ilegalismos instalados. Importância, mais política que econômica, dos delitos rurais na França da época do Diretório e do Consulado (delitos que se articularam nas lutas em forma de guerras civis ou na resistência à conscrição); importância também das resistências, na Europa, aos diferentes códigos florestais do início do século XIX.

No entanto, a forma mais importante do novo ilegalismo talvez esteja em outro lugar. Não dizia respeito tanto ao corpo do aparato de produção ou da propriedade fundiária quanto ao próprio corpo do operário e à maneira como ele era aplicado aos aparatos de produção. Salários insuficientes, desqualificação do trabalho pela máquina, jornadas de trabalho desmedidas, multiplicidade das crises regionais ou locais, proibição das associações, mecanismo de endividamento, tudo isso levou os operários a terem condutas como absenteísmo, ruptura do "contrato de trabalho", migração, vida "irregular". O problema então foi fixar os operários ao aparato de produção, estabelecê-los ou deslocá-los para onde se precisava deles, submetê-los a certo ritmo, impor-lhes a constância ou a regularidade necessária, em suma, constituí-los como força de trabalho. Daí uma legislação que criava novos delitos (obrigação de portar a caderneta de trabalho, lei sobre os bares, proibição da loteria); daí toda uma série de medidas que, apesar de não serem absolutamente coercitivas, realizavam uma distinção entre o bom e o mau operário e procuravam obter o adestramento do comportamento (caixa econômica, incentivo ao casamento, depois as cidades operárias); daí o surgimento de organismos de controle ou de pressão (associações filantrópicas, patrocínios); daí, enfim, toda uma imensa campanha de moralização operária. Essa campanha definiu como "dissipação" o que queria debelar, e como "regularidade" o que queria estabelecer: um corpo operário concentrado, aplicado, ajustado ao tempo da produção, fornecendo exatamente a força necessária. Mostrava na delinquência o resultado inevitável da irregularidade, conferindo assim estatuto de consequência psicológica e moral ao efeito de marginalização devido aos mecanismos de controle.

* * *

A partir daí é possível extrair algumas conclusões.

1/ As formas de penalidade surgidas entre 1760 e 1840 não estavam ligadas à renovação da percepção moral. A natureza das infrações definidas pelo código quase não mudou no essencial (pode-se notar, porém, o desaparecimento, progressivo ou súbito, dos delitos religiosos: o aparecimento de certos delitos de tipo econômico ou profissional); e, embora o regime das penas tenha sido consideravelmente abrandado, as infrações permaneceram mais ou menos idênticas. O que pôs em jogo a grande renovação da época foi um problema de corpo e materialidade, uma questão de física: nova forma de materialidade assumida pelo aparato de produção, novo tipo de contato entre esse aparato e aquele que o faz funcionar; novas exigências impostas aos indivíduos como forças produtivas. A história da penalidade no início do século XIX não está essencialmente associada a uma história das ideias morais; é um capítulo na história do corpo. Ou, para dizer de outro modo, interrogando as ideias morais a partir da prática e das instituições penais, descobre-se que a evolução da moral foi, antes de tudo, a história do corpo, a história *dos* corpos. Pode-se compreender, a partir daí:

– por que a prisão se tornou a forma geral de punição e substituiu o suplício: o corpo já não precisava ser marcado, mas sim educado e reeducado; seu tempo precisava ser medido e plenamente utilizado; suas forças precisavam ser continuamente aplicadas ao trabalho. A forma-prisão da penalidade corresponde à forma-salário do trabalho;

– por que a medicina, como ciência da normalidade dos corpos, ocupou o âmago da prática penal (a pena deve ter a finalidade de curar).

2/ A transformação do sistema penal não é da alçada apenas de uma história dos corpos, e sim, mais precisamente, de uma história das relações entre o poder político e os corpos. A coerção sobre os corpos, seu controle e sujeição, a maneira como esse poder se exerce direta ou indiretamente sobre eles, como os dobra, fixa e usa estão no princípio da mudança estudada. Seria preciso escrever uma *Física* do poder e mostrar como ela foi modificada em relação a suas formas anteriores, no início do século XIX, quando do desenvolvimento das estruturas estatais.

Uma nova *óptica*, para começar: órgão de vigilância generalizada e constante; tudo deve ser observado, visto, transmitido: organização de uma polícia; instituição de um sistema de arquivos (com fichas individuais); estabelecimento de um *panoptismo*.

Uma nova *mecânica*: isolamento e reagrupamento dos indivíduos; localização dos corpos; utilização ideal das forças; controle e melhoria do rendimento; em suma, estabelecimento de toda uma *disciplina* da vida, do tempo, das energias.

Uma nova *fisiologia*: definição das normas, exclusão e rejeição do que não se conforma a elas, mecanismo de restabelecimento de tais normas por meio de intervenções corretivas que, de maneira ambígua, são terapêuticas e punitivas.

3/ Nessa "física", a delinquência desempenha papel importante. Mas é preciso saber o que se entende com o termo "delinquência". Não se trata de delinquentes, espécie de mutantes psicológicos e sociais, que seriam objeto da repressão penal. Por delinquência é preciso entender o sistema acoplado penalidade-delinquente. A instituição penal, com a prisão em seu cerne, fabrica uma categoria de indivíduos que formam um circuito com ela: a prisão não corrige; ela chama incessantemente os mesmos de volta; ela constitui aos poucos uma população marginalizada que é usada para exercer pressão sobre as "irregularidades" ou "ilegalismos" que não podem ser tolerados. E ela exerce de três modos essa pressão sobre os ilegalismos por intermédio da delinquência: conduzindo aos poucos a irregularidade ou o ilegalismo para a infração, em virtude de todo um jogo de exclusões e punições parapenais (mecanismo que se pode chamar de "indisciplina leva ao patíbulo"); integrando os delinquentes em seus próprios instrumentos de vigilância do ilegalismo (recrutamento de provocadores, alcaguetes, policiais; mecanismo que pode ser chamado de "todo ladrão pode se tornar Vidocq"*); canalizando as infrações dos delinquentes para as populações que é mais importante vigiar (princípio: "É sempre mais fácil um pobre roubar que um rico").

Portanto, retomando a pergunta do início – "Por que essa estranha instituição da prisão, por que essa escolha de uma penalidade cuja disfunção foi cedo denunciada?" –, talvez seja preciso buscar uma resposta por este lado: a prisão tinha a vantagem de produzir delinquência, instrumento de controle e de pressão sobre o ilegalismo, peça nada desprezível no exercício do poder sobre os corpos, elemento daquela física do poder que suscitou a psicologia do sujeito.

* * *

O seminário deste ano foi dedicado à preparação da publicação do dossiê do caso Pierre Rivière.

---

* Eugène-François Vidocq (1775-1857), filho de padeiro, tornou-se ladrão na adolescência. Detido e condenado aos trabalhos forçados, fugiu várias vezes até que começou a trabalhar como infiltrado para a polícia. Desse modo, acabou comandando a Brigada de Segurança. Ao se demitir desta, fundou um escritório de informações comerciais. (N. da T.)

Situação do curso
*Bernard E. Harcourt**

---

* Bernard E. Harcourt é professor de direito e de ciências políticas na Universidade de Chicago e diretor de estudos na École des hautes études en sciences sociales em Paris. Última obra publicada: *The Illusão of Free Markets. Punishment and the Myth of Natural Order*, Cambridge, Harvard University Press, 2011.

No apogeu de um dos períodos de maior militância de Foucault em torno das questões penais na França, na sequência do curso de 1971-1972 dedicado à dimensão repressiva da penalidade, em janeiro de 1973 Foucault volta-se para um objetivo mais amplo. Indo além da repressão, concentra-se não só na dimensão produtiva da penalidade, como também na questão mais geral da emergência de um poder punitivo, que ele chamará de "disciplinar", em toda a sociedade, na mesma época do nascimento de nossa sociedade contemporânea no século XIX, sociedade que ele qualifica de "sociedade de poder disciplinar, ou seja, dotada de aparatos cuja forma é a sequestração, cuja finalidade é a constituição de uma força de trabalho e cujo instrumento é a aquisição de disciplinas ou hábitos"[1].

Um mês antes, o Grupo de Informação sobre as Prisões, de que Foucault fora um dos cofundadores em 1971, decidiu dissolver-se[2]. A ambição do GIP – "Aos detentos a palavra!", segundo expressão de Foucault[3] – fora, de certo modo, cumprida: a primeira organização de detentos na França, o Comitê de Ação dos Prisioneiros, acabava de ser formada pelos próprios prisioneiros[4]. Foucault defenderá a criação de uma Associação de Defesa

---

1. Aula de 28 de março de 1973, *supra*, p. 215.
2. D. Defert, "Chronologie", *in* M. Foucault, *Dits et Écrits, 1954-1988*, org. por D. Defert e F. Ewald, colab. J. Lagrange, Paris, Gallimard, 1994, 4 vols. [citado *infra*: *DE*): t. I, p. 42; reed. em 2 vols., col. "Quarto": vol. I, p. 57. [Trad. bras.: "Cronologia", *in* M. Foucault, *Ditos e escritos*, vol. I, 3ª ed., Rio de Janeiro, Forense Universitária, 2010.]
3. M. Foucault, *"Le grand enfermement"* (entrevista com M. Meienberg, *Tages Anzeiger Magazin*, nº 12, 25 de março de 1972, pp. 15, 17, 20, 37; trad. fr. J. Chavy), *DE*, II, nº 105, ed. 1994, p. 304 / "Quarto", vol. I, p. 1172. [Trad. bras.: "O grande internamento", *in Ditos e escritos*, vol. I.]
4. Cf. D. Defert, *"L'émergence d'un nouveau front: les prisons", in Le Groupe d'information sur les prisons. Archives d'une lutte, 1970-1972*, documentos reunidos e apresentados por Philippe Artières, Laurent Quéro e Michelle Zancarini-Fournel, IMEC, 2003, pp. 315-26; A. Kiéfer, *Michel Foucault: le G.I.P. l'histoire et l'action*, tese de filosofia (novembro de 2006), Université de Picardie Jules Verne d'Amiens, 2009; F. Brion e B. E. Harcourt, "Situation du cours", in M. Foucault, *Mal faire, dire vrai. Fonction de l'aveu en justice*, Louvain, Presses universitaires de Louvain, 2012, pp. 267-76.

dos Direitos dos Detentos; doravante, para estes: "A autonomia de expressão foi alcançada."⁵ Naquele mesmo mês de dezembro de 1972, Foucault escreve a Daniel Defert, dizendo que começava a analisar as relações de poder a partir da "mais denegrida das guerras: nem Hobbes, nem Clausewitz, nem luta de classes, mas a guerra civil"⁶. Essa noção de guerra civil, assim como a figura do "criminoso-inimigo social" que lhe está associada, vem para o centro da cena⁷. Algumas semanas depois, no início de janeiro de 1973, Foucault inaugura suas aulas sobre "a sociedade punitiva", treze aulas que vinculam economia política e genealogia da moral para descrever a emergência, na sociedade inteira, de uma nova forma de poder – indissociavelmente a forma-salário e a forma-prisão – e a organização de uma sociedade panóptica que submete integralmente o tempo da vida aos ciclos da produção capitalista.

Situado no momento em que ganhava impulso o projeto de pesquisa estabelecido durante seu primeiro ano no Collège de France, centrado na análise histórica de formas jurídicas e políticas produtoras de verdades⁸, e no prolongamento de seu interesse de longa data pelos saberes associados às técnicas "divisoras"⁹, esse curso, intitulado *A sociedade punitiva*, apresenta um primeiro esboço do regime de verdade associado à forma jurídica e política da reclusão generalizada e ressalta sua centralidade em toda a sociedade contemporânea. Trata-se do estudo de uma forma jurídica e política, mais que da própria prisão: "Essa forma-prisão", insiste Foucault, "é muito mais que uma forma arquitetônica, é uma forma social."¹⁰

---

5. D. Defert, "Chronologie", *loc. cit.*, p. 42 / p. 57.

6. *Ibid.*

7. Cf. aula de 3 de janeiro de 1973, *supra*, p. 13: "Portanto, é a noção de *guerra civil* que deve ser posta no cerne de todas essas análises dos sistemas penais."

8. Cf. M. Foucault, *Leçons sur la volonté de savoir. Cours au Collège de France, 1970-1971*, org. por D. Defert, Paris, Gallimard-Seuil (col. "Hautes Études"), 2011, pp. 4-6 [trad. bras.: *Aulas sobre a vontade de saber*, São Paulo, WMF Martins Fontes, 2014]; M. Foucault, "Théories et institutions pénales" (Resumo do curso, *in Annuaire du Collège de France, 72ᵉ année, Histoire des systèmes de pensée, année 1971-1972*, 1972, pp. 283-6), *DE*, II, nº 115, ed. 1994, p. 389 / "Quarto", vol. I, p. 1257 [trad. bras.: "Teorias e instituições penais", *in Ditos e escritos*, vol. VIII] (em que Foucault descreve seu "projeto mais amplo, esboçado no ano anterior: seguir a formação de certos tipos de saber a partir das matrizes jurídico-políticas que lhes deram origem e lhes servem de suporte").

9. Cf. M. Foucault, *Folie et Déraison. Histoire de la folie à l'âge classique*, Paris, Plon, 1961 [trad. bras.: *História da loucura na Idade clássica*, 9ª ed., São Paulo, Perspectiva, 2012]; *Id.*, "Un problème m'intéresse depuis longtemps, c'est celui du système pénal" (entrevista com J. Hafsia, *La Presse de Tunisie*, 12 de agosto de 1971, p. 3), *DE*, II, nº 95, ed. 1994, p. 206 / "Quarto", vol. I, p. 1074 [trad. bras.: "Um problema que me interessa há muito tempo é o do sistema penal", *in Ditos e escritos*, vol. IV]; F. Brion e B. E. Harcourt, "Situation du cours", *in* M. Foucault, *Mal faire, dire vrai, op. cit.*, pp. 267-73.

10. Aula de 28 de março de 1973, *supra*, pp. 206 e 219, nota 3; cf. aula de 31 de janeiro de 1973, *supra*, p. 78: "De onde provém essa forma?"

Dois anos antes, em suas *Leçons sur la volonté de savoir* [*Aulas sobre a vontade de saber*], Foucault iniciara a análise da relação entre a verdade e as formas jurídicas, estudando a prova judiciária como modo de veredicção no combate agonístico entre Antíloco e Menelau no canto XXIII da *Ilíada* de Homero; a inquirição no caso do *Édipo Rei* de Sófocles; e, por fim, a questão da moeda como medida da verdade. Foucault também explicara, em sua primeira aula no Collège de France, em 9 de dezembro de 1970, que seu seminário tomava como tema a questão da verdade no contexto da penalidade no século XIX: "O ponto preciso da análise será a inserção de um discurso com pretensão científica (medicina, psiquiatria, psicopatologia, sociologia) dentro de um sistema – o sistema penal – até então inteiramente prescritivo."[11] O curso do ano seguinte, "Théories e Institutions pénales" [Teorias e instituições penais], devia dar prosseguimento à análise de outras formas jurídicas, especialmente a da investigação em sua relação com a instauração do Estado na Idade Média e as "novas formas de controles sociais" na França do século XVI[12]. É, portanto, em 1973, com *A sociedade punitiva*, que Foucault aborda pela primeira vez a especificidade jurídica e social da forma-prisão, tendo por alvo, diretamente, a penalidade no século XIX: "Esse era o meu propósito: a prisão como forma social, ou seja, como forma segundo a qual o poder é exercido no interior de uma sociedade – a maneira como ele extrai o saber de que precisa para se exercer e a maneira como, a partir desse saber, ele vai distribuir ordens e prescrições."[13] Foucault exporá o esquema completo desse projeto de pesquisa em suas conferências na Pontifícia Universidade Católica do Rio de Janeiro alguns meses depois, no fim de maio de 1973. Depois disso, em 1975, a publicação de *Vigiar e punir*, à luz de seus primeiros cursos no Collège de France, pode ser lida – ou relida – como um *estudo de caso* da forma jurídica do exame no século XIX, na qualidade de produção de uma verdade científica e jurídica do sujeito na sociedade industrial[14]. A indagação que está no cerne de *Vigiar e punir* – por que a reclusão? ou, mais exatamente: "Por que o exercício físico da punição (que não é o suplício) substituiu, com a prisão que é seu suporte institucional, o jogo social dos signos de castigo e da festa barulhenta que os punha em circulação?"[15] – deve ser entendida do seguinte ponto de vista: a pergunta

---

11. M. Foucault, *Leçons sur la volonté de savoir*, op. cit., p. 4.
12. M. Foucault, "Théories et institutions pénales", *loc. cit.*, p. 392 / p. 1260.
13. Aula de 28 de março de 1973, *supra*, p. 206.
14. Cf. M. Foucault, "Théories et institutions pénales", *loc. cit.*, p. 390 / p. 1258: "no ano que vem, trataremos do *exame* como forma de poder-saber ligado aos sistemas de controle, exclusão e punição próprios das sociedades industriais".
15. M. Foucault, *Surveiller et Punir. Naissance de la prison*, Paris, Gallimard, 1975, p. 134 [trad. bras.: *Vigiar e punir*, 41ª ed., Petrópolis, Vozes, 2013].

não é simplesmente sobre a predominância de uma instituição, nem de um tipo de poder, porém, mais exatamente, da produção de uma verdade e de um saber na sociedade inteira. Em outras palavras, o curso de 1973 elabora o modo como se impôs e se generalizou a reclusão como tática punitiva, e, nisso, nos oferece a possibilidade de uma releitura de *Vigiar e punir* não mais simplesmente em termos de poder, mas em continuidade com o problema da verdade.

Esse curso de 1973 também significa uma ruptura com certas análises anteriores – especialmente as análises que desenvolviam as noções de repressão, exclusão e transgressão – e uma guinada para a exploração das funções produtivas da penalidade. Foucault começa a avançar nessa direção alguns meses antes, em abril de 1972, quando visita a prisão de Attica no estado de Nova York – acesso direto a uma prisão, experiência que ele qualifica de "aterrorizante"[16]. Perturbado e "abalado" por aquela visita, Foucault inicia uma transição analítica para as "funções positivas" do sistema penal: "Agora formulo o problema nos termos contrários", explica. "O problema será então descobrir que papel a sociedade capitalista faz seu sistema penal desempenhar, que objetivo é buscado, que efeitos produzem todos esses procedimentos de castigo e exclusão. Que lugar eles ocupam no processo econômico, que importância têm no exercício e na manutenção do poder; que papel desempenham no conflito de classes."[17] É precisamente essa guinada para as funções positivas da penalidade que vai levar Foucault a uma análise de economia política – não apenas no sentido daquela "'economia política' do corpo"[18] que inspira *Vigiar e punir*, porém, mais tradicionalmente, ao modo de um estudo clássico nesse campo. Em 1973, portanto, Foucault, sob o prisma da guerra civil, casa a economia política clássica com uma genealogia nietzschiana da moral, centrada nos *quakers* e em outros dissidentes ingleses do século XVIII. Estes últimos, que desempenham papel muito mais importante nas aulas de 1973 do que em *Vigiar e punir*, são colocados no âmago do movimento histórico que dá origem à forma-prisão. Assim, Foucault procura compreender – questão fundamental – "Como os homenzinhos [de] preto, que nunca tiravam o chapéu, podem ser considerados ancestrais na genealogia de nossa moral"[19]. Aqueles ancestrais *quakers*, aqueles homenzinhos de preto, darão origem à transformação da pena em ascese, à moralização da crimi-

---

16. M. Foucault, "À propos de la prison d'Attica" (entrevista com J. K. Simon; trad. fr. F. Durand-Bogaert, *Telos*, nº 19, primavera de 1974, pp. 154-61), *DE*, II, nº 137, ed. 1994, p. 526 / "Quarto", vol. I, p. 1394 [trad. bras.: "Sobre a prisão de Attica", *in Ditos e escritos*, vol. IV].
17. *Ibid.*, p. 528 / p. 1396.
18. *Surveiller et Punir*, *op. cit.*, p. 30.
19. Aula de 7 de fevereiro de 1973, *supra*, p. 95, nota a (manuscrito, fol. 3).

nalidade e ao modelo penitenciário de reclusão, que será adotado pela burguesia capitalista para organizar uma sociedade industrial.

A tese é radical e engajada. Ela permite perceber que o curso de 1973 coroa um dos períodos mais ativos da vida militante de Foucault, em especial no campo da penalidade e da prisão – período, também, que Foucault sente como repressivo na França. "[H]oje, por razões que ainda não entendo muito bem", afirma Foucault, "voltamos a uma espécie de reclusão geral, indiferenciada."[20] Alguns meses antes, Foucault manifestara apoio irrestrito aos presos que se revoltavam em numerosas prisões e casas de detenção da França – entre as quais a penitenciária central Ney de Toul em dezembro de 1971, a casa de detenção Charles-III de Nancy em 15 de janeiro de 1972, as prisões de Nîmes, Amiens, Loos, Fleury-Mérogis[21]. Depois da revolta em Toul, Foucault declara, numa entrevista coletiva conjunta do GIP e do Comitê Vérité Toul, em 5 de janeiro de 1972, que "o que ocorreu em Toul foi o início de um novo processo: o primeiro tempo de uma luta política travada contra o sistema penitenciário inteiro pela camada social que é sua primeira vítima"[22]. Duas semanas depois, em 18 de janeiro, Foucault organiza com Deleuze, Sartre e mais umas quarenta pessoas, um protesto no Ministério da Justiça[23]. Multiplicam-se manifestações, coletivas de imprensa, pesquisas – as pesquisas: *"Intolérable"* – e brochuras do GIP, boletins da nova Agence de Presse Liberation/APL, debates no jornal *Le Monde* e em outros órgãos de imprensa[24]. Voltando da visita à prisão de Attica – onde, sete meses antes, uma revolta geral dos detentos terminara com uma invasão militar e a morte de vinte e nove presos e dez carcereiros –, Foucault já aponta a "função de eliminação em massa desempenhada pela prisão americana"[25], ao passo que a expressão "prisão de massa" (*mass incarceration*) só começará a ser usada nos Es-

20. M. Foucault, "Le grand enfermement", *loc. cit.*, pp. 298-9 / pp. 1166-7.
21. Cf. *La Révolte de la prison de Nancy. 15 janvier 1972. Documents et propos de Michel Foucault, Jean-Paul Sartre et de militants du Groupe d'information sur les prisons*, Paris, Le Point du jour, 2013. Foucault manifestava apoio irrestrito aos prisioneiros políticos e de direito comum, sem distinção. Ao se propor a noção de "guerra civil", a própria distinção – entre preso político e de direito comum – deixava de ter sentido. É um elemento importante, ao mesmo tempo teórico e prático, da intervenção de Foucault. Cf. M. Foucault, "Sur la justice populaire. Débat avec les maos" (entrevista com Gilles e Victor, 5 de fevereiro de 1972, *Les Temps modernes*, nº 310 *bis*, pp. 355-66), *DE*, II, nº 108, ed. 1994, pp. 340-69 / "Quarto", vol. I, pp. 1208-37 [trad. bras.: "Sobre a justiça popular. Debate com os maoistas", in *Ditos e escritos*, vol. VI].
22. *La Révolte de la prison de Nancy. 15 janvier 1972, op. cit.*, p. 19 (reprodução da página manuscrita).
23. Cf. D. Defert, "Chronologie", *loc. cit.*, p. 40 / p. 54
24. Cf. D. Defert, "Chronologie", *loc. cit.*, p. 40 / p. 54; *La Révolte de la prison de Nancy. 15 janvier 1972.*
25. M. Foucault, "À propos de la prison d'Attica", *loc. cit.*, p. 530 / p. 1398.

tados Unidos vinte anos depois. A partir de 1973, efetivamente, o número de presos nas penitenciárias americanas explode e não demora a alcançar "mais de um milhão"[26], como prenunciava Foucault. (Hoje está em mais de 2,2 milhões.) Foucault, com clarividência, descreve a nova "concentração radical"[27] que se desenvolve nos Estados Unidos e adota uma posição também bastante radical a respeito: "Só pela ação coletiva, pela organização política e pela rebelião os detentos poderão escapar a esse sistema de adestramento", disse ao deixar Attica. "As prisões americanas, bem mais que as prisões europeias, parecem poder ser um lugar de ação política."[28] Engajados à distância nessa luta, Foucault e o GIP distribuem um panfleto depois da morte – ou melhor, do assassinato, como afirmam – de George Jackson, membro do Black Panther Party, preso em San Quentin na Califórnia, morto por carcereiros durante um movimento de revolta na prisão em 21 de agosto de 1971[29]. Do mesmo modo, na França, Foucault destaca "uma enorme organização carcerária", onde, "*grosso modo*, 300.000 pessoas passam pelas prisões ou para elas retornarão"[30]. Assim, em razão desses fatos, ele declara numa entrevista publicada em março de 1972: "Se me ocupo do GIP é justamente porque prefiro um trabalho efetivo ao falatório acadêmico e à escrevinhação de livros. Escrever hoje uma continuação de minha *Histoire de la folie* [*História da loucura*] [...] é algo em que não vejo interesse. Em compensação, uma ação política concreta a favor dos presos parece-me ter muito sentido."[31]

Esse engajamento é perceptível quando se lê *A sociedade punitiva*. O curso de 1973 é animado pela indignação, quase raiva, contra os que deixam de reconhecer o que está em jogo na luta política:

> Sempre se tem o hábito de falar da "burrice" da burguesia. Pergunto-me se o tema da burrice burguesa não é um tema para intelectuais: estes imaginam que os comerciantes são limitados, os endinheirados são cabeçudos e os que estão no poder são cegos. A salvo dessa crença, aliás, a burguesia é de uma inteligência notável. A lucidez e a inteligência dessa classe, que conquistou e manteve o poder nas condições que conhecemos, produzem realmente efeitos de burrice e cegueira, mas onde, a não ser precisamente na comuni-

---

26. *Ibid.*, p. 529 / p. 1397.
27. *Ibid.*, p. 530 / p. 1398.
28. *Ibid.*, p. 529 / p. 1397.
29. O acontecimento, aliás, é mencionado no manuscrito de *A sociedade punitiva*; cf. aula de 7 de março de 1973, *supra*, p. 169, nota 19. Um ano antes, em 1970, Jean Genet escrevera uma introdução às cartas de prisão de George Jackson, o que ensejara o encontro de Foucault e Genet; cf. G. Jackson, *Soledad Brother: The Prison Letters of George Jackson*, with an Introduction by Jean Genet, Nova York, Coward-McCann, 1970; D. Defert, "Chronologie", *loc. cit.*, p. 39 / p. 52.
30. M. Foucault, "*Le grand enfermement*", *loc. cit.* [*supra*, nota 3], p. 300 / p. 1168.
31. *Ibid.*, p. 301 / p. 1169.

dade dos intelectuais? É possível definir os intelectuais como aqueles sobre os quais a inteligência da burguesia produz efeito de cegueira e burrice.[32]

E acrescenta à margem do manuscrito: "*Aqueles que o negam são cômicos. Não reconhecem a seriedade da luta.*"[33]

Essa indignação alimenta uma militância que se expressa através do curso de 1973 e será reencontrada alguns meses depois em suas conferências do Rio de Janeiro sobre "La vérité et les formes juridiques" ["A verdade e as formas jurídicas"], em que também se reflete a adequação entre teoria e engajamento político em Foucault. No Rio, esse tema da cegueira (dos intelectuais) estará diretamente ligado àquilo que ele chamará de grande mito ocidental da antinomia entre saber e poder e, de maneira mais ampla, à questão da verdade. "Esse grande mito deve ser liquidado", declara Foucault em maio de 1973. "Foi esse mito que Nietzsche começou a demolir, ao mostrar [...] que, por trás de todo saber, por trás de todo conhecimento, o que está em jogo é uma luta de poder. O poder político não está ausente do saber, é tramado com o saber."[34] São palavras fortes – "liquidar", "demolir" – que suscitam inúmeras questões sobre os efeitos de cegueira, sua relação com a verdade e, em especial, o papel importante, mas delicado, do intelectual. Numa entrevista com Deleuze, em 4 de março de 1972, Foucault deixara claro que "o papel do intelectual [...] é [...] lutar contra as formas de poder naquilo em que ele é ao mesmo tempo seu objeto e seu instrumento: na ordem do 'saber', da 'verdade', da 'consciência', do 'discurso'"[35]. Portanto, para desmantelar o grande mito ocidental, para liquidar essa ilusão, nesse curso de 1973 Foucault se propõe analisar em detalhe a produção desse regime da verdade – a forma-prisão, a forma--salário – no âmago da sociedade disciplinar contemporânea.

I. O CONTEXTO INTELECTUAL

"Nem Hobbes, nem Clausewitz, nem luta de classes"[36]: a noção-chave de guerra civil que está no âmago de *A sociedade punitiva* situa-se num

---

32. Aula de 28 de fevereiro de 1973, *supra*, pp. 151-2.
33. *Ibid.*, nota d (Ap. aula nº 9, primeira folha)
34. M. Foucault, "La vérité et les formes juridiques" ("A verdade e as formas jurídicas", Conferências na Pontifícia Universidade Católica do Rio de Janeiro, de 21 a 25 de maio de 1973, *Cadernos da PUC*, nº 16, junho de 1974, pp. 5-133; trad. J. W. Prado Jr.), *DE*, II, nº 139, ed. 1994, p. 570 / "Quarto", vol. I, p. 1438. [Também "A verdade e as formas jurídicas", *in Ditos e escritos*, vol. X.]
35. M. Foucault, "Les intellectuels et le pouvoir" (entretien avec Gilles Deleuze, *L'Arc*, nº 49: *Gilles Deleuze*, 2º. trimestre de 1972, pp. 3-10), *DE*, II, nº 106, ed. 1994, p. 308 / "Quarto", vol. I, p. 1176 [trad. bras.: "Os intelectuais e o poder", *in Ditos e escritos*, vol. IV].
36. D. Defert, "Chronologie", *loc. cit.*, p. 42 / p. 57.

espaço delimitado por esses três pontos de fuga – três dimensões, três debates extremamente tensos após Maio de 68, período no qual "o problema da repressão e dos processos judiciários se tornou cada vez mais agudo"[37].

Primeira dimensão, Hobbes e a conceituação do poder estatal: como compreender a relação entre o Estado – o "*Commonwealth*" de Hobbes – e o sujeito ou, mais precisamente, como pensar o poder político depois de Maio de 68? Essa primeira dimensão conduz Foucault à elaboração de uma nova maneira de conceituar o poder e à identificação de uma nova forma de poder, que terão em vista não só Hobbes, mas implicitamente Althusser. Explicitamente, a intervenção de Foucault dirige-se a Hobbes: é uma crítica da análise hobbesiana da guerra civil que a subsume à noção de guerra de todos contra todos. O esforço teórico consiste em reintegrar a noção de guerra civil no interior do *Commonwealth*. Para Foucault, a guerra civil não é o termo da condição política e não volta a nos mergulhar num estado de natureza; ela simplesmente não é uma ilustração daquela condição original da guerra de todos contra todos. A guerra civil não se opõe ao poder político, mas o constitui e o reconstitui: é "uma matriz em cujo interior os elementos do poder atuam, reativam-se, dissociam-se"[38]. Ela é a condição quase permanente de constituição e reconstituição de coletividades e comunidades. E, por esse motivo, o poder deve ser analisado pelo prisma da guerra civil: "O importante para uma análise da penalidade é ver que o poder não é aquilo que suprime a guerra civil, mas aquilo que a trava e lhe dá continuidade."[39] Assim, como Foucault declara em 10 de janeiro de 1973: "é preciso recusar a imagem [proposta por] Hobbes, que, com o aparecimento do exercício do [poder] soberano, expulsava a guerra do espaço de[ste]"[40].

Mas essa análise do poder visa, implicitamente, Althusser, que em 1970 publicara suas notas de pesquisa intituladas "Idéologie et appareils idéologiques d'État" ["Ideologia e aparelhos ideológicos de Estado"]. A intervenção de Foucault em 1973 pode ser lida como uma réplica bastante aguda à seguinte preocupação de Althusser: a divisão bem althusseriana entre, de um lado, um poder de Estado que se expressa pela violência e pela coerção e, de outro, um poder de Estado que age pela ideologia[41].

37. M. Foucault, "Le grand enfermement", *loc. cit.*, p. 298 / p. 1166.
38. Aula de 10 de janeiro de 1973, *supra*, p. 30.
39. *Ibid.*, p. 31.
40. *Ibid.*
41. Cf. L. Althusser, "Idéologie et appareils idéologiques d'État. (Note pour une recherche)", *La Pensée. Revue du rationalisme moderne*, nº 151, junho de 1970, pp. 3-38, reed. *in Id.*, *Positions*, Paris, Éditions Sociales, 1976, pp. 79-137 [trad. bras.: "Ideologia e aparelhos ideológicos de Estado", *in* L. Althusser, *Posições 2*, Rio de Janeiro, Graal, 1980; também foi publicado como livro – *Ideologia e aparelhos ideológicos de Estado*, Rio de Janeiro, Graal, 1983 –, assim como em várias outras coletâneas].

A tese de que a análise da penalidade ou do carcerário se situaria inteiramente, ou quase, do lado da análise do aparato repressivo do Estado[42] – sem grande necessidade, segundo uma bifurcação que Foucault recusa, de instrumentos de análise dos aparatos ideológicos – servirá a Foucault de contraexemplo teórico recorrente. Não há dúvida de que Althusser demonstra sensibilidade aguda à dimensão subjetiva da ideologia, à importância da sujeição pela interpelação do sujeito através das formas ideológicas – temas estes pelos quais Foucault já se interessava em seus primeiros trabalhos sobre a loucura e a *Antropologia* de Kant, e para os quais ele se voltará de novo em seus últimos cursos. Contudo, as formulações "aparato estatal" e "aparatos ideológicos" não possibilitam realmente pensar a penalidade ou a prisão fora da repressão estatal, ou seja, segundo Althusser, do campo "dos 'maus sujeitos' que em dada ocasião provocam a intervenção deste ou daquele destacamento do aparelho (repressivo) de Estado"[43].

Foucault nunca menciona Althusser em suas aulas, mas nem por isso deixa de dialogar com ele: "não acredito que o poder possa ser descrito de forma adequada como algo localizado em aparatos estatais. Talvez nem seja suficiente dizer que os aparatos estatais estejam em jogo numa luta, interna ou externa. Parece-me mais que o aparato estatal é uma forma concentrada, ou mesmo uma estrutura de apoio, de um sistema de poder que vai muito além e bem mais fundo"[44]. Ao modelo de aparato estatal, Foucault opõe uma concepção mais fluida: ver o exemplo da sequestração com origem ou por iniciativa privada (ou seja, a fábrica-convento de Jujurieux) que não é da alçada direta do Estado, mas remete ao aparato estatal, ou melhor, a "retransmissores-multiplicadores de poder dentro de uma sociedade na qual a estrutura estatal era a condição de funcionamento dessas instituições"[45]. Foucault anota em seu manuscrito – como se falasse diretamente com Althusser: "Não era um aparato estatal, era um aparato preso no nó estatal. Um sistema intraestatal."[46]

42. Cf. *ibid.*, ed. 1970, p. 13: "na teoria marxista, o Aparelho de Estado (AE) compreende: Governo, Administração, Forças Armadas, Polícia, Tribunais, Prisões etc., que constituem o que doravante chamaremos de Aparelho Repressivo de Estado"; *ibid.*, p. 17: "o aparelho de estado, por meio da repressão (desde a força física mais brutal até as simples ordens e proibições administrativas, a censura expressa ou tácita etc.), garante as condições políticas para o exercício dos Aparelhos Ideológicos de Estado".
43. L. Althusser, "Idéologie et appareils idéologiques d'État", ed. 1970, p. 35.
44. Aula de 28 de março de 1973, *supra*, pp. 208-9. Foucault tirará a conclusão disso: "Por causa disso, na prática, nem o controle nem a destruição do aparato estatal podem bastar para causar a transformação ou o desaparecimento de certo tipo de poder, aquele dentro do qual ele funcionou" (*ibid.*).
45. Aula de 21 de março de 1973, *supra*, p. 192.
46. *Ibid.*, nota a (manuscrito, fol. 12).

Juntas, essas oposições a Hobbes e a Althusser produzem uma nova teorização do poder em *A sociedade punitiva*. Não se pode entender o poder como algo localizado no Estado nem possuído por um modo de produção ou subordinado a ele, e certamente não como uma ideologia[47]. O poder deve ser pensado como fator constitutivo: dominando o tempo, o poder cria sujeitos que se curvam à industrialização e ao capitalismo, e, nesse sentido, as relações de poder disciplinar são de fato elementos constitutivos do capitalismo, e não simples instrumentos ou pura coerção. Isso implica, necessariamente, que a questão do poder permeia a sociedade por inteiro – ou, como Foucault explicará no ano seguinte em *Le Pouvoir psychiatrique* [*O poder psiquiátrico*] (1974), "o que implica metodologicamente deixar de lado o problema do Estado, dos aparatos de Estado, e livrar-se da noção psicossociológica de autoridade"[48].

Segunda dimensão: Clausewitz e a guerra como continuação da política por "outros meios"[49]: como compreender a prática e as instituições de guerra em relação com a política trivial, ou, nos termos do curso de 1973: como pensar as instituições de reclusão – efetivamente, instituições de guerra civil – em relação com as outras instituições sociais, de trabalho, de educação, religiosas etc.? A correlação é, evidentemente, necessária: "se for verdade que a guerra externa é prolongamento da política, caberá dizer, reciprocamente, que a política é a continuação da guerra civil"[50]. Mas como analisar essa relação? As instituições de reclusão serão apenas "outros meios", estarão numa relação de continuidade com as outras instituições sociais ou de defasagem? A resposta de Foucault é explicitada nesse curso de 1973: as instituições de reclusão não podem ser estritamente diferenciadas das outras, mas também não são simplesmente "outros meios".

---

47. Cf. aula de 28 de março de 1973, *supra*, pp. 207-12; trecho importante no qual Foucault propõe e rejeita quatro esquemas teóricos de poder.
48. M. Foucault, *Le Pouvoir psychiatrique. Cours au Collège de France, 1973-1974*, org. J. Lagrange, Paris, Gallimard-Seuil (col. "Hautes Études"), 2003, p. 42 n.* [trad. bras.: *O poder psiquiátrico*, São Paulo, Martins Fontes, 2006]. Foucault acabava de declarar: "Sejamos muito anti-institucionalistas. O que me proponho este ano é trazer à tona a microfísica do poder, antes mesmo da análise da instituição." (*Ibid.*, p. 34.) Cf. *Id.*, *La Volonté de savoir*, Paris, Gallimard (col. "Tel"), 1976, p. 117 [trad. bras.: *História da sexualidade 1: A vontade de saber*, 2ª ed., Rio de Janeiro, Paz e Terra, 2015].
49. Essa expressão de Clausewitz estava muito em voga na época entre os militantes maoistas, segundo Daniel Defert, o que poderia contextualizar o interesse de Foucault por essa segunda dimensão.
50. Aula de 10 de janeiro de 1973, *supra*, p. 31. Cf. *Surveiller et Punir*, p. 170; M. Foucault, *"Il faut défendre la société". Cours au Collège de France, 1975-1976*, org. M. Bertani e A. Fontana, Paris, Gallimard-Seuil (col. "Hautes Études"), 1997, [aula] de 7 de janeiro de 1976, p. 16, e [aula] de 21 de janeiro, p. 41 [trad. bras.: *Em defesa da sociedade*, São Paulo, WMF Martins Fontes, 2010].

Foucault dá suas aulas sobre "a sociedade punitiva" num período intelectualmente muito fértil, tanto na França quanto no exterior, em torno do tema preciso da relação entre as instituições de reclusão e as outras instituições e a sociedade em geral. Nos Estados Unidos, o sociólogo e etnógrafo da Escola de Chicago Erving Goffman acabava de forjar a expressão instituições "totais" *(total institutions)* – estruturas sociais caracterizadas por uma "barreira para as interações sociais com o exterior"[51] – e de publicar sua célebre obra, *Asylums*, no mesmo ano da publicação de *Folie et Déraison* [*História da locucura: na Idade Clássica*] (1961). Em alguns pontos, as duas obras se repercutem. O estudo etnográfico de Goffman possibilita desenvolver "uma versão sociológica da estrutura do si"[52], e a atenção aos pacientes em tais instituições totais propicia os meios de descrever formas de "mortificação do si"[53] – temas muito foucaultianos. Goffman também atribui papel importante à disciplina nesses estabelecimentos – chega até a afirmar que os empregos de tempo são *"tightly scheduled"* [rigorosamente programados][54] e descreve com detalhes o papel da *"vigilância"* nessas instituições, onde "a infração individual será realçada pela conformidade visível e constantemente sob exame dos outros"[55]. Goffman também descreve e estuda com atenção o controle do tempo: o modo como o tempo é aproveitado para "desculturar" o detento e garantir sua "morte civil" em relação ao mundo exterior[56]. "O tempo", escreve Goffman, "é algo que os detentos, aqueles que 'fazem o tempo' *[are doing time]*, puseram entre parênteses para observá-lo constante e conscientemente de uma maneira que não se encontra fora da prisão."[57] Ademais, a análise feita por Foucault da relação de forças dentro das instituições, entre detentos e vigilantes, apresenta paralelos com os processos que Goffman descreve entre "reclusos e carcereiros"[58].

51. E. Goffman, *Asylums: Essays on the Social Situation of Mental Pacients and Other Inmates*, Nova York, Doubleday ("Anchor Books"), 1961, p. 4 / *Asiles. Etudes sur la condition sociale des malades mentaux et autres reclus*, trad. fr. Liliane e Claude Lainé, Paris, Minuit (col. "Le Sens commun"), 1968, *v.* p. 46 [trad. bras.: *Manicômios, prisões e conventos*, 9ª ed., São Paulo, Perspectiva, 2015].
Para uma leitura cruzada de Foucault e Goffman, cf. I. Hacking, "Between Michel Foucault and Erving Goffman: Between Discourse in the Abstract and Face-to-Face Interaction", *Economy and Society*, vol. 33 (3), ago. 2004, pp. 277-302.
52. E. Goffman, *Asylums*, *op. cit.*, pp. xiii e 319.
53. *Ibid.*, pp. 23, 46, 48.
54. *Ibid.*, pp. 6 e 290.
55. *Ibid.*, p. 7.
56. *Ibid.*, pp. 13-14, 38-39, 46-48.
57. *Ibid.*, p. 68: "*This time is something its doers have bracketted off for constant conscious consideration in a way not quite found on the outside.*"
58. Assim, essa análise de Foucault poderia ser aplicada à instituição total goffmaniana: "passou a reinar uma espécie de poder concentrado, quase autônomo, com uma força nova, no

Mas, embora haja numerosos paralelos, suas análises da relação entre as instituições, totais e outras, são radicalmente diferentes. Para Goffman, a prisão, o asilo e as escolas fechadas distinguem-se nitidamente das outras instituições sociais; diferenciam-se do restante da sociedade. Do mesmo modo, o historiador da medicina David Rothman, que publica sua obra, *The Discovery of the Asylum*[59], em 1971, apresenta sob o mesmo aspecto penitenciárias, asilos, orfanatos, sanatórios, albergues para os pobres, enfim as instituições fechadas. Elas nascem de um movimento comum, mas sua especificidade é estritamente intrínseca. São fruto comum do desejo profundo de restaurar uma ordem numa época – o início do século XIX, sob a presidência de Andrew Jackson – que se acreditava à beira da ruptura da ordem social, dos laços familiares, das relações comunitárias e religiosas[60], mas são distintas da sociedade circundante. Para Foucault, em contrapartida, o que importa são os traços comuns ao conjunto das instituições sociais, o que se deve estudar são as características comuns – organização do tempo, domínio do corpo, relação entre a forma-prisão e a forma-salário do trabalho[61] –, e não o fato de haver ou não "portas trancadas, muros altos, arame farpado, escarpas, água, florestas ou pântanos"[62]. A forma comum sobrepuja a diferença. Portanto, é preciso pensar a reclusão *com*, e não contra, essas outras instituições sociais e econômicas.

"[D]urante toda a vida, as pessoas mantinham uma multiplicidade de elos com uma multiplicidade de instituições"[63], observa Foucault. É precisamente essa multiplicidade de instituições que possibilita esclarecer, da maneira mais profunda, a própria finalidade do curso. Para Foucault o poder disciplinar emergente não é um traço comum apenas às instituições "totais". A instituição total que é a prisão não se distingue da esfera social. Ela não representa tampouco "outro meio" no sentido clausewitziano.

espaço e na zona de influência dessas instituições: o poder do patrão na indústria, o poder do contramestre na fábrica" (aula de 21 de março de 1973, *supra*, p. 189). Também se percebe esse paralelismo na definição que Foucault dá da sequestração; cf. *ibid.*, *supra*, p. 198: "Estar sob sequestro é estar preso numa discursividade ininterrupta no tempo, proferida a partir de fora por uma autoridade e necessariamente feita em função daquilo que é normal e daquilo que é anormal."

59. D. Rothman, *The Discovery of the Asylum: Social Order and Disorder in the New Republic*, Boston, Mass., Little Brown, 1971.

60. Cf. M. Foucault, "La vérité et les formes juridiques", *loc. cit.*, pp. 611-2 / pp. 1479-80 (referência ao "historiador americano" que "procurou analisar o modo como apareceram, nos Estados Unidos, aqueles prédios e aquelas instituições que se espalharam por toda a sociedade ocidental"). Trata-se do historiador David Rothman, que analisa exatamente essa questão em seu livro, *The Discovery of the Asylum* (*op. cit.*).

61. Cf. "Resumo do curso", *supra*, pp. 238-9.

62. E. Goffman, *Asylums*, pp. 4 e 220.

63. Cf. aula de 21 de março de 1973, *supra*, p. 188.

A prisão e o salário têm "a mesma forma"⁶⁴, formas "historicamente gêmeas"⁶⁵, compartilham o domínio do tempo da vida e sua transformação em força de trabalho: "A forma-prisão da penalidade corresponde à forma-salário do trabalho."⁶⁶ Quase se poderia dizer que, para Foucault, a sociedade é integralmente uma instituição "totalizante" goffmaniana – ou, nas palavras de Foucault: "A sociedade inteira porta o elemento penitenciário, do qual a prisão é apenas uma formulação."⁶⁷

Nisso, o curso de 1973 oferece uma hermenêutica essencial para compreender o livro que se seguirá, *Vigiar e punir*. Mais claramente talvez que essa obra – lida com tanta frequência como uma simples genealogia da prisão, de acordo com seu subtítulo –, *A sociedade punitiva*, de acordo com seu título, representa uma intervenção mais ampla, anunciadora de uma nova forma de poder. O panoptismo de Julius e de Bentham infiltra-se em todas as engrenagens sociais e não se reduz a uma inovação arquitetônica, assim como não está exclusivamente ligado à prisão, ao hospital ou até mesmo à fábrica ou ao convento. O foco é ampliado, e o objeto de análise situa-se agora no nível da captação e da sequestração do tempo, da sujeição do tempo da vida inteira aos ciclos da produção industrial e capitalista, do controle permanente direto e indireto de cada instante da existência, de um "sistema punitivo cotidiano, complexo, profundo, que moraliza o judiciário"⁶⁸, da constituição de uma imagem da sociedade e de uma norma social, em suma da fabricação do social⁶⁹. É realmente a *sociedade* disciplinar que Foucault analisa em seu curso de 1973, e não simplesmente a reclusão penitenciária, nem o nascimento da prisão.

E nisso o curso de Foucault está muito mais próximo dos trabalhos de Castel e de Deleuze e Guattari do que de Goffman ou Rothman. No mesmo ano de 1973 Castel publica *Le Psychanalysme. L'ordre psychanalytique et le pouvoir* [*O psicanalismo*] e trabalha os temas de *L'Ordre psychiatrique. L'âge d'or de l'aliénisme* [*Ordem psiquiátrica: a idade de ouro do alienismo*], que será publicado três anos depois⁷⁰, enquanto Gilles Deleuze e Félix Guattari acabam de publicar, em 1972, *Anti-Oedipe. Capitalisme*

---

64. Aula de 31 de janeiro de 1973, *supra*, p. 78.
65. Aula de 24 de janeiro de 1973, *supra*, p. 65.
66. "Resumo do curso", *supra*, p. 238.
67. Aula de 7 de fevereiro de 1973, *supra*, p. 94.
68. Aula de 14 de março de 1973, *supra*, p. 180.
69. Cf. aula de 21 de março de 1973, *supra*, p. 197.
70. R. Castel, *Le Psychanalysme. L'ordre psychanalytique et le pouvoir*, Paris, Maspero, 1973 [trad. bras.: *O psicanalismo*, Rio de Janeiro, Graal, 1978]; *Id.*, *L'Ordre psychiatrique. L'âge d'or de l'aliénisme*, Paris, Minuit, 1976 [trad. bras.: *Ordem psiquiátrica: a idade de ouro do alienismo*, Rio de Janeiro, Graal, 1991].

et schizophrénie [*O anti-Édipo: capitalismo e esquizofrenia*][71]. O próprio Foucault reconhecerá a influência desses dois eixos de pesquisa sobre seu pensamento[72]. O projeto de Castel, em particular, parece inserir-se numa dinâmica comum aos procedimentos de Foucault: sensibilidade bem próxima, atenção dada aos novos saberes, às novas estruturas institucionais e aos novos agentes, o mesmo interesse pela lei de 1838 sobre os alienados e um projeto comum de analisar "uma nova estrutura de dominação" no século XIX e "uma utopia digamos capilar"[73] na medicina mental atual.

Terceira dimensão, Marx e a luta de classes: como ligar, ou distinguir, guerra civil e conflito de classes, ou, mais precisamente no contexto deste curso, como repensar a repressão penal da sedição e dos movimentos populares em ligação com o nascimento não só das instituições de reclusão, mas também de um poder punitivo generalizado? Sobre essa questão, as aulas de 1973 podem ser lidas em diálogo silencioso com os historiadores marxistas ingleses, em especial com a famosa obra de Edward P. Thompson, *The Making of the English Working Class* [*A formação da classe operária inglesa*] (1963)[74]. O tema do "*making*", evidentemente, ecoa o método genealógico. E os principais personagens – John Wesley, os metodistas e os *quakers*, a Society for the Suppression of Vice and Encouragement of Religion, John Howard e Jonas Hanway, Patrick Colquhoun e Edmund Burke, William Wilberforce, o movimento luddita e os *Gordon Riots* etc. – encontram-se em ambos os lados da troca de ideias. Mais ainda, a noção central de "ilegalismos populares", desenvolvida aqui por Foucault, pode ser lida ao mesmo tempo como crítica e resposta a Thompson e aos historiadores marxistas ingleses.

A intervenção de Thompson – que se apoia nos trabalhos de George Rudé e de outros historiadores que já haviam repensado e ampliado a noção de "plebe" *(mob)* – consiste parcialmente em enriquecer a noção de "rebelião" *(riot)*. Segundo Thompson, já não se deve pensar a rebelião

---

71. G. Deleuze e F. Guattari, *Anti-Oedipe. Capitalisme et schizophrénie*, Paris, Minuit, 1972 [trad. bras.: *O anti-Édipo: capitalismo e esquizofrenia*, 2ª ed., São Paulo, Ed. 34, 2011].

72. Cf. *Surveiller et Punir*, p. 29 n. 1: "De qualquer modo, eu não posso dimensionar com referências ou citações o que este livro deve a G. Deleuze e ao trabalho que ele faz com F. Guattari. Também deveria citar em muitas páginas o *Psychanalysme* de R. Castel e dizer quanto devo a P. Nora."

73. R. Castel, *L'Ordre psychiatrique, op. cit.*, p. 11.

74. Talvez também seja possível discernir um início de diálogo com Thompson, no ano anterior, em "Théories et Institutions pénales"; mas, em 1972, Foucault estava muito mais interessado nos trabalhos do historiador soviético Boris Porchnev, que extraía suas fontes dos arquivos do acervo Séguier de Leningrado e que, num estudo aprofundado, publicado em russo em 1948, interpreta as revoltas populares do século XVII na França pelo prisma da luta de classes. Cf. B. Porchnev, *Les Soulèvements populaires en France de 1623 à 1648*, Paris, SEVPEN, 1963, reed. Paris, Flammarion, 1972.

como um movimento espontâneo, espasmódico, intermitente ou irregular, mas como algo que tem uma coerência, uma lógica, e está em relação de continuidade com outras instâncias de resistência[75]. De fato, a rebelião, para Thompson, não reflete uma reação irracional ou temporária que responda a um estímulo único (fome, carestia etc.); ao contrário, expressa uma ética social ou, mais exatamente, no século XVIII, uma oposição concertada, política e moral à emergência do *laissez-faire*. Segundo ele, isso explicaria, por exemplo, o movimento luddita: "Deve-se compreender que o aparecimento do luddismo situa-se no ponto crítico da revogação da legislação paternalista e da imposição da política econômica do *laissez-faire* aos trabalhadores, contra a vontade e a consciência deles."[76] Ao mesmo tempo, a repressão dos atos sediciosos daria ensejo a todo um sangrento sistema penal e repressivo. O sistema penitenciário seria, portanto, produto da repressão; e o desenvolvimento econômico da segunda metade do século XVIII se teria desenrolado "à sombra" desse sistema repressivo – não como efeito produtivo da repressão, nem por meio de uma forma de poder comum: "A expansão comercial, o movimento de cercamento, os primeiros anos da revolução industrial desenrolaram-se à sombra dos patíbulos", conforme diz Thompson[77].

Foucault se aproximara da tese de Thompson[78], mas em fevereiro de 1973 distancia-se dela – e seria possível ouvi-lo aqui em diálogo direto

---

75. Cf. E. P. Thompson, *The Making of the English Working Class*, Londres, Victor Gollancz, 1963, pp. 59-71 [trad. bras: *A formação da classe operária inglesa*, Rio de Janeiro, Paz e Terra, 2010, 3 vols.]; *Id.*, "The Moral Economy of the English Crowd in the Eighteenth Century", *Past and Present*, nº 50, fev. 1971, pp. 76-9, *v.* pp. 78-79: "A revolta frumentária *(food riot)* no século XVIII na Inglaterra era uma forma muito complexa de ação popular direta, disciplinada, movida por objetivos claros [...] Baseava-se numa sólida concepção tradicional das normas e obrigações sociais, das funções econômicas próprias aos diversos componentes da comunidade que, tomadas em conjunto, promoveram o que se poderia definir como economia moral dos pobres"; cf. também G. Rudé, *The Crowd in History: A Study of Popular Disturbances in France and England, 1730-1848*, Nova York, Wiley, 1964 [trad. bras.: *A multidão na história: estudo dos movimentos populares na França e na Inglaterra, 1730-1848*, Rio de Janeiro, Campus, 1991].

76. E. P. Thompson, *The Making of the English Working Class*, op. cit., p. 543 / *La Formation de la classe ouvrière anglaise*, trad. fr. Gilles Dauvé, Mireille Golaszewski e Marie-Noëlle Thibault, apresentação de Miguel Abensour, Gallimard-Seuil (col. "Hautes Études"), 1988, p. 491.

77. *Id.*, *The Making of the English Working Class*, p. 61 / *La Formation de la classe ouvrière anglaise*, trad. citada, p. 58. A questão da severidade das penas e do uso da pena de morte na Inglaterra no século XVIII dará ensejo a consideráveis debates entre historiadores. Cf. D. Hay, "Property, Authority and the Criminal Law", *in* Douglas Hay, Peter Linebaugh e E. P. Thompson, *Albion's Fatal Tree: Crime and Society in Eighteenth Century England*, Nova York, Doubleday/Pantheon Books, 1975; J. H. Langbein, "Albion's Fatal Flaws", *Past and Present*, nº 98 (1), 1983, pp. 96-120, reed. *in* David Sugarman (org.), *Law in History: Histories of Law and Society*, Nova York, New York University Press, 1996, vol. 1.

78. Aula de 10 de janeiro de 1973, *supra*, p. 29: "Um movimento de revolta, portanto, não consiste tanto em destruir os elementos do poder quanto em apoderar-se deles e colocá-los em funcionamento."

com Thompson, precisamente sobre a relação entre a resistência popular e a repressão. Diante da pergunta "Por que o próprio Estado se tornou a grande 'penitenciária'?", Foucault observa: "acreditei durante certo tempo que [o problema] poderia ser resolvido com duas palavras"[79] – "duas palavras" provavelmente muito próximas da repressão da "plebe sediciosa" segundo Thompson[80]. "Ora", diz Foucault, "não tenho certeza de estar certo ao empregar o termo 'plebe sediciosa'. Com efeito, parece-me que o mecanismo que trouxe a formação desse sistema punitivo é, em certo sentido, mais profundo e mais amplo do que o mecanismo de simples controle da plebe sediciosa."[81] Para Foucault, portanto, a sociedade punitiva não teria como fonte o medo e a reação repressiva aos movimentos populares do século XVIII. A dinâmica não se reduziria ao tríptico mudança de economia política-economia moral de resistência-repressão pela classe dominante. Foucault preferirá desenvolver sua tese sobre o *"ilegalismo popular"* – fenômeno que ele qualificará como "mais profundo e mais constante", de que "a sedição é apenas um caso particular"[82]. Tema-chave do curso de 1973, a teoria dos ilegalismos[83], na perspectiva de Foucault em 1973, constitui a base de uma economia política que se tornará central em sua abordagem do sistema penal e será desenvolvida durante os meses seguintes e depois em *Vigiar e punir*.

Em razão desse diálogo silencioso com Thompson, assim como com Althusser, o curso de 1973 tem reflexos mais marxizantes que os outros escritos de Foucault, ao mesmo tempo que formula claras linhas de distinção – talvez até as mais claras por ele escritas – em relação a Marx. Foucault desenvolve uma economia política, um histórico do capitalismo, com base numa luta que às vezes se assemelha a uma luta de classes – o que torna esse texto tão marxizante –, mas que é *in fine* uma luta muito diferente: uma guerra civil generalizada contra o "criminoso-inimigo social", produzindo um poder disciplinar que permeia toda a sociedade e transforma o tempo da vida em força produtiva. O curso de 1973 deve ser lido como um desafio aos grandes textos sobre a história do capitalismo. Aos que acreditam que a moral não é indispensável ao capitalismo, Foucault parece dizer: não havia nada de natural na mais-valia nem no "tra-

---

79. Aula de 21 de fevereiro de 1973, *supra*, p. 130.
80. Foucault explica essas "duas palavras" do seguinte modo: "ao crescimento do capitalismo corresponderia toda uma série de movimentos de sedição popular aos quais o poder da burguesia teria respondido com um novo sistema judiciário e penitenciário" (*ibid.*).
81. *Ibid.*
82. *Ibid.* Cf. F. Gros, "Foucault et 'la société punitive'", *Pouvoirs*, nº 136, 2010/4, pp. 5-14, *v.* pp. 10-1.
83. Cf. *infra*, pp. 261-3.

balho necessário"; foi necessária uma infinidade de batalhas morais com alvo nas classes populares, uma infinidade de batalhas éticas em todos os níveis, para que a burguesia se tornasse senhora dos ilegalismos. Nisso, o curso de 1973 articula uma relação com Marx melhor que qualquer comentário e propõe uma análise das relações entre moral e economia que põe em causa *A ética protestante e o espírito do capitalismo* de Max Weber.

II. ESTRUTURA DA ARGUMENTAÇÃO

O curso situa-se, portanto, no ponto de encontro de três dimensões – Hobbes/Althusser, Clausewitz/Goffman e Marx/Thompson –, e a argumentação articula-se então em torno de cinco teses principais: uma guinada para a análise do lado produtivo da repressão; o desenvolvimento de uma economia política e da teoria dos ilegalismos; a diferenciação em relação ao marxismo e à análise das ideologias; uma genealogia da moral penitente; o que leva, por fim, ao par "vigiar-punir".

A. Do repressivo ao produtivo

O curso do ano anterior, "Teorias e Instituições penais", estava inteiramente centrado, com clarividência, na repressão e na coerção, detalhando os diferentes aspectos repressivos da justiça penal na Idade Média e no século XVII. O objetivo era estudar a formação do Estado medieval não simplesmente em relação com a dimensão fiscal do exercício da justiça ou em relação com o exército, mas identificando os primórdios de uma função puramente repressiva[84]. Clarividência, porque essa noção do *repressivo* era uma das pedras angulares necessárias à construção do projeto foucaultiano sobre a penalidade. Em 1972, o penal era tratado acima de tudo como uma das novas modalidades instauradas contra a sedição no século XVII, uma reação à "plebe sediciosa": "todas as grandes fases de evolução do sistema penal, do sistema repressivo, são modos de responder a formas de luta popular"[85], afirmara Foucault em suas aulas de 1972. É precisamente o que motiva a tese central do curso anterior: "O par sistema penal-delinquência é um efeito do par sistema repressivo-[sistema] sedicioso. Efeito no sentido de produto, condição de manutenção, deslo-

---

84. Cf. aula de 3 de janeiro de 1973, *supra*, p. 18, nota 13; cf. também aula de 14 de fevereiro de 1973, *supra*, p. 114.
85. M. Foucault, "Théories et Institutions pénales. Cours au Collège de France, 1971-1972", sétima aula, ms. fol. 2 [p. 68]; cf. *Id*., "Sur la justice populaire. Débat avec les maos", *loc. cit.* [*supra*, nota 21], p. 351 / p. 1219.

camento e ocultação."⁸⁶ Em compensação, em 1973, já na primeira aula, Foucault orienta-se para o aspecto *produtivo* do penal. Aborda logo de saída o funcionamento positivo das transgressões: "[N]ão é possível entender o funcionamento de um sistema penal, de um sistema de leis e interditos, se não nos interrogarmos sobre o funcionamento positivo dos ilegalismos."⁸⁷

Isso representa duplo distanciamento em relação à sociologia tradicional, que Foucault chama de "sociologia de tipo durkheimiano"⁸⁸. Primeiro distanciamento: enquanto a sociologia tradicional procurava saber como a sociedade podia criar coesão moral – indagação à qual Durkheim responde, em parte, com a condenação do infrator –, Foucault se dedicou inicialmente a explorar as *diferentes formas de exclusão*. Donde: "Teorias e instituições penais" e a análise dos diferentes modos de repressão – aos *nu-pieds*, ao movimento luddita etc. Mas em 1973 o segundo afastamento é mais radical: não focalizar a repressão ou a exclusão. "A prisão é uma organização complexa demais para ser reduzida a funções puramente negativas de exclusão."⁸⁹ A investigação se reorienta e se volta para os efeitos positivos de um sistema penal específico, ou seja, não para o funcionamento da sociedade em termos gerais, ou para a coesão moral em estado bruto, mas para a sociedade capitalista moderna e, mais profundamente, para "o exercício e a manutenção do poder"⁹⁰ em tal sociedade. Em outros termos, trata-se de explorar os efeitos de poder de diferentes sistemas penais, de maneira que não se perceba simplesmente um abrandamento punitivo ou uma individualização das penas independentemente das relações de poder, mas que se distingam bem os processos constitutivos de relações de poder específicas a dado período e a dada forma de organização econômica. Tema que será retomado em 1975⁹¹. Essa virada, que já havia sido iniciada depois de sua visita à prisão de Attica em 1972⁹², ensejará uma das principais asserções de *Vigiar e punir*: "É preciso parar de descrever os efeitos de poder sempre em termos negativos: ele 'exclui', 'reprime', 'recalca', 'censura', 'subtrai', 'mascara', 'esconde'. Na verdade, o poder produz; produz realidade; produz campos de objetos e rituais de verdade. O indivíduo e o conhecimento que podem ser adquiridos sobre ele fazem parte dessa produção."⁹³

---

86. M. Foucault, "Théories et Institutions pénales", ms. citado, fol. 3 [p. 68].
87. Aula de 21 de fevereiro de 1973, *supra*, p. 134.
88. M. Foucault, "À propos de la prison d'Attica", *loc. cit.* [*supra*, nota 16], p. 527 / p. 1395.
89. *Ibid.*
90. *Ibid.*
91. Cf. *Surveiller et Punir*, p. 28
92. Cf. M. Foucault, "À propos de la prison d'Attica", *loc. cit.*, p. 528 / p. 1396.
93. *Surveiller et Punir*, p. 196. O que ensejará, dois anos depois de *A sociedade punitiva*, o seguinte imperativo metodológico: "Não centrar o estudo dos mecanismos punitivos apenas

B. Uma economia política dos ilegalismos

Uma virada, portanto, em direção à questão da produtividade da penalidade. Mas produtividade de quê? Em 1973 o que Foucault elabora é uma economia política do capitalismo no início do século XIX, com base numa luta social generalizada, em que está em primeiro plano a disciplinarização da força de trabalho. A análise, como vimos, resulta em parte do diálogo com E. P. Thompson e sua obra, *The Making of the English Working Class* – em que a réplica de Foucault tem em vista superar a descrição do sistema penal como repressão da "plebe sediciosa" –, mas também de sua apreciação, no ano anterior, das teses marxistas do historiador soviético Boris Porchnev, em sua obra sobre as revoltas populares na França do século XVII[94]. No ponto focal da reflexão de Foucault situa-se uma teoria dos *ilegalismos*: a ideia seria situar a reclusão no movimento econômico mais amplo da produção de uma força de trabalho, um movimento pelo qual a burguesia dominaria o comportamento dos trabalhadores, gerindo os ilegalismos populares. A noção de ilegalismo, portanto, é a ideia de que a lei não se destina a ser estritamente aplicada, mas a gerir as margens de legalidade, sendo um instrumento de gestão.

Em *A sociedade punitiva* Foucault elabora uma teoria dos ilegalismos em três tempos. Em primeiro lugar, desenvolve a tese de que os ilegalismos são generalizados. Por toda a sociedade, as diferentes camadas sociais praticam jogos estratégicos em relação à lei, às normas, à ordem, aos desvios e à desordem. "[E]m todo regime, os diferentes grupos sociais, as diferentes classes, as diferentes castas têm seu ilegalismo."[95] No século XVIII, por exemplo, Foucault identifica não só os ilegalismos populares, mas também os ilegalismos dos comerciantes e dos homens de negócios, assim como "o ilegalismo dos privilegiados que escapavam à lei por estatuto, tolerância ou exceção"[96], e até mesmo os ilegalismos do poder – de intendentes, tenentes da polícia etc. Esses ilegalismos das diferentes camadas sociais estão imbricados e frequentemente em conflito, sendo muitas vezes úteis uns aos outros. Funcionam juntos. Seria possível dizer que estão em relação simbiótica. A burguesia do século XVIII, por

em seus efeitos 'repressivos', apenas no lado da 'punição', mas situá-los em toda a série de efeitos positivos que podem induzir, ainda que secundários à primeira vista." (*Ibid.*, p. 28.)
94. Cf. *supra*, nota 74.
95. M. Foucault, "À propos de l'enfermement pénitentiaire" (entrevista com A. Krywin e F. Ringelheirn, *Pro justitia. Revue politique de droit*, t. I, nº 3-4: *La Prison*, out. 1973, pp. 5-14), *DE*, II, nº 127, ed. 1994, p. 435 / "Quarto", vol. I, p. 1303 [trad. bras.: "Sobre o internamento penitenciário", in *Ditos e escritos*, vol. IV].
96. Aula de 21 de fevereiro de 1973, *supra*, p. 132.

exemplo, tolerava os ilegalismos populares, pois também tinha práticas ilegalistas, e a relação entre todos aqueles ilegalismos era necessária ao bom funcionamento do sistema econômico e do capitalismo nascente: "Parece-me que até o fim do século XVIII", diz ele em fevereiro de 1973, "certo ilegalismo popular era não só *compatível* com o desenvolvimento da economia burguesa, como também *útil* a ele; [mas] chegou um momento em que esse ilegalismo, que funcionava engrenado no desenvolvimento da economia, tornou-se incompatível com ele."[97]

Em segundo lugar, Foucault identifica uma ruptura. Enquanto os ilegalismos das diferentes classes estavam imbricados durante o Antigo Regime, com a aproximação do século XIX os ilegalismos populares passaram a ser percebidos como ameaça, como perigo, por comerciantes, aristocratas e burgueses, não só na França, mas também na Inglaterra, na Rússia etc. A nova acumulação e transformação das riquezas, as novas formas de propriedade mais materiais e móveis, a comercialização dos bens, a abundância de mercadorias – em suma, a riqueza dos bens móveis, muito mais que a propriedade fundiária, estava exposta aos trabalhadores, que ficavam em contato direto com aquela nova fortuna comercial. Essa acumulação e essa disponibilidade tornaram os ilegalismos populares inúteis e até mesmo perigosos para os interesses da burguesia. Foucault desenvolve claramente o contexto dessa transformação histórica em suas aulas de 21 e 28 de fevereiro de 1973, bem como numa entrevista dada alguns meses depois a propósito da reclusão penitenciária[98]. Nesse curso ele esclarece: "[A] partir de certo momento, esse ilegalismo deixou de ser tolerável para a classe que acabava de tomar o poder, porque a riqueza, em sua materialidade, estava espacializada segundo novas formas e corria o risco de ser atacada de frente por um ilegalismo popular que já não se chocava com o sistema das leis e dos regulamentos do poder, mas com os bens dela em sua própria materialidade."[99]

Em terceiro lugar, Foucault demonstra uma virada em direção ao penal[100]. No fim do século XVIII, a burguesia apoderou-se do sistema judiciário para pôr termo àqueles ilegalismos populares, ou seja, não apenas à "depredação" da propriedade material, mas também à "dissipação" do tempo e da força dos trabalhadores – do capital humano –, dissipação que assumirá "a forma de faltas, atrasos, preguiça, festas, devassidão, noma-

---

97. *Ibid.*, p. 144.
98. Citado *supra*, nota 95. Cf. aula de 21 de fevereiro de 1973, *supra*, pp. 130 e 140, nota 2.
99. Aula de 28 de fevereiro de 1973, *supra*, p. 143.
100. Cf. aula de 21 de fevereiro de 1973, *supra*, p. 130; cf. também: M. Foucault, "Le grand enfermement", *loc. cit.*, pp. 297 / p. 1165; *Id.*, "Sur la justice populaire. Débat avec les maos", *loc. cit.*, p. 357 / p. 1225.

dismo"[101]. A tolerância aos ilegalismos populares "tornou-se literalmente impossível: foi preciso pôr sob vigilância generalizada todas as camadas populares"[102]. A burguesia apoderou-se do aparato administrativo e policial do fim do século XVIII e o transformou "em aparato judiciário encarregado precisamente de livrá-la do ilegalismo popular. Esse aparato, que estava misturado ao sistema geral de ilegalismos, foi açambarcado pela burguesia, quando esta tomou o poder, e encarregado por ela de aplicar sua legalidade"[103]. Portanto, foi a acumulação de riquezas materiais que motivou um movimento em direção à vigilância, ao controle permanente, ao exame. O resultado foi o "penitenciário"[104], noção que, como bem explica Frédéric Gros, representa "a ideia de uma reclusão que não pune tanto a infração a uma lei quanto a irregularidade de comportamento"[105]. Foucault diz: "Assim, esse elemento penitenciário, que, segundo acredito, funcionava na rede do não legal, será assumido e integrado no sistema da justiça, quando, precisamente, a burguesia já não puder tolerar o ilegalismo popular."[106] Em correlação com um movimento de moralização dos trabalhadores (voltaremos a isso em breve), o penitenciário torna-se "um instrumento político do controle e da manutenção das relações de produção"[107]. Portanto, foi a necessidade de a burguesia dominar os ilegalismos populares que motivou a instauração do novo sistema punitivo.

C. Para além de Marx e do marxismo

"Foi nessa relação de classe entre a burguesia e o proletariado que começou a funcionar o sistema penitenciário condensado e remodelado"[108]: o curso de 1973 é lido como um texto marcado por forte tonalidade marxizante. No entanto, não se trata em absoluto de um texto marxista. Em primeiro lugar, como acabamos de ver, Foucault desloca a noção de "plebe sediciosa" para a de "ilegalismo popular", noção que ele qualifica como "mais operacional"[109]. Em segundo, como vimos, Foucault substitui

---

101. Aula de 14 de março de 1973, *supra*, p. 173.
102. M. Foucault, "À propos de l'enfermement pénitentiaire", *loc. cit.*, p. 436/ p. 1304; cf. também *Surveiller et Punir*, pp. 84-91 e 277-82.
103. Aula de 21 de fevereiro de 1973, *supra*, p. 135.
104. Cf. aula de 7 de fevereiro de 1973, *supra*, pp. 93 ss., em especial p. 94, nota a e aula de 21 de fevereiro, *supra*, p. 129 e nota a.
105. F. Gros, "Foucault et 'la société punitive'", art. citado [*supra*, nota 82], p. 9.
106. Aula de 21 de fevereiro de 1973, *supra*, p. 135.
107. *Ibid.*, p. 138.
108. *Ibid.*
109. Aula de 28 de fevereiro de 1973, *supra*, p. 143.

a noção de luta de classes pela de guerra civil. Sem dúvida, ele às vezes volta a um uso rotineiro da expressão "luta de classes"; por exemplo, durante a entrevista dada depois de sua visita à prisão de Attica em 1972[110] e em seu debate com Noam Chomsky no mesmo ano[111]. Mas, em 1973, o esforço explícito visa a superar essa noção. A partir daí, o próprio Foucault se corrige; assim, no manuscrito da aula de 21 de março de 1973, escreve e depois risca a expressão "luta de classes" e a substitui por "relação de classes"[112]. A guerra civil, para Foucault, não se reduz à opressão por uma classe dominante, e isso ele explica claramente: "Evidentemente, nessa espécie de guerra geral através da qual se exerce o poder, há uma classe social que ocupa um lugar privilegiado e, por isso, pode impor sua estratégia, conseguir diversas vitórias, acumulá-las e obter para seu proveito um efeito de superpoder, mas esse efeito não é da ordem da superposse. O poder não é monolítico. Nunca é inteiramente controlado de certo ponto de vista por certo número de pessoas. A cada instante, ele se desenrola em pequenas disputas singulares, com inversões locais, derrotas e vitórias regionais, desforras provisórias."[113] O modelo da guerra civil deve substituir o modelo baseado na existência de uma classe dominante.

Mas, para além dessas duas intervenções, o curso de 1973 opera outros deslocamentos importantes em relação a Marx e à corrente althusseriana que domina a interpretação de Marx na França naquela época.

Primeiro deslocamento: com a guerra civil em primeiro plano, será preciso "estudar o efeito *teórico-político* desse princípio do criminoso como inimigo social"[114]. Nisso Foucault se opõe expressamente a Althusser, retomando – de modo preciso, estratégico e silencioso – um dos textos fundamentais que este expôs doutamente, a partir de outubro de 1948, como professor repetidor, aos alunos da École normale supérieure – entre os quais Foucault, que ali ingressou em julho de 1946: textos do jovem Marx a propósito dos "Debates sobre a lei relativa ao roubo de madeira", publicados na *Gazeta renana* em outubro e novembro de 1842[115].

110. Cf. M. Foucault, "À propos de la prison d"Attica", *loc. cit.*, p. 528 / p. 1396: "que papel eles [os procedimentos de castigo] desempenham no conflito de classes".
111. Cf. o debate Chomsky-Foucault, "Justice contre pouvoir" [Justiça contra poder], gravado em novembro de 2011 na Escola Superior de Tecnologia de Eindhoven (Holanda); trechos publicados em *Le Monde diplomatique*, agosto de 2007. Disponível em: <www.monde--diplomatique.fr/2007/08/A/15053>.
112. Aula de 21 de março de 1973, *supra*, p. 198, nota a.
113. Aula de 28 de março de 1973, *supra*, pp. 207-8.
114. Aula de 24 de janeiro de 1973, p. 61 (grifo meu; B. E. H.)
115. Karl Marx, *Oeuvres complètes I: Oeuvres philosophiques*, trad. fr. Jacques Molitor, Paris, Alfred Costes, t. V, 1948 [1937]. Para uma discussão desse texto, cf. *supra*, p. 69, nota 5 (aula de 24 de janeiro de 1973); bem como P. Lascoumes e H. Zander, *Marx: du "vol de bois" à la critique du droit. Karl Marx à la "Gazette rhénane", naissance d'une méthode*, Paris,

A leitura de Althusser destacava a ideologia opressiva que asfixiava o pensamento de Marx – aquele "pensamento servo do Jovem Marx"[116] –, e a descoberta, pelo jovem Marx, dos interesses materiais: "Marx descobre por fim a realidade daquela opacidade ideológica que o tornava cego."[117] Althusser interpretava aqueles textos pelo prisma da lógica de "libertação das ilusões"[118]. Aqueles textos de 1842, segundo Althusser, eram cativos da jurisprudência dominante da época, mas revelavam, em alguns momentos, como Marx se libertava daquela ideologia. E o movimento, ao mesmo tempo intelectual e prático, do trabalho do pensamento e da escrita – pelo confronto com os interesses materiais dos camponeses – reflete perfeitamente a concepção materialista da história por parte de Marx. Assim, Althusser encontrava na leitura daqueles escritos "uma lógica da *irrupção da história real na própria ideologia*"[119]: "Se o 'caminho de Marx' é exemplar", esclarece Althusser, "não o é por suas origens e seus detalhes, mas por sua vontade feroz de libertar-se dos mitos que eram dados como *verdade*, e pelo papel da experiência da história real que abalou e varreu aqueles mitos."[120] Como escreverá Althusser dez anos depois, em 1970 – portanto no momento dos primeiros cursos de Foucault no Collège de France –, sua análise se concentra na questão da "luta *ideológico-política* travada por Marx já em seus artigos da *Gazeta renana*, [que] deveria confrontá-lo rapidamente com aquela realidade e obrigá-lo a aprofundar suas primeiras intuições [do que era a ideologia]"[121].

Em compensação, Foucault privilegia deliberadamente – referindo-se aos mesmos textos do jovem Marx – a noção de "*efeito teórico-político*", nos casos em que Althusser falara precisamente de "*luta ideológico-política*". Foucault deixa bem claro que seu método "deveria, por exemplo, levar em conta o que Marx escreveu a respeito da discussão sobre os roubos de madeira"[122]. O objetivo de Foucault é deslocar a análise da "luta ideólogico-política" para o estudo do "efeito teórico-político" de um discurso, ou seja, em outras palavras, produzir uma "análise do estatuto de

---

Presses universitaires de France, 1984; e M. Xifaras, "Marx, justice et jurisprudence. Une lecture des 'vols de bois'", *Revue française d'histoire des idées politiques*, nº 15, abril de 2002.

116. L. Althusser, "Sur le jeune Marx: questions de théorie", in Id., *Pour Marx*, Paris, Maspero, 1968, p. 81 [trad. bras.: *A favor de Marx*, 2ª ed. Rio de Janeiro, Zahar, 1979].

117. *Ibid.*, p. 79.

118. *Ibid.*, p. 81.

119. *Ibid.*, p. 80 (grifo no texto). É especialmente importante dimensionar "de que *começo contingente (em relação a seu nascimento) ele precisou partir, e que gigantesca camada de ilusões precisou atravessar antes de poder percebê-la*" (ibid., p. 81; grifo no texto).

120. *Ibid.* (grifo no texto).

121. L. Althusser, "Idéologie et appareils idéologiques d'État", art. citado [*supra*, nota 41], p. 22 (grifo meu; B. E. H.).

122. Aula de 24 de janeiro de 1973, *supra*, p. 58.

uma discussão teórico-política" e, a partir desse modelo, "ver como [é possível] analisar discussões políticas, oposições e batalhas oratórias, dentro de dada situação política"[123]. Mais uma vez, Foucault não menciona Althusser em voz alta, mas o notável paralelo de seu neologismo e a justaposição dos textos sobre os roubos de madeira são claros indícios.

Nisso, Foucault se situa ao lado de Deleuze e Guattari – ou vice-versa –, que declaram em 1972, em *Anti-Édipo*, que "o conceito de ideologia é um conceito execrável que esconde os verdadeiros problemas, sempre de natureza organizacional"[124]. Para Foucault, na época Deleuze era um dos raros pensadores filosóficos que conseguiam enxergar além da velha filosofia transcendental[125]. Deleuze e Guattari seguirão esse caminho na direção do desejo: "Reich nunca foi maior pensador do que quando se recusou a invocar o desconhecimento ou a ilusão das massas para explicar o fascismo, e reivindica uma explicação pelo desejo, em termos de desejo: não, as massas não foram enganadas, elas desejaram o fascismo em dado momento, em dadas circunstâncias, e é isso que cabe explicar, essa perversão do desejo gregário."[126] Em 1973, Foucault concordará com eles em parte[127]. Mas também se orientará em outra direção, não se limitando simplesmente a deslocar a questão da ideologia ou a distinguir-se de Althusser: "[M]odificarei a análise, deixando de tomar como alvo a teoria e a prática penais e passando à relação entre elas e a tática efetiva de punição na mesma época."[128] Ao fazer isso, "constata-se um fenômeno notável: na mesma época em que, dentro da instituição penal, era formulado e posto em prática o princípio do criminoso como inimigo social, aparecia uma nova tática punitiva: a reclusão"[129]. Portanto, a reclusão deve ser entendida a partir do estudo de estratégias, táticas, relações de força. Não como derivação simples: "não se pode dizer que o sistema de reclusão deriva de uma espécie de modelo teórico extraído da teoria penal do criminoso como inimigo social"[130], mas sim a partir do "jogo de poder que nela se produz"[131].

Em seguida, segundo deslocamento em relação a Marx – ou melhor, a certo marxismo acadêmico: é preciso repensar o sujeito e o que o carac-

---

123. *Ibid.*
124. G. Deleuze e F. Guattari, *Anti-Oedipe*, op. cit., p. 416.
125. Cf. "Michel Foucault explique son dernier livre" (entrevista com Brochier, *Magazine literaire*, nº 28, abril-maio de 1969, pp. 23-5), *DE*, I, nº 66, ed. 1994, p. 775 / "Quarto", vol. I, p. 803 [trad. bras.: "Michel Foucault explica seu último livro", in *Ditos e escritos*, vol. II].
126. G. Deleuze e F. Guattari, *Anti-Œdipe*, p. 39.
127. Cf. aula de 14 de fevereiro, *supra*, pp. 122-3 (sobre a origem da "teoria atual do desejo").
128. Aula de 24 de janeiro de 1973, *supra*, p. 58.
129. *Ibid.*
130. *Ibid.*, p. 62.
131. *Ibid.*, p. 61, nota c (manuscrito, fol. 7).

teriza. Foucault visa em especial a teoria, que poderia ser atribuída a Marx[132], segundo a qual o trabalho é a essência concreta do homem, e o desapossamento do fruto de seu trabalho é a origem da alienação. Para Foucault, é um mito: o trabalho não é absolutamente a essência do homem, mas é forjado como essência, o que implica uma concepção de poder inteiramente diferente. A crítica ao trabalho como essência do homem será também desenvolvida no Rio de Janeiro, mas já está bem presente no curso de 1973: "É falso dizer, como alguns famosos pós-hegelianos, que a existência concreta do ser humano é o trabalho. O tempo e a vida do homem não são por natureza *trabalho*; são prazer, descontinuidade, festa, repouso, necessidade, instantes, acaso, violência etc. Ora, toda essa energia explosiva precisa ser transformada em força de trabalho contínua e continuamente oferecida no mercado."[133] Foucault dará prosseguimento a esse tema no Rio, onde arguirá que a teoria – a saber, que o trabalho é a essência concreta do homem – é produto de certas práticas intimamente ligadas às relações capitalistas de produção[134]. Essas práticas, como sustenta Foucault, são aquelas que tornam dóceis os corpos dos trabalhadores. Refere-se a isso como a um "subpoder", "um conjunto de técnicas políticas, técnicas de poder, por meio do qual [...] o corpo e o tempo dos homens se tornam tempo de trabalho e força de trabalho, e podem ser efetivamente utilizados para se transformarem em superlucro", como "uma trama de poder político microscópica, capilar"[135] – em oposição a "um aparato de Estado" ou uma "classe no poder"[136].

A teoria marxiana da acumulação de capital, pelo crivo da leitura de Foucault, depende das técnicas disciplinares (intimamente ligadas à produção capitalista) destinadas a modelar "corpos produtores"[137]. Foucault desenvolverá essa ideia dois anos depois em *Vigiar e punir*, onde, citando em especial *O capital* de Marx (vol. I, cap. XIII), defenderá que as revoluções econômicas que possibilitaram a acumulação de capital ao longo do

---

132. Embora Foucault não faça nenhuma referência, aqui cabe lembrar os *Manuscritos de 1844 (Economia política e filosofia)* [*Manuscrits de 1844 (Économie politique et philosophie*, trad. fr. Émile Bottigelli, Éditions Sociales, 1962], em que Marx define a essência e a especificidade do homem por sua diferença fundamental em relação às do animal, no sentido de que ele está apto a fornecer um trabalho livremente consentido e produtivo, enquanto as funções animais consistem em "comer, beber e procriar". A alienação do trabalho, quando este se torna simples meio de sobrevivência, reduz, portanto, o homem ao estado animal: "O que é animal torna-se humano, e o que é humano torna-se animal." Cf. R. L. Tucker, *Philosophy and Myth in Karl Marx / Philosophie et Mythe chez Karl Marx*, trad. fr. M. Matignon, Paris, Payot, 1963.

133. Aula de 28 de março de 1973, *supra*, p. 211.
134. Cf. M. Foucault, "La vérité et les formes juridiques", *loc. cit.*, p. 622 / p. 1490.
135. *Ibid.*
136. *Ibid.*
137. Aula de 21 de março, *supra*, p. 189.

século XIX não podem ser dissociadas da produção desses corpos dóceis – o que ele designa como "métodos para gerir a acumulação de homens"[138]. Esses métodos são precisamente as técnicas disciplinares no cerne de *Vigiar e punir*: "empregos do tempo, adestramentos coletivos, exercícios, vigilância ao mesmo tempo global e detalhada"[139]; técnicas que substituíram as práticas mais tradicionais e rituais da violência e do poder. Para Foucault, esses métodos são tão importantes para a produção capitalista e a exploração da mais-valia quanto os próprios meios de produção. "Os dois processos, acumulação de homens e acumulação de capital, não podem ser separados [...]. [A]s transformações tecnológicas do aparato de produção, a divisão do trabalho e a elaboração dos procedimentos disciplinares mantiveram um conjunto de relações muito estreitas."[140]

Essa inversão produz – terceiro e último deslocamento – uma concepção muito diferente de poder. Não se trata simplesmente de o poder do capitalista garantir um modo de produção; a própria posse do tempo é essencial ao capitalismo. O poder, portanto, não é concebível como instrumento, como algo que se possua, nem como aparato ideológico, mas deve ser pensado como fator primeiro e constitutivo[141]. Mais uma vez, é dialogando com Althusser, ao que parece, que Foucault desenvolve em parte sua própria concepção de poder. Em primeiro lugar, recusando a ideia de que o poder é algo que se possua; nisso também se poderia discernir uma alusão a Althusser, que escrevera, em 1970, a respeito do poder do Estado: "Toda a luta política das classes gira em torno do Estado. Entenda-se: em torno da *posse*, ou seja, da *tomada e da conservação* do poder de Estado por certa classe, ou por uma aliança de classes ou de frações de classes."[142] Em segundo lugar, ao rejeitar a caracterização do poder como violência ou como ideologia; nisso também se poderia discernir uma referência aos trabalhos de Althusser sobre os aparatos ideológicos de Estado, em que ele desenvolve uma distinção – claro que com qualificações ulteriores, mas uma distinção – entre "o Aparelho repressivo de Estado [que] 'funciona com a violência'" e "os aparelhos ideológicos de Estado [que] funcionam 'com a ideologia'"[143].

---

138. *Surveiller et Punir*, p. 222.
139. *Ibid.*, p. 221.
140. *Ibid.*, p. 222. Cf. M. Foucault, *Le Pouvoir psychiatrique, op. cit.*, aula de 28 de novembro de 1973, p. 73.
141. Cf. *supra*, p. 251.
142. L. Althusser, "Idéologie et appareils idéologiques d'État", p. 11 (grifo meu; B. E. H.); cf. também p. 15: "*nenhuma classe pode possuir duradouramente o poder de Estado sem exercer ao mesmo tempo hegemonia sobre os e nos Aparelhos Ideológicos de Estado*" (grifo no texto).
143. *Ibid.*, p. 14.

Situação do curso 269

Esses três deslocamentos serão acompanhados por três implicações importantes. A primeira é que, para Foucault, não há classe dominante no poder que use a reclusão para reprimir a classe laboriosa. O poder não corre o risco de ser dominado por uma teoria de complô[144]. Segundo, assim como não há complô, não há "não dito". Tudo é sempre dito. De nada adianta escarafunchar o inconsciente ou dedicar-se a uma hermenêutica oculta; basta ler e reler, abrir os arquivos, ouvir, encontrar. Isso fica claro no manuscrito de 10 de janeiro de 1973, em que Foucault trata da figura do criminoso inimigo social como "comutador". Essa figura, diz ele, não se esconde; ao contrário, "é aquilo que é sempre dito. Sempre dito: é dito, e explicitamente, nos textos, nas leis, nas teorias. Está pressuposto nas práticas, nas decisões, nas instituições. Está conotado em imagens literárias. *Não é o não dito; é o mais-que-dito. O excessivamente dito*"[145]. Não há necessidade alguma de método interpretativo misterioso ou esotérico. Evidentemente, isso não quer dizer que não haja complexidade nem opacidade. O estudo de discurso – do conjunto dos discursos proferidos – implica certa transparência e, ao mesmo tempo, certas formas de exclusão. As duas fazem parte da análise, e a transparência pode ser tão transparente que obscurece. Ao discutir seu método arqueológico em 1969, Foucault esclarecia: "O que procuro não são relações secretas, ocultas, mais silenciosas ou profundas que a consciência dos homens. Ao contrário, tento definir relações que estão na superfície dos discursos; tento tornar visível o que só é invisível por estar muito na superfície das coisas."[146] A invisibilidade, portanto, pode decorrer do fato de que tudo é dito e ouvido com demasiada facilidade, demasiada frequência[147]. Em suma, tudo já está dito, mas isso não quer dizer que tudo foi ouvido. Terceira e última implicação: do ponto de vista metodológico, é preciso então concentrar-se no discurso. Foucault declara isso em sua aula de 28 de fevereiro de 1973: "Portanto, deixemos de lado as obras e os textos e estudemos de preferência os discursos nas funções ou nos campos estratégicos em que eles produziram seus efeitos."[148]

---

144. Cf. aula de 28 de março de 1973, *supra*, p. 208.
145. Aula de 10 de janeiro de 1973, *supra*, p. 34, nota a.
146. M. Foucault, "Michel Foucault explique son dernier livre", *loc. cit.* [*supra*, nota 125], p. 772 / p. 800.
147. Cf. também M. Foucault, "Les intellectuels et le pouvoir", *loc. cit.* [*supra*, nota 35], p. 313 / p. 1181: "Há toda uma série de equívocos acerca do 'oculto', do 'recalcado', do 'não dito', que possibilitam 'psicanalisar' de modo barato aquilo que deve ser objeto de luta. O secreto talvez seja mais difícil de descobrir do que o inconsciente."
148. Aula de 28 de fevereiro de 1973, *supra*, p. 153.

D. Uma genealogia da moral

Ler, ouvir, estudar os discursos: é precisamente isso o que Foucault faz em *A sociedade punitiva*, expondo seu método para analisar o discurso dos *quakers* e dissidentes ingleses – discurso moralizador que vai introduzir a ideia do penitenciário no penal, discurso cujos ecos repercutem no discurso da burguesia no início do século XIX. Isso constitui outra pedra angular desse curso, especialmente o modo como certas camadas sociais da Inglaterra e da França usaram as noções de falta moral e de penitência para facilitar a construção do edifício capitalista. A moralização e a cristianização da criminalidade e da punição são acompanhadas pelo elemento de reabilitação, reeducação e redenção pela penitência – ideia essa da salvação individual, ideia cristã que também se encontra no discurso do Iluminismo e produz o redirecionamento da punição para a ascese.

Nesse sentido, o curso de 1973 é apoiado em uma genealogia da moral: foi por intermédio de juízos de valor que a burguesia transformou em atos ilegais comportamentos antes tolerados ou até mesmo incentivados. Essa transformação dos ilegalismos em ilegalidades passa pela reconversão deles em atos moralmente condenáveis, em atos que merecem penitência, em expressões de desvio moral. Foucault explica: "Os estratos populares transferiam para o próprio corpo da riqueza as técnicas do velho ilegalismo e podiam responder à burguesia: acaso não transgredimos juntos as leis, não pilhamos juntos as riquezas? A isso a burguesia respondia que durante o Antigo Regime atacavam-se regras, leis, abusos injustificáveis, que então se tratava de poder, portanto de política, ao passo que, agora, o ataque era a coisas, propriedades e, por conseguinte, ao direito comum, ao direito natural. Outrora, atacavam-se abusos de poder; agora, transgredindo o direito, manifestava-se um desvio de moral."[149] No manuscrito, Foucault apresenta esse trecho como uma réplica da burguesia, e a termina com esta exclamação: "Agora vão fazer penitência."[150]

"Vão fazer penitência": aqui se passa da arqueologia à genealogia. Para Foucault, a prisão não pode derivar de maneira arqueológica das teorias penais dos grandes reformadores do século XVIII[151]. Suas teorias eram incompatíveis com um modelo universal como a prisão; visavam essencialmente à proteção da sociedade e preconizavam a prevenção, uma "relatividade essencial das penas", a modulação, a dissuasão; não propunham a prisão como solução universal[152]. A derivação arqueológica não

---

149. *Ibid.*, p. 144.
150. *Ibid.*, nota a.
151. Cf. *supra*, p. 130 e nota 130.
152. "Resumo do curso", *supra*, p. 231-2.

pode partir "dos princípios [deles]": "não é possível deduzir o que ocorrerá efetivamente na prática penal, a saber, a universalização da prisão como forma geral de castigo"[153]. Há, para Foucault, "heterogeneidade"[154] completa: "A prática da prisão, portanto, não estava implicada na teoria penal. Ela nasceu alhures e formou-se por outras razões."[155] Portanto, será preciso procurar esse outro lugar, e com outro método.

Aí está a origem da análise genealógica da forma-prisão: é uma genealogia a partir de baixo, do asceta *quaker*, que transforma o corpo indócil em força de trabalho, na qual medra a ideia de culpa e pecado e se encontra a primeira menção do termo "penitenciário"[156] – "termo incrível", diz Foucault[157]. É "o primeiro real enxerto da moral cristã no sistema da justiça criminal"[158]. Esse primeiro enxerto, ligado à noção de penitência segundo os *quakers*, dá origem ao sistema penitenciário, à ficha criminal, ao "criminoso como objeto de saber", às ciências criminológicas e psicopatológicas e à inserção de sacerdotes na prisão[159]. Em suma, como explica Foucault em 31 de janeiro de 1973: "[S]e é verdade que a forma-prisão não pode ser derivada das teorias penais de Beccaria, Brissot etc., como instituição e como prática ela é derivável da concepção *quaker* de religião, moral e poder."[160]

E esse primeiro enxerto será estabilizado por meio da moralização burguesa da vida operária no século XIX. A prática da vigilância e do controle pela burguesia representa a "junção entre moral e penal"[161]. Aí se desenvolve "toda uma vigilância que tenta remoralizar o sistema penal e investe-o de uma espécie de atmosfera moral, em suma, procura criar uma continuidade entre controle e repressão [de ordem] moral, de um lado, e sanção penal, do outro. Assiste-se, portanto, à moralização do sistema penal, a despeito de sua prática e de seu discurso"[162]. Essa moralização prolonga-se em organismos como a polícia e outras instâncias que vigiam e têm por alvo as camadas populares da sociedade[163]. Portanto, segundo Foucault, esse elemento da penitência, inserido no sistema penal pela

---

153. *Ibid.*; cf. aula de 7 de fevereiro de 1973, *supra*, pp. 100-1 e 106-7.
154. Aula de 31 de janeiro de 1973, *supra*, p. 79; cf. também aula de 24 de janeiro, p. 61.
155. "Resumo do curso", *supra*, p. 233; cf. aula de 31 de janeiro de 1973, *supra*, pp. 77-8.
156. No curso, Foucault insiste nessa antiga grafia, *pénitentier*; cf. aula de 31 de janeiro de 1973, *supra*, p. 83, e aula de 21 de fevereiro de 1973, p. 129, nota a.
157. Aula de 31 de janeiro de 1973, *supra*, p. 83.
158. Aula de 31 de janeiro de 1973, *supra*, p. 83.
159. Cf. *ibid.*, pp. 84-5.
160. Aula de 31 de janeiro de 1973, *supra*, p. 81.
161. Aula de 7 de fevereiro de 1973, *supra*, p. 100.
162. *Ibid.*
163. Cf. *ibid.*, p. 100.

moralização da criminalidade e da punição, tornará a prisão tolerável e possibilitará sua propagação. O elemento coercitivo da moralidade e da penitência é "a condição de aceitabilidade da prisão"[164].

O objetivo dessa moralização é o controle dos ilegalismos operários e a produção de trabalhadores mais eficientes – corpos dóceis. A moralização, pois, faz parte de um processo econômico. É preciso impedir que os ilegalismos prejudiquem a propriedade material, as mercadorias, e os interesses da burguesia – inclusive os próprios trabalhadores, visto que sua força de trabalho pertence à burguesia capitalista: "[A] burguesia quis conseguir que, entre o operário e esse aparato de produção que ele tinha nas mãos, se introduzisse algo que não fosse apenas a lei negativa 'isto não é seu'. Era preciso que houvesse um suplemento de código que viesse completar e pôr em funcionamento essa lei: era preciso que o próprio operário fosse moralizado."[165] Trata-se de tomar o poder sobre o tempo para dominar e formar os corpos.

Metodologicamente, portanto, esse desenvolvimento reflete uma transição para a abordagem chamada inicialmente de "dinástica"[166] por Foucault, que rapidamente a requalificará como genealógica. A questão é saber como essas novas formas de verdade – forma-salário, forma-prisão – nascem, tornam-se aceitáveis e se generalizam[167]. Esse método genealógico é bem resumido pela pergunta assim enunciada: "[Q]uais foram as relações de poder que possibilitaram a emergência histórica de algo como a prisão[?]"[168] Foucault já mencionara o método genealógico em sua aula inaugural no Collège de France em 1970[169]; será por ele desenvolvido em 1973 e nos anos seguintes[170],

---

164. *Ibid.*, p. 103. Sobre o *coercitivo* em geral, cf. *ibid.*, pp. 104-5.
165. Aula de 21 de fevereiro de 1973, *supra*, p. 138.
166. Cf. M. Foucault, "De l'archéologie à la dynastique" (entrevista com S. Hasumi, realizada em Paris em 27 de setembro de 1972, *Umi*, março de 1973, pp. 182-206), *DE*, II, nº 119, ed. 1994, p. 406 / "Quarto", vol. I, p. 1273 [trad. bras.: "Da arqueologia à dinástica", in *Ditos e escritos*, vol. IV].
167. Cf. aula de 31 de janeiro de 1973, *supra*, p. 86-7; aula de 7 de fevereiro de 1973, *supra*, p. 104.
168. Aula de 31 de janeiro de 1973, *loc. cit.*
169. Cf. M. Foucault, *L'Ordre du discours*, Paris, Gallimard, 1971, pp. 62 e 68 [trad. bras.: *A ordem do discurso*, 23ª ed., São Paulo, Loyola, 2013].
170. Cf. M. Foucault, *Le Pouvoir psychiatrique*, p. 14; "La vérité et les formes juridiques", *loc. cit.*, pp. 554 e 643-4 / pp. 1422 e 1511-2; *"Il faut défendre ta société"*, *op. cit.*, [aula] de 7 de janeiro de 1976, p. 11; *Id.*, " Dialogue sur le pouvoir" (entrevista com os estudantes de Los Angeles, *in* S. Wade (org.), *Chez Foucault*, Los Angeles, Circabook, 1978, pp. 4-22; trad. fr. F. Durand-Bogaert), *DE*, III, nº 221, ed. 1994, pp. 468-9 / "Quarto", vol. II, pp. 468-9 [trad. bras.: "Diálogo sobre o poder", in *Ditos e escritos*, vol. IV]; *Id.*, "Structuralisme et poststructuralisme" (entrevista com G. Raulet, *Télos*, vol. XVI, nº 55, primavera 1983, pp. 195-211), *DE*, IV, nº 330, ed. 1994, p. 443 / "Quarto", vol. II, p. 1262 [trad. bras.: "Estruturalismo e pós-estruturalismo", in *Ditos e escritos*, vol. II].

e posto em prática em *Vigiar e punir*[171]. Mas o ponto de partida desse percurso está esboçado em *A sociedade punitiva*: "Até agora, estudávamos as tramas de derivações possíveis: por exemplo, de que modo, no interior do sistema penal teórico e prático, se interligam ideias ou instituições. [...] Após uma análise de tipo arqueológico, trataremos de fazer uma análise de tipo dinástico, genealógico, sobre as filiações a partir das relações de poder."[172]

Teoricamente, esse desenvolvimento é fonte de ambiguidades e conflitos que tornam problemática qualquer veleidade de leitura estrutural. No cerne da análise, ocorre uma tensão entre a iniciativa moralizadora, as necessidades econômicas e as estratégias discursivas: no exato momento em que lançavam mão da força do Estado para moralizar, culpabilizar e punir os ilegalismos populares, as classes dominantes também precisavam desenvolver a liberdade de concorrência sobre os contratos operários e a abertura do livre mercado. Esse movimento duplo deu origem a um paradoxo central do liberalismo: um Estado forte e fortemente moralizador, coercitivo e centralizado, em face de uma teoria econômica da liberalização e da "liberdade do mercado de trabalho"[173]: "Para proteger esse aparato produtivo, possibilitar o seu desenvolvimento, a burguesia adotou um Estado forte. Ora, no momento em que surgiu essa necessidade de proteger o aparato de produção, para seu funcionamento, para a constituição e o crescimento do lucro, a burguesia precisou da colaboração dos operários, do livre mercado de trabalho, da possibilidade de abastecer-se como queria naquele livre viveiro de mão de obra."[174] Isso criou um problema agudo para a coerência do sistema, uma dissonância que produziria o que se poderia chamar de ilusão do livre mercado[175]: "para deixar o empregador com as mãos livres, era-lhe dada a forma (ilusória) de livre contrato"[176].

Politicamente, esse desenvolvimento implica uma análise fina das condições que tornam um aparato repressivo aceitável e tolerado. Foucault identifica dois "grandes mecanismos"[177] para tornar tolerável o coercitivo:

Para uma discussão mais recente, cf. A. Davidson, "On Epistemology and Archeology: From Canguilhem to Foucault", in Id., *The Emergence of Sexuality: Historical Epistemology and the Formation of Concepts*, Cambridge, Mass., Harvard University Press, 2004, pp. 192-206.

171. Cf. *Surveiller et Punir*, p. 27.
172. Aula de 31 de janeiro de 1973, *supra*, pp. 78 e 86-7, nota 2.
173. Aula de 14 de março de 1973, *supra*, pp. 175-6.
174. Aula de 7 de março de 1973, *supra*, p. 161.
175. Cf. B. E. Harcourt, *The Illusion of Free Markets: Punishment and the Myth of Natural Order*, Cambridge, Mass., Harvard University Press, 2011. Lamento não ter tido oportunidade de integrar essa discussão do curso de Foucault em minha obra anterior, publicada antes da preparação deste volume.
176. Aula de 14 de março de 1973, *supra*, p. 176, nota b (manuscrito, fol. 10).
177. Aula de 14 de fevereiro de 1973, *supra*, pp. 115.

o primeiro é o do fascismo e do nazismo, mas também do Segundo Império francês, que consiste em transferir as funções do aparato repressivo para camadas sociais ou grupos marginalizados; o segundo é o do Antigo Regime e consiste em fazer que os aparatos repressivos, concentrados nas mãos da "classe dirigente", sirvam aos interesses laterais de outros membros da sociedade. É esse segundo mecanismo que Foucault vê em ação no século XVIII na França, usando como prova a prática das ordens régias. Esta deve ser entendida mais como algo que começou pelas camadas populares, a serviço de seus interesses[178], do que como um exercício de poder monárquico arbitrário. Nisso, ela estava inteiramente a serviço da moralização do sistema penal: "*É por ela que vai passar toda a moralização e a psicologização da pena no século XIX.*"[179]

E. A sociedade panóptica

Esses quatro elementos redundam na visão de uma sociedade que comporta as características do panoptismo integral: uma sociedade "punitiva" ou, no fim das contas, "disciplinar"[180]. O tema principal desse curso não é – ou não é só – que o panoptismo moderno, imaginado por Julius e desenvolvido por Bentham[181], deu origem à prisão; é bem mais a aplicação extensiva desse conceito arquitetônico ao conjunto espaço-tempo e não apenas ao setor da prisão; em sua última aula, Foucault esclarece que o panoptismo é "uma forma social geral, que extrapola em muito a prisão"[182]. A prisão é apenas um lugar entre outros, nem sequer um lugar privilegiado, para observar a emergência do controle do tempo e da vida. Esse traço determinante de nossa sociedade é facilmente percebido nas técnicas industriais de produção, pois os ciclos da produção capitalista ocorrem em função do controle do tempo. São esses efeitos de verdade que se encontram na constituição do sistema carcerário: observamos "a introdução na prisão dos princípios gerais que regem a economia e a política do trabalho [fora dela] [...]. O que se vê aparecer, por essas duas

---

178. Cf. *ibid.*, pp. 125-6, nota 3.
179. Aula de 14 de fevereiro de 1973, *supra*, p. 120.
180. Foucault inicialmente intitulara esse curso de "A sociedade disciplinar"; cf. D. Defert, "Chronologie", *loc. cit.*, p. 43 / p. 58. Em sua última aula, Foucault dirá claramente: "Aonde eu queria chegar? [...] [à] análise de uma forma de poder que chamei de punitivo, [mas] que seria melhor chamar de disciplinar" (aula de 28 de março de 1973, *supra*, p. 215 e nota b [manusc. 20ª fol.]).
181. Cf. aula de 10 de janeiro de 1973, *supra*, pp. 35-6, nota 2, e aula de 24 de janeiro, p. 71, nota 16.
182. Aula de 28 de março de 1973, *supra*, p. 219, nota 3 (manusc. 2ª fol.).

formas [forma-salário e forma-prisão], é a introdução do *tempo* no sistema do poder capitalista e no sistema penal"[183]. A análise se estende bem além do sistema penal, e essa generalidade da proposição é uma dimensão essencial desse curso – menos percebida na recepção geral de *Vigiar e punir*, mas ressaltada no "Resumo do curso", que sintetizará as treze aulas de 1973: o que Foucault descobre é precisamente "o primeiro exemplo de uma civilização da vigilância"[184].

"O século XIX fundou a era do panoptismo"[185]: enquanto outros pensadores, como Guy Debord[186], descrevem o nascimento de uma sociedade do espetáculo, Foucault vai na contramão dessas análises. Na Antiguidade, nossos ancestrais guiavam-se pelo espetáculo, mas a sociedade contemporânea, por sua vez, é regida por seu contrário, a vigilância. Assim, Foucault declara: "É exatamente isso o que ocorre na época moderna: a conversão do espetáculo em vigilância."[187]

III. O PAR VIGIAR-PUNIR

Em 1973 assiste-se ao primeiro indício do par vigiar e punir, que ocupará a cena dois anos depois: "O par vigiar-punir instaura-se como relação de poder indispensável à fixação dos indivíduos no aparato de produção, à constituição das forças produtivas, caracterizando a sociedade que se pode chamar de *disciplinar*."[188] É bem notável ver esse par conceitual nascer nesse texto, assim como a figura de Damiens[189], o emprego do tempo da fábrica-caserna-convento[190], a colônia agrícola de Mettray[191] e a ideia de um poder disciplinar – distinto tanto do poder da soberania e do biopoder que aparece com *A vontade de saber* e *Em defesa da sociedade* quanto dos dispositivos de segurança desenvolvidos em *Segurança, território, população* e *Nascimento da biopolítica* alguns anos depois. Quais são, então, os desenvolvimentos e as diferenças importantes em relação ao livro para o qual o curso de 1973 abre caminho?

Para começar, o papel das correntes moralizadoras do século XVIII nas relações de poder é mais destacado em *A sociedade punitiva* do que

---

183. Aula de 24 de janeiro de 1973, *supra*, p. 66.
184. "Resumo do curso", *supra*, p. 236 e nota 16.
185. "Resumo do curso", *supra*, p. 236.
186. Cf. G. Debord, *La Société du spectacle*, Paris, Buchet/Chastel, 1967 [trad. bras.: *A sociedade do espetáculo*, Rio de Janeiro, Contraponto, 2013].
187. Aula de 10 de janeiro de 1973, *supra*, p. 22.
188. Aula de 14 de março de 1973, *supra*, p. 180.
189. Cf. aula de 3 de janeiro de 1973, *supra*, p. 11.
190. Cf. aula de 21 de março de 1973, *supra*, p. 186.
191. Cf. *ibid.*, pp. 187.

em *Vigiar e punir*, em que o aspecto político será ligeiramente mais afirmado. Nisso, o curso de 1973 não é simplesmente um trabalho preparatório para o livro de 1975, mas pode ser lido como um texto completo. Aos *quakers* e dissidentes ingleses, por exemplo, que formam a pedra angular da genealogia da forma-prisão neste curso de 1973, *Vigiar e punir* atribuirá papel mínimo, ainda que eles estejam presentes[192].

Do mesmo modo, a tônica recairá menos na moralização da criminalidade, e esse tema será substituído por aquele, ligeiramente mais político, da produção do delinquente. Sem dúvida, a figura do delinquente já está presente em 1973[193], mas em 1975 há uma inversão, e a discussão relativa à moralização perde o lugar dominante ocupado em 1973: "era preciso 'regenerar', 'moralizar' a classe operária"[194]; o que as leis penais visavam, no início do século XIX, era "a imoralidade, que dizia respeito ao corpo, à necessidade, ao desejo, aos hábitos e à vontade, [e] seria preciso procurar integrar na penalidade todo um conjunto de condicionamento moral"[195]; e o Código penal daí resultante, como insistia Foucault em 1973, instaurou todo um controle moral da vagabundagem e da bebedeira, bem como todo um aparato processual, especialmente pelo sistema das circunstâncias atenuantes e agravantes, que funciona como uma "*modulação moralizadora* do sistema penal"[196]. Assim, Foucault fala demoradamente, no curso de 1973, de Colquhoun e seu *Tratado sobre a polícia de Londres*, apresentando-o como exemplar da "moralização da penalidade": "Temos um exemplo desse movimento com o personagem Colquhoun"[197], anunciava Foucault em 7 de fevereiro de 1973, antes de se lançar a uma leitura detalhada de sua obra. Chegava até a dizer, a respeito de Colquhoun: "infelizmente, quando se ensina moral, quando se escreve a história da moral, sempre se explica a *Fundamentação da metafísica dos costumes* e não se lê esse personagem, fundamental para nossa moralidade"[198]. No entanto, embora Colquhoun apareça várias vezes em *Vigiar e punir*[199], Foucault não voltará mais ao aspecto moral de sua obra.

Esse deslocamento tem efeitos importantes sobre a teoria dos ilegalismos populares. Em 1973, a burguesia transforma os ilegalismos popula-

---

192. Cf. *Surveiller et Punir*, pp. 126, 241, 242.
193. Cf. aula de 21 de fevereiro de 1973, *supra*, p. 137 (a propósito da instrumentalização ideológica da teoria do delinquente como inimigo social).
194. *Ibid.*
195. Aula de 7 de março de 1973, *supra*, p. 163.
196. *Ibid.*
197. Aula de 7 de fevereiro de 1973, *supra*, p. 101.
198. *Ibid.*; notar também este trecho: "para entender o sistema de moralidade de uma sociedade, é preciso fazer a seguinte pergunta: onde está a riqueza? A história da moral deve ater-se inteiramente a essa questão da localização e do deslocamento da riqueza" (*ibid.*, p. 101).
199. Cf. *Surveiller et Punir*, pp. 88, 119 n. 3, 291 n. 1.

res em ilegalidades precisamente por meio da moralização. Foucault dedica longas exposições a tais "sociedades de moralização"[200]. Com efeito, em 1973, a moralização do penal representa uma das três formas da penalidade: (1) o penal estrito e jurídico de Beccaria; (2) a moralização da criminalidade; (3) o discurso criminológico e científico do penal. Em compensação, a partir de 1975, a oscilação do penal ocorre quase apenas de Beccaria à criminologia[201]. O tema da moralização foi substituído pela "dimensão política dos ilegalismos populares"[202]; em 1975, a insistência recai mais nas lutas sociais "num horizonte político geral"[203]. O estudo aborda mais a penalidade pelo aspecto da produção do delinquente e da noção de periculosidade – noção que, está claro, toca a moralidade, mas na qual a moralização desempenha papel ligeiramente menor. Assim, Foucault se volta para a questão da periculosidade, que não está tão presente em 1973, mas virá a ser um tema central de suas pesquisas futuras, em especial na conferência dada em 1978 sobre a evolução da noção de "indivíduo perigoso" na psiquiatria legal do século XIX[204]. Em suma, a teoria dos ilegalismos muda. Enquanto em *A sociedade punitiva* a tônica recai na injunção *quaker*: "Agora vão fazer penitência", em *Vigiar e punir*, o capítulo se intitulará "'Ilegalismos e delinquência", e em seu centro estará mais o delinquente do que a moralização[205]. A moralização, indexada ao jurídico e relacionada com o binário permitido / proscrito, fica ligeiramente apagada e é substituída pela *normatização*, que também vem a ser muito mais importante em 1975[206].

200. Mencionadas como tais nas aulas de 21 de fevereiro de 1973, *supra*, p. 129, e de 28 de fevereiro, *supra*, p. 153, nota a.
201. Seria possível acrescentar outra forma de penalidade a partir do curso de 1979, *Naissance de la biopolitique. Cours au Collège de France, 1978-1979* (org. M. Senellart, Paris, Gallimard-Seuil, col. "Hautes Études", 2004 [trad. bras.: *Nascimento da biopolítica*, São Paulo, Martins Fontes, 2008]), sobre o neoliberalismo americano: a concepção economicista do crime e da pena de Gary Becker (*ibid.*, aula de 21 de março de 1979, pp. 253-4). Cf. G. Becker, F. Ewald e B. E. Harcourt, "'Becker on Ewald on Foucault on Becker': American Neoliberalism and Foucault's 1979 *Birth of Biopolitics*", *Carceral Notebooks*, vol. 7, 2011, pp. 1-35.
202. *Surveiller et Punir*, p. 278.
203. *Ibid.*, p. 280.
204. M. Foucault, "L'évolution de la notion d''individu dangereux' dans la psychiatrie légale du XIXe siècle" (*Déviance et Société*, 1981, vol. 5 (4), pp. 403-22), *DE*, III, nº 220, ed. 1994, pp. 443-64 / "Quarto", vol. II, pp. 443-64 [trad. bras.: "A evolução da noção de 'indivíduo perigoso' na psiquiatria legal do século XIX", in *Ditos e escritos*, vol. V]; ver também *Mal faire, dire vrai*, aula de 20 de maio de 1981, pp. 199-233, espec. p. 223. A noção de periculosidade evidentemente não está ausente do curso de 1973 (cf. *supra*, aula de 3 de janeiro de 1973, p. 4; aula de 7 de fevereiro de 1973, p. 107, e aula de 14 de fevereiro, pp. 117-8; aula de 7 de março de 1973, pp. 164 e 169 nota 18), mas não é central.
205. Cf. *Surveiller et Punir*, pp. 261-99.
206. Sobre a noção de normatização em *A sociedade punitiva*, cf. aula de 21 de março de 1973, *supra*, pp. 191, 198 e nota b e nota c, 199 (anexo); e aula de 28 de março de 1973, pp. 217-8.

Além disso, lendo-se os dois textos percebe-se a passagem de um período de evolução metodológica que vai de 1973 até a expansão do método genealógico, em 1975. Em *A sociedade punitiva*, Foucault ainda está descobrindo a insuficiência do emprego apenas do método arqueológico. É precisamente isso o que motiva sua análise, de modo às vezes brutal: não é só que a prisão não possa ser derivada das teorias penais da segunda metade do século XVIII, mas, além disso, "de certo modo, [ela se] impôs a partir do exterior à teoria penal, que se verá na obrigação de justificá-la *a posteriori*"[207]. Com *Vigiar e punir*, a abordagem genealógica está estabelecida, impõe-se e já não precisa justificar-se. Estamos em plena genealogia: Foucault quase não precisa explicar seu procedimento pela deficiência da derivação arqueológica.

Por isso certa abertura para repensar as teorias penais do século XVIII. Em 1973, a análise destas se concentra nas dimensões da proteção da sociedade, do inimigo social e da dissuasão; dois anos depois, o que ressalta é toda uma teatralização da pena. Teatro, representação e signo passam ao primeiro plano: "Nos cruzamentos, nos jardins, à beira das estradas refeitas ou das pontes construídas, em oficinas abertas a todos, no fundo das minas visitadas, mil pequenos teatros de castigos" com "letreiros, barretes, cartazes, anúncios, símbolos, textos lidos ou impressos"[208]. Além disso, seria possível discernir uma ligeira diferença na relação entre os grandes reformadores e o sistema penitenciário do século XIX – como se se introduzisse uma migalha de dúvida quanto à sua total incompatibilidade. Em 1975, quase se ouve algum eco do poder disciplinar na descrição que Foucault faz dos reformadores: "tendência a uma justiça mais sutil e refinada, a um controle penal mais cerrado do corpo social"[209]; "o remanejamento do poder de punir, segundo modalidades que o tornam mais regular, mais eficaz, mais constante e mais bem detalhado em seus efeitos"[210]; "fazer da punição e da repressão dos ilegalismos uma função regular, coextensiva à sociedade; não é punir menos, mas punir melhor; punir com uma severidade atenuada talvez, mas para punir com mais universalidade e inevitabilidade; inserir o poder de punir mais profundamente no corpo social"[211]. Assim será evocada a disciplina no século XIX. Não que se trate de uma revisão radical[212], mas sente-se uma apreciação ligeiramente diferente dos reformadores do século XVIII.

207. "Resumo do curso", *supra*, p. 235.
208. *Surveiller et Punir*, p. 115.
209. *Ibid.*, p. 80.
210. *Ibid.*, p. 83
211. *Surveiller et Punir*, p. 84.
212. Cf. *ibid.*, p. 116: "A prisão no todo é incompatível com toda essa técnica da pena-efeito, da pena-representação, da pena-função geral, da pena-signo e discurso."

Ademais, Hobbes e Clausewitz[213] desaparecem, essencialmente, de *Vigiar e punir* – e a noção de guerra civil tende a atenuar-se, ainda que Foucault retome esse tema no curso de 1975-1976, *Em defesa da sociedade*[214]. A guerra civil, tão operacional na análise de 1973 (a propósito do texto de Le Trosne, por exemplo), assim como na lógica dos militantes maoistas dos anos 1970, essa noção de guerra civil, que "é a matriz de todas as lutas pelo poder, de todas as estratégias do poder e, por conseguinte, também a matriz de todas as lutas a propósito do poder e contra ele"[215], já não parece tão central em *Vigiar e punir*. Talvez porque, no século XIX, os diversos discursos – inclusive o discurso marxista sobre o *Lumpenproletariat* – já não se refiram tanto à guerra civil e ao inimigo social, porém mais ou de preferência ao delinquente. Essa transição – do fato social ao caso psicossocial, do coletivo ao individual, da sociedade aos indivíduos que a compõem, em conjunção com novos critérios de moralidade induzidos pelos efeitos do desenvolvimento capitalista – impelirá a análise da guerra civil em direção à questão do racismo, do eugenismo e do biopoder, teses que Foucault desenvolverá no curso de 1975-1976 e do ano seguinte, *Os anormais*.

Finalmente, é o curso de 1973 que elabora os principais elementos do diálogo com os historiadores e teóricos marxistas – por exemplo, os ilegalismos populares, a noção de coercitivo – e os desenvolve "com nitidez conceitual muito grande" e "grande incisividade", como escreve Frédéric Gros[216]. O confronto com Marx sem dúvida se encontra em alguns trechos de *Vigiar e punir*[217], mas é mais nítido e direto em 1973.

Conclusão

De acordo com Daniel Defert, Foucault escrevia seus livros em três etapas[218]. A primeira: um manuscrito inteiro, que ele jogava no lixo dizendo que tinha simplesmente escrito o que pensava espontaneamente sobre um assunto antes de fazer pesquisas de arquivos. A segunda: de novo, um

---

213. Uma vaga referência à citação de Clausewitz encontra-se na página 170 de *Surveiller et Punir*.
214. Cf. M. Foucault, *"Il faut défendre la société"*, op. cit., [aula] de 14 de janeiro de 1976, pp. 26-7, e principalmente [aula] de 4 de fevereiro de 1976, pp. 77 ss.
215. Aula de 3 de janeiro de 1973, *supra*, p. 13.
216. F. Gros, "Foucault et 'la société punitive'", art. citado, pp. 5-14, v. p. 13.
217. M. Foucault, *Surveiller et Punir*, pp. 166, 171, 177, 222-4, 286.
218. Conversa com Daniel Defert; cf. também D. Defert, "I Believe in Time...", diálogos com Guillaume Bellon, *Recto/Verso*, nº 6: *Genèse de la pensée*, II: *Cheminements et Procédures*, setembro de 2010. Disponível em: <http://www.revuerectoverso.com/spip.php?article 186>.

manuscrito inteiro, que ele mandava transcrever para usar o material datilografado como base para a terceira e última etapa, a escrita do manuscrito que seria finalmente publicado. A primeira menção de *Vigiar e punir* que se pode encontrar nos arquivos de Foucault – pelo menos ao que sabemos – situa-se em setembro de 1972, quando Foucault escreve, numa carta a Daniel Defert, que está trabalhando em seu "livro sobre as penas"[219]. Sabe-se que em abril de 1973, Foucault "[t]ermina a primeira redação do livro sobre as prisões (*Vigiar e punir*)"[220]. As aulas que compõem *A sociedade punitiva* foram transcritas nos meses seguintes, e, segundo Alessandro Fontana, teriam sido lidas e examinadas por Foucault. Talvez correspondam à segunda etapa do processo de escrita? Mas isso não passa de especulação, e caberá ao leitor decidir, fazendo uma leitura justaposta do curso de 1973 e de *Vigiar e punir*. Seja como for, *A sociedade punitiva*, com toda evidência, representa um trabalho de fundo para a futura obra e deve ser lida como um texto completo.

Nota sobre o estabelecimento do texto

Foucault deu as treze aulas de *A sociedade punitiva* usando notas manuscritas que, a partir de 2013, foram conservadas na Biblioteca Nacional da França. Cada uma das aulas foi gravada em fita cassete por Gilbert Burlet com a concordância de Foucault; as gravações depois foram transcritas por Jacqueline Germé, que preparou um texto de 213 páginas. Segundo Alessandro Fontana, a transcrição foi feita a pedido de Foucault para produzir uma versão datilografada do texto; Foucault teria revisado essa transcrição, feito correções e em seguida consultado a versão final. Em 1984, depois da morte de Foucault, Burlet depositou todos os seus arquivos dos cursos – gravações e versões datilografadas – no Collège de France, entre os quais nove fitas cassetes rotuladas "1973". Esses arquivos foram conservados no acervo Michel Foucault do Collège de France. No entanto, as gravações do curso de 1973 foram apagadas em algum momento pela gravação do curso de 1974 na mesma fita. Isso foi descoberto primeiramente por um pesquisador americano, Richard A. Lynch, que depositou no arquivo do Collège de France um memorando datado de 12 de janeiro de 1999; foi constatado igualmente por outro pesquisador, Márcio

---

219. Trata-se de *Vigiar e punir*; cf. D. Defert, "Chronologie", *loc. cit.*, p. 42 / p. 56. Foucault falara a respeito a Jalila Hafsia em agosto de 1971: "se continuar vivo e se *não for preso, então vou escrever o livro...*" ("Un problème m'intéresse depuis longtemps, c'est celui du système pénal", *loc. cit.* [*supra*, nota 9], p. 209 / p. 1077).

220. Cf. D. Defert, "Chronologie", p. 43 / p. 58.

Alves da Fonseca, que também deixou um memorando para o mesmo efeito no acervo Michel Foucault em 31 de janeiro de 2000. Pesquisas aprofundadas em setembro de 2010 confirmaram que no Collège de France não existe nenhuma gravação das aulas de 1973. Foram vãos todos os demorados esforços para encontrar cópias das gravações[221]. Por conseguinte, até hoje não há vestígio do áudio de *A sociedade punitiva*.

O texto, portanto, foi estabelecido com base na transcrição feita por Jacqueline Germé em 1973, aparentemente corrigida por Foucault, a partir das gravações realizadas por Gilbert Burlet, hoje perdidas. O texto foi integralmente verificado e corrigido num cotejo com as notas manuscritas de Foucault. Os trechos importantes do manuscrito que não eram idênticos na versão datilografada, assim como os acréscimos em relação a esta última, são indicados em nota de rodapé. Na falta de acesso às gravações, não reproduzimos em cada caso os grifos adotados pelo texto datilografado, a não ser quando a palavra ou a expressão também estava grifada no manuscrito; por outro lado, transcrevemos os grifos do manuscrito mesmo quando não figuravam no texto datilografado, acreditando que o manuscrito – da mão de Foucault – era necessariamente mais fiel a sua expressão. Também acrescentamos, sem menção explícita, as aspas presentes no manuscrito.

Meus agradecimentos a Daniel Defert e François Ewald, aos membros da comissão editorial, Henri-Paul Fruchaud, Frédéric Gros e Michel Senellart, bem como a Corentin Durand.

B. E. H.

---

221. Gilbert Burlet ajudou muito na procura dessas fitas, e eu o agradeço infinitamente. Para saber mais sobre suas contribuições para o trabalho sobre Foucault, bem como sobre as de Jacqueline Germé, cf. D. Defert, "Situation du cours", in *Leçons sur la volonté de savoir*, p. 276 n. 63.

Índices

Índice das noções

acasernamento da classe operária, s.
  XIX: 186
aceitabilidade: 151
  (condições de – da prisão, do
  "penitenciário") 95 e n. a, 103, 106
  n. a; v. coercitivo
acoplamento/par
  (– desemprego – demanda): 46
  (ilegalismo popular – ilegalismo dos
  negócios, dos comerciantes): 130
  (– recusa ao trabalho – violência): 46
  (– saber estatístico – saber do
  indivíduo): 124-5 n. c
  (– sistema penal – delinquência,
  efeito do par sistema repressivo
  [sistema] sedicioso): 140 n. 1
  (– transferência do saber policial –
  injeção de uma ideologia): 116 n. d
  (– vigiar – punir e sociedade
  disciplinar): 180
"adestramento"
  (– como controle do corpo): 200
  (– do comportamento): 237
  (– [do operário]: 200, 248, 268
ágora
  (–: condição de possibilidade
  institucional do *logos*) 206, 219 n.
  3; vs. vigilância
ajuste
  (– do penal e do jurídico, fim do s.
  XVIII) 235; v. vigilância
  (– dos ilegalismos, Antigo Regime)
  140 n. 3
alcoolismo 173, 182 n. 16; v. bebida(s)

alma(s): 18, 62, 64, 67, 79, 151
  ("elevação da – 159
  (resgate da – 79, 85
ameaça: 30, 45, 96, 178, 207 n. a,
  212 n. c, 236
  (– do ilegalismo sobre o aparato
  capitalista e círculo penal e
  penitenciário): 149, 236, 262
analogia
  (– e irredutibilidade entre trabalho e
  prisão): 66 n. b, 83 n. 7
  (– entre pilhagem e contrabando): 141
  n. 14; v. Colquhoun
anomia: 218, 223-4 n. 27; v. Durkheim
  (trabalho da norma na –): 203 n. 28
anormal, anormais, *Anormaux*
  [*Anormais*]: 4, 15-6 n. 2-n. 3, 127 n.
  16, 170 n. 20; v. desvio, monomania,
  monstro(s)
antinomia saber/poder: 249; v. mito
  ocidental
antropofagia, antropofágico: 3-4, 5, 6,
  12, 15-6 n. 2, 16 n. 5; v. Lévi-Strauss
aparato de produção: 138 e n. a, 161,
  171-4, 175 e n. a; v. fixação
  (– exposto ao ilegalismo, à
  depredação): 171 e n. a-173, 174
  n. a-176, 208
aparato(s) estatal(is) e paraestatal(is) de
sequestração
  (–: comutadores-multiplicadores de
  poder, presos ao nó estatal): 192;
  vs. Althussser ("aparatos
  ideológicos do Estado"): 219 n. 6

aparato(s) estatal(is): 16-7 n. 6, 18, 104, 115-7 n. c, 121-3, 130-5, 209-13
 (– como estrutura de apoio de um sistema de poder): 209
 (– e processo de apropriação privada): 114
aparato
 (– carcerário): 220 n. 12; v. Chaptal
 (– de depredação): 138
 (– de sequestração): 192, 197 e n. b; v. estabelecimentos, sociedade disciplinar
 (– de vigilância extrajudiciária): 134
 (– de vigilância judiciária): 117, 133-5, 177-8
 (– parajudiciário, paraestatal): 117, 121, (e ordens régias): 124 n. a, 129, (e princípio da vigilância universal e constante, s. XVIII-XIX): 22
 (– parapenal): 138
 (– penal): 161 n. e, 209, (por transferência do elemento penitenciário): 138
 (– policial): 115, 209, 212 (monarquia s. XVIII), 116 (sob Napoleão III)
 (– político e revoltas populares): 261; v. revoltas
"aparecimento": 42 e n. a, 52 n. a, 58, 72 n. 23; v. emergência, "penitencial", penitenciário, prisão
aposentadoria
 (– e caixa de previdência): 66
aprisionamento: v. reclusão, aprisionamento, encarceramento
aproveitamento do modelo prisional: 94 e n. c
aristocratas, aristocracia: 29, 55-6 n. 20, 99, 107-8 n. 2, 113, 262
arqueologia, *Archéologie* [*Arqueologia*]: 86-7 n. 2, 215, 270, 272
arqueológico(a) (análise/método): 78, 86 n. 2, 270-3, 278
 (–, "dinástica", genealógica): s.v.

arrependimento: 79 e n. a; v. correção, recolhimento
assassinato: 45 n. a, 89 n. 12, 127 n. 16, 147, 150, 169-70 n. 19
associações filantrópicas: 237
atentados
 (– "contra a pessoa" e "contra-ataque social"): 64 [Beccaria]
 (– contra as pessoas e as propriedades): 176 [Villeneuve--Bargemont]
autodefesa
 (– da sociedade rural: medida preventiva e punitiva): 46 [Le Trosne]
 (grupos de – paramilitares e sociedades de moralização, Inglaterra): 95-7
autoridade: 6, 10, 32, 40, 56, 49, 59, 133, 150, 187 e n. c, 191, 198, 206, 209, 215, 219 n. 6, 252
 (– arbitral): 191
 ("atos extraordinários de autoridade"): 59, 227 [Serpillon]

banditismo: 51, 97, 133, 136, 141 n. 14-n. 15, 142 n. 16, 142 n. a, 150, 154 n. 4-n. 5, 155 n. 15; v. ilegalismo popular; v. Colquhoun, *Gil Blas*, Juillard
banho(s): 90 n. 12; v. Halpérin, Lascoumes *et al.*, Petit *et al.*
 (– militares: Brest, Rochefort, Toulon): 60
banimento: 46
 (– pena contra os mendigos): 52 n. a, 115
bebida(s): (bares): 98, 181 n. 10, 237; v. alcoolismo, vs. poupança operária
bem/mal: 52, 235; v. comunidades religiosas dissidentes
 (ordem do bem: divisão da sociedade em duas classes): 157; v. *quaker*
beneficência: 188 [Muller]
 (agência de –): 188

Índice das noções

bens
  (– em sua materialidade): 143, 158,
  (de consumo): 171, 176
biografia
  (arquivo(s) [biográfico(s)]): 121, 238
  (integração surda da – no saber): 122
  (– perpétua da infâmia): 122
bode expiatório (rito do –): 4, 16 n. 5;
  v. Girard
burguesia: 48, 97, 99, 116, 130, 133 e n.
  b-139 e n. a, 140 n. 3, 144, 149 e n. a,
  151, 152 e n. a e n. b, 153 e n. a,
  160-1, 176, 181 n. 10, 191, 247-9,
  258 n. 80-63, 270-3, 276; v. fortuna,
  ilegalismos
  ("burrice" da –, tema para
    intelectuais): 151
  (– diante da/e predação feudal,
    depois depredação popular):
    135 n. b, 137.

cabeça (imagem absolutista da –);
  forma capital do poder: 206; v.
  Hobbes
caçada e recrutamento em massa,
  medida punitiva: 48, 54 n. 14 [Le
  Trosne]
caçada feudal à coerção capitalista: 48
caderneta(s): 161-80; v. controle,
  poupança
  ([1803-1890] caderneta operária,
    caderneta de trabalho: 161, 168 n.
    10 [Regnaud de Saint-Jean
    d'Angély]: 168-9 n. 12, 176
  (prática patronal de inobservância
    dos decretos sobre as –): 166, (e
    mecanismo punitivo
    extrajudiciário): 178
  ([1818] caderneta de caixa
    econômica, Caixa Econômica e de
    Previdência; recrutamento patronal
    preferencial): 177
campo(s)
  (social): 207 (opacidade dada ao –):
    214-5
  (– estratégicos dos discursos): 153

capilarização, capilar: 113, 116 n. f,
  117 n. a, 121, 179
  (forma capilar do poder): 183
capital, *Capital*: 97, 124 n. c, 131, 155
  n. 19, 158, 159, 173
  (acumulação do –): 158, 211, 267
  (e técnicas disciplinares): 267-8
capitalismo e coerção: 48, 103
capitalismo: 14, 131, 141 n. 5, 160, 168
  n. 11, 193, 211, 252
  (crescimento, desenvolvimento do –):
    14, 102 e n. c, 131
capitalista
  (poder –): 66 e n. c, 105 e n. b, 190
  (regime –): 161
  (sociedade –): 48, 66, 105, 143, 190,
    193, 194
carestia (1795): 110 n. 17
cargos judiciários e sistema da
  venalidade (fim da Idade Média-s.
  XVII): 114
caserna: v. acasernamento
  (fábrica-caserna-convento): 186 e
    n. a-n. b, 192, 201 n. 1
casta(s): 69 n. 6, 140 n. 3, 188; v.
  Blanqui
castigo(s): 11, 14, 31, 32, 59, 62,
  64 n. a, 74-5 n. 43, 75 n. 46, 217,
  228, 231-2, 264 n. 110, 271, 278;
  v. dívida, detenção, exclusão, morte,
  prisão
  (–: opção moral e religiosa): 14, 64
  (–: proteção da sociedade): 39 n. 28,
    245-6; v. reformadores
  (–: retorno da dívida): 11; v. resgate
casuística: 198; v. confissão,
  discursividade
categorias: 187 n. b
  (– da desordem e da violência): 118
  (– de discurso): 152
  (– do banditismo): 136 [Colquhoun]
  (– marginais): 159
  (– sociais constituídas pelo
    Lumpenproletariat): 116
cela: 35-6 n. 2, 87-8 n. 4; v. Bentham,
  Julius, Penn

(– de convento e célula de prisão):
    67 n. a
(– penitenciária, lugar da consciência
    calvinista): 82 n. b
célula: v. cela
centro (imagem moderna do –: forma
    central do poder): 207 [Julius]
cerimônia: 223 n. 26
    (– do poder e consciência social): 217
cidadão(s): 23, 39 n. 28 [Beccaria], 47,
    63, 68-9 n. 3 [Rousseau], 162, 183
    n. 21 [Strayer]
    (– "representante da sociedade"):
    162, 169 n. 15
cidades operárias (Walnut Street,
    Mulhouse): 188, 192 n. c, 203 n. 24
ciência(s)
    (– "das prisões"): 61, 72 n. 25, 230;
    v. Julius, Lucas
    (– "dos criminosos"): 230
    (– humanas): 218 e n. a, 224 n. 29;
    v. discurso normatizador
circuitos
    (– de derivação: "utilização" social
    lateral): 116
    (– de nomadismo): 175; v. mercados
    de trabalho
círculo carcerário: 218 n. 1
    (inversão criminológica do –): 230
círculo prisão e delinquente, penal e
    penitenciário: 137, 149
civilização(ões): 14-5 n. 1, 187
    (– da vigilância): 275
    (– do espetáculo): 22, (vs.
    civilizações da vigilância): 235-6;
    v. Julius
    ("tipos de –"): 18 n. 15; v. sociedades
classe operária: 30, 138-9, 140, 144,
    158, 175, 186-7, 190, 195 n. b, 208
    (– inglesa): 38 n. 20, 108 n. 4, 109 n.
    11, 257 n. 76-n. 77; v. Thompson
classe trabalhadora, objeto privilegiado
    da transformação penitenciária para a
    integração num pacto social: 149
classe(s) social(is): 113; v. guerra civil
    (– dissidente): 80; v. "dissidência
    moral"

(– *laboriosas*): 166 n. 3, (– *e
    perigosas*): 55 n. 19, 154 n. 9, 166
    n. 3-n. 4, 167 n. 7-n. 8; v. Buret,
    Chevalier, Frégier
(– perigosas, *perigosas*): 158, 160,
    165 n. 2, 166 n. 3, 167 n. 7
(– pobres):113; v. moralização
(– superiores, *higher classes*): 34, 36,
    100-2, (e controle): 123 /
    ("classe(s) baixa(s)", *lower
    classes*): 99, 103, 110-1 n. 18,
    ("raça abastardada"): 151, 155
    n. 18; v. Burke, Colquhoun, Target,
    Watson, Wesley
([luta] de –): 31 n. b
classificação e diagnóstico
    [hospitalar]: 6
claustro
    (– definitivo: a morte): 5 e n. b
    (heterogeneidade entre – monástico e
    claustro penitenciário): 79
clínica, *clínica:* 36-7 n. 3
    (– na Inglaterra: 96); v. saber do
    indivíduo, evolucionismo
    (– psiquiátrica): 119, 121
    (*Nascimento da* –): 14-5 n. 1,
    124-5 n. c
coalizões operárias e patronais,
    ([proibidas pela] lei Le Chapelier):
    169 n. 13 [Dolléans e Dehove];
    v. lei(s)
cobrança/arrecadação: 9, 48, 83, 95-6,
    115, 131, 133, 143 n. a, 211
    (– fiscal e fixação local): 131-2, 210
    (–: penalidade constante e variável
    segundo a tática): 9
    (– outorga de direito de cobrança de
    impostos): 212, 223 n. 25
Code d'instruction criminelle [Código
    de instrução criminal] (1808): 21, 23,
    37 n. 6-n. 7, 59 [Treilhard], 163
codificação
    (– criminológica): 162, 165
    (– da "moral cristã" no vocabulário
    da psicologia): 125
    (– médica e sociológica da prisão): 79

codificação
(– médico-judiciária): 164 e n. c
(recodificação dos delitos e das penas):
    162; v. Código penal de 1810
    (supercodificação ético-penal): 102;
    v. Colquhoun
Código criminal [da França] (1767): 59,
    69-70 n. 7-n. 8 [Serpillon]
Código Criminal austríaco (1789-1790):
    229
Código criminal da Inglaterra
    (Comentário sobre o –): 70-1 n. 14,
    231 n. 8; v. criminoso-inimigo social;
    v. Blackstone
Código penal austríaco (1787): 95 n. a,
    108 n. 3
Código penal francês
    (1771): 89 n. 12; v. Halpérin
    (1791): projeto de Código e
        discussões sobre o projeto: 57, 68
        n. 1, 71-2 n. 17, n. 18 e n. 19, 73
        n. 28, 74 n. 34 e n. 39, 74-5 n. 43,
        127 n. 16; v. Brillat-Savarin,
        Duport, Le Peletier de Saint-
        -Fargeau
    (1804-1808): elaboração do primeiro
        projeto [Target]
    (1810): 59, 60, 162, 169 n.13-n. 16,
        181 n. 15, 200 [Treilhard]
    (1831): discussão do projeto de lei
        de reformas do Código: 35 n. 1
        [Bernard], 70 n. 9-n. 11; v. Rémusat
    (1832): reformas do Código
código penal inglês (s. XVII): 98,
    (projeto de –): 67, 80; v. *quakers*;
    v. Penn
código penal: 60, 63 [Brissot], 108 n. 3:
    v. Cartuyvels
Código rural (1791): 146, 154 n. 7
código(s): 34-5 n. e
    (– de tradução): 34-5 n. e, (prático,
        epistêmico, teórico): 34-5 n. e
    (código civil e contrato, início do s.
        XIX): 160
coerção: 30, 89, 103 n. c, 113-4 n. a,
    130 n. a, 138, 211, 238

(– capitalista: transformação da força
    de trabalho em força produtiva):
    48-9
(– ética, moral e política): 163, 238
coerção(ões): 103, 113-4 n. b, 131, 138,
    147, 166 n. 4 [Chevalier]
(– com referência externa e coerção
    autorreferencial): 49 n. b
coercitivo: 103-4, 279
(–: condição de aceitabilidade da
    prisão, do penitenciário, s. XIX):
    103 n. d, 151
(–: estabelece a conexão entre moral
    e penalidade): 104 e n. b, 105 n. b
(o – e o ideológico): 219 e n. 9
colônias: 47 e n. a [Le Trosne], 74-5 n.
    43 [Brissot], 139 e n. a; v. escravidão
(– agrícola[s] e penitenciária[s]): 47
    n. a, 187 e n. b
(– de Mettray): 187, 198, 202 n. 16;
    v. Demetz, Ducpetiaux, Forlivesi
    et al., Genet
(– *penais*): 35-6 n. 2 [Beaumont e
    Tocqueville]
comerciantes: 111 n. 22, 130-1,
    142 n. 16 [Colquhoun]
(– e artesãos): 130
compensação (por danos causados):
    8-11, 18, 19
complôs: 101, 115, 220 n. 15: v.
    Colquhoun, Sartine
("teoria do complô"): 269
comportamento(s): 45 n. a, 58, 98, 103,
    141 n. 14, 196, 197 n. c, 2137
comunidade(s): 27, 44, 47, 73 n. 30
    [Nietzsche], 80, 120, 123, 146, 148,
    152, 188, 250
(– conventual, monástica, religiosas):
    89 n. 8, 120, 235
(– dos justos, religiosas dissidentes):
    80-1, 89 n. 8, 95-6
(– homogênea de criminosos): 229;
    v. círculo carcerário; v. Decazes
(– paroquial): 120
comutador: v. transcritor
(–: elemento conector): 33, 34-5 n. e,
    51, 121; v. código

(– entre os ilegalismos): 148; v. exército, criminoso-inimigo social
concepção(ões)
(– ético-religiosa(s) da culpa, do pecado): 21 n. a
(– moral do poder): 67 n. b; v. reformadores
(– *quaker* da política): 81; vs. concepção dos reformadores
(– romana do *crimen maiestatis*): 83
condição física e moral dos operários: 203 n. 26; v. Ducpetiaux
condicionamento moral e penalidade: 163, (circunstâncias agravantes e atenuantes): 22, 84, 163, 169 n. 16, 179; v. modulação moderadora
conexão: 34, 50, 104 e n. b, 105, 210
(– entre punitivo e penal, coercitivo e interdito, penitência e punição): 104 n. b
(– jurídico-religiosa): 85
confiança, falta de: 38 n. 12 e n. 13 [Hobbes], 95 n. a, 145 n. b; v. desconfiança
confissão católica e discursividade: 197 n. c, 198, 203-4 n. 29
confissão-penitência: 179
confissão: 17 n. 8, (e confissão religiosa): 203-4 n. 29
conflito(s): 13, 38, 61, 109-10 n. 11, 119, 126 n. 5, 133, 134, 186, 188
(– de classes): 134 n. a, 246, 256, 264 n. 110
conhecimento do prisioneiro: 84; v. ficha criminal
conscrição (recusa à –, ano II): 148
consumo: 44-5, 180 n. c, 193
contabilidade moral cotidiana: 198; v. colônia(s) penitenciária(s)
contencioso/s patrão-operário e conselhos trabalhistas: 179; v. contrato
contestação e litígio: 147: v. contrato
continuidade do trabalho/ descontinuidade do acaso: 193; v. controle

contrabandista: arrecadador de impostos ilegais (imagem positiva do – [transformada] em imagem negativa do criminoso-inimigo social): 149-50 e n. a
(formas "contrabandistas"): 138 n. a, 175
contrabando
(– e cumplicidade): 133, 136, 141 n. 14; v. ilegalismos
(técnicas de –, meados do s. XVIII): 142 n. 16, 144-5; v. Colquhoun, Juillard
contrato: 13, 49, 68-9 n. 3, 131, 145-7, 154 n. 9, 168 n. 10, 216, 237, 273
(–: forma jurídica da propriedade): 146-7
(– e hábito): 160 e n. b, 217-8; v. corpo do operário
(ilusão de livre –: 176 n. b; v. mercado (ruptura do "contrato de trabalho") 237
(contrato-ilegalidade vs. conscrição): 147 n. a; v. Pierre Rivière
controle: 19, 33, 62, 208, 210, 213, 234, 235-6, 238-9, 245, 251 n. 44, 253-5, 272-4, 276-8; v. sequestração, sociedade panóptica
(– da fixação local dos indivíduos): 194, 210; vs. mobilidade, vagabundagem
(– do indivíduo, do operário: do corpo, do tempo, da vida): 66, 75 n. 46, 199-200, 208, 210, 212-3, 234-6, 238-9, 274-5
(– intraestatal na França, extraestatal, ético-jurídico pelo Estado, na Inglaterra): 199-200, 209 n. a
(– "moral"): 95-6, 98-9, 124, 163, 199; v. "classes baixas", moral
(– social): 107, 116 e n. d, 221-2 n. 20
(sociedade de –): 204 n. 30 [Deleuze]
corpo do operário, dos operários: 8, 66, 79, 84, 158-61, 163, 171-2, 173 n. a, 180, 183 n. 23, 186, 299, 237, 272-3

(– e corpo da riqueza burguesa): 144, 145-7, 158-60, 175, 176, 262; v. materialidade
corporativismo: 161; v. regime capitalista
corpos da sociedade, social(is): 4, 157, 177-8, 188, 190, 209, 278
(– dinásticos, multiplicadores de poder): 192
(–: intermediadores do poder): 189
corpos dóceis: 75 n. 46, 268, 272
corpos e tempo dos homens: 267
corpos produtores: 189, 267
(–: corpos dos operários: força de produção, força de trabalho): 171, 172, 180, 200, 210, 211, 267, 272
(– e tempo dos homens): 267
(fixação, localização dos –): 173, 189, 238, (corpos submetidos): 219 n. 7
correção
(a prisão, lugar de –: 234
correcional (aparato): 134 n. b
corretivo, correção dos indivíduos: 93, 98, 103, 113-4, 119-20 n. a, 122, 149, 151 e n. a, 164, 165 n. b, 228; v. coercitivo, fixação
crime: 4, 12, 14 n. a, 32 n.a-34, 41-2 n. a, 43-5 e n. a, 54 n. 6, 57 n. a, 58, 59-60, 62-3, 64 e n. a, 65-6, 68 n. 2, 87-8 n. 4, 98, 101, 106, 111 n. 25 e n. 27, 120, 121, 125, 138, 144, 150, 151, 162-3, 164, 165 n. b, 167 n. 8, 169 n. 14 e n. 16, 179-80
(– como ataque contra a sociedade, nocividade social, guerra de um contra todos, ruptura do pacto social): 31, 32 n. a, 46, 38 n. a, 52 n. a, 57 n. a, 68 n. 2; v. criminoso – inimigo social; v. Beccaria, Brissot
(– como atentado à soberania; 31-2, 57 (*crimen maiestatis*): 83, 91 n. 22
(– como dano, prejuízo): 49 n. a [Muyart de Vouglans], 52 n. a, 54 n. 6 e n. 17, 57 e n. a, 68 n. 2
(– como doença social): 4 n. b, 34 e n. d, 42 n. a, 165 n. a

(– e falta, culpa, pecado): 7, 11 n. b, 78, 98, 150
(– político, crime de Estado): 53 e n. a, 89-90 n. 12, 93, 108 n. 3, 115
("literatura do crime"): 50-2, 54 n. 17-55-6 n. 20
criminal(is)
(justiça –): 53-4 n. 4 [Le Trosne]
(*Leis* –): 49, 54 n. 16, 62, 75 n. 46; v. Brissot, Muyart de Vouglans
criminalidade: 11 n. b, 15-6 n. 2, 24, 34, 51, 55 n. 19, 69 n. 7 [Richard], 87 n. 4 [Tarde], 133, 170 n. 20 [Fontanille]
(– de colarinho branco): 170 n. 21
criminologia: 61, 70 n. 13, 85, 122, 150, 164-5 e n. b; v. discurso
criminoso-inimigo social: aquele que faz guerra à sociedade, inimigo público: 31-36, 42-3, 46, 49-50 n. a, 52 n. a, 57 n. a, 58 n. a, 60-3, 68 n. 2; v. *Code d'instruction criminelle*
("aparecimento" do –): 42 n. a
(emergência do –): 33, 42 n. a, 49-50 n. a, 52, 57-61
(exclusão do –): 34-5
(heterogeneidade entre o – e a prisão): 61; v. penal
criminoso(s): 15-6 n. 2, 19-20 n. 22, 31-6, 41, 42, 46, 50, 57; v. Beaumetz
(– como estranho à sociedade): 31 n. c, 37 n. 6; v. criminologia, sociologia
("criminosos de Estado"): 111 [Colquhoun]
(– e corpo político: *front* de guerra): 58
(ordem – vs. obrigação[ões]): 41, 42 n. a, 68 n. 2
(segregação dos –): 58 n. a
crises sociais no s. XVII: 114
cristianização [do sistema penal], recristianização do crime (fim do s. XVIII): 83, 85, 120 n. a
culpa(s): 81, 119, 124-5 n. c
(– moral e religiosa ou definida pelo sistema penal): 100, 106; v. infração, reformadores

culpabilização
  (– do crime): 84-5, (laica): 124-5 n. c
  (– e codificação da moral cristã):
    124-5 n. c
culpado: 10-1, 14, 59, 63, 68-9 n. 3,
  72-3 n. 26, 74-5 n. 43, 176, 179

danos: 8, 31, 39 n.28, 49 n.b, 68 n. 2,
  227
  (converter – em dívida): 227;
    v. delito, resgate
delinquência: 13, 34 n. d, 38-9 n. 22,
  42-6, 50-2, 110 n. 17, 137 n. a-9, 149
  e n. b, 164, 178-9, 207, 213, 229-30,
  239
  (– como função social permanente):
    51 n. a
  (– de direito comum e – política): 13,
    133
  (mundo da –: 43, 138
delinquente(s): 32, 43, 46, 51, 137-9,
  142 n. 17, 150-1, 186-7, 206, 233,
  235, 239, 276-8, 279; v. inimigo
  social, "indivíduo perigoso"
  (como inimigos públicos da produção
    econômica): 42; v. fisiocratas
  (– como mutantes psicológicos e
    sociais, s. XIX): 239
  (– e não delinquentes: separação dos
    ilegalismos): 51, 139,
  (reversibilidade do personagem
    delinquente – não delinquente [na
    literatura]): 51
delito(s), *delitos*: 18 n. 13, 22, 23, 41-2,
  64 n. a, 71-2 n. 18, 73 n. 28
  [Beccaria], 84, 108 n. 3, 141 n. 14,
  150-1, 162-4, 169 n. 14, 174, 179
  (– criminais ou políticos): 108 n. 3
  (– econômicos ou profissionais): 238
  (– públicos e – particulares): 64 n. a
  (– religiosos: desaparecimento no
    início do s. XIX): 238
  (– rurais): 38-9 n. 22, 237
denúncia: 41-2, 96, 123
  (– e vigilância): 121; v. ordens régias
  (– pelo delator, alcaguete): 137

deportação-colonização: 229
deportação: 52 n. a, 59 n. b, 70 n. 13,
  103, 220 n. 15; v. Blackstone,
  Howard, Julius
depredação: 98, 124, 264
  (– camponesa): 144 n. b, 146 e
    n. a- 147
  (– e nomadismo físico): 197
  (formas "contrabandistas" da –: 138
    n. a, 150
  (– operária do capital [móvel]): 98,
    103, 124 n. c, 135 e n. b- 137 e
    n. b, 142 n. 16, 143-4, 174; v.
    fortuna, ilegalismo de depredação;
    v. Colquhoun
  (– provocada pela redistribuição dos
    direitos): 124 n. c
depressão econômica do século XVII:
  114
derivação(ões): 42, 77-8, 86-7 n. 2,
  116 n. f, 118, 121, 123
  (circuitos de derivação): 116
  (– discursiva): 61
  (– teórica e – institucional): 33
desconfiança: 25, 38 n. 13
  (– e rivalidade originária): 25;
    v. confiança (falta de); v. Hobbes
desejo: 18 n. 16, 25
  (convergência do – e rivalidade
    originária): 25; v. Girard, Hobbes
  (– e necessidade do operário): 160,
    161, 171; v. corpos, materialidade
  (teoria atual do –): 123, (vs. análise
    das estratégias do poder): 223
desempregados: 45, 99, 116, 136, 193
  (–: ociosos conjunturais): 174
desemprego: 46, 54 n. 17, 161 n. d,
  181-2 n. 16, 190, 193, 210
desordem(ns): 32, 95, 102, 118, 125-6
  n. 3 e n. 5, 148, 172 e n. b, 176, 195;
  v. ilegalismo de dissipação
despotismo: 53 n. 3, 124, 233;
  v. Beccaria, Duport, Quesnay
desregramento
  (saber acerca do –): 122-3, 224;
  v. Durkheim

desvio, *Desvio:* 4, 72 n. 22, 121 n. a, 169 n. 18
 (psicopatologia do –): 34 e n. b; v. ciências sociais
detenção isolada: 59 [Howard], (e hábito do trabalho): 70-1 n. 14 [Julius]
detentos: 67 n. a, 73-4 n. 32, 82, 87-8 n. 4, 89 n. 8, 123 n. e, 139, 182 n. 19, 227, 218-9 n. 2, 220 n. 13
 (– e vigilantes / reclusos e carcereiros): 80, 253; v. Goffman
devassidão, devasso: 98, 118, 121, 123, 151, 172-3, 215 n. a; v. ilegalismo de dissipação
"dinástico(a)": 86-7 n. 2
 (análise de tipo –): 78, 86-7 n. 2
 (corpos –): 189; v. instâncias de superpoder
 (– do saber): 86-7 n. 2, 273
direito: 33, 44, 46, 48, 61, 63, 66, 83, 88-9 n. 7, 89 n. 9, 115, 133, 168-9 n. 12, 169, 321
 (– arcaico): 19 n. 18
 (– canônico): 88-9 n. 7 [Lefebvre--Teillard]
 (– civil): 49-50 n. a, 59, 147, 227
 (– comum): 132 n. a, 144, 247, 270; v. crime, delinquência
 (– criminal clássico): 34-6 n. e, 49-50 n. a, 68 n. 2, 83, 91 n. 19, 169 n. 15, 228 n. 3; v. Serpillon, Jousse, Muyart de Vouglans
 (– da guerra): 68-9 n. 3
 (– da sociedade sobre si mesma): 162
 (– de justiça): 11
 (– de punir): 39 n. 28
 (– do Príncipe): 49-50 n. a
 (– do saber de exercer um poder): 214
 (– do trabalho): 168-9 n. 12, 181 n. 8
 (– feudal): 182 n. 20
 (– francês antigo de inspiração germânica): 19 n. 17
 (– germânico medieval): 11 e n. a, 18 n. 13 e n. 14, 19 n. 17, 66, 182 n. 20
 (– natural): 144
 (– penal): 9, 69 n. 7, 73 n. 30 [Nietzsche], 233 n. 14 [Rossi]; v. também: "ciência das prisões"
 (– político): 68-9 n. 3 [Rousseau]
 (– romano: *crimen maiestatis* [noção de]): 83, 91 n. 22
 (– social): 68-9 n. 3
 (*crítica do* –): 69 n. 5 [Lascoumes e Zander]
 (pré-direito grego): 182 n. 20
direitos, *direitos:* 58, 89 n. 12, 108 n. 3 [Halpérin], 131-2, 135 n. a, 136
 (– comunitários), (– comunais), (– feudais): 145
 (– consuetudinários): 69 n. 5 [Marx], 142 e n. a
 (redistribuição dos – e depredação, fim do s. XVIII): 124 n. c, 135 n. b
 (– e descriminalização das infrações penais): 104 e n. e; v. dissidência moral, s. XX.
disciplina: 38 n. 21, 75 n. 47
 (– baseada na justiça): 223-4 n. 27 [Durkheim]
 (– e hábito[s]): 215
 (– e segurança): 183 n. 23
disciplinar: v. poder, regime, sociedade, sistema
discursividade: 197-8, 254 n. 58
 (novo tipo de – e inserção dos indivíduos nos aparatos de produção, de transmissão de saber): 191
 (– e normatividade): 191
 (– e subjetividade): 203-4 n. 29
discurso(s)
 (– criminológico, com pretensão científica): 164, 165 e n. a, 245, 277
 (– da penalidade, do direito penal): 61, 163
 (– de racionalidade): 6
 (– "ideológicos"): 66 n. a
 (mítico): 224, (– ligado ao exercício do poder): 239

(– normatizador: função anexa ao
  poder disciplinar): 217 n. b, 224;
  v. ciências humanas
Dissenters: 89 n. 10; v. dissidência
  moral
  (rigorismo dos –, c. 1700-1750): 235
dissidência (judiciária, penal, social):
  99, 157
"dissidência moral"
  (– s. XVIII.: grupos anglo-saxões
  religiosos, mas recusando o dogma
  da Igreja anglicana [e
  preconizando] o vínculo entre
  moral, produção capitalista, aparato
  estatal; s. XX: Europa e Estados
  Unidos: grupos laicos não
  conformistas [que preconizam] a
  transgressão): 104-5 e n. a-n. b
dissidência social e falha moral: 157
dissipação (intemperança,
  imprevidência, desordem: festa,
  loteria, concubinato): 98, 118, 121,
  159, 173, 174-6, 262; v. ilegalismo
dívida, endividamento: 8, 11, 49 n. a,
  61 n. d, 66, 210 n. a; v. danos, pena,
  resgate
domínio psicopatológico ou psiquiátrico
  sobre o criminoso: 35
dualidade
  (– sistema penal-discurso
  psicojurídico): 163-4
dualismo
  (– canibalismo-incesto): 16 n. 3
  (– penal): 162 n. a

economia política: 42-5, 53 n. 3, 102,
  154 n. 7, 176, 181 n. 11 e n. 14, 202
  n. 13, 258, 259, 261, 267; v.
  Colquhoun, Le Trosne, Villeneuve-
  -Bargemont
  (– "do corpo"): 222 n. 21, 246
  (– dos ilegalismos e do capitalismo):
  261
  (– e filosofia): 267 n. 132 [Marx]
  (– e genealogia da moral): 259; s.v.

efeito(s)
  (– de marginalização) 237; s.v.
  (– de saber): 9, 33; v. psicopatologia
  (– de superpoder): 208, 264
  (efeito-delinquência produzido pela
  prisão): 231
  (– epistêmicos): 34 n. d e n. e;
  v. sociologia da criminalidade
  (– "teórico-político"): 58, 265;
  v. Althusser
emergência: 33, 41, 42 e n. a, 49-50 n. a,
  52 n. a, 72 n. 23, 78, 83, 86, 87 n. 3,
  90 n. 16, 243 e n.4; v. criminoso-
  -inimigo social, inimigo público,
  penitenciário(a), prisão
emprego do tempo: 193, 194 n. a, 201
  n. 1, 210, 268
  (– e desenrolar cronológico da
  mecânica produtiva): 210
  (pleno emprego dos indivíduos e
  pleno emprego do tempo): 193-4 e
  n. b; v. política do capitalismo,
  tempo
encarceramento, sistema de penalidade:
  59-61; v. Duport, Howard e
  Blackstone, Rémusat
  ("encarceramento em massa",
  Estados Unidos, s. XX): 247-8
encarceramento: v. reclusão/
  aprisionamento/encarceramento
encelamento individual, lei de 1875: 72;
  v. cela, prisão
encenação de um poder vacante: 30;
  v. movimento luddita, poder mítico;
  v. Ludd
engrenagem
  (– temporal): 194, 198; v. sujeição
enquadramento moral: 98, 177
enxerto
  (– da moral cristã na prática
  judiciária): 83
era do panoptismo 236; v. civilização da
  vigilância, panoptismo
escolarização: 152, (do discurso): 152 n. a
escravidão: 47, 64-5, 74-5 n. 43, 77
  n. a; v. medidas punitivas, modelos de

Índice das noções 295

punição; v. Beccaria, Brissot, Le Trosne
(– gradual[ável]): 74-5 n. 43, (temporária): 233, ou (perpétua "para assassinos", substituta da pena de morte): 74-5 n. 43
([partidário/s da] abolição da –): 90-1 n. 18 [La Rochefoucauld--Liancourt], 109 n. 9 [Wilberforce]
(–: reedição forçada do contrato social entre o criminoso e a sociedade): 64
escravização dos vagabundos (postos fora da lei jurídica: medida punitiva): 47-8 [Le Trosne]; v. escravidão
escravo: 47 e n. a, 64, 187 n. b
espetáculo: 22-3, 37 n. 4, 265
(transformação do – em vigilância): 23; v. era do panoptismo
Estado medieval
(formação do – e função repressiva); 259; v. inquirição, fiscalidade
Estado moderno
(origens do –): 18 n. 13, 23, 47, 91 n. 22 e n. 23; v. Strayer
(– autoritário e justiça repressiva): 169 n. 13, (– forte: proteção do aparato produtivo): 160 n. b, (– e moralização da penalidade): 100-1
(– como agente da moralidade, da vigilância e do controle ético--jurídico): 23, 102-3, 105
(– como grande "penitencial"): 129 n. a
(– e moralização das classes baixas, classes pobres): 113 n. b; v. ordem do bem; *quakers*
(atentados contra o –): 100 n. c
("ciência de Estado)": 221 n. 17; v. estatística
(estruturas do – e instâncias de poder): 208-9, (pequenos Estados/ estabelecimentos dentro do Estado; v. aparato estatal vs. aparatos estatais): 192, 198-9 n. c; v./vs. Althusser

(organismo de Estado: garante controle e proteção): 102 e n. a, (e conservação vs. malfeitor): 68-9 n. 3 [Rousseau]
(polícia de Estado): 47
(responsabilidade do –): 73-4 n. 32
(saber de Estado): 213, 221 n. 17; v. pesquisa
(salvaguarda do Estado): 102
(substituição da religião pelo – nas sociedades europeias): 235-6 [Julius]; v. civilização da vigilância
Estado: 13, 31 n. b, 46, 47, 89-90 n. 12, 100, 114, 123, 188, 192, 197
estatística, "ciência de Estado": 220-1 n. 16, 221 n. 17; v. Perrot
estatização da justiça penal: 106
estratégias de luta contra o patronato: 175
estratégias de/do poder: 13, 214, 217, 279
estrutura econômica (acumulação do capital) e estrutura de poder (sequestração): 211; v. força de trabalho, tempo da vida
exame: 106, 182 n. 20, 183 n. 21 e n. 22, 198-200 n. a, 231, 245; v. inquirição, investigação, prova, prática discursiva
(– como forma de poder-saber ligada aos sistemas de controle): 183 n. 21
(– como produção de uma verdade científica e veraz do sujeito na sociedade industrial, s. XIX): 245
(– como prova ininterrupta): 180
(– de consciência): 67 n. a
excluir, exclusão: 4-5, 16-7 n. 6, 28, 34, 183 n. 23, 246, 260; v. sociedades; v. Lévi-Strauss
(crítica da noção de exclusão): 4-7
(– temporária, punição de uma marginalidade): 199
(exclusão-expulsão-rejeição e exclusão-inclusão-integração): 21 n. a, 190 e n. a-192; v. guerra civil, normatização, sequestração
exercício da justiça: 118, 259

exercício do poder: 86 n. 2, 104-5, 106, 125-6 n. 3, 152, 218 e n. c, 224 n. 30, 236, 239; v. discurso, ilegalismo, poder político soberano
   (– mascarado sob pesquisa de opinião): 14 n. a
   (exercício cotidiano do poder): 30; v. guerra civil
exercícios de piedade: 201 n. 7 [Reybaud]
exército(s): 122, 139, 154-5 n. 13, 192, 251 n. 42, 259
   (– e a justiça): 114 e n. b ("justiça armada"), 115
   (– como foco comutador dos ilegalismos): 148
   (– de inimigos internos): 229, (dos perigos internos): 229; v. prisão
   (– industrial): 173
   (–: instrumento de controle e repressão): 114
   (– revolucionários, 1791): 154 n. 5
   ([recrutamento do] –: meio de debelar a delinquência): 139
exílio: 4 n. b, 10, 11, 12, 68-9 n. 3, 118, 123 n. a, 186, 227; v. regime penal, sociedades exilantes
   (– local ou indireto): 10, 17 n. 10
exploração (intensiva das terras, das florestas): 145 e n. b, 237; v. delitos
   (– comercial e exercício do poder): 152 n. d
   (– da mais-valia): 268
expulsão, transferência e reativação: 5; vs. Lévi-Strauss
extradição: 115, 170 n. 21 (de Klaus Croissant)

fábrica-caserna-convento (institucionalização da –): 186, (o exemplo por excelência de Jujurieux): 195 n. a, (fábrica-prisão): 186 n. b; v. par vigiar-punir, Icária patronal
fabricação do social: 255; v. aparatos, instituições de sequestração
   (–: fabricação de um tecido de hábitos): 215; v. norma social

falta(s): 99, 150, 162, 228-33, 270
feitiçaria, via parajudiciária: 118
ficção social como norma: 197; v. monossexualidade e interdição
ficha criminal: 84; v. conhecimento do prisioneiro
figura(s)
   (– da delinquência): 52, 54 n. 17.
   (– do monstro): 15-6 n. 2, 55-6 n. 20; v. antropofagia
   (– do saber): 123
filantropia cristã: 124-5 n. c
fiscalidade estatal: 114; v. Estado medieval
"Física" do poder: 238-9
fisiocratas: 43, 45, 46, 53 n. 3; v. Du Pont de Nemours, Le Mercier de La Rivière, Quesnay
fisiologia (nova): 239; v. "Física" do poder
fixação
   (– geográfica): 44 n. a;
   (– local: controle): 210, 238
fixação
   (da fixação local na sociedade feudal): 161, 199, (à sequestração temporal, s. XVIII-XIX): 194
   (– do operário, dos indivíduos ao lugar, ao aparato de produção): 173, 180, 188, 210, 208, 210, 216, (a aparatos sociais): 191
folgas: ociosidade controlada (integrada no sistema de consumo): 172, 173-4, 193
força de trabalho: 173, 200, 210-1, 215, 267, 272; v. corpo do operário, sociedade disciplinar, tempo da vida
   (compra da –): 65, 159, 161, (e oferta no mercado): 211, 273; v. aparato de produção
   (constituição de uma –) 215, 217 n. b, 219 n. 7, 266, 243, 273; v. sujeição, coerção, fabricação de um tecido de hábitos, poder disciplinar
   ("subtrair" [sua própria] –): 159-60, 172-3; v. ilegalismo de dissipação

(– transformada em força produtiva):
48, 171
(utilização da –), (aplicada ao aparato
de produção): 171
força militar: 161
(– e corporativismo: proteção do
aparato de produção); 161
força
(– corporal do operário, força
produtiva): 171; v. corpo, sistema
de produção, vs. ilegalismo de
dissipação
forças produtivas: 161, 180, 200, 238,
275; v. força de trabalho
forma-prisão e forma-salário: 65-66,
77, 238, 244, 254-5, 275
(–: forma-prisão do sistema penal e
forma-salário do trabalho): 238,
(historicamente gêmeas): 65
(– num sistema de equivalência:
tempo de liberdade para preço da
infração, salário contra certa
quantidade de tempo): 65, 77-8
forma-prisão: 65, 77-9, 81, 94-5, 206,
238, 244-6, 254, 255, 271-2, 275-6
(–: forma arquitetônica, forma
espacial e forma social geral): 37
n. 6, 71 n. 61, 86, 86 n. a, 206, 219
n. 3, 274; v. modelo penitenciário,
panoptismo; v. Bentham, Treilhard
(forma estelar: forma do saber-
-poder): 206 e n. b
(– derivável da concepção *quaker*):
81; v. *quaker*
(condições de aceitabilidade da –):
92-103
(genealogia da –): 79, 275-6
forma-salário, compra da força de
trabalho: 153
fortuna burguesa: 97-102, 136, 140 n. 2,
143-4, 145-7, 153 n. 1, 159;
v. acumulação do capital, contrato,
ilegalismo
(localização e deslocamento da –):
101; v. história da moral

fraudador(es)
(conluio agentes-fraudadores): 138 n. a
fraude
(– dos estratos privilegiados: da
extorsão fiscal, judiciária, senhorial
no regime feudal, à fraude em
regime capitalista): 131-2, 137 n. a
(– dos estratos populares: da fraude
ao roubo): 137 n. a
função(ões)
(– antiprodutiva do vagabundo): 43
[Le Trosne]
(– positivas do ilegalismos): 134 e n. b
(– preventiva da pena, s. XVII); 120
funcionalismo sociológico (impasses
do –): 12 n. c, 14 n. a, 20 n. 24; v.
Durkheim

Genealogia, genealogia: 73 n. 30, 86-7
n. 2, 218, 244
(– da forma-prisão): 79
(*Genealogia da moral*): 73 n. 30, 274,
(genealogia de nossa –): 95 n. a
genealógico(a)
(*abordagem – dos primeiros códigos
penais*): 108 n. 3 [Cartuyvels]
(análise/método –): 72-3 n. 26, 86-7
n. 2, 104
globalização do mercado, depredação e
revoltas: 236; v. sublevações
gótico(a) (literatura, romance): 54-5
n. 18; v. [Gaarder], Radcliffe,
Shelley
graduação das penas, princípio
punitivo: 164; v. modulação
moralizadora
greve(s): 119, 133, 139, 168 n. 11, 174,
176, 208
grupos (Inglaterra, s. XVIII): 95-101;
v. controle, moralização
(– de autodefesa com caráter
paramilitar): 96
(– de comunidades religiosas
dissidentes): 95-6
(– de defesa da fortuna burguesa): 96
(– de manutenção da ordem): 95

guerra civil: 13-33, 208; criminoso-
-inimigo social, rebeliões, *sans-
-culottisme*
(alianças entre grupos dominantes e
guerra civil): 31 n. a
(– constitutiva dos elementos
coletivos): 28
[guerra civil e poder] (– como matriz
de todas as lutas pelo, do, em torno
de e contra o poder): 13, (desenrola-
-se no teatro do poder): 28
(– permanente e táticas opostas de
poder na sociedade do s. XIX): 13
(exercício cotidiano do poder como –):
30-1
(– e estatuto do criminoso): 31-4,
206, 244 e n. 7, 258-9
[guerra civil e sistema penal] (– como
matriz geral das táticas penais):
21 n. a, 31 n. b
[guerra civil segundo Hobbes]
(–: espécie de modelo do estado de
natureza): 25, (retorno à
individualidade originária): 28
(não relação entre guerra civil e
guerra de todos contra todos):
24-5 e n. a, 27, 28; vs. Hobbes
guerra social: ricos/pobres, patrões/
proletários: 21
guilhotina: 19, n. 20, 19-20 n. 22;
v. Brissot, Le Peletier

hábito(s) (s. XVIII-XIX): 47, 59, 82,
98, 148, 150, 151, 160, 163, 215-6,
229; v. sociedade disciplinar
(– como complemento do contrato,
para os que não são vinculados pela
propriedade): 216
(aparatos de poder e aquisição dos –
como normas sociais): 215
(uso crítico da noção no s. XVIII:
criticar a tradição pelo hábito para
contratualizar os vínculos sociais):
216, (uso prescritivo no s. XIX: elo
com o aparato de produção, de
coerção): 216

"higiene física e moral" das classes
laboriosas: 167-8 n. 9, 172; v. Guépin
e Bonamy, Grün
história
(– da extração administrativa do
saber): 213
(– da instituição judiciária): 200
(– da moral): 101, 153 n. a
(– da penalidade, história do corpo,
história dos controles dos corpos):
200, 238
(– da preguiça): 171-3
(– do poder dos hábitos como normas
sociais): 215
historiografia, função anexa do poder:
217
Homo sacer: 19 n. 18: v. táticas
punitivas; v. Agamben
hospital
(– geral, lugar de reclusão dos pobres,
Antigo Regime): 122, 125-6 n. 3,
140-127 n. 10-n. 11
(– psiquiátrico, relação política e
discurso racional): 5-9, 36-7 n. 3,
186 n. a, 197, 201 n. 1, 255; v.
vigilância, panoptismo

Icária patronal (fábrica sem salário,
tempo pertencente ao patrão, corpos
dóceis, corpos produtores): 66, 186;
v. fábrica-caserna-convento, fábrica-
-salário
ideologia: 58 n. a, 66, 116 e n. d, 139,
195, 212, 219 n. 6, 250 e n. 41-251,
265-6, 268
("não há ideologia oculta"): 35 n. 1;
v. "não dito"
(– da pena como dívida): 66
(– "jurídica burguesa" [Lascoumes e
Zander])
(– normativa): 124-5 n. c; v. moral
cristã
(esquema da –: ideologia e poder):
212 e n. b, 265
Igreja: 79, 80, 88 n. 5 e n. 6, 89 n. 10,
108 n. 4, 179; v. detenção preventiva,
metodistas; v. Wesley

(– e justiça laica): 83; v. penas
ilegalidade
  (–: instrumento na luta anticoercitiva): 105 n. b
  (– e repressão): 105
  (– meio de inserção do modo de produção capitalista no sistema artesanal): 131-2
ilegalismo de depredação e ilegalismo de dissipação, fim do s. XVIII-XIX: fortalecimento recíproco: 171-2
ilegalismo de depredação: 171-5; v. depredação operária
  (– ataque ao corpo da riqueza burguesa): 135-8; v. inimigo social
ilegalismo de dissipação: 173-6
  (– como desperdício do corpo, má gestão do capital): 181; v. dissipação
  (– e interesses da burguesia: mão de obra móvel, nível infralegal, i.e. nem caderneta nem greve): 176
  (– e reprovação da imoralidade operária): 176-7 [Villeneuve--Bargemont], (e mecanismo de penalização da existência): 177-9; v. caderneta(s)
ilegalismo(s)
  (– camponês: contra o contrato, fator do surto revolucionário, contra o regime pós-revolucionário de propriedade fundiária): 144-5 e n. b, 147-8
  (– do exército, fim do s. XVIII: comutador entre os ilegalismos rural e urbano): 148; v. exército, comutador
  (– do poder: intendentes de justiça, de polícia e de finanças, restabelecidos a partir do termidor): 180
  (– dos privilegiados e poder legislativo): 134-5, 261; v. fraude
  (– econômico e violação da autoridade do poder): 133
  (– "funcional": sistema pré--revolucionário dos ilegalismos coletivos): 131-2 e n. c, ("gerir diferencialmente") [Le Trosne]: 73 n. 27
  (explosão do –): 146-8
  (– popular): 38-9 n. 22, 53-4 n. 4, 54 n. 17, (incompatível com a economia burguesa): 130; v. "plebe sediciosa"
  (– popular, especulador, privilegiado, de ordem econômica, social, civil, político): 130, 139
imoralidade
  (– da classe estranha à nação real): 157 [Target]
  (– operária: "subtrai" a condição do lucro): 160, 161 e n. c, 176; v. ilegalismo de dissipação, vs. moralização
inclusão / marginalidade: 199
indigência, indigentes (ausência de nocividade por falta de energia): 176 [Villeneuve-Bargemont]
individualidade
  (– do soberano): 27
  (– originária): 28; v. Hobbes
individualização
  (–: inibição dos efeitos de grupo): 86 n. a
  (– arquitetônica: funções individualizantes das cidades operárias): 86 n. a; v. também: encelamento individual
  (– da pena em função do comportamento penal): 86 n. a
  (técnicas de – subjetiva): 19 n. 18 [Agamben]
"indivíduo perigoso": 3-8, 15-6 n. 2, 17 n. 6, 169 n. 18, 170 n. 20
indivíduo(s)
  (– e guerra civil segundo Hobbes: guerra de todos os indivíduos contra todos os indivíduos): 24-6 e n. b, 27-8; v. também: liberalismo
  (– e legislação): 105, (penal): 106
  (controle e moralização dos –): 95, 107

(– nas relações de produção capitalista): 49
(pacto de reconstituição do – como pertencente à sociedade): 64; v. escravidão
(saber sobre o –: analisa/análise clínica): 123 n. e
(–: um dos quatro elementos em jogo na luta do ilegalismo): 147
indústria: 39 n. 24, 126 n. 6, 141 n. 5, 181 n. 4-n. 5, 220 n. 11, 222-3 n. 23, 232
industrial(is): 168 n. 9, 175-6
(capitalismo –): 14; s.v.
(desenvolvimento –): 124-5 n. c
(economia de tipo –): 153 n. 1
(época –): 80
(exército): 173 [Chevalier]
(fortuna burguesa – e comercial): 147
(produção –): 177, (e capitalista): 253
(revolução –): 257
(riqueza –): 107, 145; s.v.
(sociedade[s]: 183 n. 21, 199, 207 n. a, 211-3, 213 n. a, 245 e n. 14, 247
(técnicas – de produção): 274
(trabalho –): 175
(vida civil e vida industrial unificadas): 186 [Reybaud]
infames (vida dos homens –: anti-Plutarco): 125-6 n. 3
infâmia, modelo de punição efetiva no s. XVIII: 8 e n. d, 63-5, 73 n. 31, 77 n. a, 121-2, 229-32, 233; v. Beccaria, Brissot, Le Peletier
infração: 8 e n. c, 14 n. a, 65, 86-7 n. 2, 100-3, 159, 160, 162-4, 231, 234, 239, 253: v. corretivo, táticas punitivas, pena de morte
(– moral e infração contra a sociedade: heterogeneidade entre princípio jurídico e princípio moral): 80-1, 100: v. Burroughs vs. Beccaria e Brissot
(– penal: culpabilização laica do infrator pelos micropoderes locais): 125

infrator: 8-10 e n. a-n. c, 68-9 n. 3, 115, 149, 232, 260
(– como inimigo social e correcionário: junção entre definição jurídico-penal como inimigo social e [medida corretiva]): 149
inimigo público: 33, 42-3, 68-9 n. 3 [Rousseau], 137, 170 n. 21; v. criminoso, delinquente
inimigo social: 137, 164, 279; v. criminoso
(– como indivíduo oposto à totalidade da sociedade): 42 n. a; v. Hobbes
(–: que rompeu o pacto social): 31, 33 e n. d, 34 n. a; v. crime, pacto social
(–: que pratica a ilegalidade): 137
(– e correcionário): 149, 151 n. a
inquérito: 200 n. a
(comissão de –): 73 [Defert], 87-8 n. 4 [Haussonville], 90-1 n. 18 [La Rochefoucauld-Liancourt]; v. prisões
inquirição
(– e instauração do Estado na Idade Média): 245 e n. 12
(noção de –): 179, 183 n. 21 [Strayer], 212, 245; v. exame
instância(s)
(– com superpoder, corpos dinásticos): 189
(– de contrapoder, de antiprodução): 49
(– de julgamento): 179, 197
(– de sequestração): 198
(– de vigilância): 23, 188
(– judiciária): 197
instinto e vida natural vs. corpo da riqueza: 149; v. ilegalismo de depredação
institucionalização
(– da fábrica-caserna-convento, fábrica sem salário: Jujurieux , Mettray): 186; v. Icária patronal
(– da remissão do saber à origem do poder: princípio de Chaptal): 213

(– estatal da justiça: prática [perene]
  da justiça vinculada ao poder
  soberano): 86-7 n. 2
instituições de reclusão, pedagógicas,
  corretivas, terapêuticas: fixação dos
  indivíduos a aparatos sociais: 187,
  191; v. corpos sociais
  (–: de controle do tempo): 199,
    (a função de julgamento
    permanente): 197 n. b
  (–: de fechamento do mundo para o
    lado de fora): 80; v. internamento
  (–: de normatização): 197: v. norma
    social
  (–: de sequestração, de sequestro):
    193; v. aparatos-estabelecimentos
    de sequestração
  (–: de vigilância, controle cotidiano e
    marginalizador): 179
  (–: parapenais com função
    moralizadora: retranscrever os
    elementos jurídicos da penalidade
    em termos de correção, de
    regeneração, de cura): 163
  (–: "totais" [Goffman] e outras
    instituições): 87 n. 3, 253-6
instituições: v. corpos da sociedade
  (– com superpoder): 190, 193
  (– de dissipação): 177; v. nomadismo
    moral
  (– judiciárias): 134 n. b
  (– mistas: produtivas e repressivas,
    produtivas e pedagógicas): 187 n. a
  (– parapenais: garantem a
    continuidade entre jurídico e
    penal): 163, 230, 235
  (– penais): 16-7 n. 6, 85, (ação
    pública e práticas penais): 33-5
  (da instituição penal à psicopatologia
    do desvio): 33-35
instrumentos
  (– de controle e repressão [desde o
    s. XVII]): justiça e exército
  (– de facilitação da falta, fim do
    s. XVIII-XIX): 98; v. dissipação

integração
  (– da biografia no saber): 122
  (– da ordem moral, da ordem pública
    no aparato estatal): 149; v. Duport
  (– da vida operária no tempo da
    capitalização, da produção, do
    lucro, e no tempo da poupança):
    194 e n. b
intelectuais: 73-4 n. 32, 151 e n. c
interação
  (– entre indivíduos e o corpo da
    riqueza): 147
  (– entre penalidades infrajudiciárias
    por instrumentos de sequestração e
    aparato estatal): 177-8, 191, 216-7
  (– entre prisão e multa): 162
intermediações e derivações do poder:
  121; v. ordens régias
internação
  (– clássica: exclusão consistente a
    jogar indivíduos para fora das
    normas): 217
  (– s. XVIII-XIX: inclusão: mais
    processo de fixação que exclusão):
    199; v. sequestração
  (a "grande –"): 202 n. 17
intruso
  (transformar o –, no sistema da
    predação feudal, em inimigo
    social) 149-50
investigação: 40 n. 32, 52 n. a, 65, 77
  n. 13 [Howard], 118, 119 n. b, 121,
  138 n. b, 126 n. 5
  (saber do desregramento): 122
investimento
  (– e contrainvestimento do aparato
    estatal pelo "interesse de classe",
    s. XVII-XVIII): 117
  (– político do corpo, ligado a sua
    utilização econômica): 219 n. 7
irregularidade
  (da irregularidade à infração): 239
  (domínio da – por um mecanismo de
    penalização da existência): 177
isolamento
  (debate sobre o – dos detentos, s.
    XIX): 220 n. 13

(punitivo, terapêutico): 79, 86 n. a, 87-8 n. 4, 123 n. a, 182 n. 19, 187 n. c, 230, 238

juízo(s)
(– de valor [proferidos pela] burguesia: transformam em ilegalidades ilegalismos outrora tolerados): 270
(– [ligado a] um tipo de discursividade nascido nas instituições de sequestração): 197-8
julgamento(s): 29, 68-9 n. 3, 80, 170 [Joinet]
(– jurídico absorvido pelo julgamento psicológico: utopia penal e julgamento coletivo dos indivíduos): 63; v. justiça popular, tribunais populares
(– permanente, judicatura ininterrupta): 179, 197; v. instituições de reclusão, sistema de impedimento
junção de moral e penal: 100, 149
jurídico(a/s): v. também aparato(s), ideologia
(ajuste entre – e médico, 164: retranscrição dos elementos jurídicos da penalidade no discurso psicojurídico):164-6
(apropriação – das terras em conformidade com o novo regime de propriedade rural, fim do s. XVIII; entrada da burguesia no sistema – do contrato): 145
(estar fora da lei – [garantia de] escravização): 47
(formas, "formas" –): 17 n. 10, 146-7, 244-5
(obras –): 39 n. 28
(penetração do – e do penal no sistema penitenciário): 61, 83
(pensamento –): 49 n. a
(problema – no s. XX: aborto): 105
(teoria –): 49 n. a, 50

jurisdição e desqualificação do crime (Inglaterra, fim do s. XVIII), técnica do perjúrio piedoso: 98, 110 n. 14
justiça: 114-5, 118, 124, 129, 133 n. d, 134 n. a, 135, 162, 169 n. 13, 178, 189, 227, 232, 263
(confiscada pela monarquia): 33
(– criminal, criminal): 53-4 n. 4 [Le Trosne], 220-1 n. 16, 228, 271
(– da pena): 232
(estatizada no fim do s. XVIII: nascimento de uma sociedade disciplinar): 106
(–: exercício e manutenção do poder na sociedade capitalista): 260
(– "ordinária") [Serpillon], vs. reclusão [antes das reformas]: 59
(– penal): 18 n. 13, 189, 235, 259
(– penitenciarizada): 129 n. a
(– popular, s. XX): 247 n. 21

legislação criminal, penal: 68 n. 1, 106-7, 150, 155 n. 18, 169 n. 13 e n.16, 175 n. c, 235; v. Código penal
lei(s), *Leis*
(– "celularista": isolamento do delinquente, 1875): 87-8 n. 4
(– *criminais*): 50, 62, 75 n. 46; v. Brissot, Muyart de Vouglans
(– inadequadas): 46; v. mendicância, vagabundagem; v. Le Trosne
(– moral: não punir em nome da lei, mas punir segundo a moralidade): 162
(– proibindo corporações operárias: lei Le Chapelier, 1791): 161, 168 n. 11, 169 n. 13
leis e rebelião: 102; v. rebelião
liberalismo
(paradoxo do –: um Estado forte e fortemente moralizador, coercitivo e centralizado, e uma teoria econômica da liberalização e da "liberdade do mercado do trabalho"): 273; v. fisiocratas
limite: 7 e n. a; v. Bataille

(experiências-limite e transgressão):
  17 n. 8
linguagem: 6, 110 n. 17, 142 n. 16
  (– dos romances de terror): 55 n. 20
  (– médica como transcritor geral):
  124-5 n. c
litígio: v. contrato, conselho trabalhista
  (s. XVI-XVII: controle e ação fiscal
  do – pelo agente do poder): 33, 36
  (– privado e enunciado do delito):
  41-2 e n. a, 57 n. a
  (crime definido pelo –: sistema penal
  não homogêneo ao sistema cristão,
  [remanentes] do direito romano, do
  direito germânico): 83
  (contestação e –, novo ilegalismo
  camponês contra o contrato nos s.
  XVIII-XIX): 147
  (ação pública substitui solução do –):
  231
localização
  (– do poder nos aparatos estatais):
  208
  (– dos corpos): 238; v. fixação
  (– e deslocamento da fortuna, das
  riquezas, na Inglaterra): 101, 113;
  v. fortuna burguesa
  (– geográfica): 44, 46, 189, 199;
  v. "ter fixação", vs. vagabundagem
loucura: 4 n. b, 16-7 n. 6, 87-8 n. 4,
  120, 126 n. 5, 170 n. 20, 248, 251;
  v. saber
lucro do capital: 131, 159; v. superlucro
luddismo, ludditas: 30 n. b, 39 n. 24, 256;
  v. movimento luddita; v. Hobsbawm
luta(s): 40 n. 32, 53-4 n. 4, 54 n. 17,
  152, 153 n. a, 165 n. 2, 175, 181-2 n.
  16, 208
  (elementos em jogo nas – dos s.
  XVIII-XIX: lei, prática ilegal,
  indivíduo, corpo da riqueza): 147
  (– antilegais): 133, 147
  (– contra a coerção: luta da
  dissidência moral inglesa): 105
  (– contra a depredação: luta da
  burguesia): 103, 131, 191

  (– contra a influência jacobina: luta
  da burguesa inglesa): 97 n. a; vs.
  sublevações de Gordon (1780)
  (– contra as reduções salariais: luta
  dos operários): 175 e n. c
  (– contra o sistema penitenciário,
  s. XX: luta do GIP, após a revolta
  de 1971 na prisão de Toul): 248
  (– pela abolição da pena de morte:
  luta dos *quakers*): 80-1
  (– pela descriminalização das
  infrações penais menores, s. XX:
  luta dos não conformistas e do
  GIP): 104
  (– poder): 209, 236, 244, (–: em torno
  do, pelo, contra ou com o poder):
  12 e n. c, 13-4 n. a; v. guerra civil
  (– verbais): 61, 153 n. a
"luz divina": 82 [Fox], 90 n. 15-n. 16

manifesto dos "330" (abril de 1971):
  105, 112 n. 37
mão de obra móvel e interesses da
  burguesia: 176
máquina: aparato marginalizador (com
  função de desmarginalização): 237
  (quebras de máquinas): 39 n. 24,
  139, 158, 175 n. a; v. ludditas;
  v. Hobsbawm
marca(s): 12-3, 24, 47, 122 124, 131, 217
  (– de uma penalidade igualitária:
  decapitação): 11 n. b
  (– do poder sobre o corpo do
  indivíduo): 12; v. morte
  (– do rei/Rei): 118 e n. c
marcação/marcar, tática punitiva: 9,
  10-2, 227, (marcação do vagabundo):
  47, 54 n. 12
marxistas (escritores, teóricos,
  historiadores); 251-63, 279; v.
  Althusser, Rudé, Porchnev, Thompson
materialidade:16-7 n. 6, 137 n. a
  (– do aparato de produção e risco de
  depredação): 161, 238
  (– da fortuna, da riqueza burguesa):
  136, 143, (e ataques do ilegalismo
  popular): 136, 143

(–: problema do corpo e da
  materialidade, questão de física):
  238
mecanismo
  (– do sistema penal): 120, (– punitivo
    extrajudiciário, extrapenal: sistema
    de micropunições): 178; v. "Física"
    do poder
medicina, ciência da normalidade dos
  corpos, no cerne da prática penal: 238
  (–, psiquiatria, lei de 1838: focos
    autônomos do saber): 214;
  v. discurso
medida
  (– da verdade: a moeda): 245
  (– do tempo e quantificação da
    troca): 78
medidas punitivas propostas por Le
  Trosne como soluções para a
  vagabundagem: 47-9; v. escravidão,
  autodefesa, caçada; v. também
  modelos de punição
medo, medo social: 64, 140 n. 2, 158
  n. a-160, 234-5, 262-3; v. "plebe
  sediciosa"; v. Frégier, Le Dreuille,
  Sue, Thompson
  (– da presença física do corpo do
    operário): 159-60
mendicância: 42-3, 44; v. leis
  inadequadas [Le Trosne], fisiocratas
  (– [percebida] como ligada ao
    desemprego no s. XVII, como
    crime social no s. XVIII): 46
  (prisão por multa, [fator de] –): 133
  (*relatório da Comissão de* –, 1791):
    124 n. a, 127 n. 15
mercado: 98, 159, 175-6, 236
  (economia de –): 161
  (força de trabalho continuamente
    oferecida no –): 211
  (leis de/do –): 131,134, 172;
    v. nomadismo
  (livre concorrência do –): 172
  (livre mercado de trabalho/de
    emprego): 132, 138, 157, 159, 161,
    172, 176, 211, 234

(– efeito colateral do sistema
  normatizador de transmissão do
  saber), 191
(– e livre viveiro de mão de obra):
  161
(– e mecanismos de controle): 237
(relação de –: ilegalismo econômico e
  político): 138
mercadorias
  (circulação de – e riscos de
    banditismo, de depredação): 97
metodismo/metodistas: 108 n. 4 e n. 5,
  256; v. Wesley
microinstâncias de poder e aparato
  estatal: 209
micropoderes locais: 118,
  (microterritorialidade dos organismos
    judiciários e dos instrumentos da
    penalidade): 98
minorias e uso da noção de exclusão,
  s. XIX: 4
miséria, *Miséria*: 139, 150, 161, 172,
  175-6, 190, 222-3 n. 23
  (concorrência na –): 139
  (– *e Caridade*): 153-4 n. 3
  (– e perigo): 166 n. 3; v. *classes
    perigosas, classes laboriosas,*
    ilegalismo de depredação
mito
  (grande – ocidental da antinomia
    entre saber e poder): 249;
  v. Nietzsche
mobilidade social (através dos estratos
  sociais): 50; v. emergência do
  criminoso – inimigo social
modelo penitenciário: reclusão
  (modelo nem coletivo como a
    infâmia, nem graduado como o talião,
    nem reformador como o trabalho
    forçado): 65
  (– [ligado à] variável tempo): 64
modelo religioso [na origem] da prisão
  [em questão]: 67-8 n. a, 85-6
modelos de punição no s. XVIII: 62-4;
  v. escravidão, infâmia, talião

(–: princípios teóricos, nenhum
   homogêneo à prisão): 57, 64;
   v. modulação moralizadora
modo de produção capitalista: 97,
   104-5, 130
   (– e prática da dupla ilegalidade): 131
   (– organizado como sistema de
   poder): 105 n. a
modulação legal da lei: 18; v. lei moral
modulação moralizadora do sistema
   penal (circunstância agravante ou
   atenuante): 163
moeda: 45 n. a
   (– falsa e contrabando): 142 n. 16
   (–: medida da verdade): 245;
   v. medida
   (– ruim): 145 n. b
monarquia: 29-30, 114, 132, 165 n. 2,
   209, 221 n. 17, 223 n. 25
   (– de Julho de e Código Penal): 59;
   v. Código Penal
monomania (noção de –: transcrição do
   jurídico no médico): 164, 170 n. 20
monossexualidade e proibição da
   homossexualidade (colégios),
   imagem fictícia da sociedade: 196
monstro(s): 69 n. 4, 217; v. figura
moral (*adj.*)
   (concepção – do poder): 81 n. b
   (conduta –): 100-1
   (contabilidade – cotidiana): 198;
   v. colônias penitenciárias
   (controle – em função dos riscos de
   revolta): 100
   (delitos particulares, contra a
   honra –): 64 n. a
   (distância –): 105
   (falhas, culpas e lei –): 98, 106;
   v. sociedades de moralização: 99
   (lei –: não punir em nome da lei
   moral, mas segundo a moralidade):
   163; v. modulação
   (pessoa –): 68-9 n. 3
   (punição –): 96
   (quantidade de tempo como medida
   econômica e como medida moral):
   78

(representações jurídicas e morais, e
   práticas penais): 12
moral (inserção no penal): 144
moral (*subst.*): 7 e n. a, 51 n. a, 67, 101,
   111 n. 28, 127, 151, 153 n. a,
   160 n. b, 162, 163, 174, 195, 216,
   262, 238, 237; v. genealogia
   (– como estratégia): 153 n. a, (inscrita
   nas relações de poder): 106
   (– e localização da fortuna): 101
   (– e penalidade: conexão pelo
   coercitivo): 103
   (concepção *quaker* da –): 81;
   v. genealogia
   (estatização da –): 104; v.
   "dissidência moral"
   (evolução da –, ligada à história do
   corpo, à história dos corpos): 238
   (força de coerção e de –): 163; v.
   poder
   (fronteira entre – e penalidade): 98;
   v. sistema de controle
moral cristã: 83, 87-8 n. 4
   (– como ideologia normativa):
   124-5 n. c
   (enxerto da – no sistema de justiça
   criminal): 83; v. enxerto
   (Sociedade da –): 90-1 n. 18
moralização: 230, 237, 246-7;
   v. procedimentos, sociedades de
   moralização
   (– da criminalidade): 246-7
   (– da penalidade, do sistema penal):
   100, 276, (– e cristianização): 270
   (– do operário, da classe operária, das
   classes laboriosas, das classes
   pobres): 101, 113 n. b, 172, 177,
   180 n. 1 [Grün], 181 n. 13, 263,
   271; v. regularidade vs. dissipação
   (– do sistema penal): 100, 276, (e
   psicologização da pena, s. XIX):
   vs. penal estrito e jurídico segundo
   os reformadores: 120
   (– dos condenados): 230
   (remoralização "de baixo para
   cima"): 99

morte, condenação à: 5 n. b, 9-10, 11; v. pena de morte
morte: v. pena de morte
  (–: clausura definitiva, absoluta segurança): 12
  (morte-castigo por marcação: Damiens): 11; v. marca
movimento(s) revoltoso(s), sublevações, esquema de apropriação, de reativação, de ativação dos símbolos do poder: 29, 97, 235-6, 248, 259
  (– antijacobino e antiparisiense, 1793): 154 n. 5 [Riffaterre]
  (– luddita): 39 n. 24 e 25, 256-7, 260; v. luddismo
  (– metodista): 108 n. 5; v. metodismo, metodistas
  (– operário): 108 n. 4
  (– populares na França, fim do s. XVII): 114, (na Inglaterra, fim do s. XVIII): 114 e n. b
multa: 9-10 e n. c-12, 18 n. 13, 19 n. 17, 132 e n. b, 133, 162, 169 n. 13-n. 14; v. táticas punitivas
  (– como marcação): 10 n. c
  (– como substituto da jornada de trabalho): 66
  (– e cobrança de rendimentos): 18 n. 13; v. jogo de direitos e multas
mundo da contestação e do litígio: 147; v. contrato, conselhos trabalhistas
muro(s): 145

"não dito" [Althusser]: 34-5 n. e, 35 n. 1, 152-3, 153 n. a, 168 n. 10, 269 n. 147
necessidade: 19, 62, 63, 96, 114, 134, 139, 158, 160-1, 163, 165, 174, 188, 192, 205, 208
  (– como instrumento político): 219 n. 7
  (– de uma ideologia): 212
  (– do ilegalismo popular): 130: v. burguesia
necessidades: 158, 188; v. Villeneuve--Bargemont

  (– da indústria, do comércio, do patronato): 160, 208, 220 n. 11; v. Chaptal, Chéruel
  (– do operário): 158, 160, 161
nomadismo: 172 n. a, 173, 181 n. 15
  (– moral e nomadismo físico): 177, (vs. fixação ao aparato de produção): 173
  (– operário): 208, (circuitos de – em função dos mercados): 175
norma(s): 34, 52, 195 n. b
  (–: ficção social): 197-9; v. fabricação do social
  (– social: instrumento pelo qual os indivíduos são ligados aos aparatos de produção): 217
normal/anormal, Anormais, patológico: 180, 196, 198, 214 [273] [Canguilhem], 218, 224 n. 28
normalidade: 107, 195 n. b
normatização: 203 n. 28, 277
  (–: hábito, disciplina, substituindo a violência da cerimônia do poder): 218
  (dos produtores): 199; v. aparatos de sequestração
  (instituições de –): 197
normatização/exclusão: 199, 239; v. reclusão
normatizador(es): v. discurso, poder, técnica
  (punição normatizadora): 203 n. 28
  (saber[es] normatizador[es]): 191, 200

ociosidade: 54 n. 5, 98-9, 172-4
  (– codificada no s. XIX, controlada dentro de um sistema de consumo): 173
  (– e contrassociedade: diferença entre traço psicológico e tipo de existência comum): 43
olho universal: 37 n. 5 [Julius]; v. panoptismo
operário(s): 66, 102, 108 n. 4, 124 n. a, 136-40, 159-62, 166-70, 187-96,

186-92, 193-6, 208-10, 222-3 n. 23,
229, 235-7: v. classe, corpos,
ilegalismo, movimento, nomadismo,
tempo
(– do porto de Londres): 136,
143 n. a; v. Colquhoun
óptica (nova): 238; v. "Física" do poder
ordens régias: 113-24
(circuito administrativo das –:
[apropriação temporária do poder
régio no nível dos poderes locais):
118, 162
(– e consenso moral): 120
ortopedia social: 107

pacto social: 13, 31, 32 n. a, 33, 62,
74-5 n. 43, 106, 149; v. Beccaria,
Brissot, Rousseau
(– e renúncia a usar armas): 46
(ruptura do –): 32 n. a, 106;
v. inimigo social, penitenciária
Panopticon, *Panopticon,* panóptico,
panoptismo: 35-6 n. 2, 36-7 n. 3, 37
n. 6, 55-6 n. 20, 71 n. 16, 107, 202
n. 14, 218 n. 2, 251-2; v. Julius,
Bentham
(–: matriz arquitetônica e princípio
aplicado às prisões europeias): 59,
235-6
patrão(ões), patronal, patronato: 21, 126
n. 6, 159-60, 168 n. 11, 169 n. 13,
172-9, 181 n. 8, 189-90, 208, 267;
v. guerra social, caderneta(s)
pecado: 88-9 n. 7
pena de morte
(– como marca de soberania da
justiça): 19-20 n. 22
(abolição da – na França, 1981): 19
n. 22, v. Badinter, [– na Inglaterra,
1998]
(debate sobre a – na França e projeto
de Código penal, 1791): 68 n. 1,
89-90 n. 12; v. Beccaria [1791],
Le Peletier
(penas substitutivas da –): 74-5 n. 43;
v. Brissot

(problema da limitação e da abolição
da pena de morte na Inglaterra):
67, 72 n. 25, 80-1; v. Penn,
quakers, (fim da aplicação da –,
1790): 108 n. 3
pena de prisão, introduz a variável
tempo: 65-6; v. forma-prisão
pena(s), *penas,* redefinição no s. XVIII:
106-7
(–: a pena-punição: consequência da
infração, proteção da sociedade e
do aparato produtivo): 14 n. a, 59,
63 n. a, 83, 163
(modelos de –: infâmia, talião,
escravidão): 63-5; v. modelos de
punição
(princípios de –: relatividade,
graduação "fina", vigilância,
exemplaridade): 63-5
penalidade (v. também sistema penal)
(a – como fundamento do sistema
penal): 101-2; v. Colquhoun
vs. Beccaria, Brissot
penas judiciárias e penas religiosas:
confusão no s. XVIII, na chamada
fase de descristianização: 83
penas principais e "Discussão" do
projeto de reformas (1831) do Código
de 1810: 59-60, 70 n. 9-n. 11
(– homogeneizadas em torno do
encarceramento): 64; v. Rémusat
"penitencial": 67, 129 n. a
penitenciária: 35-6 n. 2 [Julius], 70-1
n. 14
penitenciário(a)
(–: elemento corretivo da prisão,
[afeta] a sociedade inteira): 93-4
(emergência do –): 83, 86
(fissura entre o penal e o –, e invasão
do penal e do jurídico pelo
penitenciário): 61, 84
(–: punição "natural" [pelo]
coercitivo): 103
(transformação do – pela integração
num pacto social: articulação
ideológica, condição de

aceitabilidade de toda a organização do penal e do penitenciário): 149; v. aceitabilidade
perda da liberdade: 169 n. 14; v. Código penal de 1810
"periculosidade social": 164
(–: elementos perigosos, duvidosos, perturbados, da população): 99; v. *classes perigosas*
perigo(s): 16-7 n. 6, 39-40 n. 29, 62, 106-7 e n. a, 130 n. b, 149 e n. b, 150, 158-61, 164, 188, 229, 231; v. delinquentes, revoltas/sublevações, ilegalismo popular
(absoluto –: guerra civil): 30 n. c
pesquisa: 72-3 n. 26 [Decazes], 93, 166 n. 3 [Buret], 167 n. 7, 212, 219-20 n. 10, 220 n. 11, n. 12 [Chaptal] e n. 13, 256, 281
(saber da –): 179
"plebe sediciosa": 130, 140 n. 2, 143; v. ilegalismo popular; v. Thompson
plebe
(proletarização e controle da –): 130
(– urbana obrigada ao salariado): 147; v. população
poder de Estado (teorização do): 252, 268 n. 142
(– político soberano): 31, 104, 118, 250, (na Idade Média): 104
poder
(– como elemento constitutivo do, e subordinado ao modo de produção): 210
(– como força de coerção e de moral): 81
(– lugar de formação do saber): 212, 245 n. 14; v. saber-poder
(– tramado com o saber): 249 e n. 34; v. poder-saber, saber-poder, superpoder
poder capitalista, do capitalismo: 105, 190
(– como sistema de penalidade, e o fator tempo): 67 e n. a, 191-2
(– patronal): 195

poder disciplinar, poder punitivo: 71 n. 16, 75 n. 46, 183 n. 23, 243: v. hábito, normatização
(–: forma capilar do poder): 183 n. 23
(relações de –): 252
poder judiciário, campo da penalidade e campo da legalidade: 96
poder legislativo e prática do ilegalismo: 137
poder político: 212, 219 n. 8, 232, 236, 238, 249-50
(– definido como árbitro no conflito de classes): 151, 157; v. *quakers*; v. Target
(localização do –): 208-9
poder-saber: 183 n. 21; v. saber-poder
polícia: 33, 38 n. 21, 46, 71 n. 16, 97; v. vigilância
(– como "ciência nova na economia política"): 102 [Colquhoun]
(– francesa, de Estado): 174
(– inglesa, privada): 97, (– e vigilância do porto de Londres): 97, 109 n. 10, 110 n. 12, 111 n. 22, n. 25-n. 33 [Colquhoun]: v. grupos de autodefesa
(– judiciária e ação pública): 33 e n. b
(conluio polícia-ladrões): 138 n. a
política *(subst.)*
(– e economia: nível das decisões e nível das determinações): 218
(fissura entre – e penitenciário, organizada em torno da prisão): 67
(princípios gerais da economia e da política introduzidos na prisão): 66
político(s) *(adj.)*: 34-5 n. a, 35 n. 1, 38 n. 20, 42, 48 n. b, 58, 81, 89-90 n. 12, 94 n. a, 95, 115, 122, 132e n. d, 159, 167 n. 8, 175-6, 183, 223 n. 26
(centralização – no nível do mito): 29; v. revoltas
(condições – da reclusão): 9
(controle – das classes baixas e laboriosas): 100
(fortuna – do ilegalismo de dissipação): 175

(oposição – da delinquência): 213, 220 n. 15; v. Fouché
(poder – do capitalismo, s. XIX): 193
(privilégios –): 9; v. tática de exclusão
(relação – e discurso racional): 6
(teoria – da guerra civil): 24-8, 249-50, (– do pacto social): 31 n. b; v. Hobbes, Rousseau
população(ões): 16-7 n. 6, 53 n. 3, 71 n. 16, 93, 144, 148-51, 167 n. 8, 167-8 n. 9, 172-3, 176, 181 n. 4, 183 n. 23
(– flutuante): 158
(– "no estado de natureza"): 46, [Le Trosne]: 150-1
(– perigosa e população laboriosa): 158; v. classes
(– sequestrada: constituição de um grupo estranho ao restante da população): 195-6; v. instituições de sequestração
(desenvolvimento econômico e deslocamento populacional: freio à depredação e aceleração do processo de mobilidade): 97, 110 n. 16, 148, 176-7
poupança: v. previdência, vs. devassidão
(– e estratégia patronal): 208
(caixa/s, caderneta de) 177, 179, 182, 192 e n. c, 197, 237
(– operária): 66, 181 n. 10, 182 n. 17, 193, 208, 210
"povo", "raça abastardada": 151, 155 n. 18 [Target]
prática
(– da prisão e teoria penal: heterogeneidade entre o penal e o penitenciário): 61, 67, 232-3; v. criminoso – inimigo social
(– discursiva do exame): 52
preguiça clássica (s. XVI-XVII) e ociosidade controlada (s. XIX): 173-4; v. ociosidade
previdência/imprevidência: 159, 172-3, 196-7, 188, 192-3
(caixas de –: poupança, aposentadoria); 188-93, 208, 210

prisão: 22-3, 35-6 n. 2, 36-7 n. 3, 37 n. 8, 40 n. 32, 57-75, 77-91, 103, 10-10, 119, 124-5, 133, 139, 162, 169-70 n. 19, 186 n. a, 187-93, 200, 202 n. 15, 202-3 n. 20, 206-7, 217, 218-9 n. 2; v. forma-prisão
(– como condição de trabalho forçado): 233
(emergência histórica da – e relações de poder): 78, 86, 90 n. 16
(–: uma "evidência", impressão de antiguidade e moral cristã): 85
(–: redobramento, forma penitenciária, do sistema da coerção): 103; v. moral *quaker*
(–: disfuncional no início): 205-6, 228-30
(–: punição parapenal até o fim do s. XVIII): 228-9, (transformada em forma geral de penalidade, muito mais forma social que forma arquitetônica): 206, 229
(confinamento da – e recidiva): 139
(disposição celular da –: modelo inicial da Filadélfia): 82, 101 n. 17-18 [La Rochefocaud-Liancourt], (de Walnut Street): 82 n. b, 86 n. a, 90 n. 16
(proximidade e oposição entre prisão e trabalho): 67-8
procedimento(s)
(– criminal sob o Antigo Regime [mecanismo e justificação do – segundo Beaumetz]): 41-2
(– de exclusão e técnicas de assimilação): 5, 16-7 n. 6
(– de inquisição): 104
(– de moralização): 163
(– "ingleses" de controle moral, extraestatal): 199
procedimentos disciplinares: 199-200
processos temporais de produção: 210
produção industrial capitalista (aparatos, meios, modo, relações de –): 130 e n. a, 134 n. b, 138, 158, 160 n. a, 161 n. c-n. d, 171

(ciclos da –) 210, (– e divisão do não trabalho): 173; v. ociosidade controlada
(– de utopias e pesquisas "microssociológicas"): 187
proletários: 21, 166 n. 4
(– no desemprego: tarefas de controle e repressão): 116
propriedade (regime da –, s. XIX): 158
propriedade burguesa vs. depredação (fim dos ilegalismos coletivos): 137, 139
propriedade fundiária (estatuto da –, fim do s. XVIII: contrato simples): 145-6, 237
prova
(– como modo de veridicção, sistema grego ou medieval): 182 n. 20, 245
(– como [modo de] controle permanente do indivíduo, do operário: sistema patronal, fim do s. XVIII – s. XIX): 180 e n. a
psicanálise: 123, 155 n. 19, 221-2 n. 20, 269 n. 147
psicopatologia: 34, 85, 245; v. discurso com pretensão científica
punição: 180, 183, 196, 199, 205, 227; v. castigo, penas
(– como sistema próprio às sociedades industriais): 183 n. 21, 205, 227, 228, 238, 245 n. 14; v. controle, correção, exclusão, vigilância, sociedade punitiva
(–: atividade conexa do saber): 180
(–: proteção e defesa da sociedade): 57, 62, 83, 101, 133, 180; v. reformadores, (– do aparato produtivo): 161
punição(ões): 7, 61, 80, 86-7 n. 2, 91 n. 22, 108 n. 3, 124 n. a, 163, 196-7
(– moral): 96; v. moralização
(– "normatizadora"): 203 n. 28
(– parapenal[is]): 118, 239
(– penal): 99, 103-4, 273
(– penitenciária): "natural" pelo coercitivo: 103 n. c

quakers, quaker: 67, 80-1, 87-8 n. 4, 89 n. 11, 90 n. 13 e n. 16, 93 n. a, 94-5, 99 n. a, 109 n. 6, 163 n. b; v. Penn, Fox, Tuke
(– americanos: rejeição ao código penal inglês e à pena de morte): 80
(concepção quaker de política, religião, moral e poder: caráter central do mal): 80-1, 157
(– e genealogia de nossa moral: transformação da pena em ascese, moralização da criminalidade, modelo penitenciário de reclusão): 95 n. a, 246
(teoria – da punição pela reclusão obrigatória): 67
queda: 67: v. falta, pena; v. La Rochefoucauld-Liancourt

racionalidade (condições de –): 5-6
razão-loucura e relação de objeto: poder da não loucura sobre a loucura: 5 n. d, 16-7 n. 6
rebelião (poderes e princípios da): 102 [Colquhoun]; v. leis
reclusão-sequestração: 187 n. d
reclusão: 5
(– no local de trabalho): 48; v. fixação
reclusão/aprisionamento/ encarceramento: 16-7 e n. 6, 23, 35-6 n. 2, 59, 60-1, 64, 80, 93 n. a-94, 123 n. d, 190-1, 202-3 n. 20, 227-8, 230 e n. 7, 233 e n. 14; v. deportação--colonização; v. Julius, Lucas, Rossi; v. instituições de reclusão, prisões
(– celular/encelamento, "celularista", lei de 1875): 72 n. 25, 87-8 n. 4.
(– como sistema de castigo, tática correcional): 59, 246, 271
(– eclesiástica, canônica, [depois] penal): 80, 89 n. 9, 93 n. a
(– e obrigação do trabalho, s. XIX): 233
(tripla função da –): 70-1 n. 14

(– substituindo o controle das populações pela polícia e pelo exército): 114 e n. b- 115
(reclusão como penhor de dívida): 228
(reclusão substituta: não do âmbito da justiça criminal): 228
recluso, reclusão: 82, 87 n. 3, 115, 119-20, 228, 253-4 n. 58; v. penas principais; v. Goffman, Rémusat
recodificação das noções morais como categorias penais (Código de 1810): 162
recolhimento e disposição celular: 67
(– carcerário e penitência monástica: diferenças, s. XIX): 79, 87 n. 4; v. reclusão, lei "celularista"
recristianização progressiva do crime: 86
recusa ao trabalho, recusa ao trabalho industrial: 46, 95, 171, 174, 235
rede do não legal [integrado na] justiça, fim do s. XVIII: 135
reeducação: 62 e n. a, 163
"reforma penitenciária": 230
reformadores (2ª metade do s. XVIII): 70 n. 8, 81, 231; v. Beccaria, Brissot, Le Peletier, Servan
reformas do sistema penal (e projetos): 63, 70 n. 9-n. 10, 73 n. 29, 93, 106-7, 227, 229-30, 229-32; v. modelos de punição
regeneração: 144, 151, 163, 238-9; v. Target
regime
(– capitalista: corporativismo e força militar): 161
(– das manufaturas): 201 n. 1
(– do contrato simples): 145, 158; v. propriedade fundiária
(– punitivo dos delitos e regime disciplinar do trabalho: relação tempo de vida com o poder): 67
regularidade/irregularidades: 120-3, 173 n. a, 210; v. moral, nomadismo, ordem

reincidência (grande ciclo da): 139, 206, 233-4 [Livingston]
rejeição: 5, 21 n. a; v. exclusão, v./vs. assimilação: 5; v. Lévi-Strauss
relação de desejo com a materialidade da riqueza e relação de fixação com o aparato de produção: 173; v. fixação, materialidade
relação(ões) de poder e emergência histórica da prisão: 78
relações de produção: 134 n. b, 138, 173, 200
relatividade das penas: 62, 231; v. graduação
relato do crime: 84
relatório (era do): 213; v. saber de inquirição policial, saber-poder
relatório
(era do –): 213; v. saber de inquirição policial, saber-poder
relatórios (*Compte général de l'administration de la justice criminelle*): 220-1 n. 16
religião (investimento da penalidade e da prisão pela –): 120 n. a
reparação: 118
(–, resgate e compensação: 8; v. dívida, arrecadação fiscal
(– social: reintegrar o indivíduo); 18 n. 14
([– carcerária]: resgate em tempo de liberdade): 65, 83, 106
repressão
(crítica do conceito de –): 16-7 n. 6, 196
(– da ilegalidade, repressão penal): 17 n. 7, 239
(– do ilegalismo: repressão interna baseada em elementos internos ao aparato de depredação): 138 n. d
(– militar ao banditismo): 154 n. 5
resgate e compensação: 8; v. "táticas finas de punição"
retirada de parte da população (e reclusão): 114 e n. b, 125 n. 1

revolta(s): 47, 100, 139, 202 n. 9, 236, 262, 265
(– dos ilegalismos): 148, 155 n. 18; v. ilegalismos
(– dos ludditas, 1811-1813): 39 n. 24
(– dos *Nu-pieds*, 1639): 29, 38-9 n. 22
(– dos prisioneiros: Toul 1971, San Quentin 1971, Nancy 1972): 247 e n. 22
(– dos trapeiros de Paris, 1832): 165 n. 2; v. Weitling
revolta(s)/sublevação(ões): 27, 139, 146 n. a, 257 e n. 75
(– de Gordon/ *Gordon riots*: 97 n. b, 109 n. 11; v. Thompson
(– frumentária): 27-8 e n. c, 134, 146 e n. a
(– salarial[is]): 29
(revoltas frumentárias que se tornam revoltas salariais que se tornam sedições políticas): 29
revolução burguesa na Inglaterra: 114
riqueza burguesa: v. fortuna burguesa
riqueza: 120-1, 143
(capitalização, nova espacialização da – e perigo, risco): 98, 103, 143; v. fortuna, materialidade
rivalidade originária: 25; v. Girard, Hobbes

saber-poder, poder do saber: relação de poder [invertida] como relação de saber: 7, 34-6 n. e, 52 n. a, 86-7 n. 2, 152 n. a, 206 e n. b-7, 212, 249; v. poder
saber(es), *saber*: 5-9, 18 n. 12, 21, 84-5, 86-7 n. 2, 122-3, 153 n. a, 169 n. 16, 180, 191-2, 198, 244 n. 8, 245 n. 14, 249; v. biografia, criminoso, "dinástico(a)", inquérito, investigação, inquirição, exame, pesquisa
(– clínico: individual): 121-2, 124-5 n. b, 165; v. biografia
(– de Estado: extração administrativa do saber): 213, 221 n. 17

(– estatístico): 124-5 n. b
(– investigativo, saber ligado à investigação policial): 122, 213-4, (e saber ligado ao registro): 180
(– ligado à gestão): 212
(– ligado à pesquisa): 212
(– normatizadores): 200
(– penitenciário): 93-4
(– psiquiátrico, sociológico, criminológico): 122, 214; v. medicina, psiquiatria
(saber do príncipe): 221 n. 17
(– sobre o desregramento): 123, 124-5 n. b; v. hospital, prisão, vigilância
(– social): 94
(tipos de –): 106, 107, 244 n. 8, (oposição entre – no nível dos discursos): 61
sacrifício: 235; v. civilização
salário: cálculo do tempo, controle do tempo: 65-6; v. forma-salário
(fábrica sem –: fábrica-caserna--convento): 186
salvação: 81, 271
(– da alma do condenado): 85
salvaguarda
(– do Estado): 102
segregação dos criminosos: 58 n. a
selvageria, imoralidade, primitivismo: 48, 151; v. Le Trosne
sequestração na sociedade capitalista: 192-200, 208-217; v. sujeição, corpos, controle, instituições de sequestração, tempo
(–: constitutiva do modo de produção): 211
(as três funções da –: temporal): 193-5, (de controle, normativa: fabrica norma): 195, 199-200, 216-7, (discursiva: fabrica um tipo de discursividade): 194, 198
(finalidade da –): 215
sinais, signos: 26, 50, 118, 121
(– socialmente aceitos da irregularidade dos indivíduos): 121; v. marcas

sistema de equivalências
  (– salário/tempo de trabalho:
  equivalência quantitativa: moeda
  contra tempo, tempo de prisão/
  gravidade da falta: equivalência
  quantitativa e moral): 77-8
sistema disciplinar (forma geral na qual
  o poder se insere): 180, 209 n. a, 210
sistema judiciário: 61, 71 n. 17:
  v. Duport
  (– e sistema parajudiciário): 115,
  (e sedição popular): 130, (e sistema
  penitenciário): 130
sistema penal e sistema penitenciário:
  152, 166
sistema penal: 157-61, 163-5, 177-9,
  209, 214, 227-9
  (dualidade do –: discurso da
  transcrição e discurso psicojurídico
  da criminologia): 163-4
  (trama de derivação no –): 78
sistema penitenciário, *penitenciário* (na
  Inglaterra, na França e nos Estados
  Unidos), s. XIX: 35 n. 1, 35-6 n. 2,
  61-2, 72 n. 25, 95 e n. a, 124 n. c,
  129-30, 135, 137-8, 149, 218-9 n. 2,
  247, 257, 271, 278; v. Lucas
  (–: enxerto do sistema coercitivo no
  sistema penal): 129
  (–: instrumento político de controle e
  manutenção das relações de
  produção): 138
sistema punitivo, sistema penal e
  sistema punitivo extrajudiciário: 61-2,
  65, 120, 130, 178-9, 209 e n. a
sistema temporal do ciclo de produção:
  194
sistema
  (– coercitivo e sistema penal
  [heterogeneidade, depois enxerto
  do sistema coercitivo no sistema
  penal, fim do s. XVIII- XIX): 129;
  v. sistema penal, sistema
  penitenciário
  (– da dívida, de endividamento): 210
  n. a, 237; v. endividamento do
  operário: 178

(– das disciplinas como meio do
  poder): 218
(– das penas e princípio do
  criminoso-inimigo, reorganização
  já em 1791): 60-1, 63
(– das representações): 7
(– das táticas penais em torno do
  poder): 13
(– de "adestramento"): 248; v. prisões
(– de apropriação jurídica, s. XVIII-
  -XIX): 145
(– de castigo): 59
(– de controle na fronteira entre
  moral e penalidade): 98; v.
  sociedades de moralização
(– de deserções): 148, v. exército(s),
  comutador
(– de gratificação[ões]): 201 n. 5
(– de impedimento da
  heterossexualidade e de proibição
  da homossexualidade): 196
(– de marcas, sinais, marcação): 10,
  26
(– de moral e exercício efetivo do
  poder): 106
(– de moralidade vs. poder
  anglicano): 80, v. *quakers*, (e
  localização da fortuna): 101
(– de outorga de direito de cobrança
  de impostos): 212, 223 n. 25
(– de produção): 171, 210
(– de prova, sistema grego ou
  medieval: confronto, justa de
  indivíduo com indivíduo): 18
(– de punições: da lei própria a cada
  grupo ou individual): 80, 178
(– de reclusão): 24, 191, 194, (de
  indivíduos ou grupos já
  marginalizados): 191;
  v. sequestração
(– normatizador de transmissão do
  saber): 191
soberano: v. poder político soberano
sociedade disciplinar
  (–: com poder disciplinar, sociedade
  punitiva e examinatória,

[exercendo] coerção ética e política: aparatos de sequestração, constituição de uma força de trabalho, aquisição de hábitos e disciplinas): 180 e n. a, 183 n. 23, 215 e n. b, 217 n. b, 243, 249, 274 n. 180
sociedade industrial capitalista: 48, 66, 105, 143, 158, 190, 193-4, 199, 246
sociedade punitiva: v. sociedade disciplinar
(–: com atividade permanente de punição e atividade conexa de saber, de registro): 67-8 n. a, 179-80
(–: primeira continuidade perfeita entre punitivo e penal na sociedade ocidental, s. XIX, [dotada de] aparato estatal judiciário com funções corretivas e penitenciárias): 129, 179; v. táticas punitivas
sociedade(s)
(– assimilantes/excludentes): 3-5, 15-6 n. 2
(– civil segundo Hobbes): 26 n. b, 31 n. b, 32 n. a, 33, 46 e n. b
(– de banimento): 227; s.v.
(– de marcação): 9, 227; s.v.
(– de reclusão): 9, 227; s.v.
(– de resgate): 227; s.v.
(– feudal): 49, 190, 194, 211
(– incinerantes/inumantes): 3-14 n. 1; v. Lévi-Strauss (contrassociedade e lugares extrassociais): 48, 51-2
sociedades de moralização na Inglaterra
(–: Sociedade(s) para a supressão do vício): 96-100 e n. b, 110 n. 17
(– filantrópicas): 89 n. 11, 96, 109 n. 6, 237 (Sociedade dos Amigos)
(– metodistas): 108 n. 4
sociologia
(– da criminalidade, da delinquência como patologia social): 14, 21, 34, 34-6 n. e, 85, 218, 223-4 n. 27; v. Durkheim

sociologização do criminoso-inimigo social e efeitos epistêmicos: 34, 52 n. a
substitutibilidade dos homens entre si: 25-6
sujeitar, sujeição: 31, 122, 194, 219 n. 7, 238, 255
(– o/do tempo da vida ao tempo da produção): 197-8, 210, 244, 255
sujeito: 19 n. 18, 111 n. 28, 297-8
supercodificação ético-penal: 102; v. Colquhoun
supercontrole, vigilância perpétua: 151, 196
superlucro: 200; v. corpos produtores e tempo dos homens
superpoder e superposse (diferença entre): 208
suplício: 11, 14 n. a; v. marcação; v. Damiens

talião
(–: ressurgência medieval, modelo de punição efetiva no s. XVIII): 63-4, 74-5 n. 43, 77 n. b, 106-7, 232; v. Brissot, Le Peletier
("talião moral"): 232 [Beccaria]
tática(s)
(– penais: como analisadores das relações ideológicas, e não como reveladores de uma ideologia): 12-3
(– punitivas): 87, 12, 19 n. 18
("tática finas de sanção"): 7
técnica(s)
(– de retirada de parte da população: substituindo a repressão, técnica retirada/reclusão): 114 e n. b
(– disciplinares): 267-8
(– "francesas" de internamento, herança das – e dos procedimentos "ingleses" de controle moral): 199
tempo
(–: única variável graduada): 57, 274-5
(– da poupança): 193
(– da vida como matéria intercambiável: tempo de liberdade

pelo preço do salário, tempo de
  prisão pelo preço da infração): 67,
  77-8; v. forma-prisão e forma-
  -salário, sistema de equivalências
  (aquisição total do – pelo
  empregador): 193
  (extração real do –: condição de
  possibilidade do sistema salário e
  do sistema de reclusão): 78, 275
teoria
  (– da infração como ato de hostilidade
  para com a sociedade): 104
  ([para com] o soberano): 104
  (– do delinquente como inimigo
  social): 151
  (– do direito penal: transformação da
  teoria do direito penal por
  Colquhoun): 100
  (– e práticas penais, e táticas efetivas
  de punição): 60-1; v. tática
teóricos do direito criminal e do direito
  penal: 100; v. Código(s), direito,
  reformadores, teoria
terror (romances de –, fim s. XVIII-
  -XIX): 51-2, 54-5 n. 18, 55-6 n.20
textos (fora dos): 152 n. a, 153 n. a, 155
  n. 20; v. Derrida
tomada do poder sobre o tempo: 66, 77,
  272, 274
trabalhadores: 48-9, 110 n. 17, 113,
  145, 160, 187 n. b; v. classe dos
  trabalhadores
trabalho: 10, 11, 29-30 e n. b, 43, 65-6,
  67 n. a, 77-8, 97-100, 211 e n. b-212;
  v. forma-salário e forma-prisão,
  reparação, sistema de equivalências
  (conflitos de –): 119; v. greve(s),
  conselhos trabalhistas, (– e relação
  de poder): 200, (trabalho de poder,
  sobre o poder): 30
  (fixar os operários em seu local de –
  e ao aparato de produção): 175
  (hábito do –): 44 [Le Trosne], 70-1
  n. 14 [Howard e Blackstone]
  ([não] trabalho, natureza do homem):
  267

(recusa ao –): 45-9, 96, 110 n. 14,
  (deslocamento e recusa): 172;
  v. vagabundagem
(regime disciplinar do –): 67
(utilidade do –) 74-5 n. 43, 187
  [Villeneuve-Bargemont]
trabalhos forçados: 72 n. 20; (– "prisão
  ao ar livre, trabalhos forçados
  perpétuos"): 59 [Rémusat]; v.
  Halpérin, Lascoumes *et al.*, Petit *et al.*
transcrição
  (–: aplicação de um código a outro,
  do código prático, ao código
  teórico, ao código epistêmico):
  34 n. e
  (– do jurídico no médico: codificação
  médico-judiciária): 165
transcritor: 34 n. e, 124 n. c; v.
  comutador
transgressão: 105 e n. b, 133
  (crítica do uso da noção de –): 6-7 e
  n. a, 17 n. 7
tribunal; 29, 33 n. b
  (– popular): 29, 73-4 n. 32, 134,
  (tribunais populares): 73-4 n. 32
trono (imagem medieval do –, forma
  magistral do poder): 206

utilidade social e legislação penal: 23,
  62, 81, 162 n. b; v. reformadores
utopias: 186-7, 256
  (– [socioeconômicas]:v. fábrica-
  -caserna-convento, exemplos de
  Jujurieux, colônia Mettray,
  cidade-refúgio): 186 e n. a-95, 202
  n. 12-n. 18; v. Marquet-Vasselot,
  Muller, Villeneuve Bargemont
  (– penal: o julgamento "jurídico-
  -psicológico"): 63, 164 n. b

vagabundagem e ociosidade: 43; v.
  ociosidade
vagabundagem: 41-45, 53-4 n. 3-n. 14,
  115, 123, 133, 148, 199, 211, 202
  n. 16; v. Código penal de 1810,
  violência; v. Le Trosne

(–: matriz geral da delinquência, do crime, alvo da penalidade, s. XVIII-XIX): 43-5, 49
(–: recusa ao trabalho): 45-7
(– efeito e não alvo da penalidade, pelo banimento dos mendigos, s. XVII): 46
(– formação de uma contrassociedade: 48, 51-2; v. contrassociedade, "sem eira nem beira" vs. fixação geográfica
vagabundo e feudal
(o vagabundo: recusa a produzir; o feudal: opor obstáculo à produção, s. XVII): 44
vergonha: 8 e n. d, 63, 150; v. infâmia, marca
vigilância
(– administrativa das populações, s. XVII-XVIII): 212
(– e controle): 179
(– e programa de conhecimento do prisioneiro): 82 n. b

(– endógena ao grupo, s. XVIII--XIX): 190
(– geral, generalizada, princípio panóptico): 60, 71 n. 16, 140 n. 3, 179, 238; v. sociedade disciplinar
(– permanente e fundamental, total: instrumento do coercitivo): 103 e n. b, 151, 196
(– política da plebe por proletarizar): 130
(vigilância-punição): 180, 199
vínculos à terra: 46, (sem vínculos, "sem eira nem beira"): 44, 54 n. 6 [Le Trosne]
violência e poder: 212 e n.c-n. d, 250-1, 268
violência: 45-6, 48, 52 n. 1, 64, 81, 109-10 n. 11, 118-21, 126 n. 5, 134, 146 n. a, 218, 250; v. par recusa ao trabalho-violência e desemprego--demanda

Índice onomástico

Agamben, Giorgio 19n18
Agulhon, Maurice 38n22, 153n3, 154n6
Aikin, John 107n2
Althusser, Louis 155n19, 219n6, 250-2, 258-68
Argenson, Marc René de Paulmy d' (1674-1747) 122, 126n8-10, 127n12
Artaud, Antonin 17n8
Artières, Philippe 40n32, 169-70n19

Bachasson de Montalivet: v. Montalivet
Badinter, Robert 19-20n22, 39n28, 87-8n4
Bahlman, Dudley W. R. 109n7
Balibar, Étienne 155n19
Baltard, Louis Pierre (1764-1846) 187, 202n15
Balzac, Honoré de (1799-1850) 55n19, 147, 154n9, 166n4
Barnard, Toby C. 109n7
Barnave, Antoine (1761-1793) 71n17
Barré, Marie-Danièle 72n22
Barret-Kriegel, Blandine 36-7n3
Bataille, Georges (1897-1962) 17n7-8
Baumgartner, Leona 107-8n2
Beaumetz, Bon-Albert Briois de (1759-1801) 41-2, 52-3n1-n2, v. Briois
Beaumont, Gustave Auguste Bonnin de la Bonninière de (1802-1866) 35-6n2, 220n13
Beccaria Bonesana, Cesare (1738-1794) 73n31, 74-5n34-37n40-n43, 81, 100, 101nc, 106, 108n3, 165, 231, 233n10-n12, 271, 277

Becker, Gary 277n201
Beguin, François 36-7n3
Bentham, Jeremy (1748-1832) 35-6n2, 36-7n3, 55-6n20, 59, 71n16, 86na, 100-1, 101nc, 106, 110n14, 111n22, 202n14, 203n24, 206na, 255, 274
Bentham, Samuel (1757-1831) 59-60, 71n16
Béranger, Pierre Jean de (1780-1857) 189, 202-3n20
Bercé, Yves-Marie 38n22
Bergeal, Catherine 88n6
Bernard, Martin (1808-1883) 35n1
Binfield, Kevin 39n24
Blackstone, Sir William (1723-1780) 59, 69n7, 70n13-n14, 77nb, 86n1, 110n14, 231n8
Blanc, Olivier: 168n10
Blanchot, Maurice 17n8
Blanqui, Louis-Auguste (1805-1881) 58, 69n6
Boadman, A. 98-9
Bois, Paul 38n20, 130, 132, 140-1n4-n6
Bonamy, Charles Eugène 167-8n9, 222-3n23
Bouhier, Jean (1673-1746) 70n8
Bourgin, Georges 168-9n12
Braithwaite, William C. 89n11
Breteuil, Louis-Auguste Le Tonnelier, barão de (1730-1807) 123, 127n13
Briois de Beaumetz v. Beaumetz
Brillat-Savarin, Jean-Anthelme (1755-1826) 64nb, 74-5n43
Brinton, Howard H. 89n11

Briois de Beaumetz v. Beaumetz
Brion, Fabienne 17n8, 73-4n32, 243n4, 244n9
Brissot de Warville v. Warville
Brodin, Pierre 89n11, 90n13
Bruno 182n17, 222n23, v. Lemontey
Bülow, Catherine von 170n19
Burke, Edmund (1729-1797) 98, 99, 110n15-n17, 256
Burlet, Gilbert 280-1
Burroughs, Edward (1634-1663) 81, 90n13

Canguilhem, Georges (1904-1995) 86-7n2, 203n28
Cannon, John 108n4
Carbasse, Jean-Marie 169n13
Cartuyvels, Yves 108n3
Castan, Nicole 88n5
Castel, Robert 87n3, 170n20, 221-2n20, 255-6n72-n3
Cavaus, senhorita de 122, v. Argenson, Drouet
Chabroud, Jean-Baptiste Charles (1750-1816) 71-2n18, 75n44
Chaptal de Chanteloup, Jean-Antoine (1756-1832), ministro do Interior de Napoleão Bonaparte 213, 220n11-2
Chassat, Sophie 202n16
Chenonceaux, Claude Dupin de 217, 223n25, v. Dupin
Chéruel, Adolphe 220n11
Chevalier, Louis (1911-2001) 154n9, 166n3-n4, 167n7-n8
Chevalier, Michel (1806-1879) 173, 181n5-7
Chevallier, Maurice (1888-1972) 39n28, v. Beccaria
Chiffoleau, Jacques 91n22
Chomsky, Noam: 264n111
Clausewitz, Carl von (1780-1831) 249, 252n49, 259, 279n213
Clément, Pierre 126-7n8
Colquhoun, Patrick (1745-1820) 101-2, 110n17, 111n22-n25-33, 115, 136nb, 141-2n13-n16, 143na, 144, 148, 153n2, 154n12, 235, 256, 276
Combès, Isabelle 15-6n2
Conquet, André 220n11
Cottereau, Alain 168-9n12
Coupland, Reginald 109n9
Cristal, Maurice 201n1
Cubells, Monique 154n6

Damien, André 169n13
Damiens, Robert François (1715-1757) 11, 275
Davidson, Arnold 86-7n2, v. arqueologia
Debord, Guy 37n4, 275n186
Debuyst, Christian 19n17
Decazes, Élie Louis (1780-1860), ministro de Estado: 61, 72-3n26, 189, 220n13, 229
Defert, Daniel 11nl, 16n5, 18n12, 73-4n32, 87n3, 169-70n19, 221n17, 243n2 e 4, 244n5-6 & 8, 247n23, 249n36, 252n49, 274n180, 279--80n218-20, 281n221
Defoe, Daniel (1660-1731) 107-8n2
Dehove, Étienne 168-9n10, n12-13
Delaunay, Paul 165n2
Deleuze, Gilles 73-4n32, 169-70n19, 204n30, 247, 249n35, 256n71-n72, 266n124, n126
Demetz, Frédéric-Auguste (1796-1873) 202n16, 220n13
Derrida, Jacques 155n20
Desaive, Jean-Paul 220n10
Digneffe, Françoise 19n17
Dolléans, Édouard 168n10, 168-9n12-n13
Dornic, François 141n5
Drouet 122, v. Argenson
Dubreuil, Léon 154-5n13
Dubuisson, Paul 170n20
Du Pont/Dupont de Nemours v. Nemours
Ducpetiaux, Édouard 202n16, 203n26
Dufriche de Valazé v. Valazé
Dupin de Chenonceaux v. Chenonceaux

Du Pont/Dupont de, Pierre-Samuel du Pont/ Dupont de Nemours (1739-1817) 53n3, v. Nemours
Duport, Adrien Jean-François (1759-1798) 60, 71-2n17-18, 124, 127n16
Durkheim, Émile (1858-1917) 20n24, 217-8, 223-4n27, 260
Durrleman, Antoine 88n6
Duroselle, Jean-Baptiste 166-7n5

Edwards, Maldwyn L 108n5
Establet, Roger 155n19
Ewald, François 11n1, 15, 277n201

Farcy, Jean-Claude 221n16
Farge, Arlett125-6n3-n5
Faugeron, Claude 88n5
Fayard, Jean-François 52n1, 68n1, 71n17
Festy, Octave 38-9n22
Fierro, Alfred 52n1, 68n1, 71n17
Fontana, Alessandro 12n5, 15, 20n23, 170n20, 252n50
Fontanille, Raphaël 170n20
Forlivesi, Luc 202n16
Fortier, Bruno 36-7n3
Foucault, Michel 243-81 *et passim*
Fouché, Joseph (1759-1820) 220n15
Fox, George (1624-1691) 81, 89n11, 90n15-n16
Foyer, Jean (1921-2008) 105, 112n37
Frégier, Honoré-Antoine (1789-1860) 158, 159, 166n3, 167n7
Funck-Brentano, Frantz 89n8, 126n6

Gabory, Émile 154-5n13
Garnot, Benoît 88n6
Genet, Jean 169-70n19, 202n16, 248n29
Germé, Jacqueline 280-1
Gil Blas [mit.], *Gil Blas de Santillane* (v. Le Sage/Lesage) 50-52, 54n17
Girard, René 16n5
Giraud, Jean 88n5
Given, James B. 88n5
Godechot, Jacques 169n13

Goffman, Erving 87n3, 253-4n51-n58, 255, 259
Goldstein, Jan 170n20
Gordon Childe, Vere (1892-1957) 14-5n1
Gordon, George (1751-1793) 109n11, v. revolta/sublevação de Gordon/ *Gordon Riots*
Gros, Frédéric 258n82, 263n105, 279n216
Guattari, Félix 255n70, 266n124-n126
Guépin, Ange Marie François (1805-1873) 167n9, 222-3n23

Hacking, Ian 253n51
Hafsia, Jalila 280n219
Hague, William Jefferson 109n9
Halévy, Daniel 202-3n20
Halpérin, Jean-Louis 39n28, 89-90n12, 108n3
Hanway, Jonas (1712-1786) 97nb, 110n12, 256
Hannaway, Caroline 219-20n10
Harcourt, Bernard E. 17n8, 39n28, 53n3, 73-4n32, 241, 243n4, 244n9, 273n175, 277n201
Hatlie, Peter 88-9n7
Hay, Douglas 110n13, 257n77
Herring, Edward Pendleton (1903-2004) 220n11
Hibbert, Christopher 109-10n11
Hillner, Julia 88-9n7
Hoareau-Dodineau, Jacqueline 91n22
Hobbes, Thomas (1588-1679) 13, 24na-27, 31nb, 32na, 33, 37-8n9-12, 206, 219n4, 244, 249-252
Hobsbawm, Eric J 39n24
Howard, John (1726-1790) 59, 70-1n13-n. 14, 77nb, 86n1, 94, 107-8n2, 108n3
Hume, David (1711-1776) 222n22
Hunt, Alan 109n7

Innes, Joanna 109n7
Israël, Liora 170n21

Jean Nu-pieds [mit.] 39n23
Joinet, Louis 170n21
José II (1741-1790), imperador, corregente dos Estados dos Habsburgo (1765-1790) 95, 108n3, 229
Jousse, Daniel (1707-1781) 228n2
Juillard, Marcel 155n15
Julius, Nicolaus Heinrich (1783-1862) 22-3, 35-7n2-n5-n8, 70n13, 72n21-n25, 85, 91n25, 202n14, 206, 207na, 218n1, 230n6, 235-36n16, 255, 274

Kant, Immanuel 111n23
Kaplan, Steven 168-9n12
Kent, John 108n4-n5
Kiéfer, Audrey 19-20n22, 243n4
Kirchheimer, Otto 222n21
Kolakowski, Leszk 181n9
Krebs, Albert 35-6n2

Lagrange, Jacques 36n3, 168n12, 170n20, 218-9n2, 219n6
Lalouette, Jaqueline 181-2n16
Lamartine, F. L. 154n7
Lameth, Alexandre-Théodore-Victor (1760-1829) 71n17
Langbein, John H. 110n13, 257n77
Langeron, Roger 72-3n26
Laplanche, Jean (1924-2012) 19-20n22
La Rivière, Pierre-Paul Le Mercier de (1719-1801) 53n3, v. Le Mercier
La Rochefoucauld-Liancourt, François Alexandre Frédéric Gaëtan de (1747-1827) 82, 90-1n18, 91n24, 107-8n1-n2, 127n15
Lascoumes, Pierre 69n5, 89-90n12, 169n13, 264-5n115
Le Chapelier, Isaac René Guy (17541794) 161, 168n11, 169n13
Leclercq, Jean 89n9
Le Crom, Jean-Pierre 168-9n12
Le Dreuille/Ledreuille, François Auguste (1797-1860) 158, 166-7n5
Lefebvre-Teillard, Anne 88-9n7
Lelièvre, Matthieu 108n5, v. Wesley
Le Mercier de La Rivière v. La Rivière

Lemontey, Pierre Édouard (1762-1826) 182n17
Le Naour, Jean-Yves 112n37
Lenoël, Pierre 89-90n12, 169n13
Le Peletier de Saint-Fargeau, Louis-
-Michel (1760-1793) 19n20, 57, 62, 68n1, 72n19, 73n28, 74n34-n39, 77nb, 89n12, 106, 231, 233, v. Saint-Fargeau
Leroy-Beaulieu, Paul 181-2n16
Léry, Jean de (1534-1611) 15-6n2
Le Sage/Lesage, Alain-René (1668-1747) 54n17, v. *Gil Blas*
Lestringant, Frank 15-6n2
Le Trosne, Guillaume-François (1728-1780) 43-47na, 48, 53-54n3-n. 12, 61-2, 73n27, 279
Lévi-Strauss, Claude (1908-2009) 3-7, 15-6n2-n. 4, 18n11-n14
Lévy-Bruhl, Lucien (1857-1939) 16n3
Liesse, André 221n16
Livingston, Edward (1764-1836) 234n15
Lucas, Charles (1803-1889) 72n25, 91n25, 230n7
Ludd, John ou Ned [Ned Ludlam ou Edward Ludlam, fim do s. XVIII-início do s. XIX, mit.] 30nb, 39n25
Lusset, Élisabeth 88n7
Lynch, Richard A. 280

Macaulay, George Trevelyan (1876-1962) 107-8n2, v. Trevelyan
Macherey, Pierre 155n19
Madre, Adrien de 181n12
Magliulo, Bruno 220n11
Magritte, René (1898-1967) 54-5n18
Mandrin, Louis (1725-1755) 54n17, 133nb
Marchetti, Valerio 15-6n2
Marquet-Vasselot, Louis Augustin Aimé 187, 202n12
Martin, Germain 126n6
Marx, Karl 58, 69n5-n6, 155n19, 181n9, 256, 258-9, 263, 264-5n115-n117, 266-7n132, 279

Maurel, abade [Joseph Maurel, 1852-1926] 155n16
Ménard, Jean-Louis 38-9n22
Métraux, Alfred (1902-1963) 15-6n2, 18n16
Michel, Georges 221n16
Minard, Philippe 39n25
Mirabeau, Victor Riqueti, marquês de (1715-1789) 53n3
Montagne (contrabandista), mit. 150na
Montalivet, Jean-Pierre Bachasson de (1766-1823) 178, 182n19, 220n13, v. Bachasson
Mourre, Michel 69n6
Muller, Émile 188, 192, 202n18
Musset, René 141n5
Muyart de Vouglans v. Vouglans

Napoleão III 116, 220n11
Navickas, Katrina 39n25, v. Ludd
Nemours v. Du Pont/Dupont de
Nietzsche, Friedrich 73n30, 249

Olivier-Martin, François 19n17
Owen, David 222n22

Paley, William (1743-1805) 32, 39-40n29
Pendleton Herring v. Herring
Penn, William (1644-1718) 67na, 89n11
Penot, Achille 203n24
Perrot, Michelle 221n16
Peter, Jean-Pierre 219-20n10
Petit, Jacques-Guy 70n13, 88n5, 88-9n7, 107-8n1-n2
Pierre, Michelle 88n5, 88-9n7, 107n1
Pierre Rivière, *Pierre Rivière* 125-6n3, 147, 154n10, 170n20, 239
Pires, Alvaro P. 19n17
Plantier, Alexandre 168-9n12
Plessix, René 141n5
Pollock, John 109n7
Poncela, Pierrette 90n12, 169n13
Ponson du Terrail, Pierre Alexis de (1829-1871) 166n4, 166-7n5

Pontchartrain, Jérôme Phélypeaux, conde de (1674-1747) 122, 126-7n8, 127n12
Porteau-Bitker, Annik 89n9
Porchnev, Boris (1905-1972) 38-9n22, 39n23, 256n74, 261
Pottier, Georges-François 202n16

Quéro, Laurent 40n32, 169-70n19
Quesnay, François (1694-1774) 53n3, 214, 221n19
Quétel, Claude 89n8

Radcliffe, Ann (1764-1823) 51, 54-6n18-n20
Radzinowicz, Leon (1906-1999) 39-40n29
Rancière, Jacques 155n19
Rebelliau, Alfred 221n18
Rémusat, Charles de (1797-1875) 59, 70 n.9-n. 11, 228n4
Reybaud, Louis (1799-1879) 181n5, 186, 190, 201-2n1-n11, 203n21
Richard, Hughes 69n7
Riffaterre, Claude 154n5
Rivière, A. 107-8n2
Robespierre, Maximilien de (1758-1794) 57, 69n4
Romain, Jules [Louis Henri Jean Farigoule, dito] (1885-1972) 54n17
Rossi, Pellegrino (1787-1848) 233 en14
Rothman, David 254n59-n. 60, 255
Rousseau, Jean-Jacques (1712-1778) 13, 57, 68-9n3, 223n25
Rudé, George F. E. (1910-1993) 109n11, 256, 257n75
Rusche, Georg 222n21

Saint-Fargeau v. Le Peletier
Saint-Jean d'Angély, Michel-Louis--Étienne Regnaud de (1761-1819) 161, 168n10
Saint-Simon, Louis de Rouvroy, duque de (1675-1755) 217, 223n25
Salomoni, Antonella 15-6n2

Sartine, Antoine (conde de Alby, 1729-1801) 213, 220n14
Sartre, Jean-Paul 247n21
Sauzet, Marc 168-9n12
Sée, Henri Eugène 141n5
Sellin, Johan Thorsten 90n17
Senellart, Michel 38n21, 53n3, 203-4n29, 277n201
Serpillon, François (1695-1772) 59, 76-7n7-n8, 227nl, 228
Servan, Joseph Michel Antoine (1737-1807) 155n17, 231
Shelley, Mary (1797-1851) 54-5n18
Simon, Jules 201n1-n2
Smith, Adam (1723-1790) 155n19
Soboul, Albert 168n11
Soreau, Edmond 168n11, v. Le Chapelier
Southey, Robert 108n4-n5
Stanziani, Alessandro 71n16
Stefanovska, Malina 223n25
Strayer, Joseph 18n13, 40n31, 91n23, 183n21
Sue, Eugène (1804-1857) 158, 166-7n4-n5

Tarde, Gabriel (1848-1904) 87-8n4
Target, Guy Jean-Baptiste (1733-1806) 150, 151nb, 155n17-n. 18, 157
Taxil, Léo (1854-1907) 167n6
Teeters, Negley K. 90n17
Tessier, Henri-Alexandre 154n8
Thalamy, Anne 36-7n3
Thevet, André (1516-1590) 15-6n2
Thomas, Yan 91n22
Thompson, Edward Palmer (1924-1993) 38n20, 39n24, 69n5, 108n4, 109-10n11, 110n13, 140n2, 141n7-n9, 256n74, 257n75-n77-261
Thouvenin, M. 172, 181n4
Tilly, Charles 154-5n13
Tocqueville, Alexis de [Alexis Henri Charles Clérel] (1805-1859) 35-6n2, 220n13
Torczyner, Harry 54-5n18

Touati, François-Oliver 88n6
Treilhard, Jean-Baptiste (1742-1810) 37n6-n7, 200
Trevelyan, George Macaulay v. Macaulay
Tournay, Virginie 219-20n10
Tuke, Samuel (1784-1857) 87-8n4, 89n11
Tuke, William (1732-1822) 87-8n4
Tulard, Jean 52n1, 68n1, 71n17, 165n2
Turnbull, Robert James (1775-1833) 90n17

Valazé, Charles Eléonor Dufriche de (1751-1793/9 brumário ano II) 75n46, v. Dufriche
Valenti, Catherine 112n37
Valran, Gaston 153-4n3
Van Meenen, Pierre-François (1772-1858) 70n10, 228n5
Vauban, Sébastien Le Prestre de (1643-1707) 214, 221n18
Vidocq, Eugène-François (1775-1857) 72-3n26, 239
Vigouroux, Auguste 170n20
Villeneuve-Bargemont, Alban de (1784-1850) 176, 181n11-n14, 187, 202n13
Villermé, Louis-René (1782-1863) 72n20, 181-2n16, 195, 203n26-n27, 220n13
Vogel, Cyrille 88-9n7
Voltaire [François-Marie Arouet] (1694-1778) 73n29, 217, 223n25
Vouglans: Pierre-François Muyart de (1713-1791) 49, 54n16, 57na, 68n2, 228n3

Wallon, Henri 154n5
Walter, Gérard 154-5n13
Warville, Jacques Pierre Brissot de (1754-1793) 62-3, 64na-nb, 73n28-n29-n31, 74n33-n38-n40, 74-5n43-n46, 81, 101, 106, 231, 232n9, 233n13, 271, v. Brissot

Watson, Richard (1737-1816) 110-1n18-n20
Watts, Michael R. 89n10
Weitling, Wilhelm (1808-1871) 181n9
Wesley, John 95-6, 108n4-n5, 109n8, 123nc, 256
Weulersse, Georges 53n3, 221n19
Whiteley, John Harold 108n5
White, Barrington Raymond 89n10
Wilberforce, Robert Isaac 109n9
Wilberforce, Samuel 109n9
Wilberforce, William (1759-1833) 96, 109n7-n9, 256
Wrobel, Claire 55-6n20

Xifaras, Mikhail 264-5n115

Zancarini-Fournel, Michelle 40n32, 169-70n19
Zander, Hartwig 69n5, 264-5n115
Zysberg, André 88n5

GRÁFICA PAYM
Tel. [11] 4392-3344
paym@graficapaym.com.br